DIALÉTICA DA NATUREZA

Friedrich Engels

DIALÉTICA DA NATUREZA

Tradução
Nélio Schneider

© Boitempo, 2020

Traduzido do original em alemão *Dialektik der natur (1873-1882)*
(MEGA-2 I/26, Berlin, Dietz Verlag, 1985).

Direção-geral	Ivana Jinkings
Edição	Pedro Davoglio
Coordenação de produção	Livia Campos
Assistência editorial	Carolina Mercês
Tradução	Nélio Schneider
Preparação	Mariana Echalar
Revisão	Thaís Nicoleti de Camargo
Capa e diagramação	Antonio Kehl
	sobre desenho de Cássio Loredano

Equipe de apoio Artur Renzo, Débora Rodrigues, Dharla Soares, Elaine Ramos, Frederico Indiani, Heleni Andrade, Higor Alves, Isabella Marcatti, Ivam Oliveira, Kim Doria, Luciana Capelli, Marina Valeriano, Marissol Robles, Marlene Baptista, Maurício Barbosa, Raí Alves, Thais Rimkus, Tulio Candiotto

---

CIP-BRASIL. CATALOGAÇÃO NA PUBLICAÇÃO
SINDICATO NACIONAL DOS EDITORES DE LIVROS, RJ

E48d

Engels, Friedrich, 1820-1895
 Dialética da natureza / Friedrich Engels ; tradução Nélio Schneider. - 1. ed. - São Paulo : Boitempo, 2020.

 Tradução de: Dialektik der natur
 Inclui bibliografia e índice
 ISBN 978-65-5717-023-6

 1. Filosofia. 2. Dialética. 3. Ciência - Filosofia. I. Schneider, Nélio. II. Título.

20-66473   CDD: 146.32
       CDU: 162.6

Meri Gleice Rodrigues de Souza - Bibliotecária - CRB-7/6439

É vedada a reprodução de qualquer
parte deste livro sem a expressa autorização da editora.

1ª edição: outubro de 2020

BOITEMPO
Jinkings Editores Associados Ltda.
Rua Pereira Leite, 373
05442-000 São Paulo SP
Tel.: (11) 3875-7250 / 3875-7285
editor@boitempoeditorial.com.br | www.boitempoeditorial.com.br
www.blogdaboitempo.com.br | www.facebook.com/boitempo
www.twitter.com/editoraboitempo | www.youtube.com/tvboitempo

SUMÁRIO

Nota da edição 13

Apresentação – *Ricardo Musse* 15

Apresentação do editor da MEW 25

Plano de 1878 31

Introdução histórica 33
    Aspectos históricos 33
Introdução 37
Anotações e fragmentos 61
    Estudar o *desenvolvimento sucessivo* 61
    Hegel, *Preleções sobre a história da filosofia* 64
    Leucipo e Demócrito 67
    Aristarco de Samos 69
    Diferença entre a situação no final do mundo antigo – cerca
    de 300 a.C. – e no final da Idade Média – 1453 69
    Aspectos históricos – invenções 71

Curso do desenvolvimento teórico desde Hegel. Filosofia e ciência natural 73
Antigo Prefácio ao *Dühring*. Sobre a dialética 73
A pesquisa da natureza no mundo dos espíritos 83
Anotações e fragmentos 95
    Büchner 95
    Quanto à pretensão de Büchner 99
    Partes omitidas do "Feuerbach" 100
    Os pesquisadores da natureza acreditam 104
    Como quer que se portem, os pesquisadores da natureza 104

Do mesmo modo que Fourier..105
A *teoria* equivocada *da porosidade*...105
Hegel (*Encyclopädie*, v. I, p. 205-6)...105
Hegel encara a natureza como uma manifestação......................................105
Hofmann 106
Teoria e empiria...106
Hegel formula...107
O desprezo que os empiristas mostram 107
No caso de *Oken*..107
Ideia de cientista da natureza 107
Ninguém trata Deus tão mal 108
Secchi 109
A meu ver, é um disparate calcular o valor 109

Dialética como ciência 111
Dialética 111
Anotações e fragmentos 119
Leis e categorias 119
A dialética dita *objetiva* 119
Hard and fast lines...120
Charles Fourier (*Nouveau monde industriel et sociétaire*) 121
O caráter antagônico das determinações racionais do pensamento........122
Polaridade 122
Outro exemplo de polaridade 123
Polarização...124
A verdadeira natureza das determinações da "essência" 124
Positivo e negativo são postos..125
Positivo e negativo..125
Parte e todo 125
Simples e composto...125
Identidade e diferença..125
O *axioma da identidade*...126
Identidade abstrata 126
Identidade. Adendo 127
Contingência e necessidade 128
Correlação..131
Causalidade..132

A empiria da observação	134
Para quem nega a causalidade	134
Causae finales e *causae efficientes*	134
Hegel, *Lógica*, v. I.	135
Conhecer	135
Unidade de natureza e espírito	135
Entendimento e razão	135
O desenvolvimento de um conceito	136
Abstrato e concreto	136
Conhecer	137
Em contraposição à lógica antiga	138
Porém, acima também foi demonstrado	140
Singularidade, particularidade, universalidade	140
Absurdo de Haeckel	140
Por meio da indução descobriu-se	141
Indução e dedução	142
Aos pan-inducionistas	142
Indução e análise	143
A forma de desenvolvimento da ciência natural	143
Coisa em si	145
Autocrítica deliciosa	145
Também as *leis naturais eternas*	145
O ponto de vista *geocêntrico*	146
Sobre a incapacidade de Nägeli de conhecer o infinito	147
Ad vocem [ao que diz] Nägeli	150
Má infinitude	151
1) Em Hegel, o progresso infinito	151

Formas de movimento da matéria e interconexão entre as ciências............153

Dialética da ciência natural	153
Classificação das ciências	155
No final do século passado	155
É possível depreender que Auguste Comte	156
A subdivisão de Hegel	160
Anotações	160
Sobre a concepção "mecânica" da natureza	161
Conversão de quantidade em qualidade = cosmovisão "mecânica"	165

Conteúdo dialético das ciências 167
Plano de 1880 167
Formas básicas do movimento 169
   Anotações e fragmentos 185
      Causa finalis 185
      Protomatéria 185
      A *gravidade* 185
      Atração e gravitação 186
      Conversão da atração 186
      Divisibilidade da matéria 187
      Divisibilidade – um mamífero 187
      Sua essência (do movimento) 187
      Força. Hegel 188
      Haeckel (*Anthropogenie*, p. 707) 188
      Movimento mecânico 188
      Movimento e equilíbrio 189
      1) Movimento dos corpos cósmicos 190
      A indestrutibilidade do movimento 190
      Conservação da energia 191
      Indestrutibilidade do movimento 191
      Força e conservação da força 191
      Força. Quando algum movimento 191
      Força (ver acima) 194
      Quando Hegel concebe força e manifestação 194
      Força. – Também o aspecto negativo 194
Medida do movimento – Trabalho 195
   Anotações e fragmentos 211
      mv² também foi comprovado 211
      10 kg levantados 211
      Massa 4 212
      1) $v = ct$ 214
Sobre a matemática 217
   Sobre os protótipos do infinito matemático no mundo real 217
   Os assim chamados axiomas matemáticos 223
   Identidade e diferença – a relação dialética 223
   Questões matemáticas 223
   Foi o cálculo diferencial 224

Molécula e cálculo diferencial 224
Quantidade e qualidade 224
Número 225
O *zero* 225
O *número um* 227
Potências de expoente zero 228
Matemática...229
Assíntotas...229
No cálculo diferencial, *reto e curvo* 230
Trigonometria...231
Aplicação da matemática 231
Esfera 231
F $(x + h, y + k)$ 233
Sobre mecânica e astronomia 235
Exemplo da necessidade do pensamento dialético 235
Atração e força centrífuga de Newton 235
Gravitação newtoniana...235
O paralelogramo das forças de Newton...236
A teoria de Laplace 236
Mädler, Estrelas fixas...236
Nebulosas...238
Secchi: *Sírio*...240
Atrito das marés. Kant e Thomson-Tait..240
René Descartes descobriu 247
Mayer, Mechanische Theorie der Wärme, p. 328....................................247
O consumo de energia cinética 247
Impacto e atrito...248
Atrito e impacto..248
Sobre a física..249
Calor 249
Eletricidade 253
Anotações e fragmentos 305
A primeira visão ingênua 305
Irradiação de calor para o espaço cósmico..305
Clausius – *if correct* 306
Clausius (segundo princípio etc.) 306
Conclusão na linha de Thomson, Clausius, Loschmidt 307
Estados de agregação..307

Coesão	307
No movimento dos gases	307
W/H'	307
Teoria cinética	308
Teoria cinética dos gases	308
Caráter antagônico do desenvolvimento teórico	308
Éter	308
Luz e escuridão	308
Quando Coulomb	309
Eletricidade. Sobre as histórias de pescador	312
Eletricidade estática e eletricidade dinâmica	312
Belo exemplo de dialética da natureza	313
Eletroquímica	313
$Cu - CuSO_4$	314
Sobre a química	315
A representação	315
Uma nova época tem início	315
Conversão de quantidade em qualidade	315
Como métodos antigos, cômodos, adaptados à prática	316
A importância dos *nomes*	316
Sobre a biologia	317
Fisiografia	317
Reação	317
Vida e morte	317
Generatio aequivoca	318
Moritz Wagner, "Naturwissenschaftliche Streitfragen"	319
Protistas	326
Bathybius	328
Nature n. 294 e seg.	329
Indivíduo	329
Toda a natureza orgânica	329
Repetição das formas morfológicas	329
Em toda a evolução dos organismos	330
Vertebrata	330
Quando Hegel passa da vida para o conhecimento	330
O que Hegel chama de interação	330
Tentativas iniciais na natureza	330
Demonstrar que a teoria darwiniana	331

>   *Luta pela existência* 331
>   *Struggle for Life* 332
>   *Trabalho* 334

Natureza e sociedade 337
O papel do trabalho na hominização do macaco 337

Título dos envelopes. Sumários 353

Referências bibliográficas 359
> I. Obras de Marx e Engels 359
> II. Obras de outros autores 359

Índice onomástico 369

Cronologia resumida de Marx e Engels 385

NOTA DA EDIÇÃO

No bicentenário de nascimento de Friedrich Engels, a Boitempo publica o 28º volume da coleção Marx-Engels, *Dialética da natureza*, livro inacabado do autor, redigido entre 1873 e 1886 na forma de 10 artigos e capítulos mais longos e 169 anotações e fragmentos concisos. O material de pesquisa desta obra foi reunido de maio de 1873 a maio de 1876, período em que também surgiram a "Introdução" e a maior parte dos fragmentos. A elaboração de *Anti-Dühring*, porém, interrompeu o processo de escrita. Depois, entre 1878 e 1883, Engels concebeu um plano detalhado para o livro e redigiu os capítulos longos. A interrupção derradeira do volume, no entanto, se deu com a morte de Karl Marx e o compromisso de trabalhar na finalização dos Livros II e III de *O capital*, além de ter de se dedicar às responsabilidades assumidas no movimento internacional dos trabalhadores.

A presente edição foi elaborada a partir do volume I/26 da *Marx/Engels Gesamtausgabe* (MEGA²). Visando a facilitar a leitura, os capítulos e os fragmentos estão ordenados de acordo com o plano da obra. Como o autor não deu título aos fragmentos, os subitens do sumário coincidem com o início do primeiro parágrafo de cada um. As inserções entre colchetes ([]), redigidas pelo tradutor e pela edição, acrescentam termos faltantes no texto ou o complementam para melhor compreensão. As anotações reproduzidas entre chaves ({}), por sua vez, foram feitas por Engels no manuscrito. Todas as notas de rodapé numeradas são de autoria do tradutor, elaboradas com base na edição alemã e em pesquisas próprias. As notas de rodapé marcadas com asterisco foram incluídas por Engels, e as notas à margem do texto reproduzem anotações do autor na lateral do manuscrito. Frases incompletas se mantiveram conforme o original.

A Boitempo agradece a sua equipe, sempre competente e engajada; ao tradutor Nélio Schneider, que também elaborou as notas de rodapé; ao autor da apresentação, professor Ricardo Musse; a Antonio Kehl, que diagramou o

Friedrich Engels – Dialética da natureza

volume; ao ilustrador Cássio Loredano, criador do desenho da capa; à preparadora do texto, Mariana Echalar; à revisora, Thaís Nicoleti Camargo; a Maila Costa, pela leitura de uma versão preliminar da edição; e a Laura Luedy, autora do texto de orelha.

Outubro de 2020

APRESENTAÇÃO
por Ricardo Musse*

O final da década de 1840 promoveu transformações decisivas na história da Europa e mudanças significativas na vida política e pessoal de Karl Marx e Friedrich Engels. Após a derrota política e militar da Revolução de 1848 na Alemanha, ambos – perseguidos em seu país natal por conta de suas atividades revolucionárias – refugiaram-se na Inglaterra.

Engels chega a Londres em 1850. Engaja-se inicialmente nas tentativas de unificar as diferentes frações derrotadas, bem como no amparo e assistência financeira aos exilados oriundos de todas as partes do continente. A expectativa de uma retomada da insurreição na Europa mostra-se, no entanto, infundada. A própria Liga Comunista – de cujo comitê dirigente Engels e Marx eram membros – passa por um processo de fragmentação que culmina com a sua dissolução, proposta por Marx, em 1852.

Para sobreviver, Engels opta por retomar seu emprego na fábrica têxtil Ermen & Engels, no cargo já exercido por ele em 1842-1843 (quando coletou o material para a redação de *A situação da classe trabalhadora na Inglaterra***). Para tanto é forçado a reatar relações com o pai, um dos sócios da fábrica, com quem estava rompido desde 1844. Em novembro de 1850 Engels muda-se para Manchester, sede da empresa, cidade que detesta, na qual, porém, irá permanecer quase vinte anos.

Em 1860, com a morte do pai, a situação econômica de Engels sofre uma alteração relevante. Como resultado das negociações familiares em torno da herança, coube a ele, além de uma quantia em dinheiro, a parte do pai na sociedade com os irmãos Ermen, situação regularizada apenas em 1864. O desafogo financeiro é, no entanto, contrabalançado pelo incremento dos afazeres e da responsabilidade na condução da indústria. Só em 1869 consegue vender

---

* Professor do departamento de sociologia da USP, autor de *Émile Durkheim: fato social e divisão do trabalho* (São Paulo, Ática, 2007) e co-organizador do livro *Capítulos do marxismo ocidental* (São Paulo, Unesp/Fapesp, 1998).
** Trad. B. A. Schumann, São Paulo, Boitempo, 2008.

sua parte na fábrica e desembaraçar-se para sempre das atividades empresarias. Ele relata que se sentiu nesse momento tomado por uma sensação de alforria.

Nesse período, entre os 30 e os 49 anos de idade, Engels, em seu tempo livre, redigiu – além de uma correspondência volumosa, quase diária com Marx – centenas de artigos de jornal; alguns poucos publicados sem a menção de seu nome nas colunas de jornais norte-americanos em que Marx era titular. A grande maioria desses textos são comentários de acontecimentos políticos ou econômicos no âmbito das relações internacionais. Qualificados em geral como artigos de circunstância, quando não como esforços de sobrevivência econômica, ocuparam um lugar menor na recepção da obra dos fundadores do materialismo histórico. Hoje, no entanto, novos estudos deixam patente que subjaz ao conjunto uma reflexão sistemática de Marx e Engels acerca das questões de geopolítica.

Escreveu, durante o ano de 1852, uma série de artigos sobre os eventos do final da década de 1840 reunidos no livro *Revolução e contrarrevolução na Alemanha** e também – espaçados no tempo – inúmeros ensaios sobre a "questão militar". Em 1867, Marx lança o primeiro volume de *O capital***. Engels adota como tarefa contribuir para a divulgação do livro. Publica então inúmeras resenhas em jornais e periódicos de diversos países e diferentes tendências políticas. Nesse esforço chegou até mesmo a redigir um resumo de *O capital*.

Em 1870, Engels instala-se definitivamente em Londres. Só então, destituído da condição de industrial, passa a fazer parte da Associação Internacional dos Trabalhadores – fundada em 1864 e comandada, em larga medida, por Karl Marx –, tendo sido eleito membro de seu Conselho Geral. Nesse posto, acompanha a derrota da França na guerra franco-alemã (janeiro de 1871) e os acontecimentos da Comuna de Paris (18 de março – 28 de maio de 1871). O massacre dos participantes da Comuna e a perseguição aos ativistas políticos encetada em toda a Europa contribuiu para a aprovação, no Congresso de 1872, da proposta de Marx e Engels de transferir a sede da Internacional para Nova York. Divergências entre os seguidores de Karl Marx e o grupo comandado por Mikhail Bakunin acerca das táticas e estratégias da classe trabalhadora levaram à dissolução da Associação em 1876.

Mesmo envolvido diuturnamente na vida política – sobretudo depois da fundação do Partido Operário Social-Democrata da Alemanha, ocorrida em Eisenach, em agosto de 1869 –, Engels encontra tempo para retomar sua produção intelectual. Seu primeiro trabalho de fôlego após mudar-se para Londres, o livro *Sobre a questão da moradia****, publicado em junho de 1872, retoma

---

* Trad. José Barata Moura, Lisboa, Avante, 1981.
** Trad. Rubens Enderle, 2. ed., São Paulo, Boitempo, 2017.
*** Trad. Nélio Schneider, São Paulo, Boitempo, 2015.

Apresentação

questões e reflexões pouco desenvolvidas em sua obra inicial, *A situação da classe trabalhadora na Inglaterra* (1845).

Seu projeto intelectual, entretanto, caminhava em outra direção. Ele o expôs pela primeira vez, em maio de 1873, numa carta a Marx, sob a forma de esboço de uma obra de dimensões monumentais a ser intitulada *Dialética da natureza*. Engels escolhia assim como campo prioritário de suas investigações duas áreas de conhecimento imbricadas na época do Idealismo alemão, em particular na obra de G. W. F. Hegel, a "filosofia" e as "ciências naturais", mas na prática já havia muito dissociadas.

Gustav Mayer, o principal biógrafo de Friedrich Engels, conta que ele iniciou seus estudos sistemáticos sobre as ciências naturais em 1858, ainda no período da estadia em Manchester.

No início da década de 1840, Engels dedicara-se à filosofia. Nos anos de 1841 e 1842, cumprindo serviço militar em Berlim, frequentou aulas dessa disciplina na universidade local e se aproximou do círculo dos jovens hegelianos, tendo até mesmo publicado artigos contra o então catedrático Friedrich Schelling. Sua colaboração com Marx no período de Bruxelas deu-se sobretudo nesse campo. Publicaram, em 1845, *A sagrada família: ou a crítica da Crítica crítica: contra Bruno Bauer e consortes** e em seguida redigiram os manuscritos – só publicados em 1926 – de *A ideologia alemã***, considerado por muitos como o marco de fundação do materialismo histórico. Marx, num texto célebre de 1859, descreveu o empreendimento como um "acerto de contas com nossa antiga consciência filosófica. O propósito tomou corpo na forma de uma crítica da filosofia pós-hegeliana [...] Abandonamos o manuscrito à crítica roedora dos ratos, tanto mais a gosto quanto já havíamos atingido o fim principal: a autocompreensão"***.

Os assuntos envolvidos na planejada *Dialética da natureza* passavam longe dos tópicos postos na pauta pelos jovens hegelianos: crítica da religião, da política e do Estado, supressão da filosofia, lugar e papel da consciência etc. O propósito do livro, como o título indica, era examinar a questão do método de investigação e exposição e sua relação – de mão dupla – com as recentes descobertas das ciências naturais.

O próprio Engels irá justificar, anos depois, esse novo direcionamento como resultante da "transformação da filosofia". Segundo ele, depois de 1848, o

---

* Trad. Marcelo Backes, São Paulo, Boitempo, 2003.
** Trad. Luciano Cavini Martorano, Nélio Schneider e Rubens Enderle, São Paulo, Boitempo, 2007.
*** *Cotribuição à crítica da economia política*, Trad. Florestan Fernandes, São Paulo, Expressão Popular, 2008, p. 49.

Friedrich Engels – Dialética da natureza

Idealismo alemão saiu de cena, ofuscado pelo impressionante desenvolvimento das ciências naturais, movimento este impulsionado (mas também fator determinante nesse processo) pelo vertiginoso crescimento da produção industrial na Alemanha. O que se lia e discutia então não eram mais as obras de Kant e Hegel, mas a vertente do materialismo – que Engels qualificava como "vulgar" – cujos expoentes eram Ludwig Büchner e Karl Vogt.

A relação entre a filosofia e as ciências naturais foi abordada no decorrer do século XIX, entre outros, por Hegel e Auguste Comte. Engels rechaça em Hegel a tese de que a natureza, eterna repetição, não era suscetível de um desdobramento histórico, atributo exclusivo, no sistema idealista, da Ideia ou da vida do espírito. Em Comte, por sua vez, discorda do propósito essencialmente classificatório de sua filosofia positiva, na qual identifica também a consideração das ciências e da própria natureza como estáticas.

Seguindo os princípios do materialismo histórico, Engels inicia a investigação delineando a gênese da dialética moderna, num percurso que começa na Grécia e avança até as descobertas recentes das ciências naturais.

Nesse panorama, para melhor destacar a forma e o conteúdo da dialética, Engels a contrapõe à "metafísica", nomenclatura pela qual designa o método filosófico rival e concorrente da dialética. Para o adepto dessa metodologia, as coisas e suas imagens no pensamento, os conceitos, são objetos isolados de investigação; objetos fixos, imóveis, observados um após o outro, cada um em si mesmo, como seres permanentes.

A atribuição de rigidez ao objeto, a descrição precisa de seus contornos, a determinação do mundo como um conjunto de coisas acabadas e imutáveis, a observação estrita do princípio da não contradição, a conexão irreversível de causa e efeito devem sua plausibilidade, em grande medida, a sua proximidade com o senso comum. No entanto, adverte Engels, apesar de útil entre as quatro paredes de uma casa, o senso comum revela-se pouco apropriado quando se arvora em método científico.

Quando aplicado conscientemente à pesquisa científica, o "método metafísico" revela com nitidez suas limitações. Unilateral e abstrato, esse procedimento enreda-se, conforme Engels, em contradições insolúveis: atento aos objetos concretos, não consegue enxergar as relações; congelado no momento presente, não concebe a gênese e a caducidade; concentrado na estabilidade das condições, não percebe a dinâmica; "obcecado pelas árvores não consegue enxergar o bosque"*.

---

* Trecho traduzido pelo autor diretamente do alemão. Ed. bras.: Friedrich Engels, *Anti-Dühring: a revolução da ciência segundo o senhor Eugen Dühring*, Trad. Nélio Schneider, São Paulo, Boitempo, 2015, p. 51.

Apresentação

A dialética, nessa apresentação dicotômica, surge, quase ponto a ponto, como o oposto simétrico do método metafísico. Não delimita de modo isolado os objetos nem os toma como algo fixo e acabado, ao contrário, investiga os processos, a origem e o desenvolvimento das coisas e as insere em uma trama complexa de concatenações e mútuas influências, na qual nada permanece o que é e tampouco na forma como existia. Nela, os dois polos de uma antítese, apesar de seu antagonismo, completam-se e articulam-se reciprocamente. A causa e o efeito, vigentes em um caso concreto, particular, diluem-se numa trama universal de ações recíprocas, na qual as causas e os efeitos trocam constantemente de lugar e o que, antes, era causa, adquire, logo depois, o papel de efeito e vice-versa. Nela tampouco vigora o princípio da não contradição, pois, pelo menos no mundo orgânico, "o ser é ele mesmo, o que é, e um outro"*.

Essa bipartição metodológica é apresentada, à semelhança do modelo ensaiado por Hegel na *Fenomenologia do espírito***, como etapas e resultados – ou melhor, como "figuras" – de uma progressão que é ao mesmo tempo lógica e histórica.

No painel desdobrado por Engels, uma intuição primitiva e ainda simplista da dialética – a consideração do mundo como perpassado por uma trama infinita de concatenações na qual nada permanece – teria predominado entre os antigos filósofos gregos (sobretudo em Heráclito). Mas, apesar de congruente com a verdade das coisas, essa visão, incapaz de explicar os elementos isolados que constituem o mundo, teve, logicamente, de ceder lugar a uma concepção que destacasse os elementos de seu tronco histórico ou natural, investigando-os separadamente, cada um por si, em sua estrutura, causas e efeitos.

Historicamente, esse novo procedimento só se afirmou completamente a partir da segunda metade do século XV, com o nascimento das modernas ciências da natureza. Os métodos dessas ciências, em especial a análise da natureza em suas diferentes partes, a classificação dos diversos fenômenos e objetos naturais em determinadas categorias, a investigação interna dos corpos orgânicos segundo sua diferente estrutura anatômica, migraram, com Francis Bacon e John Locke, para a filosofia.

Com raras exceções, deslocadas do eixo principal da corrente filosófica predominante (*O sobrinho de Rameau*, de Diderot; *Discurso sobre a origem e os fundamentos da desigualdade entre os homens*, de Rousseau)***, a filosofia

---

* Trecho traduzido pelo autor diretamente do alemão. Ed. bras.: Ibidem, p. 115.
** Trad. Paulo Meneses, Karl-Heinz Efken e José Nogueira Machado, 8. ed., Petrópolis/Bragança Paulista, Vozes/Ed. Universitária São Francisco, 2013.
*** Trad. Daniel Garroux, São Paulo, Ed. Unesp, 2019; trad. Paulo Neves, Porto Alegre, L&PM, 2008.

moderna, segundo Engels, inclusive os pensadores franceses do século XVIII, deixou-se contaminar pela "especulação metafísica".

A restauração em uma forma superior, sintética, da dialética beneficiou-se, no entanto, segundo Engels, do trajeto das ciências naturais. Contribuíram tanto o ritmo de seu desenvolvimento, caracterizado pelo acúmulo incessante de dados, como a consciência crescente (apesar da confusão que ainda viceja entre os cientistas) de que no método metafísico os fenômenos da natureza não são encarados dinamicamente, mas estaticamente, não são considerados situações substancialmente variáveis, mas dados fixos, de que são, em suma, dissecados como materiais mortos e não apreendidos como objetos vivos.

Transmutado em método "experimental", "científico", a dialética tal como compreendida por Engels considera a natureza "pedra de toque". O movimento que alça a observação da natureza à condição de objeto de estudo privilegiado para a compreensão da dialética materialista não sinaliza, porém, uma desqualificação dos outros domínios. Longe disso, a ênfase decorre, sem dúvida, da necessidade de firmar uma posição e um terreno ainda pouco assentados. Em Engels, a história humana e a atividade espiritual que lhe é conexa – objetos da maior parte de sua obra – são valorizadas também como campos férteis para o entendimento e a explicação das "leis" da dialética.

Entre maio de 1873 e maio de 1876, Engels dedicou-se à coleta e preparação do material da pesquisa, trabalhado preliminarmente sob a forma de anotações e fragmentos. Datam desse período a maior parte dos 169 textos curtos agrupados no volume póstumo publicado apenas em 1925 na União Soviética – na versão original em alemão e numa tradução para o russo. Apenas um dos dez artigos que vieram a compor o livro foi redigido nessa época, o ensaio denominado "Introdução".

A redação de *Dialética da natureza* foi interrompida quando Engels aceitou o convite de Wilhelm Liebknecht, editor do jornal do Partido Social--Democrata Alemão (SPD), para refutar científica e politicamente as ideias de Eugen Dühring, um professor de filosofia autodeclarado socialista que estava conquistando adeptos no seio do partido e fascinando até mesmo fiéis seguidores de Marx. Embora considerasse desprovidas de interesse as posições de Dühring – um socialismo derivado de Proudhon, uma economia política baseada em Carey e uma filosofia positivista e antidialética –, Engels aproveitou a oportunidade para expor a um público amplo, sob a forma de controvérsia, a teoria desenvolvida por ele e Marx.

Certamente o fator que mais pesou nessa decisão foi a aprovação do programa de fundação do SPD no Congresso de Gotha, em agosto de 1875. O SPD resultou da unificação dos dois principais partidos socialistas, o Partido

Apresentação

Operário Social-Democrata da Alemanha, comandado por August Bebel e Wilhelm Liebknecht – dois ativistas muito próximos de Marx e Engels – e a Associação Geral dos Operários Alemães, comandada por Ferdinand Lassalle. Tanto Marx como Engels reclamaram indignados, em cartas aos seus seguidores, da supressão no Programa de Gotha de pontos decisivos do materialismo histórico e das concessões, segundo eles, exageradas às posições de Lassalle.

Após se familiarizar com a obra de Eugen Dühring, Engels optou por realizar uma crítica imanente do *Cursus der Philosophie* [Curso de filosofia], livro editado em cinco volumes. Na leitura de Engels, Dühring apresentara sua doutrina socialista como a última consequência prática de um "novo, amargo e enorme" sistema filosófico. Engels anteviu na crítica pontual a Dühring a oportunidade tanto de se posicionar perante tópicos controvertidos da época, questões atuais de interesse científico e prático, como de promover uma expansão das fronteiras do materialismo histórico.

Nesse esforço de complementação e ampliação das configurações delimitadas até então pelo conjunto de textos publicados por ele e Marx – no qual se destacavam *O Manifesto Comunista** e *O capital* –, Engels seguiu, em certa medida, as tendências predominantes no ambiente intelectual da época, marcado duplamente pelos avanços da ciência e pelo anseio cientificista de ordená-los de forma enciclopédica. Ao longo do *Anti-Dühring***, o materialismo histórico se apresenta assim como um sistema, como uma espécie de teoria unitária do homem e da natureza.

Os artigos sobre Dühring foram publicados no jornal *Vorwärts* entre janeiro de 1877 e julho de 1878. Logo em seguida saíram em livro, pela editora Dietz. O volume organiza os textos em três partes denominadas "Filosofia", "Economia política" e "Socialismo". Na primeira, a mais alentada delas, Engels recorreu intensamente ao material e aos estudos de sua programada *Dialética da natureza*, uma vez que o pensamento filosófico de Dühring priorizava a ontologia e a filosofia da natureza.

O impacto do *Anti-Dühring* sobre o projeto da *Dialética da natureza* foi ambivalente. Por um lado, Engels pôde se considerar satisfeito pela oportunidade de expor, antes mesmo de desenvolvimentos completos, os resultados de seus estudos sobre a dialética, a filosofia da natureza e as descobertas recentes das ciências naturais. Ainda mais quando se leva em conta o sucesso de público e de estima do *Anti-Dühring*. A versão condensada desse livro – privilegiando a exposição positiva e destituída do formato de polêmica –, intitulada *Do*

---

* Trad. Álvaro Pina e Ivana Jinkings, São Paulo, Boitempo, 1998.
** Trad. Nélio Schneider, São Paulo, Boitempo, 2015.

socialismo utópico ao socialismo científico*, obteve um sucesso inaudito. O livreto, cujo carro-chefe consistia na exposição das leis da dialética, foi publicado na Suíça em 1882 e traduzido em seguida para mais de uma dezena de línguas. Tornou-se rapidamente, junto com *O Manifesto Comunista*, uma das duas mais difundidas apresentações do materialismo histórico, responsável pela formação de toda uma geração de marxistas.

Por outro lado, a recepção favorável e interessada de sua crítica à filosofia de Dühring incentivou Engels a prosseguir na execução dos trabalhos referentes à *Dialética da natureza*. Tendo em vista que muitos conteúdos já haviam vindo a lume ao longo do *Anti-Dühring*, Engels formulou, em chave mais restrita, em 1880, uma segunda versão do esboço geral do livro. Na retomada das investigações, iniciada no segundo semestre de 1878, redigiu nove dos dez artigos "completos" que compõem o volume póstumo.

Em 1883 o trabalho foi interrompido. Após a morte de Marx, ocorrida em março daquele ano, Engels reorganizou suas tarefas, seguindo uma avaliação que não considerou prioritária a conclusão da *Dialética da natureza* e tampouco a publicação parcial do material já redigido. Ele deliberou que dali em diante iria se dedicar preferencialmente a três ocupações: (a) organizar para publicação os manuscritos deixados por Marx relativos aos livros II e III de *O capital*; (b) acompanhar, e quando possível conduzir, a luta internacional da classe trabalhadora, em ascensão com a estruturação em andamento de partidos de massas; (c) divulgar e disseminar o materialismo histórico por meio de novas edições e traduções das obras de Marx, para as quais redigiu importantes introduções.

No decorrer da *Dialética da natureza*, Engels aborda, em vários momentos, a questão da relação entre a sua teoria e a filosofia hegeliana. Quando acusa o pensamento de Hegel de idealismo e espírito sistemático, por exemplo, não deixa de apontar as dificuldades inerentes às tentativas de transplante dessa obra e seu método por parte de um saber que se afirma, já desde o nome, "materialista". O resgate da dialética hegeliana depende, portanto, de sua conversão de procedimento próprio ao idealismo em método do materialismo.

Engels considera que o movimento, segundo ele revolucionário, de "supressão da filosofia" é suficiente para desencadear e completar essa transposição, em alguma medida facilitada pelo caráter antidogmático do método de Hegel. Engels compreende como "fim da filosofia" – tendência apontada pelo próprio Hegel – "a saída do labirinto de sistemas para o conhecimento positivo e real do mundo". Apoiando-se na dissociação, desvelada pelo debate alemão nas

---

* Trad. Rubens Eduardo Frias, 2. ed., São Paulo, Centauro, 2005.

Apresentação

décadas de 1830 e 1840, entre método e sistema no pensamento de Hegel, julga factível destruir criticamente a forma, conservando, porém, o conteúdo da filosofia hegeliana, incorporando assim não apenas a dialética, mas também a riqueza enciclopédica do sistema.

A tarefa de compatibilizar sistema e método dentro de uma perspectiva materialista torna-se assim uma incumbência das disciplinas específicas voltadas para a compreensão da natureza e da história. A condição para essa junção de cientificidade e dialética ou, no vocabulário de Engels, para a transformação das ciências metafísicas em ciências dialéticas – ausente tanto no materialismo francês do século XVIII quanto na filosofia da natureza alemã – foi o desenvolvimento, no decorrer do século XIX, de uma concepção histórica da natureza.

A capacidade de pensar a natureza como um processo, atestada pelo exemplo de ciências de ponta, então recém-fundadas, como a fisiologia, a embriologia e a geologia, por si só, indicaria a pertinência de um programa que visasse ressaltar o peso ou até mesmo a preponderância da dialética na constituição de uma perspectiva materialista acerca da natureza.

Posto isso, o método dialético torna-se decisivo para a compreensão e fixação das "leis" gerais do movimento, base primeira de um esclarecimento do teor objetivamente dialético da natureza. Para demonstrar a veracidade e a universalidade de tais "leis", Engels, dado o caráter indutivo-dedutivo de seu empreendimento, optou pela via de um acompanhamento exaustivo, isto é, pelo procedimento quase infindável de decifração caso a caso das mais importantes descobertas da ciência de seu tempo.

Engels também apresenta a dialética como essencial na tarefa de ordenar o caos das novas descobertas científicas, que se sucedem atropeladamente. O esforço para estabelecer uma concatenação entre descobertas contingentes, pois exclusivamente empíricas, além de evidenciar o caráter dialético dos fenômenos particulares, insere-se – ao fortalecer a dissolução da rigidez das linhas nítidas de demarcação que contribuíram para conceder às ciências naturais "o seu acanhado caráter metafísico"[*] – em um projeto maior de substituição das ciências colecionadoras ("ciências de objetos acabados") pelas ciências coordenadoras ("ciências que estudam os processos, a origem e o desenvolvimento das coisas").

Tal avanço, dado pela possibilidade de um estudo sistemático das modificações da natureza, não esgota, entretanto, segundo Engels, o estoque das

---

[*] Trecho traduzido pelo autor diretamente do alemão. Ed. bras.: Friedrich Engels, *Anti-Dühring*, cit., p. 40.

consequências a serem extraídas desse encadeamento dos fatos científicos. A síntese dialética permite ainda, eis o decisivo, a articulação de um "sistema da natureza". Não se trata de uma retomada do sistema universal e compacto no qual Hegel pretendia enquadrar as ciências da natureza e da história, plasmado de acordo com o postulado idealista de "soluções definitivas" e "verdades eternas". Trata-se, porém, de um encadeamento que, apesar de aberto, não deixa de fornecer uma visão de conjunto semelhante àquela anteriormente a cargo da filosofia da natureza. A concatenação dialética resgata, por meio de uma articulação interna, a visão conjunta dos processos naturais como um grande todo.

A recepção da *Dialética da natureza* merece um capítulo à parte. Trechos esparsos e algumas das teses do livro foram incorporadas como parte da ideologia oficial do Estado soviético e, em certa medida, da teoria – denominada marxismo-leninismo – abraçada pela maioria dos partidos da Terceira Internacional.

Em reação, muitos autores do assim chamado "marxismo ocidental", principalmente após 1945, dedicaram-se à refutação da dialética engelsiana. Nessa série cabe destacar os artigos "Marxisme et philosophie" ["Marxismo e filosofia"], de Maurice Merleau-Ponty (em *Sens et non-sens*), e "Matérialisme et Révolution" ["Materialismo e Revolução"], de Jean-Paul Sartre (em *Situations III*), bem como os livros *O marxismo soviético*, de Herbert Marcuse*; *Crítica da razão dialética*, de Sartre**, e *Der Begriff de Natur in der Lehre von Marx* [O conceito de natureza na doutrina de Marx], de Alfred Schmidt.

Independentemente de juízos de valor e posicionamentos no interior das linhagens do marxismo, o acompanhamento da controvérsia exige e recomenda a leitura atenta de *Dialética da natureza*.

---

*   Rio de Janeiro, Saga, 1969.
** Trad. Guilherme João de Freitas Teixeira, Rio de Janeiro, DP&A, 2002.

APRESENTAÇÃO DO EDITOR DA MEW[1]

Dialética da natureza – nesta obra fundadora do marxismo, Friedrich Engels oferece uma generalização dialético-materialista das conquistas mais importantes das ciências naturais em meados do século XIX, aprimora a dialética materialista e faz uma análise crítica das concepções metafísicas e idealistas presentes na ciência natural.

Dialética da natureza é o resultado dos estudos aprofundados das ciências naturais aos quais Engels se dedicou durante muitos anos. A intenção original do autor era apresentar os resultados de suas investigações na forma de escrito polêmico contra o materialismo vulgar de Ludwig Büchner. Esse plano surgiu em torno de janeiro de 1873. Logo depois, porém, Engels o abandonou e iniciou uma empresa mais abrangente. O grandioso plano da *Dialética da natureza* foi exposto em carta, enviada por Engels de Londres, no dia 30 de maio de 1873, a Marx, que estava em Manchester. Marx passou essa carta a Carl Schorlemmer, que encheu suas margens de observações, das quais se pode depreender que concordava inteiramente com as ideias básicas do plano de Engels. Nos anos seguintes, Engels trabalhou muito para dar corpo ao seu plano; contudo, não logrou realizá-lo em toda a sua dimensão.

Os materiais referentes à *Dialética da natureza* foram escritos entre 1873 e 1886. Nesse período, Engels estudou uma bibliografia abrangente sobre as questões mais importantes das ciências naturais, tendo escrito dez artigos e capítulos mais ou menos bem-acabados e produzido mais de 170 anotações e fragmentos.

Dois períodos principais se destacam no trabalho de Engels para a *Dialética da natureza*: da elaboração do seu plano até o início do trabalho no *Anti-Dühring* (maio de 1873 até maio de 1876) e da conclusão do trabalho para o *Anti-Dühring* até a morte de Marx (meados de 1878 até março de 1883).

---

[1] Esta apresentação se encontra em Friedrich Engels, "Dialektik der Natur", em Karl Marx e Friedrich Engels, *Werke*, v. 20 (Berlim, Dietz, 1962), p. 305-6.

Friedrich Engels – Dialética da natureza

No primeiro período, Engels se dedicou sobretudo a reunir material e escreveu a maior parte dos fragmentos, bem como a "Introdução". No segundo período, elaborou o plano concreto do futuro livro e, ao lado dos fragmentos, escreveu quase todos os capítulos. Após a morte de Marx, Engels se viu forçado a suspender o trabalho na *Dialética da natureza*, visto que todo o seu tempo foi tomado pela tarefa de preparar para impressão os volumes II e III de *O capital*. Além disso, caiu sobre ele todo o peso da condução do movimento internacional dos trabalhadores. A *Dialética da natureza* não pôde ser concluída.

Os materiais para a *Dialética da natureza* foram conservados em quatro envelopes, nos quais, pouco antes de morrer, Engels reunira todos os artigos e anotações referentes a esse trabalho. Ele deu os seguintes títulos a esses envelopes: 1. "Dialética e ciência natural"; 2. "Pesquisa da natureza e dialética"; 3. "Dialética da natureza"; e 4. "Matemática e ciência da natureza. Diversos". Para dois deles (o segundo e o terceiro), elaborou sumários que enumeram o material contido neles. Graças a esses sumários, sabemos exatamente que material Engels destinou aos envelopes 2 e 3 e a ordem em que o dispôs nesses envelopes. Quanto aos envelopes 1 e 4, não temos certeza de que as folhas se encontrem na ordem exata em que Engels as organizou.

O primeiro envelope ("Dialética e ciência natural") consiste em duas partes: 1. anotações de Engels em oito folhas duplas numeradas, todas com o título "Dialética da natureza". Essas anotações, separadas umas das outras por linhas, datam de 1873 a 1876 e foram escritas na sequência cronológica em que foram registradas nas folhas numeradas do manuscrito; 2. vinte folhas não numeradas, cada qual com uma anotação mais longa ou algumas mais breves (separadas por linhas). Apenas poucas dessas anotações contêm dados que permitem determinar a data da sua redação.

O segundo envelope ("Pesquisa da natureza e dialética") contém três anotações maiores: "Sobre os protótipos do infinito matemático no mundo real", "Sobre a concepção 'mecânica' da natureza" e "Sobre a incapacidade de Nägeli de conhecer o infinito"; além delas, o "Antigo Prefácio ao *[Anti-]Dühring*. Sobre a dialética", o artigo "O papel do trabalho na hominização do macaco" e um grande fragmento intitulado "Partes omitidas de 'Feuerbach'". Do sumário que Engels confeccionou para esse envelope depreende-se que originalmente este continha ainda mais dois artigos: "Formas básicas do movimento" e "Pesquisa da natureza no mundo dos espíritos". Mas Engels riscou o título desses dois artigos: eles foram transferidos para o terceiro envelope, no qual estão as partes mais bem elaboradas de seu trabalho inconcluso.

No terceiro envelope ("Dialética da natureza"), encontram-se seis artigos: "Formas básicas do movimento", "As duas medidas do movimento",

"Eletricidade", "A pesquisa da natureza no mundo dos espíritos", "Introdução" e "Atrito das marés".

O quarto envelope ("Matemática e ciência da natureza. Diversos") contém dois capítulos incompletos: "Dialética" e "Calor", quinze folhas não numeradas (nas quais se encontram anotações mais longas e algumas mais breves separadas por linhas), bem como algumas folhas com cálculos matemáticos. Entre as anotações do quarto envelope acham-se também dois esboços do plano geral da "Dialética da natureza". Só raramente é possível saber as datas de registro dos textos desse envelope.

O exame do conteúdo dos quatro envelopes da *Dialética da natureza* mostra que, além dos artigos e das anotações preparatórias escritas especificamente para a *Dialética da natureza*, Engels ainda incluiu alguns manuscritos que ele havia redigido originalmente para outros escritos, a saber: "Antigo Prefácio ao *[Anti-]Dühring*", duas "Notas" a respeito do *Anti-Dühring* ("Sobre os protótipos do infinito matemático no mundo real" e "Sobre a concepção 'mecânica' da natureza"), "Partes omitidas do 'Feuerbach'", "O papel do trabalho na hominização do macaco" e "A pesquisa da natureza no mundo dos espíritos".

No presente texto, foi acolhido sob o título *Dialética da natureza* tudo o que estava dentro dos quatro envelopes, exceto os seguintes fragmentos que, conforme o seu conteúdo, fazem parte dos estudos preparatórios para o *Anti-Dühring*: 1. o esboço original da "Introdução" ao *Anti-Dühring*, que começa com as palavras "O socialismo moderno"; 2. um fragmento sobre a escravidão; e 3. excertos do livro *Le Nouveau monde industriel et sociétaire...* [O novo mundo industrial e societário...], de Charles Fourier. Também foram excluídas do presente texto, por não pertencerem a ele, cinco pequenas anotações com cálculos matemáticos sem texto explicativo, bem como uma pequena anotação com observações de Engels sobre a posição negativa do químico Philipp Pauli sobre a teoria do valor do trabalho.

Nesse formato, a *Dialética da natureza* se compõe de dez artigos ou capítulos, 169 anotações e fragmentos e dois esboços do plano da obra, somando 181 elementos.

Todo esse material foi organizado, no presente texto, na sequência temática que corresponde às linhas básicas do plano estabelecido por Engels para a obra, conforme previsto por ele nos dois esboços da *Dialética da natureza*. Esses dois esboços constam do início da *Dialética da natureza*; o mais extenso, que abrange todas as partes do trabalho de Engels, foi escrito muito provavelmente em agosto de 1878; o outro abrange apenas uma parte da obra e foi concebido em torno de 1880. Os materiais existentes sobre a *Dialética da natureza*, nos quais Engels havia trabalhado com interrupções durante treze anos (1873-1886), não coincidem totalmente com os pontos previstos no plano global e, em consequência, é impossível uma execução literal do esquema planejado em 1878 em todos os seus detalhes. Todavia, o conteúdo básico do material existente e as linhas básicas do plano da *Dialética da natureza* se correspondem inteiramente. Por essa razão, os esboços do plano da obra serviram de base para a organização dos materiais. Nesse processo deu-se a separação prevista pelo próprio Engels ao dividir o material por envelopes entre os capítulos mais ou menos completos de um lado e as anotações e os fragmentos de outro. Disso resulta uma divisão do livro em duas partes: 1. artigos ou capítulos e 2. anotações e fragmentos. Em cada uma dessas partes, o material foi organizado segundo o mesmo esquema correspondente às linhas básicas do plano de Engels.

Essas linhas básicas do plano de Engels preveem as seguintes sequências: a) introdução histórica, b) questões gerais da dialética materialista, c) classificação das ciências, d) ponderações sobre o conteúdo dialético de cada uma das ciências, e) investigação sobre alguns problemas metodológicos atuais da ciência natural, f) transição para as ciências sociais. A penúltima parte praticamente não foi trabalhada por Engels.

As linhas básicas do plano determinam a seguinte ordem dos artigos ou capítulos que compõem a primeira parte da *Dialética da natureza*:

1. Introdução (escrita em 1875-1876);
2. Antigo Prefácio ao *Anti-Dühring*. Sobre a dialética (maio-junho de 1878);
3. A pesquisa da natureza no mundo dos espíritos (início de 1878);
4. Dialética (fim de 1879):
5. Formas básicas do movimento (1880-1881);
6. Medida do movimento – Trabalho (1880-1881);
7. Atrito das marés (1880-1881);
8. Calor (abril – novembro de 1881);
9. Eletricidade (1882);
10. O papel do trabalho na hominização do macaco (junho de 1876).

Na ordem em que foram organizados nos envelopes esses artigos ou capítulos, a sequência do esquema coincide essencialmente com a sequência cronológica. A exceção é o artigo "O papel do trabalho na hominização do macaco", que faz a transição das ciências naturais para as ciências sociais. O artigo "A pesquisa da natureza no mundo dos espíritos" nem sequer está previsto nos esboços do plano elaborado por Engels. Originalmente, Engels queria publicá-lo separadamente em alguma revista e só mais tarde o juntou ao material destinado à *Dialética da natureza*. Nesta edição, ele é posto em

Apresentação do editor da MEW

terceiro lugar, visto que, à semelhança dos dois anteriores, tem importância metodológica geral, e por sua ideia fundamental (a necessidade do pensamento teórico para a ciência empírica da natureza), vincula-se de modo bastante estreito ao "Antigo Prefácio ao *[Anti-]Dühring*".

Quanto aos rascunhos, anotações e fragmentos que compõem a segunda parte da *Dialética da natureza*, a compilação do material existente de acordo com os esboços do plano de Engels leva à seguinte ordenação:

1. Sobre a história da ciência;
2. Ciência da natureza e filosofia;
3. Dialética;
4. Formas de movimento da matéria. Classificação das ciências;
5. Matemática;
6. Mecânica e astronomia;
7. Física;
8. Química;
9. Biologia.

Quando comparamos essas seções de fragmentos com os títulos dos dez artigos da *Dialética da natureza*, o resultado é uma coincidência quase completa da sequência dos artigos com a sequência dos fragmentos. Ao primeiro artigo da *Dialética da natureza* corresponde o primeiro item dos fragmentos; ao segundo e terceiros artigos, o segundo item; ao quarto artigo, o terceiro item; ao quinto artigo, o quarto item; ao sexto e sétimo artigos corresponde o item 6; ao oitavo e nono artigos, o item 7 dos fragmentos. O décimo artigo não possui item correspondente nos fragmentos.

No interior de cada um dos itens, os fragmentos são ordenados de acordo com o princípio temático. No início estão os fragmentos dedicados a questões mais gerais e, em seguida, os fragmentos que tratam de questões específicas. No item "Da história da ciência", os fragmentos foram organizados em sequência histórica, desde o surgimento das ciências entre os povos antigos até os contemporâneos de Engels. No item "Dialética", vêm primeiro as anotações dedicadas a questões gerais da dialética e às leis fundamentais da dialética e, em seguida, as anotações que se referem à chamada dialética subjetiva. Cada item dos fragmentos termina, quando possível, com os fragmentos que servem de transição para o item seguinte.

Nenhum material da *Dialética da natureza* foi publicado durante a vida de Engels. Após a sua morte foram publicados dois artigos pertencentes a essa obra: "O papel do trabalho na hominização do macaco" (em 1896, na revista *Die Neue*

Zeit) e "A pesquisa da natureza no mundo dos espíritos" (no *Illustrierten Neuen Welt-Kalender für das Jahr 1898*). O conteúdo completo da *Dialética da natureza* foi publicado pela primeira vez em 1925 na União Soviética em língua alemã, com tradução para o russo. Nas edições posteriores, a decifração do manuscrito foi revisada e o material foi ordenado de forma mais fiel à original. As edições posteriores mais importantes foram as edições em língua original em 1935 (Karl Marx e Friedrich Engels, *Gesamtausgabe*, Berlim, Dietz, 1935; e Friedrich Engels, "Herrn Eugen Dührings Umwälzung der Wissenschaft. – Dialektik der Natur. 1873-1882", edição especial pelo 40º aniversário da morte de Friedrich Engels, Moscou/Leningrado, 1935) e a edição russa de 1941, que serviu de modelo para numerosas edições em diversos países do mundo.

[Plano de 1878]

1) Introdução histórica: a concepção metafísica se tornou inviável na ciência natural pelo desenvolvimento da própria ciência.
2) Percurso do desenvolvimento teórico na Alemanha desde Hegel (antigo prefácio). O retorno à dialética se efetua de modo inconsciente e, por isso, contraditório e lento.
3) A dialética como ciência da interconexão global. Leis principais: transformação da quantidade em qualidade – compenetração recíproca das oposições polares e transformação de uma na outra quando levadas ao extremo – desenvolvimento mediante a contradição ou a negação da negação – a forma espiralada de desenvolvimento.
4) Nexo entre as ciências. Matemática, mecânica, física, química, biologia. Saint-Simon (Comte) e Hegel.
5) *Aperçus* [estudos] sobre cada uma das ciências e seu conteúdo dialético:

   1) Matemática: recursos auxiliares e expressões da dialética – o infinito matemático realmente ocorrendo.

   2) Mecânica celeste – agora dissolvida em um *processo*. – Mecânica: partindo da *inertia* [inércia], que é apenas a expressão negativa da indestrutibilidade do movimento.

   3) Física – passagens dos movimentos moleculares de um para o outro. Claus[ius] e Loschmidt.

   4) Química: teorias. Energia.

   5) Biologia. Darwinismo. Necessidade e contingência.
6) Os limites do conhecimento. Du Bois-Reymond e Nägeli. – Helmholtz, Kant, Hume.
7) A teoria mecânica. Haeckel.
8) A alma plastidular – Haeckel e Nägeli.

Friedrich Engels – Dialética da natureza

9) Ciência e doutrina. – Virchow.
10) O Estado celular – Virchow.
11) Política e teoria social darwinistas – Haeckel e Schmidt. Diferenciação do ser humano pelo *trabalho*. – Aplicação da economia à ciência da natureza. *Trabalho*, de Helmholtz (*Pop[uläre wissenschaftliche Vorträge]*, v. II).

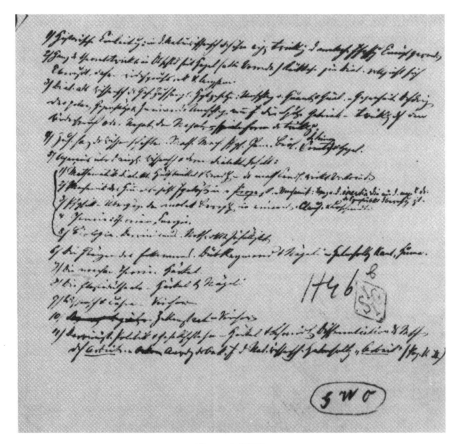

Plano de 1878.

[Introdução histórica]

[Aspectos históricos][1]

A ciência natural moderna – a única que pode ser tratada como ciência em comparação com as intuições geniais dos gregos e as investigações desconexas e esporádicas dos árabes – começa naquela portentosa época que deu cabo do feudalismo pela burguesia, que, no pano de fundo da luta entre burgueses citadinos e nobreza feudal, revelou o camponês rebelde e, por trás do camponês, os primórdios revolucionários do proletariado moderno, já com a bandeira vermelha na mão e o comunismo nos lábios; [uma época] que criou as grandes monarquias da Europa, deu cabo da ditadura espiritual do papa, conjurou a Antiguidade grega e, com ela, o desenvolvimento máximo da arte do novo tempo, rompeu os limites do antigo orbe e, pela primeira vez, descobriu de fato a Terra. Foi a maior revolução presenciada na Terra até então. A ciência natural também viveu e atuou nessa revolução, foi revolucionária do começo ao fim, andou de mãos dadas com o despertar da filosofia dos grandes italianos e supriu as fogueiras e as prisões com seus mártires. É sintomático que tanto protestantes quanto católicos tenham competido em termos de perseguição – aqueles queimaram [Miguel] Serveto, estes Giordano Bruno. Foi uma época que precisou de gigantes e produziu gigantes, gigantes em erudição, espírito e caráter, a época que os franceses denominaram corretamente Renascença e que a Europa protestante chamou unilateralmente e tacanhamente de Reforma.

Naquele tempo, a ciência natural também fez a sua declaração de independência, que, no entanto, não aconteceu logo no início, do mesmo modo que Lutero não foi o primeiro protestante. A queima da bula papal por Lutero representou no campo religioso o mesmo que a grande obra de Copérnico [representou] no campo da ciência natural; nessa obra, ele

---

[1] Este primeiro fragmento, sem título no manuscrito, é um esboço da introdução apresentada a seguir, p. 37.

lançou o seu desafio à superstição eclesiástica, mas fê-lo timidamente e depois de 36 anos de hesitação, já no leito de morte. A partir daquele momento, a pesquisa da natureza se tornou essencialmente emancipada da religião, embora a discussão completa de todos os detalhes se estenda até hoje e, em muitas cabeças, esteja longe de terminar. Porém, desde então, o desenvolvimento da ciência se deu a passos gigantescos, crescendo, por assim dizer, na proporção do quadrado da distância temporal do seu ponto de partida, quase como se quisesse mostrar ao mundo que, no movimento da floração máxima da matéria orgânica, vale para o espírito humano a lei inversa à que vigora para o movimento da matéria inorgânica.

O primeiro período da ciência natural mais recente se encerra – no campo da matéria inorgânica – com [Isaac] Newton. É o período em que se domina a substância dada, realizando-se grandes coisas no âmbito da matemática, da mecânica e da astronomia, da estática e da dinâmica, especialmente por obra de [Johannes] Kepler e [Galileu] Galilei, a partir dos quais Newton fez suas inferências[2]. Porém, no campo da matéria orgânica, ainda não se avançara além dos rudimentos. Ainda não existia a investigação das formas de vida que se seguiram historicamente uma à outra e tomaram o lugar uma da outra, nem a de suas respectivas condições de vida em mutação – a paleontologia e a geologia. A natureza não era tida nem mesmo como algo que se desenvolve historicamente, como algo que tem sua história no tempo; levava-se em conta tão somente sua expansão no espaço; as diversas formas [de vida] eram apenas agrupadas uma ao lado da outra, não uma após a outra; a história da natureza valia para todos os tempos, do mesmo modo que as órbitas elípticas dos planetas. Toda investigação mais minuciosa das formações orgânicas prescindia dos seus dois principais fundamentos: a química e o conhecimento da estrutura orgânica essencial, a célula[3]. A ciência natural inicialmente revolucionária se deparava com uma natureza inteiramente conservadora, na qual tudo ainda se encontrava hoje como desde o início do mundo e na qual tudo permaneceria até o fim do mundo como fora desde o princípio.

Essa visão conservadora da natureza é sintomática tanto no campo inorgânico quanto no orgânico.

---

[2] A fundamentação da mecânica clássica pelas equações do movimento e da gravitação é mérito sobretudo de Isaac Newton, enquanto as leis do movimento planetário de Johannes Kepler são aplicações específicas delas.

[3] Com a ajuda do microscópio, Robert Hooke descobriu a célula vegetal em 1665. A teoria da formação e da diferenciação das células foi formulada por Matthias Jakob Schleiden e Theodor Schwann, em 1838 e 1839.

Astronomia	Física	Geologia	Fisiologia vegetal	Terapêutica
Mecânica	Química	Paleontologia	Fisiologia animal	Diagnose
Matemática		Mineralogia	Anatomia	

Primeira brecha: [Immanuel] Kant e [Pierre-Simon, marquês de] Lapl[ace]. 2ª: geologia e paleontologia, [Charles] Lyell, desenvolvimento lento. 3ª: química orgânica que produz organismos orgânicos e mostra a validade das leis químicas para os organismos vivos. 4ª: 1842, calor mecânico, [sir William Robert] Grove. 5ª: [Jean-Baptiste Pierre Antoine de Monet, cavaleiro de] Lamarck, célula etc., [Charles] Darwin. (Luta, [Georges Léopold Chrétien Frédéric Dagobert, barão de] Cuvier e [Jean Louis Rodolphe] Agassiz) 6ª: o elemento comparador (expedições científicas a partir de meados do século XVIII) na anatomia, climatologia (isotermos), geografia animal e vegetal, geografia física em geral ([Alexander von] Humboldt), a comparação do material no contexto. Morfologia (embriologia – [Karl Ernst von] Baer).

A antiga teleologia foi para o diabo, mas tem-se agora a firme convicção de que, no seu ciclo perpétuo, a matéria se move em conformidade com leis que, em determinado estágio – ora aqui, ora lá –, necessariamente produz o espírito pensante em seres orgânicos.

A existência normal dos animais é dada nas condições simultâneas em que vivem e às quais se adaptam – as do ser humano, assim que este se diferencia do animal no sentido estrito, nunca antes existiram e deverão ser elaboradas pelo desenvolvimento histórico futuro. O ser humano é o único animal capaz de sair por esforço próprio da condição meramente animal – sua condição normal é condição adequada à sua consciência, *a ser criada por ele mesmo*.

[Introdução][1]

A ciência natural moderna foi a única que logrou implementar um desenvolvimento científico, sistemático e global, em contraposição às intuições geniais dos antigos sobre a filosofia da natureza e às descobertas dos árabes, que foram extremamente importantes, mas esporádicas e, em grande parte, desapareceram sem produzir resultados. A moderna investigação científica da natureza é datada, a exemplo de toda a história mais recente, daquela época portentosa que nós, alemães, de acordo com a desgraça nacional[2] que então se abateu sobre nós, chamamos de Reforma, os franceses chamam de Renascença e os italianos de *Cinquecento*, época que nenhuma dessas denominações é capaz de expressar adequadamente. Trata-se da época que se inicia na segunda metade do século XV. O reinado, apoiando-se nos burgueses citadinos, deu cabo do poder da nobreza feudal e fundou as grandes monarquias assentadas essencialmente no nacionalismo, nas quais se desenvolveram as modernas nações europeias e a moderna sociedade burguesa; os burgueses e a nobreza ainda se engalfinhavam quando a guerra camponesa alemã anunciou profeticamente as futuras lutas de classes, trazendo ao palco não só os camponeses revoltados – o que nada tinha de novo – mas, na esteira deles, os rudimentos do atual proletariado com a bandeira vermelha na mão e a exigência da comunhão de bens

---

[1] Este texto, sem título no manuscrito, constitui o primeiro desenvolvimento mais extenso das anotações sobre a história do conhecimento da natureza e a história da natureza, que toma como ponto de partida as formulações feitas no fragmento anterior (p. 33). No envelope intitulado "Dialética da natureza", ele é chamado de "Introdução antiga". De acordo com o "Plano de 1878", Engels queria iniciar a obra com uma "Introdução histórica" e evidentemente usaria a "Introdução" a seguir para isso.

[2] Referência ao desfecho da guerra dos camponeses da década de 1520 na Alemanha.

Friedrich Engels – Dialética da natureza

e as estátuas antigas desenterradas

literatura Itália França Alemanha música

resultado: domínio da burguesia

a partir da filosofia grega

caráter aventureiro e não burguês da época que funda o domínio burguês, viagens, conhecimento de línguas

nos lábios[3]. Os manuscritos resgatados [antes] da queda de Bizâncio[4], as estátuas antigas desenterradas das ruínas de Roma fizeram surgir diante do Ocidente surpreso um novo mundo, o da Antiguidade grega; à vista dos seus luminares desapareceram os fantasmas da Idade Média; a Itália viveu um florescimento inesperado da arte, que se manifestou como um reflexo da Antiguidade clássica e nunca mais foi alcançado. Na Itália, na França, na Alemanha, surgiu uma nova literatura, a primeira literatura moderna, logo depois a Inglaterra e a Espanha viveram sua idade literária clássica. Os limites do antigo *orbis terrarum* [globo terrestre] foram ultrapassados e a Terra começou a ser propriamente descoberta, lançaram-se os fundamentos para o posterior comércio mundial e a transição do artesanato para a manufatura, que, por sua vez, constituiu o ponto de partida para a grande indústria moderna. A ditadura espiritual da Igreja foi vencida; em sua maior parte, os povos germânicos dispersaram-se de vez e acolheram o protestantismo, enquanto entre os romanos um livre pensamento bem-humorado, emprestado dos árabes e nutrido pela filosofia grega recém-descoberta, criava raízes e preparava o materialismo do século XVIII.

Foi a maior revolução progressista já vivida pela humanidade até então, uma era que precisou de gigantes e gerou gigantes, gigantes na capacidade de pensar, na paixão e no caráter, gigantes em versatilidade e erudição. Os homens que fundaram o moderno domínio da burguesia eram

---

[3] Sobre isso, ver Friedrich Engels, *Der deutsche Bauernkrieg* (MEGA 2 I/10) [ed. bras.: *As guerras camponesas na Alemanha*, trad. equipe da editora, São Paulo, Grijalbo, 1977].

[4] Ainda antes da queda de Bizâncio (ocorrida em 1453), alguns humanistas italianos, como Guarino Veronese, Giovanni Aurispa e Francesco Filelfo, trazem da Grécia numerosos manuscritos, preservando-os assim da destruição. Em meados do século XV, boa parte da literatura grega nas áreas da filosofia, da história e da poesia é traduzida para o latim, principalmente em Florença (Marsílio Ficino e Pico della Mirandola), Roma (Enea Silvio, Poggio Bracciolini, Filelfo e Lorenzo Valla) e Pádua (Pietro Pomponazzi). Humanistas alemães e holandeses também participaram da missão de traduzir os autores gregos e latinos clássicos: Erasmo de Roterdã, Rodolfo Agrícola, Johann Reuchlin e Willibald Pirckheimer. A emigração e a fuga de eruditos gregos para o Ocidente quando Bizâncio foi tomada pelos turcos em 1453 fizeram com que voltassem a ser conhecidos sobretudo os escritos de Platão, Aristóteles e Epicuro.

Introdução histórica

tudo menos burgueses tacanhos. Ao contrário, o caráter aventureiro da época os bafejou em maior ou menor medida. Naquela época, não houve praticamente nenhum homem importante que não tivesse feito longas viagens, que não falasse quatro ou cinco idiomas, que não brilhasse em várias especialidades. Leonardo da Vinci foi não só um grande pintor mas também um grande matemático, um grande mecânico e um grande engenheiro, ao qual os mais diversos ramos da física devem importantes descobertas; Albrecht Dürer foi pintor, calcogravurista, escultor, arquiteto, e ainda inventou um sistema de fortificação cujas ideias foram retomadas muito tempo depois por [Marc-René de] Montalembert e pela fortificação alemã mais recente. Maquiavel foi estadista, historiador, poeta e, ao mesmo tempo, o primeiro escritor militar digno de menção da época mais recente. Lutero lavou o estábulo de Áugias[5] não só da Igreja mas também da língua alemã, criou a prosa alemã moderna[6] e compôs texto e melodia daquele coral convicto da vitória que se tornou a Marselhesa do século XVI[7]. É que os protagonistas daquele tempo ainda não haviam sido escravizados pela divisão do trabalho, cujo efeito limitante e unilateral percebemos com grande frequência em seus sucessores. Mas é particularmente próprio deles que quase todos tenham vivido e atuado no movimento da época, na luta prática, tomando partido e participando da luta, seja com a palavra e a escrita, seja com a espada, alguns com ambas. Daí a plenitude e a força de caráter que fazem deles homens íntegros. Estudiosos trancados em seu escritório são exceção: ou eram pessoas do segundo e terceiro escalões ou filisteus precavidos que não queriam se arriscar.

Naquele tempo, a investigação científica da natureza também se movia em meio à revolução generalizada, e do começo ao fim ela própria foi revolucionária, pois tinha de conquistar seu direito à existência. De mãos dadas com os grandes italianos, dos quais se data a filosofia mais recente, ela alimentou as fogueiras e os cárceres da Inquisição com seus mártires.

---

[5] Mitologia grega: referência a um dos doze trabalhos impostos a Hércules, limpar o estábulo do rei Áugias de Eleia.

[6] Lutero deu uma contribuição decisiva para a criação da prosa alemã moderna com a sua tradução da Bíblia para o alemão. A primeira tradução completa da Bíblia em língua alemã foi publicada em 1534 e, até 1546, ano da morte de Lutero, teve dez reedições.

[7] Referência ao canto coral "Ein feste Burg ist unser Gott" [Nosso Deus é castelo forte], que Heinrich Heine chamou de "hino de Marselha da Reforma" ("Zur Geschichte der Religion und Philosophie in Deutschland, em *Der Salon*, v. 2 (Hamburgo, Hoffmann und Campe, 1835), p. 80). Mais tarde, Engels chama o coral luterano de "Marselhesa da guerra dos camponeses" (carta a Hermann Schlüter, de 15 de maio de 1885).

É sintomático que os protestantes se tenham antecipado aos católicos na perseguição à livre investigação científica da natureza. Calvino mandou Serveto para a fogueira quando ele estava prestes a descobrir o trajeto da circulação sanguínea, com o requinte de tê-lo mantido vivo, assando por duas horas; a Inquisição pelo menos se contentou em simplesmente queimar Giordano Bruno[8].

O ato revolucionário pelo qual a investigação científica da natureza declarou sua independência e, de certo modo, repetiu Lutero queimando a bula papal[9] foi a publicação da obra imortal com a qual Copérnico, mesmo timidamente e já em seu leito de morte, desafiou a autoridade eclesiástica para o duelo a respeito das coisas naturais[10]. Foi naquela data que a pesquisa da natureza começou a se emancipar da teologia, embora a discussão sobre demandas recíprocas particulares se arraste até hoje e em algumas cabeças não esteja nem perto de chegar a uma conclusão. Porém, a partir daquele momento, o desenvolvimento das ciências avançou a passos largos e ganhou força, pode-se dizer que na proporção do quadrado da distância (temporal) de seu ponto de partida. É como se a intenção fosse demonstrar que, dali por diante, valeria para o sumo produto da matéria orgânica, ou seja, para o espírito humano, a lei inversa à do movimento vigente para a matéria inorgânica.

A tarefa principal nesse primeiro período recém-iniciado da ciência natural era dar conta do material mais imediato. Na maioria das disciplinas, foi preciso partir do material bruto. A Antiguidade deixara como legado Euclides e o sistema solar ptolemaico; os árabes, a notação decimal, os rudimentos da álgebra, os números modernos e a alquimia; a Idade Média cristã, absolutamente nada. Nessas condições, a ciência mais elementar da

---

[8] O médico e teólogo espanhol Miguel Serveto foi queimado com requintes de crueldade por ordem do reformador João Calvino em 1553, em Genebra. Giordano Bruno foi queimado pela Inquisição católica em 1600, depois de passar oito anos na prisão.

[9] Em dezembro de 1520, na cidade universitária de Wittenberg, Martinho Lutero queimou publicamente a bula papal em que era ameaçado de excomunhão caso não retirasse as críticas que fizera à Igreja. O conflito teve início com a publicação de 95 teses acadêmicas em 31 de outubro de 1517, em Wittenberg, para discussão nas universidades.

[10] No dia de seu falecimento, 24 de maio de 1543, Nicolau Copérnico recebeu o primeiro exemplar impresso do seu agora famoso livro *De revolutionibus orbium coelestium* [*Da revolução das órbitas celestes*], no qual fundamentou o sistema heliocêntrico. No prefácio dirigido ao papa Paulo III, ele diz que manteve a obra escondida por quase quarenta anos e só concordou em publicá-la por insistência de seus amigos Nikolaus von Schönberg e Tiedemann Giese.

Introdução histórica

natureza, a mecânica dos corpos terrestres e celestes, assumiu necessariamente a liderança e, ao lado dela e a seu serviço, a descoberta e o aperfeiçoamento dos métodos matemáticos. Nesse campo, realizaram-se coisas grandiosas. Ao final do período marcado por [Isaac] Newton[11] e [Carlos] Lineu[12], encontramos os ramos da ciência de certa maneira finalizados. Os métodos matemáticos mais essenciais foram fixados em seus traços básicos; a geometria analítica primorosamente por [René] Descartes[13], os logaritmos por Neper[14], o cálculo diferencial e integral por [Gottfried Wilhelm von] Leibniz e talvez Newton[15]. O mesmo vale para a mecânica dos corpos fixos, cujas leis principais foram esclarecidas de uma vez por todas[16]. Por fim, na astronomia do sistema solar, Kepler descobriu as leis do movimento planetário[17] e Newton as formulou sob as leis universais do movimento da matéria. Os demais ramos da ciência natural estavam muito distantes até mesmo de uma finalização provisória como essa. A mecânica dos corpos líquidos e gaseiformes foi elaborada somente mais

---

[11] Em sua obra *Philosophiae naturalis principia mathematica* (nova ed., Glasgow, John Wright, 1822, 4 v. [ed. bras.: *Princípios matemáticos de filosofia natural*, trad. André Koch Assis e Fábio Duarte Joly, São Paulo, Edusp, 2012]), Isaac Newton, partindo da teoria de Copérnico, fundamenta a mecânica como teoria dinâmica unitária para a Terra e o cosmo, como síntese das leis do movimento dos planetas de Kepler e dos conhecimentos de Galilei sobre o movimento das massas terrestres.

[12] Com sua obra *Systema naturae, sive Regna tria naturae systematice proposita per classes, ordines, genera et species* (Leiden, J. Haak, 1735), Carlos Lineu criou o primeiro sistema botânico completo, em que fez uma reordenação dos reinos mineral e animal, resultado de 220 anos de esforços em torno da formulação de princípios válidos de classificação das múltiplas formas da vida vegetal e animal. Ele introduziu a nomenclatura binária e agrupou todos os organismos em categorias hierarquizadas (espécies, gêneros, ordens, classes, reinos).

[13] René Descartes tem importância fundamental para a ciência do século XVII. Deu sua contribuição não só como filósofo mas também como matemático e físico. Na matemática, fundamentou a geometria analítica.

[14] Trata-se do escocês John Napier, que publicou em 1614, em Edimburgo, uma tabela de logaritmos que rapidamente se disseminou.

[15] Hoje está praticamente assegurado que Gottfried Wilhelm von Leibniz e Isaac Newton inventaram o cálculo diferencial e integral, baseados nos trabalhos de muitos antecessores, entre os quais Galileu Galilei, Christiaan Huygens, Pierre de Fermat, Bonaventura Cavalieri e Isaac Barrow. Leibniz foi o primeiro a publicar, embora anos antes Newton já dispusesse dos cálculos.

[16] Essas leis principais são os três axiomas de Newton que fundamentam toda a mecânica clássica.

[17] Referência às três leis de Kepler, publicadas em *Astronomia nova* (Praga, 1609) e *Harmonices mundi* (Linz, 1619).

Torricelli por ocasião da contenção dos rios alpinos[18] para o fim desse período. A física propriamente dita ainda não passara da fase rudimentar, com exceção da óptica, cujos progressos excepcionais foram provocados pela necessidade prática da astronomia. A química acabara de se emancipar da alquimia por meio da teoria flogística[19]. A geologia ainda não ultrapassara o estágio embrionário da mineralogia; portanto, a paleontologia ainda não podia existir. Por fim, a área da biologia ainda se ocupava essencialmente da coleta e do primeiro exame da quantidade colossal de material tanto do campo da botânica e da zoologia como do campo da anatomia e do campo propriamente fisiológico. Pratica-

Ainda não se falava de anatomia comparativa, distribuição climat[ológica], geografia animal e vegetal mente não se podia falar ainda de comparação das formas de vida, de investigação de sua disseminação geográfica, de suas condições de vida climatológicas etc. Nessa altura, apenas a botânica e a zoologia chegaram a uma finalização aproximada com Lineu.

Uma característica especial desse período é a elaboração de uma concepção global singular, cujo núcleo é constituído pela ideia *da imutabilidade absoluta da natureza*. Como quer que a própria natureza tenha passado a existir, uma vez existente, permaneceria igual enquanto existisse. Os planetas e seus satélites, uma vez postos em movimento pelo misterioso "primeiro impulso", girariam sem parar por toda a eternidade nas elipses que lhes foram prescritas, ou até que todas as coisas tivessem um fim. As estrelas pairariam para sempre fixas e imóveis em seus lugares, sustentando-se umas às outras pela "gravitação universal". A Terra sempre, ou desde sua criação, permaneceu a mesma sem nenhuma alteração. As atuais "cinco

---

[18] Ver sobre isso carta de Engels a Walther Borgius, de 25 de janeiro de 1894: "Se a técnica, como o sr. diz, depende em grande parte do estado da ciência, então esta depende muito mais do *estado* e das *necessidades* de técnica. Se a sociedade tem uma necessidade técnica, isso faz a ciência avançar muito mais do que dez universidades. Toda a hidrostática (Torricelli etc.) foi suscitada pela necessidade de regular as torrentes nas montanhas da Itália nos séculos XVI e XVII. Só passamos a saber algo racional a respeito da eletricidade desde que se descobriu sua aplicabilidade técnica. Na Alemanha, infelizmente o pessoal se habituou a escrever a história das ciências como se elas tivessem caído do céu".

[19] A teoria do flogisto foi fundamentada em torno de 1700 por Georg Ernst Stahl e dizia que todos os materiais inflamáveis contêm uma substância imponderável que abandona o material durante a queima. Essa teoria serviu de base para o desenvolvimento da química no século XVIII e só foi superada no final do mesmo século por Antoine-Laurent de Lavoisier, quando este descobriu que a queima é produzida pela ligação de oxigênio com outros materiais.

Introdução histórica

partes do mundo" sempre existiram, sempre com os mesmos montes, vales e rios, o mesmo clima, a mesma flora e a mesma fauna, a não ser que tenha ocorrido alguma mudança ou transplante por obra humana. As espécies vegetais e animais foram fixadas definitivamente em sua gênese, gerando constantemente seres iguais a elas, e já foi uma grande coisa quando Lineu admitiu que aqui e ali possivelmente se poderiam criar novas espécies por cruzamento. Em contraposição à história da humanidade, que se desenvolve no tempo, atribuiu-se à história da natureza apenas um desdobramento no espaço. Negava-se toda mudança, todo desenvolvimento na natureza. A ciência da natureza, no início tão revolucionária, deparou-se subitamente com uma natureza completamente conservadora, na qual tudo era ainda como fora desde o início e na qual – até o fim do mundo ou por toda a eternidade – tudo deveria permanecer como era desde o começo.

É certo que a ciência da natureza da primeira metade do século XVIII se encontrava muito acima da Antiguidade grega em termos de conhecimento e até do exame do seu material, mas encontrava-se na mesma proporção abaixo dela em termos de domínio intelectual, em termos de concepção universal da natureza. Para os filósofos gregos, o mundo era, em essência, algo derivado do caos, algo que se desenvolveu, algo que veio a ser. Para os pesquisadores da natureza do período que abordamos aqui, ele era algo calcificado, algo imutável e, para a maioria, algo que fora feito de uma só vez. A ciência ainda estava profundamente atrelada à teologia. Em toda parte procura e encontra como coisa última um impulso de fora que não pode ser explicado pela própria natureza. Mesmo que a força de atração, batizada pomposamente por Newton de gravitação universal, tenha sido concebida como propriedade essencial da matéria, de onde vem a inexplicável força tangencial essencial para dar existência às órbitas planetárias? Como surgiram as inúmeras espécies vegetais e animais? E como foi que surgiu o ser humano, do qual se tinha como certo que não existira desde a eternidade? A esse tipo de perguntas a ciência da natureza respondeu muito frequentemente responsabilizando o Criador de todas as coisas por tudo isso. No início do período, Copérnico manifestou sua rejeição da teologia; Newton finaliza o período com o postulado do primeiro impulso divino. A ideia universal mais elevada a que essa ciência da natureza se alçou foi a de que as instalações da natureza são adequadas a um fim,

dificuldades com o ser humano que não existiu desde a eternidade

Copérnico escreve a carta de dispensa à teol[ogia] e Newton termina com o postulado do impulso divino teleologia

O conhecimento da antiga concepção da natureza proporcionou a base para a constituição geral da ciência da natureza como um todo: a encicl[opédia] franc[esa], primeiro mecanicamente um ao lado do outro, em seguida simultaneamente Saint-Simon e filosofia natural alemã, consumação por Hegel

a teleologia rasa de [Christian von] Wolff[20], segundo a qual os gatos foram criados para devorar os ratos, os ratos para serem devorados pelos gatos e toda a natureza para ostentar a sabedoria do Criador. À filosofia daquela época cabe a suprema honra de não se ter deixado demover de seu propósito pelo estado limitado dos conhecimentos sobre a natureza de seu tempo, de ter insistido – de Espinosa até os grandes materialistas franceses – em explicar o mundo a partir de si mesmo e deixar a cargo da ciência natural do futuro apresentar a justificativa detalhada disso.

Ainda incluo os materialistas do século XVIII nesse período porque eles não tiveram acesso a outro material das ciências naturais além do descrito anteriormente. O escrito de Kant que marcou época[21] permaneceu um mistério para eles e [Pierre-Simon, marquês de] Laplace veio muito tempo depois[22]. Não esqueçamos que essa concepção ultrapassada da natureza, embora trincada em todos os cantos pelo progresso da ciência, predominou em toda a primeira metade do século XIX e até hoje o essencial dela ainda é ensinado em todas as escolas*.

---

[20] Sobre a teleologia de Christian von Wolff, ver Georg Wilhelm Friedrich Hegel, *Vorlesungen über die Geschichte der Philosophie*, v. 3 (org. Karl Ludwig Michelet, Berlim, Duncker und Humblot, 1833-1836),p. 473-81.

[21] Immanuel Kant, *Allgemeine Naturgeschichte und Theorie des Himmels* (Königsberg, J. F. Petersen, 1755).

[22] Pierre-Simon, marquês de Laplace, matemático e astrônomo francês, desenvolveu sua cosmogonia em 1796.

* Quando, ainda em 1861, podia ser inabalável a fé nessa concepção da parte de um homem cujas realizações científicas forneceram material sumamente significativo para sua eliminação, como evidenciado pelas seguintes palavras clássicas: "Todas [as disposições no sistema do nosso Sol visam, na medida em que somos capazes de discerni-las, à conservação do existente e à duração inalterável. Do mesmo modo que nenhum animal e nenhuma planta da Terra se tornaram mais perfeitos desde os tempos mais antigos nem se modificaram de modo geral, do mesmo modo que constatamos em todos os organismos apenas gradações *lado a lado* e não *um após o outro*, do mesmo modo que nosso gênero permaneceu sempre o mesmo no que se refere ao corpo, assim também nem a maior multiplicidade dos corpos coexistentes no mundo nos autorizará a supor que essas formas sejam apenas diferentes etapas do desenvolvimento; pelo contrário, tudo que foi criado é *igualmente* perfeito] em si" ([Johann Heinrich von] Mädler, *[Der Wunderbau des Weltalls, oder] pop[uläre] Astr[onomie]* [5. ed., Berlim, Carl Heymann, 1861], p. 316).

Introdução histórica

O primeiro tiro a abrir um furo nessa concepção de mundo petrificada não foi dado por um pesquisador da natureza, mas por um filósofo. Em 1755, veio a público a *História geral da natureza e teoria do céu*, de Kant[23]. A questão do primeiro impulso foi descartada; a Terra e todo o sistema solar apareceram como *algo que veio a ser* no decorrer do tempo. Se a grande maioria dos pesquisadores da natureza tivesse tido um pouco menos de aversão ao pensamento que Newton expressou com a advertência: "Física, cuidado com a metafísica!", eles deveriam ter tirado conclusões dessa singular descoberta genial de Kant que lhes poupariam descaminhos sem fim, quantidades imensuráveis de tempo e trabalho desperdiçados em rumos errados. Pois a descoberta de Kant continha o nascedouro de todo o progresso posterior. Sendo a Terra algo que veio a ser, sua condição geológica, geográfica e climática atual, suas plantas e seus animais teriam igualmente de ser coisas que vieram a ser, ou seja, deviam ter uma história não só lado a lado no espaço mas também sequencialmente no tempo. Se imediata e resolutamente se tivessem posto a pesquisar nessa direção, a ciência da natureza teria chegado bem mais longe do que está agora. Mas o que de bom poderia vir da filosofia? O escrito de Kant não trouxe resultados imediatos até que, muitos anos depois, Laplace e [John Frederick William] Herschel detalharam e fundamentaram melhor seu conteúdo, desse modo dando aos poucos o devido valor à "hipótese nebular"[24]. Descobertas ulteriores acabaram por lhe dar razão; as mais importantes dentre elas foram o movimento próprio das estrelas fixas, a comprovação da existência de um meio de resistência no espaço sideral e a

foi só então que até mesmo Kant entendeu o retardo na rotação da Terra causado pela maré

movimento das estrelas fixas – análise espectral, nebulosas, meio de resistência do espaço cósmico

---

[23] Immanuel Kant, *Allgemeine Naturgeschichte und Theorie des Himmels*, cit.
[24] Poucos exemplares da primeira edição do escrito supracitado de Kant foram publicados (em 1755), segundo dizem, por motivo de falência da editora. Maior difusão do escrito só veio a ocorrer em 1763 e 1791, quando foram publicados excertos dele com outras publicações, uma das quais de Friedrich Wilhelm Herschel, *Drei Abhandlungen über den Bau des Himmels* (trad. G. M. Sommer, Königsberg, 1791). Só em 1799 saiu uma segunda edição completa da obra de Kant. Contribuíram para a sua divulgação Johann Gottfried Herder, *Ideen zur Philosophie der Geschichte der Menschheit*, t. 1-4 (Riga, J. F. Hartknoch, 1785-1792), e Alexander von Humboldt, *Kosmos. Entwurf einer physischen Weltbeschreibung*, v. 1 (Stuttgart, J. G. Cotta, 1845).

comprovação, por meio da análise espectral, da identidade química da matéria cósmica e da existência de massas de névoa incandescente, do tipo pressuposto por Kant.

Porém, é permitido duvidar que a maioria dos pesquisadores da natureza se tivesse dado conta assim tão cedo da contradição de uma Terra em mutação que carrega em si organismos imutáveis, se a concepção de que a natureza não *é*, mas *torna-se* e *desfaz-se*, não tivesse obtido reforço de outra parte. A geologia surgiu e não só exibiu camadas geológicas que se formaram uma após a outra e uma sobre a outra como também [expôs], dentro dessas camadas, carapaças e esqueletos conservados de animais extintos, troncos, folhas e frutos de plantas que não existiam mais. Era preciso tomar a decisão de reconhecer que não só a Terra como um todo mas também a sua superfície atual e as plantas e os animais que nela viviam tiveram uma história temporal. No início, esse reconhecimento aconteceu com bastante má vontade. A teoria de Cuvier referente às revoluções da Terra era revolucionária em termos de fraseologia e reacionária em termos de conteúdo[25]. Ele substituiu o ato único de criação por toda uma série de atos de criação que se repetiam, transformando o milagre em alavanca essencial da natureza. Lyell foi o primeiro a pôr juízo na geologia, colocando no lugar das revoluções repentinas provocadas pelos caprichos do Criador os efeitos gradativos de uma transformação lenta da Terra*[26].

e se desfaz

nenhuma interconexão além da contingência

---

[25] Baseado em investigações empíricas (comparação de camadas geológicas distintas e dos respectivos fósseis), Cuvier constatou uma mudança descontínua das espécies. Para explicar isso, ele propôs que catástrofes locais tenham extinguido espécies e a migração tenha trazido novas espécies para aquele lugar. Ver Georges Cuvier, *Discours sur les révolutions sur la surface du globe. Recherches sur les ossements fossiles* (6. ed., Paris, E. d'Ocagne, 1830).

* A deficiência da concepção de Lyell – pelo menos na sua forma inicial – foi ter concebido como constantes as energias que exercem influência sobre a Terra, constantes em termos de qualidade e quantidade. O resfriamento da Terra não existe para ele; a Terra não se desenvolve em determinada direção; ela se modifica apenas de maneira desconexa e casual.

[26] Ver Charles Lyell, *Principles of Geology, Being an Attempt to Explain the Former Changes of the Earth's Surface, by Reference to Causes Now in Operation*, v. 1-3 (Londres, J. Murray, 1830-1833). Essa obra serviu de ponto de partida para Charles Darwin.

Introdução histórica

A teoria de Lyell era ainda mais incompatível com a suposição de espécies orgânicas constantes do que todas as suas antecessoras. A transformação gradativa da superfície da Terra e de todas as condições de vida levava diretamente à transformação gradativa dos organismos e sua adaptação ao entorno em mutação, à mutabilidade das espécies. Porém, a tradição é uma potência não só na Igreja católica mas também na ciência natural. O próprio Lyell por muitos anos não viu a contradição e seus alunos muito menos. Isso só se explica pela divisão do trabalho que entrementes se tornara predominante na ciência natural; essa divisão do trabalho restringiu cada qual à sua especialidade e só não conseguiu privar alguns poucos da visão do conjunto. *a explicar pela divisão do trabalho*

Nesse meio-tempo, a física fizera enormes progressos, cujos resultados foram sintetizados quase simultaneamente por três diferentes autores em 1842, data que marcou época para esse ramo da pesquisa da natureza. [Julius Robert von] Mayer[27] em Heilbronn e [James Prescott] Joule[28] em Manchester demonstraram a conversão de calor em energia mecânica e de energia mecânica em calor. A constatação do equivalente mecânico do calor tornou esse resultado inquestionável. Ao mesmo tempo, Grove[29] – que não era pesquisador da natureza por profissão, mas um advogado inglês – comprovou, mediante o simples processamento dos resultados físicos individuais já obtidos, o fato de que todas as assim chamadas energias físicas, a energia mecânica, o calor, a luz, a eletricidade, o magnetismo e até a assim *Helmholtz*[30]

---

[27] Em 1842, Julius Robert Mayer publicou seu artigo "Bemerkungen über die Kräfte der unbelebten Natur", *Annalen der Chemie und Pharmacie*, Leipzig, v. 42, 1842, p. 233-40, considerado o primeiro documento escrito contendo o teorema da energia de Mayer.

[28] Em 1843, James Prescott Joule publicou os resultados de seus experimentos num comunicado intitulado "On the Calorific Effects of Magneto-Electricity, and the Mechanical Value of Heat", *Report of the 13. Meeting of the British Association for the Advancement of Science*, Cork, August 1843 (Londres, J. Murray, 1844).

[29] William Robert Grove, *The Correlation of Physical Forces* (3. ed., Londres, Longman, 1855). Depois de se formar em direito, Grove se dedicou à investigação dos elementos galvânicos, lecionando física na London Institution de 1840 a 1847.

[30] Ver Hermann Helmholtz, *Über die Erhaltung der Kraft, eine physikalische Abhandlung* (Berlim, G. Reimer, 1847), apresentado à Sociedade Física de Berlim em 23 de julho de 1847.

As forças chegam à unidade no movimento da matéria, abolida a contingência de que existem tantas e tantas forças, introduzida a unidade na cosmovisão física em consonância com os resultados gerais da pesquisa: ciclo perpétuo

chamada energia química, sob determinadas condições, convertem-se uma na outra, sem que ocorra qualquer perda de energia, confirmando assim *a posteriori* pela via da física a tese de Descartes de que a quantidade de movimento existente no mundo é imutável. Desse modo, as energias físicas específicas, por assim dizer, as "espécies" imutáveis da física, haviam sido dissolvidas em formas de movimento da matéria que se diferenciavam de vários modos e se convertiam umas nas outras segundo leis determinadas. A contingência da existência destas e daquelas energias físicas foi eliminada da ciência mediante a comprovação de suas interconexões e passagens de uma para a outra. A exemplo do que já acontecera na astronomia, a física chegara a um resultado que necessariamente, e em última análise, apontava para o ciclo perene da matéria em movimento.

O desenvolvimento prodigiosamente rápido da química desde [Antoine Laurent de] Lavoisier e especialmente desde [John] Dalton atacou as velhas concepções sobre a natureza por outro lado. Mediante a produção por vias inorgânicas de compostos químicos até então gerados apenas em organismos vivos[31], ele comprovou que as leis da química para os corpos orgânicos têm a mesma validade que para os inorgânicos, e aterrou boa parte do fosso entre natureza inorgânica e natureza orgânica, considerado perpetuamente intransponível ainda por Kant[32].

Por fim, fora coletado tanto material no campo da pesquisa biológica, principalmente nas viagens e expedições sistematicamente empreendidas a partir de meados do século passado, na exploração mais minuciosa das colônias europeias em todos os continentes por especialistas que viviam no local, bem como com os progressos da paleontologia, da anatomia e da fisiologia como um todo (especialmente a partir do uso sistemático do microscópio e da descoberta da célula)[33], que a

---

[31] Engels destacou como pioneira nessa área a síntese da ureia por Friedrich Wöhler em 1828. Ver adiante, p. 102.

[32] Immanuel Kant, *Crítica da faculdade de julgar* (trad. Daniela Botelho Guedes, São Paulo, Ícone, 2009), §75: Kant fundamenta sua concepção de que nem mesmo a geração de um talo de grama poderia ser explicada segundo as leis naturais sem se recorrer a uma intenção ordenadora, e que um Newton que conseguisse fazer isso jamais ressuscitaria.

[33] Embora o microscópio já tivesse sido usado no século XVII (Robert Hooke descobriu a célula em 1665, Antoni van Leeuwenhoek o espermatozoide em 1677 e as bactérias em 1683 etc.), o trabalho científico sistemático com esse aparelho só começou realmente no início do século XIX. Matthias Jakob Schleiden, o cofundador

Introdução histórica

aplicação do método comparativo se tornou possível e, ao mesmo tempo, necessária. Por um lado, a geografia física comparativa permitiu constatar as diferentes floras e faunas e, por outro, foram comparados entre si os diferentes organismos segundo seus órgãos homólogos, e mais precisamente não só em seu estado maduro mas em todos os estágios do seu desenvolvimento. Quanto mais profunda e exata foi a execução dessa investigação, tanto mais escorreu por entre seus dedos aquele sistema estático de uma natureza orgânica fixada de modo imutável. Não foi só o fato de que uma quantidade cada vez maior de espécies de plantas e animais se diluíam irremediavelmente umas nas outras, mas também emergiram animais, como o anfioxo e a lepidossirene[34], que desafiaram todas as classificações feitas até ali, e, por fim, foram encontrados organismos, dos quais não se conseguia dizer se pertenciam ao reino vegetal ou ao reino animal. As lacunas do arquivo paleontológico se iam preenchendo e impunham até ao mais renitente o paralelismo contundente que existe entre a história do desenvolvimento do mundo orgânico em termos gerais e a história do organismo individual, o fio de Ariadne que deveria apontar para a saída do labirinto em que a botânica e a zoologia pareciam estar cada vez mais perdidas. Foi sintomático que, quase simultaneamente ao ataque de Kant à eternidade do sistema solar, C[asper] F[riedrich] Wolff deflagrou, em 1759, o primeiro ataque

Embriologia

Ceratodus[35]. *Idem o archaeopteryx etc.*[36]

---

da teoria da célula, atribuiu esse atraso à aversão de Lineu e de sua escola ao microscópio (*Die Pflanze und ihr Leben. Populäre Vorträge*, Leipzig, Engelmann, 1848, p. 29-34).

[34] O *Amphioxus lanceolatus* é um cefalocordado, chamado de peixe-lanceta, um pequeno animal (5 cm) parecido com um peixe que ocorre em diversos oceanos e mares e é visto como forma de transição entre os invertebrados e os vertebrados. O *Lepidosiren paradoxa* é um peixe pulmonado ósseo encontrado na Bacia Amazônica que passa boa parte de sua vida fora da água.

[35] Peixe pulmonado da Austrália que sobe à superfície a cada 30-40 minutos para renovar o ar de suas bexigas natatórias.

[36] O *Archaeopteryx lithografica* é um fóssil considerado a forma de transição do réptil para o pássaro. O primeiro esqueleto foi encontrado em 1860 na Baviera e se tornou uma prova importante para os adeptos do darwinismo.

Protoplasma e célula. O problema do surgimento do orgân[ico]

à constância das espécies e proclamou a teoria da origem comum[37]. Porém, o que no seu caso era ainda apenas uma antecipação genial adquiriu forma consistente em [Lorenz] Oken, [Jean-Baptiste] Lamarck e [Karl Ernst von] Baer[38] e foi executado com sucesso exatos cem anos mais tarde, em 1859, por Darwin[39]. Quase concomitantemente se constatou que protoplasma e célula, que já haviam sido demonstrados como componentes morfológicos últimos de todos organismos, ocorrem como seres vivos autônomos na qualidade de formas orgânicas inferiores. Desse modo, foi reduzido ao mínimo o fosso entre natureza inorgânica e orgânica, bem como eliminada uma das dificuldades mais essenciais que se contrapunha à teoria da origem comum dos organismos. A nova concepção da natureza estava concluída em seus traços básicos: tudo o que havia de estático fora dissolvido, tudo o que havia de fixo fora volatilizado, todo particular que fora tido como perpétuo se tornara transitório, ficou demonstrado que a natureza inteira se movia em constante fluxo e ciclo.

———◆———

E assim retornamos ao modo de ver as coisas dos grandes fundadores da filosofia grega, a saber, que a existência da natureza em sua totalidade, do menor ao maior, dos grãos de areia até os sóis, dos protistas até o ser humano, dá-se no perene surgir e desaparecer, no fluxo incessante, no movimento e na mutação incansáveis. Mas há uma diferença essencial: o que no caso dos gregos era intuição genial, no nosso caso é resultado de pesquisa rigorosamente científica em conformidade com a experiência e, por conseguinte, apresenta-se de forma muito mais determinada e clara. Todavia, a comprovação empírica desse ciclo não é totalmente isenta de

---

[37] Caspar Friedrich Wolff, *Theoria generationis* (Halle, Literis Hendelianis, 1759).

[38] Karl Ernst von Baer é considerado o fundador propriamente dito da embriologia comparativa dos animais.

[39] Charles Darwin, *On the Origin of Species by Means of Natural Selection, or the Preservation of Favoured Races in the Struggle of Life* (Londres, J. Murray, 1859) [ed. bras.: *A origem das espécies*, trad. Daniel Moreira Miranda, São Paulo, Edipro, 2018]. Engels leu esse livro em dezembro de 1859, logo depois de sua publicação (carta de Engels a Marx, de 11 ou 12 de dezembro de 1859). As primeiras observações de Marx sobre o escrito de Darwin são de dezembro de 1860 (carta de Marx a Engels, de 19 de dezembro de 1860; carta de Marx a Ferdinand Lassalle, de 16 de janeiro de 1861).

Introdução histórica

lacunas, mas estas são insignificantes em comparação com o que já foi assegurado e, a cada ano, são paulatinamente preenchidas. E como a comprovação minuciosa poderia não ter lacunas, se ponderarmos que os ramos mais essenciais da ciência – a astronomia transplanetária, a química, a geologia – contam pouco menos de um século de existência científica, o método comparativo na fisiologia pouco menos de cinquenta anos e ainda não faz quarenta anos que se descobriu a célula, que é a forma básica de todo desenvolvimento vital?

———◆———

Do torvelinho de massas de vapor em ebulição desenvolveram-se por contração e resfriamento os inúmeros sóis e sistemas solares da nossa ilha cósmica que faz fronteira com os anéis estelares mais exteriores da Via Láctea. As leis do movimento dessas massas de vapor talvez sejam reveladas depois que as observações de alguns séculos nos trouxerem clareza a respeito do movimento próprio das estrelas. Evidentemente esse desenvolvimento não se deu em toda parte com a mesma velocidade. A astronomia está cada vez mais convicta da existência, em nosso sistema estelar, de corpos negros de natureza planetária e, portanto, também de sóis extintos ([Johann Heinrich von] Mädler)[40]; em contrapartida (segundo [Pietro Angelo] Secchi)[41], uma parte das manchas nebulosas em forma de vapor pertence ao nosso sistema estelar na condição de sóis ainda não prontos, não estando excluída a possibilidade de que outras nebulosas, como afirma Mädler, constituam ilhas cósmicas autônomas distantes, cuja etapa de desenvolvimento relativo terá de ser constatada com o auxílio do espectroscópio.

Laplace demonstrou em detalhes, de maneira até agora não superada, como um sistema solar se desenvolve a partir de uma única massa de vapor; a ciência posterior confirmou pouco a pouco o que ele disse[42].

Nos corpos individuais assim formados – sóis, planetas e satélites –, predomina inicialmente a forma de movimento da matéria que denominamos calor. Não se pode falar de compostos químicos dos elementos nem mesmo numa temperatura própria do Sol atual. Observações permanentes de outros sóis mostrarão em que medida o calor se converte

---

[40] Johann Heinrich von Mädler, *Der Wunderbau des Weltalls, oder populäre Astronomie*, cit.

[41] Angelo Secchi, *Die Sonne. Die wichtigeren neuen Entdeckungen über ihren Bau, ihre Strahlungen, ihre Stellung im Weltall und ihr Verhältnis zu den übrigen Himmelskörpern* (org. H. Schellen, Braunschweig, G. Westermann, 1872).

[42] Pierre-Simon de Laplace, *Exposition du système du monde*, v. 1 (Paris, Cercle-Social, 1795-1796), último capítulo.

em eletricidade ou magnetismo. Agora já se tem como praticamente certo que os movimentos mecânicos que ocorrem na superfície do Sol se devem meramente ao conflito do calor com a gravidade.

Quanto menor o tamanho dos corpos individuais, tanto mais rapidamente eles esfriam. Primeiro os satélites, asteroides e meteoros, como é o caso da nossa Lua, há muito extinta. Os planetas esfriam mais lentamente, sendo os corpos centrais os mais lentos de todos.

O resfriamento progressivo foi trazendo para o primeiro plano a interação das formas físicas de movimento que se convertem umas nas outras, até que finalmente foi atingido o ponto a partir do qual começa a se efetivar a afinidade química, quando os elementos até ali quimicamente indiferenciados passam a se diferenciar quimicamente um após o outro, adquirindo propriedades químicas e combinando-se entre si. Esses compostos se modificam continuamente à medida que a temperatura diminui e influencia de modo diverso não só cada elemento mas também cada combinação de elementos, do que dependeu a transição de uma parte da matéria gaseiforme primeiro para a matéria líquida, depois para o estado sólido com as novas condições criadas desse modo.

A época em que a superfície do planeta foi coberta por uma crosta sólida e por acúmulos de água coincidiu com o momento em que seu calor próprio começou a diminuir em relação ao calor enviado a ela pelo corpo central. Sua atmosfera se tornou palco de fenômenos meteorológicos no sentido que a palavra tem agora para nós, sua superfície se tornou palco de mudanças geológicas, nas quais os sedimentos ocasionados pelas precipitações atmosféricas foram preponderando em comparação com os efeitos cada vez mais tênues causados sobre o exterior pelo núcleo de líquido incandescente.

Quando por fim a temperatura se estabilizou, pelo menos num local de tamanho considerável da superfície, a ponto de não mais ultrapassar os limites em que a proteína é capaz de viver, formou-se o protoplasma vivo sob precondições químicas de resto favoráveis. Hoje ainda não sabemos quais são essas precondições, o que não é de espantar, já que até agora nem a fórmula química da proteína foi estabelecida, ainda nem sabemos quantos organismos proteicos quimicamente diferenciados existem e apenas há cerca de dez anos se conhece o fato de que a proteína totalmente sem estrutura efetua todas as funções essenciais da vida, digestão, excreção, movimento, contração, reação a estímulos, reprodução[43].

---

[43] Referência à hipótese das moneras, formulada por Ernst Heinrich Haeckel, *Generelle Morphologie der Organismen*, v. 1-2 (Berlim, G. Reimer, 1866), p. 179 e p. 199.

Introdução histórica

Podem-se ter levado milênios até se criarem as condições em que se deu o progresso subsequente, quando essa proteína amorfa conseguiu produzir a primeira célula mediante a formação de núcleo e membrana. Porém, essa primeira célula já constituiu a base para a formação de todo o mundo orgânico; como podemos supor com base em toda analogia do arquivo paleontológico, primeiro se desenvolveram inúmeras espécies de protistas acelulares e celulares – o *Eozoon canadense*[44] foi o único a ser transmitido até nós –, dos quais alguns se diferenciaram gradativamente nas primeiras plantas e outros nos primeiros animais. E a partir dos primeiros animais se desenvolveram, essencialmente pela diferenciação continuada, as inúmeras classes, ordens, famílias, gêneros e espécies de animais, por fim aquela forma em que o sistema nervoso chega ao desenvolvimento mais pleno, a dos vertebrados, até chegar àquele vertebrado em que a natureza adquire consciência de si mesma – o ser humano.

O ser humano também surge por diferenciação. Não só individualmente, diferenciando-se de um único óvulo até o mais complexo organismo que a natureza produz, mas também historicamente. Quando finalmente se estabeleceram, depois de um processo milenar, a diferenciação entre mão e pé e o andar ereto, o ser humano se separou do macaco, o que lançou o fundamento para o desenvolvimento da fala articulada e o prodigioso aprimoramento do cérebro, que, desde então, tornou intransponível o fosso entre ser humano e macaco. A especialização da mão significa a *ferramenta* e a ferramenta significa a atividade especificamente humana, a ação transformadora do ser humano sobre a natureza, a produção. Animais no sentido mais específico também têm ferramentas, mas somente como membros do seu corpo – a formiga, a abelha, o castor; animais também produzem, mas sua interferência produtiva na natureza circundante é nula em comparação com a ação desta. O ser humano foi o único que conseguiu imprimir sua marca na natureza, não só transferindo de lugar plantas e animais mas também modificando o aspecto, o clima de seu local de moradia e até plantas e animais, de tal modo que as consequências de sua atividade só poderão desaparecer com a extinção geral do globo terrestre. E ele conseguiu fazer tudo isso em primeira linha e essencialmente por meio da *mão*. Até a máquina a vapor, até agora sua ferramenta mais poderosa para transformar a natureza, baseia-se,

---

[44] Uma forma encontrada no Canadá, originalmente considerada um resquício de organismos muito primitivos. Ver Henry Alleyne Nicholson, *The Ancient Life-History of the Earth* (Edimburgo, W. Blackwood and Sons, 1876), p. 70-1. Em 1878, o zoólogo Karl August Möbius provou que o *Eozoon canadense* é de natureza inorgânica.

enquanto ferramenta, em última análise, na mão. Porém, junto com a mão, desenvolveu-se passo a passo a cabeça, veio primeiro a consciência das condições dos efeitos isolados de utilidade prática e, mais tarde, entre os povos mais favorecidos, brotou daí a noção das leis naturais que os condicionavam. E, com o rápido aumento do conhecimento das leis da natureza, cresceram os meios de ação efetiva sobre a natureza; a mão sozinha jamais teria conseguido fabricar a máquina a vapor, se o cérebro humano não tivesse se desenvolvido com ela, ao lado dela e, em parte, em correlação com ela[45].

Com o ser humano ingressamos na *história*. Os animais também têm história, a de sua ascendência e desenvolvimento gradativo até o seu estado atual, mas essa história é feita para eles e, não obstante eles próprios dela participarem, ela transcorre sem que saibam e queiram. Os humanos, em contraposição, quanto mais se distanciam do animal em sentido estrito, tanto mais eles próprios fazem sua história, com consciência, tanto menor se torna a influência de efeitos imprevistos e forças não controladas sobre essa história, tanto mais precisamente o desfecho histórico corresponde ao fim anteriormente estabelecido. Mas, se aplicarmos esse critério à história humana, inclusive à dos povos mais desenvolvidos do presente, descobriremos que ainda existe uma desproporção colossal entre as metas propostas e os resultados alcançados, que predominam os efeitos imprevistos, que as forças sem controle são muito mais poderosas do que as que foram postas em movimento de acordo com um plano. E isso não poderá ser diferente enquanto exatamente a atividade histórica mais essencial dos humanos, aquela que os alçou da animalidade à humanidade, aquela que constitui a base material de suas outras atividades, a saber, a produção que visa suprir suas necessidades vitais, ou seja, hoje em dia a produção social, estiver sujeita às vicissitudes de interferências não intencionais de forças sem controle e cumprir sua finalidade apenas excepcionalmente, realizando com muito mais frequência exatamente o seu oposto. Nos países industrializados mais avançados, dominamos as forças da natureza e as coagimos a servir aos humanos; assim, multiplicamos ao infinito a produção, de modo que agora uma criança produz mais do que antes produziam cem adultos. E qual é a consequência disso? Aumento de sobretrabalho e aumento da miséria das massas, e a cada dez anos uma grande quebradeira. Darwin não se deu conta da sátira amarga que es-

---

[45] Essas ideias são expostas com mais detalhe no artigo "O papel do trabalho na hominização do macaco" (adiante, p. 342).

Introdução histórica

creveu sobre os humanos, e especialmente sobre os seus conterrâneos, ao demonstrar que a livre concorrência, a luta pela existência que os economistas celebram como conquista histórica suprema, constitui o estado normal do *reino animal*. Somente uma organização consciente da produção social, na qual se produz e se distribui de acordo com um plano, poderá alçar os humanos também em termos sociais acima do resto do mundo animal, como a produção em geral fez com os humanos em termos específicos. O desenvolvimento histórico torna tal organização diariamente mais incontornável, mas também diariamente mais possível. A partir dela se datará uma era histórica em que os próprios humanos e com eles todos os ramos de sua atividade, principalmente também a ciência da natureza, receberão um impulso que porá em densas sombras tudo o que se conseguiu até agora[46].

Entretanto, "tudo que vem a ser é digno somente de perecer"[47]. Milhões de anos poderão se passar, centenas de milhares de gerações poderão nascer e morrer, mas implacavelmente se aproximará o tempo em que o calor do Sol morredouro não será mais suficiente para derreter o gelo que avançará a partir dos polos, em que os humanos se apinharão cada vez mais em torno da linha do Equador e, por fim, ali também não encontrarão mais calor suficiente para viver, em que aos poucos o último vestígio de vida orgânica desaparecerá e a Terra, uma esfera extinta e congelada como a Lua, girará em escuridão profunda em órbitas cada vez mais estreitas em torno de um Sol igualmente extinto e acabará por cair dentro dele. Outros planetas a terão precedido e outros a seguirão; em lugar de um sistema solar harmonicamente estruturado, brilhante e cálido, uma esfera fria e morta seguirá seu caminho solitário pelo espaço cósmico. E o que acontecer com o nosso sistema solar cedo ou tarde acontecerá com os demais sistemas da nossa ilha cósmica, acontecerá com as inúmeras outras ilhas cósmicas, inclusive aquelas cuja luz nunca chegará à Terra enquanto viver nela um olho humano capaz de recebê-la.

E o que acontecerá então, depois que um sistema solar como esse tiver cumprido o curso de sua vida e sofrido o destino de tudo o que é finito, a morte? O cadáver solar rodará por toda a eternidade pelo espaço infinito

---

[46] As ideias sobre a história humana são desenvolvidas por Engels em outros escritos: *Herrn Eugen Dührings Umwälzung der Wissenschaft* (MEGA 2 I/27), p. 223-36 [ed. bras.: *Anti-Dühring*, cit., p. 289-303]; "Ludwig Feuerbach und der Ausgang der klassischen deutschen Philosophie", *Die Neue Zeit*, Stuttgart, v. 4, 1886, p. 198-209.

[47] Citação de Johann Wolfgang von Goethe, *Fausto: uma tragédia – Primeira parte* (trad. Jenny Klabin Segall, São Paulo, Editora 34, 2011) p. 119.

e todas as forças naturais de outrora, diferenciadas em multiplicidade infinita, se dissolverão em uma única forma de movimento, a atração? "Ou", como pergunta Secchi (p. 810), "haverá forças na natureza capazes de reconduzir o sistema morto ao estado inicial de nebulosa incandescente e redespertá-lo para uma nova vida? Não sabemos"[48].

Todavia, não o sabemos do mesmo modo que sabemos que 2 × 2 = 4 ou que a atração da matéria aumenta ou diminui na proporção do quadrado da distância. Porém, na ciência teórica da natureza, que na medida do possível elabora sua concepção da natureza na forma de uma totalidade harmônica, e sem a qual hoje em dia mesmo o empírico mais descerebrado não avança nem sequer um milímetro, temos muito frequentemente de contar com grandezas não totalmente conhecidas e, em todos os tempos, a coerência do pensamento teve de suprir a falta de conhecimento. Ora, a moderna ciência da natureza foi obrigada a adotar da filosofia a tese da indestrutibilidade do movimento; sem esta, ela não consegue mais subsistir. Pois o movimento da matéria não é só o movimento mecânico grosseiro, a mera mudança de lugar, mas também calor e luz, tensão elétrica e magnética, composição e decomposição químicas, vida e, por fim, consciência. Dizer que, durante toda a sua existência temporalmente infinita, a matéria teve apenas uma única vez e, em comparação com a sua eternidade, por um tempo infimamente breve a possibilidade de diferenciar seu movimento e, desse modo, desdobrar toda a riqueza desse movimento, e que antes e depois disso ela ficou e ficará eternamente restrita ao mero deslocamento espacial, significa afirmar que a matéria é mortal e que o movimento é transitório. A indestrutibilidade do movimento não pode ser concebida apenas em termos quantitativos, mas deve sê-lo também em termos qualitativos; uma matéria, cujo deslocamento espacial puramente mecânico carrega em si a possibilidade de converter-se, sob condições favoráveis, em calor, eletricidade, reação química, vida, mas que não tem condições de gerar essas condições a partir de si mesma, tal matéria *foi privada do movimento*; um movimento que perdeu a capacidade de converter-se nas diferentes formas que lhe cabem ainda possui *dýnamis* [potência para atuar], mas não tem mais *enérgeia* [eficácia] e, desse modo, foi parcialmente destruído. Porém ambas as coisas são impensáveis.

O que se tem como certo é isto: houve um tempo em que a matéria da nossa ilha cósmica converteu tal quantidade de movimento – até agora não sabemos de que tipo – em calor e que a partir daí puderam

---

[48] Angelo Secchi, *Die Sonne*, cit., p. 809-10.

Introdução histórica

desenvolver-se sistemas solares pertencentes (segundo Mädler)[49] a pelo menos 20 milhões de estrelas, cuja extinção gradativa é igualmente certa. Como se processou essa conversão? Não sabemos, do mesmo modo que o padre Secchi não sabe se o *caput mortuum* [resto mortal] futuro do nosso sistema solar algum dia voltará a ser transformado em matéria-prima para novos sistemas solares. Nesse caso, porém, temos de recorrer ao Criador ou somos forçados a concluir que a matéria-prima incandescente dos sistemas solares da nossa ilha cósmica foi gerada pela via natural, por meio de transformações do movimento que *competem por natureza* à matéria em movimento e cujas condições, portanto, também têm de ser reproduzidas pela matéria, ainda que isso ocorra só após milhões e milhões de anos de modo mais ou menos casual, mas com a necessidade inerente ao acaso.

Cada vez mais se admite a possibilidade de ocorrer uma transformação desse tipo. Vai tomando forma a opinião de que o destino final dos corpos celestes é colidir uns com os outros, e calcula-se até a quantidade de calor que necessariamente se produziria nessas colisões. Estas também oferecem a melhor explicação para o repentino luzir de novas estrelas e o igualmente repentino reluzir mais intenso de estrelas já bem conhecidas[50]. Nesse cenário, não é só o nosso grupo planetário que se move em torno do Sol e o nosso Sol dentro da nossa ilha cósmica, mas também a nossa ilha cósmica inteira se desloca no espaço cósmico em equilíbrio relativo e temporário com as demais ilhas cósmicas, pois mesmo o equilíbrio relativo de corpos que pairam livres no espaço só pode existir no caso de movimento mutuamente condicionado; e há quem suponha que a temperatura não é a mesma em toda parte do espaço cósmico. Por fim: sabemos que, com exceção de uma parcela ínfima, o calor dos inúmeros sóis da nossa ilha cósmica se dissipa no espaço e em vão se esfalfa para elevar a temperatura do espaço cósmico em um milionésimo de grau Celsius que seja. O que será dessa enorme quantidade de calor? Ele se esgotou para sempre na tentativa de aquecer o espaço cósmico? Deixou de existir na prática e só continua a existir teoricamente no fato de que o espaço cósmico está mais quente uma fração de décimo de grau que começa com dez ou mais zeros? Essa suposição nega a indestrutibilidade do movimento; ela admite a possibilidade de que, mediante sucessivas colisões dos corpos celestes, todo o movimento

---

[49] Johann Heinrich von Mädler, *Der Wunderbau des Weltalls*, cit., p. 451-2.
[50] Hoje se fala de novas e supernovas em relação a esse fenômeno, que continua sendo objeto de investigação astrofísica e é de importância decisiva para entender a evolução das estrelas.

mecânico existente seja transformado em calor e este seja irradiado para o espaço cósmico, o que levaria à cessação de todo e qualquer movimento, apesar de toda a "indestrutibilidade da energia". (Mostra-se aqui de passagem como é equivocada a designação "indestrutibilidade da energia", em vez de "indestrutibilidade do movimento".) Chegamos, portanto, à conclusão de que, por alguma via, cuja demonstração será tarefa posterior da pesquisa da natureza, o calor irradiado para o espaço cósmico deverá ter a possibilidade de converter-se em outra forma de movimento, pela qual ele poderá voltar a concentrar-se e reativar-se. E assim cairia o principal obstáculo no caminho da retransformação de sóis extintos em vapor incandescente.

Aliás, a sucessão perpetuamente repetida dos mundos no tempo infinito é apenas o complemento lógico da existência paralela de inúmeros mundos no espaço sem fim – uma tese, cuja necessidade se impõe até ao cérebro ianque antiteórico de [John William] Draper*.

A matéria se move num ciclo perpétuo, um ciclo que decerto se completa a intervalos de tempo para os quais os nossos anos terrenos já não constituem medida suficiente, um ciclo em que o tempo de desenvolvimento máximo, ou seja, o tempo da vida orgânica e especialmente o da vida de entes conscientes de si e da natureza, tem uma dimensão tão reduzida quanto a do espaço em que a vida e a autoconsciência se impuseram; um ciclo em que todo e qualquer modo de existência finita da matéria, seja ela o Sol ou a nebulosa, um animal individual ou uma espécie animal, uma combinação química ou uma dissociação química, é igualmente transitório e não há nada eterno, a não ser a matéria em eterna mutação, em eterno movimento e as leis segundo as quais ela se movimenta e se modifica. Porém, por mais frequente e implacável que seja o cumprimento desse ciclo no tempo e no espaço; independentemente de quantos milhões de sóis e terras surjam e desapareçam; independentemente de quanto tempo demore para que em um único planeta de um único sistema solar se produzam as condições para a vida orgânica; não importando quantas miríades de seres orgânicos tenham de surgir e perecer previamente até que se desenvolvam dentre eles animais com cérebro capaz de pensar e encontrem por um breve intervalo de tempo condições favoráveis à vida,

---

* "The multiplicity of worlds in infinite space leads to the conception of a succession of worlds in infinite time [a multiplicidade dos mundos no espaço infinito leva à concepção de uma sucessão de mundos no tempo infinito]" ([John William] Draper, *Hist[ory of the] Int[ellectual] Devel[opment of Europe*, v. 2 (Londres, Bell and Daldy, 1864)], [p. 324-5]).

Introdução histórica

para em seguida também serem exterminados sem piedade, a despeito disso tudo, temos a certeza de que a matéria permanecerá a mesma em todas as suas transformações, nenhum dos seus atributos jamais poderá se perder e, por conseguinte, com a mesma ferrenha necessidade com que exterminará da Terra seu supremo florescimento, o espírito pensante, em outro lugar e em outro tempo, voltará a regenerá-lo.

[Anotações e fragmentos][1]

Estudar o *desenvolvimento sucessivo* dos ramos individuais da ciência natural. – Primeiro a *astronomia* – já por causa das estações do ano, absolutamente necessária para os povos pastoris e agrícolas. A astronomia só pode se desenvolver com a ajuda da *matemática*. Esta, portanto, também deverá ser tratada. – Além disso, em certo estágio da agricultura e em certas regiões (elevação da água para irrigação no Egito), a *mecânica*, principalmente com o surgimento das cidades, das grandes construções e do desenvolvimento das fábricas. Logo se tornou necessária também para a *navegação* e a *guerra*. – Ela também necessita dos préstimos da matemática e, assim, impulsiona seu desenvolvimento. Assim sendo, já desde o início, o surgimento e o desenvolvimento das ciências condicionados pela produção.

Durante toda a Antiguidade, a investigação científica propriamente dita ficou restrita a essas três disciplinas, mas como investigação exata e sistemática também só no período pós-clássico (os alexandrinos, Arquimedes etc.)[2]. Na física e na química, que nas mentes mal e mal

---

[1] Trata-se de anotações e textos preparatórios para a "Introdução" das páginas anteriores. Fontes principais de Engels: Ernst Haeckel, *Natürliche Schöpfungsgeschichte. Gemeinverständliche wissenschaftliche Vorträge über die Entwickelungslehre im Allgemeinen und diejenigen von Darwin, Goethe und Lamarck im Besonderen* (4. ed., Berlim, G. Reimer, 1873); William Whewell, *History of the Inductive Sciences, from the Earliest to the Present Times* (nova ed., Londres, John W. Parker, 1837), 3 v.; John William Draper, *History of the Intellectual Development of Europe* (Londres, Bell and Daldy, 1864).

[2] O período pós-clássico vai de Alexandre III, da Macedônia (início do helenismo) até 395 d.C. (divisão do Império Romano). Os alexandrinos foram os extraordinários eruditos que fizeram de Alexandria um centro da ciência natural antiga e fundaram os ramos da ciência mencionados por Engels: matemática (Euclides), mecânica (Euclides) e astronomia (Hiparco). Arquimedes é o que mais se aproxima da compreensão atual da física, com leis válidas até hoje: lei da alavanca

estavam separadas (teoria dos elementos, ausência da representação de um elemento químico), na botânica, na zoologia, na anatomia humana e animal, até aquele momento só se podia coletar dados e ordená-los sistematicamente na medida do possível. A fisiologia ficava no mero palpite quando se distanciava das coisas mais palpáveis – digestão e excreção, por exemplo –, como não poderia ser diferente, enquanto nem sequer a circulação fosse conhecida. – No final desse período, aparece a química na forma original da alquimia.

Até agora só enalteceram o que a produção deve à ciência, mas a ciência deve infinitamente mais à produção

Quando, passada a "noite escura da Idade Média"[3], as ciências de repente ressurgiram com força inopinada e cresceram com rapidez prodigiosa, devemos esse milagre, uma vez mais, à produção. Em primeiro lugar, desde as cruzadas, a indústria se desenvolveu enormemente e trouxe à tona uma porção de novos dados mecânicos (tecelagem, relojoaria, moenda), químicos (tinturaria, metalurgia, álcool) e físicos (óculos), que não só proporcionaram um gigantesco material para observação mas também forneceram por si sós meios para experimentação bem diferentes dos costumeiros e permitiram a fabricação de *novos* instrumentos; pode-se dizer que a ciência experimental sistemática propriamente dita só se tornou possível a partir daí. Em segundo lugar, toda a Europa ocidental e central, incluindo

---

(estática) e princípio de Arquimedes (hidrostática). Ver também Friedrich Engels, *Anti-Dühring*, cit., p. 49-50.

[3] No século XIX ainda era comum dizer "a noite escura da Idade Média" como expressão da nova consciência da sociedade burguesa em ascensão, entendida como superação da Idade Média e reavivamento da Antiguidade. No entanto, isso muitas vezes foi simplificado, como se a Idade Média tivesse sido uma interrupção no desenvolvimento histórico, sem nenhum avanço. Os fragmentos a seguir mostram que Engels não entende essa formulação em seu sentido simplificador. Mais tarde, Engels polemizou contra uma análise não histórica da Idade Média em seu escrito "Ludwig Feuerbach und der Ausgang der klassischen deutschen Philosophie" (cit., p. 154): "Porém a mesma concepção não histórica vigorou no campo da história. Neste, a luta contra os resquícios da Idade Média estreitou o campo de visão. A Idade Média era tida como simples interrupção da história pela barbárie geral milenar; todos os grandes avanços da Idade Média – a ampliação do território cultural da Europa, os enormes progressos técnicos dos séculos XIV e XV – não eram vistos. Desse modo, inviabilizou-se uma percepção racional do nexo histórico amplo e a história servia, quando muito, como coletânea de exemplos e ilustrações para o uso dos filósofos". Ver também o uso ligeiramente irônico da expressão por Karl Marx, *O capital*, Livro I (trad. Rubens Enderle, São Paulo, Boitempo, 2013), p. 152.

Introdução histórica

a Polônia, passou a se desenvolver de modo coeso, mesmo com a Itália ainda na liderança em virtude de sua civilização vetusta. Em terceiro lugar, os descobrimentos geográficos – feitos puramente a serviço do ganho econômico e, portanto, em última análise, da produção – franquearam um material incontável e até aquele momento inacessível nos aspectos meteorológico, zoológico, botânico e fisiológico (humano). Em quarto lugar, surgiu a *imprensa*.

Foi então que – abstraindo-se da matemática, da astronomia e da mecânica, que já existiam –, a física se separou definitivamente da química (Torricelli, Galilei – aquele foi o primeiro a estudar o movimento dos líquidos em função de construções hidráulicas industriais[4], ver [James] Clerk Maxwell[5]). [Robert] Boyle estabilizou a química como ciência[6], [William] Harvey a fisiologia (humana e animal) mediante a descoberta da circulação[7]. Num primeiro momento, a zoologia e a botânica permanecem na condição de ciências de coleta de material até que se associa a elas a paleontologia – Cuvier – e, logo depois, a descoberta da célula e o desenvolvimento da química orgânica. Isso possibilitou a morfologia e a fisiologia comparadas e, a partir daí, ambas se tornaram verdadeiras ciências. No final do século passado, foi fundada a geologia, recentemente a assim mal denominada antropologia – mediação da passagem da morfologia e da fisiologia do ser humano e suas raças para a história. Continuar estudando e desenvolver em detalhes.

———◆———

---

[4] Evangelista Torricelli, aluno de Galileu Galilei, foi o primeiro a investigar a velocidade das correntes de líquidos, demonstrando a validade das leis da queda livre de Galilei também para os líquidos. Ver seu *De motu gravium naturaliter descendentium et projectorum libri duo* (Florença, Massae et Landis, 1641), cap. "De motu aquarum". Os estudos de Torricelli sobre a mecânica dos líquidos formaram a base da hidrodinâmica, distinguindo-a da hidrostática, fundada por Arquimedes. Em 1645, Torricelli apresentou a proposta de drenar o vale de Chiana, na Toscana, regulando a correnteza do rio.

[5] James Clerk Maxwell, *Theory of Heat* (4. ed., Londres, Longmans, Green and Co., 1875).

[6] Ver Robert Boyle, *Chimista scepticus* (Roterdã, A. Leers, 1662); *Some Considerations Touching the Usefullnesse of Experimental Naturall Philosophy* (Oxford, H. Hall, 1663-1671), 2 v.

[7] William Harvey descobriu a pequena e a grande circulação nos animais. É considerado o fundador da moderna fisiologia e embriologia. Ver *Exercitatio anatomica de motu cordis et sanguinis in animalibus* (Frankfurt, G. Fitzeri, 1628).

Friedrich Engels – Dialética da natureza

Hegel, *[Preleções sobre a] história da filosofia* – Filosofia grega – (Concepção de natureza dos antigos), v. I[8].

A respeito dos primeiros filósofos, Aristóteles (*Metafísica* I, 3) diz que eles afirmam o seguinte: "Aquilo de que é feito todo o existente e aquilo de que ele surge como primeira coisa e aquilo em que ele se decompõe como última coisa, enquanto subsiste a substância (οὐσία), permanece sempre o mesmo e se modifica somente em suas determinações (πάθεσι), isso é o elemento (στοιχεῖον) e isso é o princípio ἀρχή) de todo existente. Por isso, eles sustentam que nenhuma coisa vem a ser (οὔτε γίνεσθαι οὐδέν) nem deixa de ser, porque a mesma natureza se mantém sempre" ([Hegel,] p. 198). Aqui já se encontra por inteiro, portanto, o materialismo original elementar, que, em seu início, com toda a naturalidade encarou como óbvia a unidade na infinita diversidade dos fenômenos naturais e sua busca num algo corpóreo determinado, num particular, como Tales na água.

Cícero diz: "*Thales* Milesius [...] aquam dixit esse initium rerum, Deum autem eam mentem quae ex aqua cuncta fingeret [*Tales* de Mileto [...] disse que a água é o princípio das coisas, e que Deus é uma mente que molda tudo a partir da água]" (*De naturam deorum* I, 10). H[egel] declara que esse acréscimo de Cíc[ero] está correto e prossegue: "só que essa questão de Tales ainda ter, além disso, crido em Deus não nos diz respeito aqui, pois não se trata de supor, de crer, de religião popular. [...] E, mesmo que ele tenha falado de Deus como formador de todas as coisas a partir daquela água, não saberíamos nada além disso sobre esse ser. [...] Trata-se de palavra vazia sem seu conceito" ([Hegel,] p. 209[-10]) (cerca de 600 [a.C.]).

Os mais antigos filósofos gregos eram concomitantemente pesquisadores da natureza: *Tales* era geômetra, estabeleceu o ano em 365 dias, teria previsto um eclipse solar[9]. – *Anaximandro* montou um relógio solar, uma espécie de mapa (περίμετρον) da Terra e do mar, e diversos instrumentos astronômicos[10]. – Pitágoras era matemático[11].

Segundo Plutarco, *Quaest[iones] convivial[es]* VIII, 8, *Anaximandro* de Mileto faz "*o ser humano provir de um peixe que saiu da água e veio para a Terra*" ([Hegel,] p. 213). Para ele, a "ἀρχὴ καὶ στοιχεῖον τὸ ἄπειρον [o princípio e o elemento é o *infinito*]", sem o qual ele teria de ser definido (διορίζων) como ar ou água ou alguma outra coisa (Diógenes Laércio II §1).

---

[8] Georg Wilhelm Friedrich Hegel, *Vorlesungen über die Geschichte der Philosophie*, cit., v. 1.
[9] Ibidem, p. 195-6. As fontes de Hegel são Diógenes Laércio e Heródoto.
[10] Ibidem, p. 210. A fonte de Hegel é Diógenes Laércio.
[11] Ibidem, p. 220-30.

Introdução histórica

Esse infinito é descrito por H[egel] corretamente, na p. 215, como "a matéria indefinida". (Cerca de 580 [a.C.].)

Anaxímenes de Mileto estabelece o *ar* como princípio e elemento básico, o qual seria infinito (Cíc[ero], *[De] n[atura] deor[um]* I, 10) e "dele tudo proviria e nele tudo voltaria a se dissolver" (Plut[arco], *De placitis philos[ophorum]* I, 3). Sendo o ar, ἀήρ = πνεῦμα: "Do mesmo modo que nossa alma, que é ar, nos mantém coesos, também um espírito (πνεῦμα) e ar mantêm todo o mundo coeso; espírito e ar significam a mesma coisa". (Plut[arco].) Alma e ar concebidos como meio universal[12]. (Cerca de 555 [a.C.].)

Aristót[eles] já diz que esses filósofos mais antigos punham a essência primordial em um modo da matéria: ar e água (e talvez Anaximandro em um meio-termo entre os dois), Heráclito mais tarde no fogo, mas nenhum na Terra, por causa de sua composição múltipla διὰ τὴν μεγαλομέρειαν (*Metafísica* I, 8) ([Hegel,] p. [216-]217).

A respeito de todos eles, Aristót[eles] diz corretamente que não explicam a origem do movimento ([Hegel,] p. 218 e seg.).

Pitágoras de Samos (cerca de 540 [a.C.]): o *número* é o princípio básico: "que o número é a essência de todas as coisas e que a organização do universo em geral em suas determinações constitui um sistema harmônico de números e suas relações" (Aristóteles, *Metafísica* I, 5, *passim*). Com razão, Hegel chama a atenção para "a ousadia desse discurso que derruba de uma só vez tudo o que o pensamento considera (verdadeiro) na condição de existente e essencial, eliminando a essência sensível"[13], e põe a essência em uma determinação do pensamento, ainda que esta seja bastante limitadora e unilateral. Assim como o número está sujeito a certas leis, assim também o universo; aqui foi enunciada pela primeira vez sua conformidade com uma lei. Atribui-se a Pit[ágoras] a redução das harmonias musicais a relações matemáticas[14]. Igualmente: "Os pitagóricos puseram o fogo no centro, e a Terra como uma estrela que se move em círculos em torno desse corpo central" (Aristóteles, *Metafísica* I, 5). Porém esse fogo não é o Sol; de qualquer modo, [temos] aqui a primeira intuição *de que a Terra se move*[15].

Hegel sobre o sistema planetário: "O harmônico pelo qual se determinam os intervalos – toda a matemática ainda não conseguiu apresentar a razão dele. Conhecem-se com precisão os números empíricos; porém

---

[12] Ibidem, p. 215-6.
[13] Ibidem, p. 237-8.
[14] Ibidem, p. 261-4.
[15] Ibidem, p. 265.

Friedrich Engels – Dialética da natureza

tudo dá a impressão da contingência, não da necessidade. Conhece-se uma regularidade aproximada dos intervalos e assim, com alguma sorte, intuíram-se planetas entre Marte e Júpiter, onde mais tarde se descobriram Ceres, Vesta, Palas etc.; porém uma série coerente em que houvesse racionalidade, entendimento, ainda não foi descoberta nisso pela astronomia. Pelo contrário, ela olha com desdém para a exposição regular dessa série; mas para ela trata-se de um ponto sumamente importante que não foi abandonado" ([Hegel,], p. 267[-8]).

Apesar de toda essa concepção global de cunho materialista simplório, o cerne da divisão posterior já está presente nos gregos mais antigos: já para Tales a alma é algo especial, distinto do corpo (do mesmo modo atribui uma alma ao ímã), para Anaxímenes ela é ar (como no Gênesis)[16], para os pitagóricos ela já é imortal e migrante, enquanto o corpo é puramente contingente para ela. Para os pitagóricos a alma também é "um estilhaço do éter" (ἀπόσπασμα αἰθήρος) (Diógenes Laércio VIII, 26-8), onde o éter frio é o ar, o denso é o mar e a umidade[17].

Arist[óteles] também faz corretamente aos pitagóricos a seguinte crítica: com seu número "eles não dizem como surge o movimento nem como, sem movimento e mudança, há o surgir e o perecer ou os estados e as atividades das coisas celestes" (*Metafísica* I, 8)[18].

Diz-se que Pitágoras descobriu que a estrela da manhã e a estrela da tarde são idênticas, e que a Lua recebe sua luz do Sol. Por fim, o teorema de Pitágoras. "Diz-se que Pitágoras mandou sacrificar uma centena de bois quando descobriu esse teorema. [...] E certamente é curioso que sua alegria tenha sido tanta, a ponto de ordenar a preparação de uma grande festa, para a qual foram convidados os ricos e toda a população; valia a pena. É o contentamento, a alegria do espírito (conhecimento) – à custa dos bois" ([Hegel,] p. [278-]279).

---

[16] Gênesis 2,7: "Então o Senhor formou o homem do pó da Terra e lhe soprou nas narinas o hálito da vida, e o homem se tornou um ser vivente".
[17] Georg Wilhelm Friedrich Hegel, *Vorlesungen über die Geschichte der Philosophie*, cit., v. 1, p. 279-80.
[18] Ibidem, p. 277.

Introdução histórica

Os eleatas.

Leucipo e Demócrito
Λεύκιππος δὲ, καὶ ὁ ἑταῖρος αὐτοῦ Δημόκριτος, στοιχεῖα μὲν τὸ πλῆρες καὶ τὸ κενὸν εἶναί φασι· λέγοντες οἷον, τὸ μὲν ὄν, τὸ δὲ μὴ ὄν· τούτων δὲ τὸ πλῆρες καὶ στερεὸν (a saber, τὰ ἄτομα), τὸ ὄν· τὸ δὲ κενὸν γε καὶ μανὸν, τὸ μή ὄν. Διὸ καὶ οὐθὲν μᾶλλον τὸ ὂν τοῦ μή ὄντος εἶναί φασιν [...] Αἴτια δὲ τῶν ὄντων ταῦτα, ὡς ὕλην. Καὶ καθάπερ οἱ ἓν ποιοῦντες τὴν ὑποκειμένην οὐσίαν, τὰ ἄλλα τοῖς πάθεσιν αὐτῆς γεννῶσιν, [...] τὸν αὐτὸν τρόπον καὶ οὗτοι τὰς διαφορὰς (a saber, entre os átomos), αἰτίας τῶν ἄλλων εἶναί φασιν. Ταύτας μέντοι τρεῖς εἶναί λέγουσιν, σχῆμά τε· καὶ τάξιν, καὶ θέσιν [...] Διαφέρει γὰρ τὸ μὲν Α τοῦ Ν σχήματι· τὸ δὲ ΑΝ τοῦ ΝΑ τάξει· τὸ δὲ Ζ τοῦ Ν θέσει.
[Leucipo e seu companheiro Demócrito dizem que os elementos são o *pleno* e o vazio, chamando aquele de existente e este de não existente; destes, o pleno e o *firme* [a saber, os átomos] são existentes, o vazio e o *solto* não existentes. Por isso, dizem também que o existente não é mais existente do que o não existente [...] Estes seriam a causa dos existentes enquanto matéria. E, assim como aqueles que assumem uma única substância básica, que outros derivam das paixões desta, [...] assim também estes [isto é, Leucipo e Demócrito] dizem que *as diferenças* [entre os átomos] seriam as causas dos outros [existentes]. Eles, então, dizem que há *três diferenças: forma, ordem e posição*, [...] pois A se diferencia de N pela forma, AN de NA pela ordem e Z de N pela posição] (Arist[óteles,] *Metaf[ísica]*, I, 4)[19]

◆

Leucipo
Πρῶτός (Leucipo) τε ἀτόμους ἀρχὰς ὑπεστήσατο [ἃ] Καὶ στοιχεῖα φησὶ, κόσμους τε ἐκ τούτων ἀπείρους εἶναι, καὶ διαλύεσθαι εἰς ταῦτα. Γίνεσθαι δὲ τοὺς κόσμους οὕτω· φέρεσθαι κατ' ἀποτομὴν ἐκ τῆς ἀπείρου πολλὰ σώματα, πάντοια τοῖς σχήμασιν, εἰς μέγα κενόν· ἅπερ ἀθροισθέντα δίνην ἀπεργάζεσθαι μίαν, καθ' ἣν προσκρούοντα καὶ παντοδαπῶς κυκλούμενα, διακρίνεσθαι χωρὶς τὰ ὅμοια πρὸς τὰ ὅμοια. Ἰσορρόπων δὲ διὰ τὸ πλῆθος μηκέτι δυναμένων πως περιφέρεσθαι, τὰ

---

[19] Karl Marx cita essa passagem completa em *Diferença entre a filosofia da natureza de Demócrito e a de Epicuro* (trad. Nélio Schneider, São Paulo, Boitempo, 2018), p. 88, nota 10.

μὲν λεπτὰ χωρεῖν εἰς τὸ ἔξω κενόν, ὥσπερ διαττώμενα· τὰ δὲ λοιπὰ συμμένειν, καὶ περιπλεκόμενα συγκατατρέχειν ἄλληλα, καὶ ποιεῖν τε πρῶτον σύστημα σφαιροειδές.

[Ele (Leucipo) foi o primeiro a supor os átomos como corpos primordiais [...] e os denominou elementos; destes seriam feitos inumeráveis mundos, e neles estes se diluiriam. Porém os mundos surgiriam da seguinte maneira: *na medida em que são cortados do infinito*, muitos corpos multiformes despencam no grande vazio; eles se aglomeraram e formaram *um único redemoinho*, por força do qual eles se entrechocaram e rodopiaram de muitas maneiras, separando-se de tal modo que iguais se juntaram com iguais. Dado que, por causa da quantidade, não conseguiam mais rodopiar *em equilíbrio*, os mais finos escaparam para o vazio exterior, como se tivessem sido peneirados; os restantes permaneceram juntos; entrelaçando-se, moveram-se no mesmo curso e formaram um primeiro concentrado esferoide.] (Dióg[enes] Laérc[io, *De vitis philosophorum libri X*,] IX, 6 [§30 e 31])

———◆———

O seguinte sobre Epicuro

Κινοῦνταί τε συνεχῶς αἱ ἄτομοι. Φησὶ δὲ ἐνδοτέρω καὶ ἰσοταχῶς αὐτὰς κινεῖσθαι, τοῦ κενοῦ ἶξιν ὅμοιαν παρεχομένου καὶ τῇ κουφοτάτῃ καὶ τῇ βαρυτάτῃ εἰς τὸν αἰῶνα. [ã] μηδὲ ποιότητα τινὰ περὶ τὰς ἀτόμους εἶναι, πλὴν σχήματος, καὶ μεγέθους, καὶ βάρους. [ã] Πᾶν τε μέγεθος μὴ εἶναι περὶ αὐτάς· οὐδέποτε γοῦν ἄτομος ὤφθη αἰσθήσει.

[E os átomos *se movem* incessantemente. Mais adiante ele [Epicuro] diz que eles também se movem *na mesma velocidade*, dado que *o vazio* possibilita o mesmo curso *tanto para o mais leve quanto para o mais pesado* para sempre. [...] Além disso, os átomos não teriam qualidades, exceto *forma, magnitude* e *peso*. [...] *E não os há de todos os tamanhos; em todo caso, nenhum átomo foi percebido pela visão.*] (Dióg[enes] Laérc[io, *De vitis philosophorum libri X*,] X, 6 [§43 e 44])

Καὶ μὴν καὶ ἰσοταχεῖς ἀναγκαῖον τὰς ἀτόμους εἶναι, ὅταν διὰ τοῦ κενοῦ εἰσφέρονθαι μηδενὸς ἀντικόπτοντος. Οὔτε γὰρ τὰ βαρέα θάττον οἰσθήσεται τῶν μικρῶν καὶ κούφων, ὅταν γε δὴ μηδὲν ἀπαντᾷ αὐτοῖς· οὔτε τὰ μικρὰ μεγάλων, πάντα πόρον σύμμετρον ἔχοντα, ὅταν μηθὲν μηδὲ ἐκείνοις ἀντικόπτῃ.

[Ademais, os átomos necessariamente têm a mesma velocidade quando se movimentam pelo vazio sem encontrar resistência. Pois nem os

Introdução histórica

pesados se moverão mais rápido do que os pequenos e leves, se não houver nenhum obstáculo, nem os pequenos serão mais rápidos do que os grandes, *dado que todos têm caminho livre*, caso nada se poste no seu caminho.] (Ibidem, §61)

Ὅτι μὲν οὖν τὸ ἓν παντὶ γένει ἐστὶ τις φύσις, καὶ οὐδενὸς τοῦτό γ' αὐτὸ ἡ φύσις τὸ ἕν, φανερόν.
[É evidente que *o uno* tem certa natureza em cada gênero e que, em nenhum deles, este Uno é sua natureza.] (Arist[óteles,] *Metaf[ísica]* IX, 2)

———◆———

Aristarco de Samos, 270 a.C., *já tinha a teoria copernicana da Terra e do Sol* ([Johann Heinrich von] Mädler, p. 44, [Rudolf] Wolf, p. 35-7).
Demócrito já supusera que a *Via Láctea* projeta sobre nós a luz unificada de inúmeras pequenas estrelas ([Rudolf] Wolf, p. 313)[20].

———◆———

Diferença entre a situação no final do mundo antigo – cerca de 300 [a.C.] – e no final da Idade Média – 1453:
1) Em vez de uma estreita faixa cultural ao longo da costa do Mar Mediterrâneo que esporadicamente estendia seus tentáculos para o interior até a costa atlântica da Espanha, França e Inglaterra, e que assim podia facilmente ser rompida e arregaçada pelos germanos e eslavos do norte e pelos árabes do sudeste – agora um território cultural coeso – toda a Europa ocidental, com a Escandinávia, a Polônia e a Hungria como postos avançados.
2) Em vez do antagonismo entre gregos ou romanos e bárbaros, agora seis povos civilizados com línguas cultas[21] – sem contar a [língua] escand[inava] etc. –, todas elas já evoluídas, a tal ponto que podiam acompanhar a tremenda expansão literária do século XIV e garantir uma diversificação da formação bem maior do que as línguas grega e latina já decadentes e em extinção do final da Antiguidade.
3) Um desenvolvimento infinitamente maior da produção industrial e do comércio, levado a cabo pela burguesia medieval; por um lado, uma produção mais aprimorada, mais diversificada e mais maciça, por outro, a atividade comercial bem mais intensa, a navegação infinitamente mais

---

[20] Johann Heinrich von Mädler, *Der Wunderbau des Weltalls*, cit., p. 44, §31; Rudolf Wolf, *Geschichte der Astronomie* (Munique, R. Oldenbourg, 1877), p. 35-7 e p. 313-4.
[21] Italianos, portugueses, espanhóis, alemães, franceses e ingleses.

Friedrich Engels – Dialética da natureza

ousada desde a época dos saxões, frísios e normandos[22], e, por outro lado ainda, a quantidade de descobertas e a importação de descobertas orientais que não só possibilitaram a importação e a difusão da literatura grega, os descobrimentos marítimos e a revolução religiosa burguesa como também já lhe proporcionaram um alcance maior e mais rápido; e, ainda por cima, forneceram uma massa de dados científicos, embora ainda não organizados, que jamais estiveram à disposição da Antiguidade. O ponteiro magnético, os tipos de impressão, o papel de linho (usado pelos árabes e pelos judeus espanhóis desde o século XII, o papel de algodão em ascensão gradativa desde o século X, já mais disseminado nos séculos XIII e XIV, o papiro muito pouco utilizado no Egito desde os árab[es]), a pólvora, *óculos*, relógios mecânicos, grande avanço tanto da *contagem do tempo* quanto da *mecânica*.

(Invenções ver n. 11)[23]

Soma-se a isso o material de *viagens* (M[arco] Polo, cerca de 1272 etc.)[24]. Formação geral pela univers[idade] muito mais difundida, mesmo que ainda ruim[25].

Com o levante de Constantinopla e a queda de Roma, encerra-se a idade antiga, e o fim da Idade Média está inseparavelmente ligado à queda de Constantinopla[26]. O novo tempo começa com o retorno aos gregos – negação da negação!

───◆───

---

[22] Na segunda metade do século V, navegadores saxões conquistaram a Britânia. Do século VIII ao século IX, os navegadores escandinavos (normandos = vikings) dominaram o Mar do Norte e o Mar Báltico e instalaram a camada dominante nas Terras conquistadas (no século X na Normandia, no século XI na Britânia).

[23] Referência à anotação seguinte: "Aspectos históricos – invenções".

[24] Marco Polo viajou em 1271 com seu pai, Niccolò, e seu tio Maffeo para a China e lá viveu de 1275 a 1292, percorreu todo o país e escreveu um diário de viagem que constituiu a fonte mais valiosa de informações sobre a China na Idade Média.

[25] As primeiras universidades europeias surgiram no final do século XII, como alternativa aos colégios monacais, e dispunham de quatro faculdades, a teológica, a jurídica, a filosófica e a de medicina, além da faculdade de artes.

[26] No ano 395, Constantinopla se tornou capital do recém-fundado Império Romano do Oriente. O declínio de Roma se deu paulatinamente: em 410, os visigodos conquistaram e saquearam a cidade; em 476, Odoacro eliminou o último imperador romano do Ocidente, determinando o fim oficial do Império Romano. O Império Romano do Oriente continuou existindo como Império Bizantino até 1453, quando foi dominado pelos turcos.

Introdução histórica

Aspectos históricos – invenções

a.C. A bomba de apagar incêndio, relógio d'água, cerca de 200 a.C., pavimentação de ruas (Roma); pergaminho – cerca de 160 [a.C.].

d.C. Moinhos de água *no rio Mosela*, cerca de 340 [d.C.], na Alemanha de Carlos Magno.
Primeiros vestígios de janelas de vidro. Iluminação de ruas em Antioquia, cerca de 370 [d.C.].
Bichos-da-seda da China para a Grécia em cerca de 550 [d.C.].
Penas de escrever no século VI.
Papel de algodão da China para os árabes no século VII, [e] para a Itália no século IX.
Órgãos hidráulicos na França no século VIII.
Minas de prata no Harz exploradas a partir do século X.
Moinhos de vento em cerca do ano 1000.
Notação, escala musical de G[uido de] Arezzo em cerca do ano 1000.
Cultivo da seda para a Itália em cerca do ano 1100.
Relógios com engrenagens – idem.
Ponteiro magnético dos árabes para os europeus em cerca de 1180.
Pavimentação de ruas em Paris, 1184.
Óculos em Florença. Espelho de vidro. ⎫
Salga de arenques. Eclusas. ⎬ 2ª metade do século XIII
Relógios despertadores. Papel de algodão na França. ⎭
Papel de trapo, no início do século XIV.
Câmbio de moeda – meados do mesmo século.
Primeiro moinho de papel na Alemanha (Nuremberg), 1390.
Iluminação de ruas em Londres, início do século XV.
Correio em Veneza – idem.
Xilogravura – idem.
Arte calcográfica – meados do mesmo século.
Correio a cavalo na França – 1464.
Minas de prata na Hercínia-Saxônia, em 1471.
Piano de pedal inventado em 1472.
Relógios de bolso. Carabinas de pressão. O fecho da escopeta, fim do século XV.
Roda de fiar – 1530.
Escafandro, 1538.

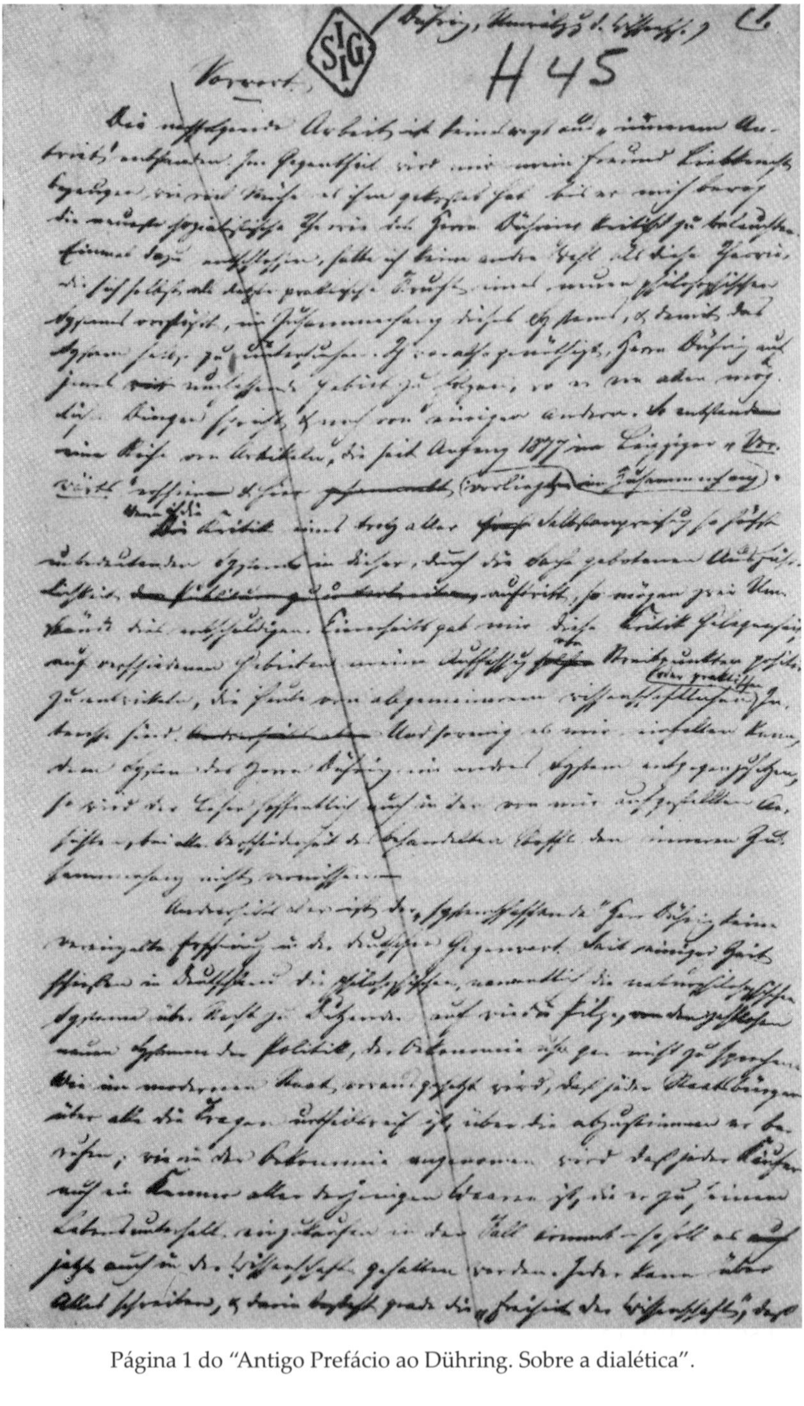

Página 1 do "Antigo Prefácio ao Dühring. Sobre a dialética".

[Curso do desenvolvimento teórico desde Hegel. Filosofia e ciência natural]

[Antigo Prefácio ao *Dühring*. Sobre a dialética][1]
(Dühring, *Revolução da ciência*)

Prefácio

O trabalho a seguir de modo nenhum nasceu de um "impulso interior". Pelo contrário, meu amigo [Wilhelm] Liebknecht é testemunha do esforço que lhe custou até conseguir me motivar a fazer a crítica da mais nova teoria socialista do senhor Dühring. Uma vez decidido a fazê-la, não tive escolha senão analisar essa teoria, que se apresenta como último fruto prático de um novo sistema filosófico, no contexto desse sistema e, desse modo, examinar o próprio sistema. Portanto, fui forçado a acompanhar o senhor Dühring naquele campo abrangente em que ele fala de tudo e mais um pouco. Daí surgiu uma série de artigos publicados a partir do início de 1877 na revista *Vorwärts* de Leipzig e que aqui é disponibilizada num só conjunto.

Duas circunstâncias podem ser alegadas para escusar a minúcia exigida pela crítica de um sistema que, a despeito de toda autoexaltação, é tão sumamente insignificante. Por um lado, essa crítica me ofereceu o ensejo de desenvolver positivamente, em diversos campos, minha concepção a respeito de pontos polêmicos que hoje despertam interesse científico e prático universal. E do mesmo modo que nem me ocorre a ideia de contrapor outro sistema ao sistema do senhor Dühring, assim também espero que o leitor não sinta falta de nexo interno nos pontos de vista levantados por mim, a despeito de toda a diversidade do material tratado.

Por outro lado, porém, o senhor Dühring, enquanto "criador de um sistema" não é um fenômeno isolado na atualidade alemã. Já faz algum

---

[1] Versão original do prefácio escrito para a primeira edição em livro do *Anti-Dühring*, publicada em 1877. As primeiras páginas foram usadas na versão final. O título "Antigo Prefácio ao Dühring. Sobre a dialética" foi tirado do sumário do envelope "Pesquisa da natureza e dialética". Ver a versão final do prefácio e notas correspondentes em Friedrich Engels, *Anti-Dühring*, cit., p. 29-33.

Friedrich Engels – Dialética da natureza

tempo que, na Alemanha, os sistemas filosóficos, principalmente os de filosofia natural, brotam às dúzias da noite para o dia, como cogumelos, para não falar dos incontáveis novos sistemas políticos, econômicos etc. Pressupõe-se que, no Estado moderno, todo cidadão tenha maturidade para emitir juízo sobre as questões que ele é chamado a votar e que, na economia, todo comprador seja bom conhecedor de todas as mercadorias que lhe toca comprar para o sustento de sua vida – do mesmo modo se quer proceder agora também na ciência. Cada qual pode escrever sobre tudo que quiser e a "liberdade da ciência"[2] consiste justamente nisto: escrever com vontade sobre aquilo de que nada se aprendeu e alegar que esse é o único método rigorosamente científico. O senhor Dühring, porém, é um dos tipos mais característicos dessa pseudociência petulante que na Alemanha atual se apressa a ocupar, em toda parte, o primeiro plano e suplanta todas as outras vozes com seu som trovejante de tambor da mais fina lata. Fina lata na poesia, na filosofia, na economia, na historiografia, fina lata na cátedra e na tribuna, fina lata em toda parte, fina lata com a pretensão de superioridade e profundidade de pensamento em contraste com a lata simples, rasteira e vulgar de outras nações, a fina lata como produto mais característico e mais massificado da indústria intelectual alemã, barata e ruim, exatamente como os demais fabricos alemães, ao lado dos quais ela infelizmente não estava representada na Filadélfia[3]. Recentemente, até o socialismo alemão, sobretudo desde que o senhor Dühring deu o bom exemplo, esbalda-se em bater a mais fina lata; o fato de o movimento prático da

---

[2] Alusão à palestra de Rudolf Virchow, "Die Freiheit der Wissenschaft im modernen Staat" [A liberdade da ciência no Estado moderno] (Berlim, Wiegandt, 1877), que foi proferida na 50ª Assembleia dos Pesquisadores da Natureza e Médicos da Alemanha, em setembro de 1877, e provocou intensa discussão pública.

[3] No dia 10 de maio de 1876, foi inaugurada na Filadélfia a 6ª Exposição Mundial da Indústria. Entre os quarenta países expositores, encontrava-se a Alemanha, que esperava conseguir penetrar no mercado mundial dominado pelas indústrias inglesa e francesa. Contudo, essas esperanças não se concretizaram. Nas suas Cartas da Filadélfia, Franz Reuleaux, diretor da Academia Fabril Berlinense e presidente nomeado do júri alemão, informou, entre outras coisas, o seguinte: "As nossas realizações são muito inferiores às das demais nações na grande maioria dos produtos expostos. [...] A quintessência de todos os ataques aparece na forma do seguinte veredito: o princípio fundamental da indústria alemã é 'barato e ruim'" (*Nationalzeitung*, Berlim, ano 29, n. 293, 27 jun. 1876). Por iniciativa da Inglaterra e da França, a Alemanha foi obrigada a identificar todos os seus produtos de exportação com a marca "*Made in Germany*", como sinal de qualidade inferior. Isso provocou discussões acaloradas na imprensa contemporânea. O jornal *Der Volksstaat* publicou, de julho a setembro de 1876, uma série de artigos sobre o tema.

social-democracia não se deixar demover do seu caminho por essa fina lata é mais uma prova da natureza curiosamente saudável da nossa classe trabalhadora em um país em que, neste instante, quase tudo está enfermo, com exceção da ciência natural.

Quando, no seu discurso na Assembleia dos Pesquisadores da Natureza em Munique, Nägeli se pronunciou no sentido de que o conhecimento humano jamais assumiria o caráter da onisciência[4], evidentemente ele ainda não tinha conhecimento das realizações do senhor Dühring. Essas realizações me forçaram a acompanhá-las numa série de campos em que posso me movimentar, quando muito, na condição de diletante. Isso vale principalmente para os diversos ramos da ciência natural, nos quais um "leigo" querer dizer alguma coisa costuma ser encarado como uma atitude mais do que imodesta. Entretanto, o que me encoraja de certa maneira é o discurso do senhor [Rudolf] Virchow, igualmente proferido em Munique, abordado com mais detalhe em outro lugar, no sentido de que, fora de sua especialidade, todo pesquisador da natureza é apenas um conhecedor pela metade, o vulgo leigo[5]. Do mesmo modo que tal especialista de tempos em tempos pode e deve se permitir incursões por áreas adjacentes, e como os respectivos especialistas lhe relevam alguma expressão desajeitada e pequenas imprecisões, também eu tomei a liberdade de citar processos naturais e leis da natureza como exemplos comprobatórios de minhas concepções teóricas de cunho geral e decerto posso contar com a mesma indulgência. Os resultados da ciência natural moderna se impõem a cada um que se ocupa de coisas teóricas com a mesma irresistibilidade com que os atuais pesquisadores da natureza, querendo ou não, são impelidos a tirar consequências teóricas universais. E nesse ponto ocorre certa compensação. Se os teóricos são sabedores pela metade no campo da ciência natural, assim o são de fato também os atuais pesquisadores da natureza no campo da teoria, no campo do que até agora foi chamado filosofia.

A investigação empírica da natureza acumulou uma massa tão gigantesca de material objetivo de conhecimento que se tornou pura e simplesmente peremptória a necessidade de organizá-lo sistematicamente e de acordo com seu nexo interno em cada campo de investigação. Igualmente peremptório se torna estabelecer o nexo correto entre cada uma das áreas do conhecimento. Desse modo, porém, a ciência natural adentra o

---

[4] Karl von Nägeli, "Die Schranken der naturwissenschaftlichen Erkenntnis", em *Tageblatt der 50. Versammlung deutscher Naturforscher und Aerzte in München 1877*, Suplemento, set. 1877, p. 18.
[5] Rudolf Virchow, "Die Freiheit der Wissenschaft im modernen Staat", cit., p. 13.

campo teórico, e aqui falham os métodos empíricos, aqui só o pensamento teórico serve. Contudo, o pensamento teórico é uma qualidade inata só como aptidão. Essa aptidão precisa ser desenvolvida, formada, e, para que essa formação aconteça, o único meio conhecido até agora é o estudo da filosofia.

O pensamento teórico de cada época e, portanto, também o da nossa é um produto histórico que, em diferentes épocas, assume formas muito diferentes e, desse modo, conteúdos muitos diferentes. A ciência do pensar é, portanto, como qualquer outra, uma ciência histórica, a ciência do desenvolvimento histórico do pensamento humano. E isso é importante também para a aplicação prática do pensamento em campos empíricos. Pois, em primeiro lugar, a teoria das leis do pensamento de modo nenhum é uma "verdade eterna" estabelecida de uma vez por todas, como imagina o entendimento filistino quando ouve a palavra "lógica". Desde Aristóteles até hoje, a própria lógica formal é um campo de acirrados debates e, até hoje, mesmo a dialética só foi investigada mais aprofundadamente por dois pensadores, Aristóteles e Hegel. Mas a dialética, precisamente, é a mais importante forma de pensamento para a atual ciência natural, porque ela é a única que oferece a analogia e, desse modo, o método explicativo para os processos de desenvolvimento que ocorrem na natureza, para os nexos maiores, para as transições de um campo de investigação para outro.

Em segundo lugar, porém, o conhecimento do curso do desenvolvimento histórico do pensamento humano, das concepções que surgiram nas diferentes épocas a respeito dos nexos gerais do mundo exterior é uma necessidade da ciência natural teórica também porque ele fornece um parâmetro para as teorias que ela mesma terá de propor. Nesse ponto, porém, a falta de conhecimento da história da filosofia se mostra frequente e gritante. Enunciados propostos há séculos na filosofia e que muitas vezes já foram descartados há muito tempo, aparecem demasiadas vezes em teorizações de pesquisadores da natureza como sabedoria novinha em folha e até são moda por algum tempo. Decerto constitui um grande êxito da teoria mecânica do calor que ela tenha calçado o teorema da conservação da energia com novas provas e o tenha trazido novamente para o primeiro plano; mas será que esse teorema teria aparecido como algo tão absolutamente novo se os senhores físicos tivessem se lembrado de que ele já foi proposto por Descartes? Desde que a física e a química voltaram a trabalhar quase exclusivamente com moléculas e átomos, a filosofia atomista grega necessariamente voltou ao primeiro plano. Mas como é superficial o tratamento que é dado a ela até pelos melhores deles! Assim, [August] Kekulé (*Die wissenschaftlichen Ziele und*

Curso do desenvolvimento teórico desde Hegel

Leistungen der Chemie [Os objetivos e as realizações da química])[6] conta que ela provém de Demócrito, e não de Leucipo, e afirma que Dalton foi o primeiro a supor a existência de átomos elementares qualitativamente distintos e atribuir-lhes pesos distintos, característicos dos diversos elementos, ao passo que em Dióg[enes] Laérc[io] (X, 1, §43-4 e 61) se lê que Epicuro já atribuía aos átomos uma diferenciação não só de tamanho e forma mas também de *peso*, ou seja, que a seu modo ele já tinha ciência do peso atômico e do volume atômico.

No ano de 1848, não se conseguiu dar conta de nada na Alemanha, exceto no campo da filosofia, em que houve uma reviravolta total[7]. Quando a ciência natural se lançou à questão prática, de um lado estabelecendo os fundamentos da grande indústria e da fraude, de outro iniciando o poderoso impulso que tomou na Alemanha desde então por obra de pregadores itinerantes e caricaturas de nome Vogt, Büchner etc., ela se despediu resolutamente da filosofia alemã clássica que se esvaía na areia da vétero-hegelianice berlinense[8]. A vétero-hegelianice berlinense mais do que mereceu. Porém, uma nação que quer se manter nos píncaros da ciência não tem como conseguir isso sem pensamento teórico. Com a hegelianice foi jogada ao mar também a dialética – justamente no momento em que o caráter dialético dos processos naturais se impunha de modo tão irresistível e, portanto, só a dialética da ciência natural poderia ajudar a galgar a montanha teórica – e, desse modo, a ciência voltou a incorrer na antiga metafísica. Desde então grassaram no público em geral, por um lado, as reflexões rasas de Schopenhauer e, mais tarde, até as de Hartmann, talhadas para o filisteu, e, por outro lado, o materialismo vulgar ao estilo de pregadores itinerantes como um Vogt e um Büchner. Nas universidades, competiam entre si os mais diferentes tipos de ecletismo, que só coincidiam no fato de serem compostos de puros dejetos de filosofias passadas e serem todos de cunho metafísico. Dos restolhos da filosofia clássica salvou-se apenas um certo neokantismo, cuja palavra última era a coisa em si eternamente incognoscível, ou seja, o trecho de Kant que menos merecia ser preservado. O resultado final foi a dispersão e a confusão do pensamento teórico ora predominantes.

---

[6] August Kekulé, *Die wissenschaftlichen Ziele und Leistungen der Chemie* (Bonn, M. Cohen und Sohn, 1878), p. 13-4.

[7] Ver também Friedrich Engels, "Ludwig Feuerbach und der Ausgang der klassischen deutschen Philosophie", cit.

[8] No original *"Berliner Alt-Hegelei"*, algo como "mania de Hegel em Berlim", designando um cultivo estrito e restrito das teorias de Hegel.

Friedrich Engels – Dialética da natureza

É praticamente impossível compulsar um livro de cunho teórico sobre a ciência natural sem ter a impressão de que os próprios pesquisadores da natureza sentem quanto são dominados por essa dispersão e confusão e quanto a assim chamada filosofia ora corrente não lhes oferece absolutamente nenhuma saída. E, nesse tocante, não existe outra saída, não existe outra possibilidade de se obter clareza senão pela conversão, de uma ou de outra maneira, do pensamento metafísico no pensamento dialético.

Esse retorno pode acontecer de diversas maneiras. Pode impor-se de modo elementar, pela simples força das descobertas da ciência natural, que não se deixam mais amarrar na velha cama de Procusto da metafísica. Contudo, isso é um processo demorado e penoso, durante o qual uma massa colossal de atritos desnecessários precisa ser superada. Em grande parte, esse processo já está em andamento, especialmente na biologia. Ele poderia ser bastante abreviado se os pesquisadores teóricos da natureza se ocupassem das formas historicamente disponíveis da filosofia dialética. Duas dessas formas em especial podem se tornar particularmente fecundas para a ciência natural moderna.

A primeira é a filosofia grega. Nesta, o pensamento dialético ainda aparece em sua simplicidade elementar, ainda não abalado pelos oportunos obstáculos que a própria metafísica dos séculos XVII e XVIII – [Francis] Bacon e [John] Locke na Inglaterra, [Rudolf] Wolf na Alemanha – pôs em seu caminho e com os quais barrou para si mesma o acesso à compreensão do indivíduo e do todo, o acesso à compreensão do nexo universal[9]. Entre os gregos – justamente por ainda não terem partido para a sua decomposição, para a sua análise –, a natureza ainda é vista em sua totalidade, em seus grandes traços. A interconexão global dos fenômenos naturais não é demonstrada em seus detalhes, mas é, para os gregos, resultado da contemplação direta. Nisso reside a insuficiência da filosofia grega, razão pela qual teve mais tarde de ceder espaço para outras maneiras de ver as coisas. Nisso, porém, reside também a sua superioridade em comparação com todos os seus posteriores adversários metafísicos. No confronto com os gregos, a metafísica teve razão no detalhe, enquanto os gregos tiveram razão nos grandes traços em confronto com a metafísica. Essa é uma das razões pelas quais somos forçados a retornar reiteradamente, tanto na filosofia quanto em tantos outros campos, às realizações daquele pequeno povo, cujo talento e atividade universais lhe asseguraram um lugar na história do desenvolvimento da humanidade que nenhum outro povo jamais poderá

---

[9] Ver Friedrich Engels e Karl Marx, *A sagrada família* (trad. Marcelo Backes, São Paulo, Boitempo, 2011), p. 143-53; ver também Friedrich Engels, *Socialism Utopian and Scientific* (Londres, S. Sonnenschein & Co, 1892), p. v-xxxiv.

reivindicar. A outra razão, porém, é que, nas múltiplas formas da filosofia grega, já se encontram, em estado embrionário, em surgimento, quase todas as concepções posteriores. Por conseguinte, a ciência natural teórica é igualmente forçada a retornar aos gregos, caso queira acompanhar a história do surgimento e do desenvolvimento de seus atuais enunciados universais[10]. E esse reconhecimento conquista cada vez mais espaço. Cada vez mais raros são os pesquisadores da natureza que, ao lidar eles próprios com rejeitos da filosofia grega, por exemplo, a atomística, como se fossem verdades eternas, desdenham com soberba baconista os gregos porque estes não tinham uma ciência natural empírica. Seria de desejar que esse reconhecimento avançasse para uma real tomada de conhecimento da filosofia grega.

A segunda forma da dialética, a mais próxima dos pesquisadores da natureza alemães, é a filosofia alemã clássica de Kant até Hegel. Aqui já se fez um começo [do reconhecimento da filosofia por parte dos cientistas], pois virou moda recorrer a Kant também fora do mencionado neokantismo. Depois que se descobriu que Kant é o autor de duas hipóteses geniais, sem as quais a atual ciência natural teórica não teria como avançar – a teoria da gênese do sistema solar, anteriormente atribuída a Laplace, e a teoria do retardo da rotação da Terra pelas marés –, ele voltou a gozar da honra merecida entre os pesquisadores da natureza. Porém, seria um trabalho penoso e pouco proveitoso querer estudar dialética em Kant, desde que temos à disposição, nas obras de *Hegel*, um compêndio de dialética abrangente, embora tenha sido desenvolvido a partir de um ponto de partida totalmente equivocado[11].

Depois que, por um lado, a reação contra a "filosofia da natureza" – em grande parte justificada por esse ponto de partida equivocado e pelo soçobramento impotente da hegelianice berlinense em seu pântano – correu solta e degenerou em puro xingamento, e depois que, por outro lado, a ciência natural foi tão brilhantemente abandonada em suas necessidades teóricas pela metafísica eclética corrente, decerto já se pode voltar a pronunciar o nome de Hegel diante de pesquisadores da natureza sem provocar aquele remelexo, com o qual o senhor Dühring apresenta performances tão divertidas[12].

---

[10] Ver Karl Marx, *Grundrisse: manuscritos econômicos de 1857-1858: esboços da crítica da economia política* (trad. Nélio Schneider, São Paulo/Rio de Janeiro, Boitempo/Editora da UFRJ, 2011), p. 63-5. Ver Friedrich Engels, *Anti-Dühring*, cit., p. 48-51.

[11] Ver também Friedrich Engels, "Ludwig Feuerbach und der Ausgang der klassischen deutschen Philosophie", cit.

[12] Referência a Eugen Dühring, *Cursus der Philosophie als streng wissenschaftlicher Weltanschauung und Lebensgestaltung* (Leipzig, Koschny, 1875).

Friedrich Engels – Dialética da natureza

Sobretudo é preciso constatar que aqui não se trata de modo nenhum de uma defesa do ponto de partida hegeliano, a saber, que o espírito, o pensamento, a ideia são o original e o mundo real é apenas um decalque da ideia. Feuerbach já havia desistido disso. Entrementes, todos concordamos que, no campo científico como um todo, seja na natureza, seja na história, se deve partir dos *fatos* dados, ou seja, na ciência natural, das diferentes formas concretas e das formas de movimento da matéria; e que, portanto, também na ciência natural teórica, os nexos não devem ser formulados e introduzidos nos fatos, mas devem ser descobertos a partir deles e, quando descobertos, devem ser demonstrados pela experiência, na medida do possível.

Tampouco se pode falar de preservar o conteúdo dogmático do sistema hegeliano, do modo como ele foi pregado pela hegelianice berlinense mais velha e mais jovem. Com o ponto de partida idealista cai também o sistema formulado com base nele, ou seja, principalmente a filosofia hegeliana da natureza. Porém, é preciso lembrar que a polêmica da ciência natural contra Hegel, na medida em que de fato o entendeu corretamente, voltou-se apenas contra os seguintes dois pontos: o ponto de partida idealista e a formulação sistêmica arbitrária em relação aos fatos[13].

Descontado tudo isso, permanece a dialética hegeliana. É mérito de [Karl] Marx ter sido o primeiro a ressaltar, diante dos "enfadonhos, presunçosos e medíocres epígonos que hoje pontificam na Alemanha culta"[14],

---

[13] Friedrich Engels desenvolve essa concepção sobre Hegel também em carta de 29 de março de 1865 a Friedrich Albert Lange: "Não posso deixar de mencionar uma observação sobre o velho Hegel em que o sr. questiona que ele teve uma profunda formação em matemática e ciência natural. Hegel sabia tanto de matemática que nenhum de seus alunos foi capaz de editar os numerosos manuscritos matemáticos de seu legado. O único homem que, pelo que sei, entende o suficiente de matemática e filosofia para fazer isso é Marx. Naturalmente concedo-lhe de bom grado o absurdo nos detalhes da filosofia da natureza; entretanto, sua *verdadeira* filosofia da natureza consta na segunda parte da *Lógica*, na teoria da essência, o núcleo propriamente dito de toda a doutrina. A moderna teoria da ciência natural sobre a correlação das forças da natureza (acho que Grove, *correlation of forces*, só em 1838) é apenas uma expressão diferente, ou melhor, a prova positiva do desdobramento hegeliano sobre causa, efeito, correlação, força etc. É claro que não sou mais hegeliano, mas ainda preservo uma grande devoção e um forte apego a esse velho sujeito colossal".

[14] Karl Marx, *O capital*, Livro I, cit., p. 91. Ver carta de Karl Marx a Ludwig Kugelmann, de 1868: "Ele [Eugen Dühring] sabe muito bem que meu método de desenvolvimento *não* é o hegeliano, pois sou materialista, e Hegel, idealista. A dialética de Hegel é a forma fundamental de toda dialética, mas apenas *depois de* despida de sua forma mística, e é exatamente isso que distingue o *meu* método".

o método dialético esquecido, sua conexão com a dialética hegeliana, bem como a sua diferença em relação a esta, e, ao mesmo tempo, ter aplicado esse método, em *O capital*, aos fatos de uma ciência empírica, à economia política. E o sucesso foi tanto que até na Alemanha a escola econômica mais recente só consegue se alçar acima do livre-comércio vulgar copiando Marx {muitas vezes errado} sob o pretexto de criticá-lo.

Em Hegel, a dialética é dominada pela mesma inversão de todas as interconexões reais que ocorre nas demais ramificações de seu sistema. Porém, como diz Marx: "A mistificação que a dialética sofre nas mãos de Hegel não impede em absoluto que ele tenha sido o primeiro a expor, de modo amplo e consciente, suas formas gerais de movimento. Nele, ela se encontra de cabeça para baixo. É preciso desvirá-la, a fim de descobrir o cerne racional dentro do invólucro místico"[15].

Na própria ciência natural, porém, deparamo-nos muito frequentemente com teorias nas quais a relação real está de cabeça para baixo, o reflexo no espelho é tomado pela forma original; por conseguinte, elas precisam ser desviradas. Essas teorias muito frequentemente predominam por um longo tempo. É o caso da teoria do calor: por mais de duzentos anos, ele foi considerado uma matéria misteriosa especial e não uma forma de movimento da matéria comum, e a teoria mecânica do calor a desvirou. Não obstante, a física dominada pela teoria substancial do calor descobriu uma série de leis sumamente importantes do calor e, especialmente com [Jean Baptiste Joseph] Fourier e [Nicolas Léonard] Sadi Carnot[16], abriu caminho para a concepção correta, que por sua vez teve de desvirar as leis descobertas por sua predecessora e traduzi-las para a sua linguagem. Do mesmo modo, na química, só depois de um trabalho experimental secular a teoria flogística forneceu o material com o qual Lavoisier conseguiu descobrir no oxigênio descrito por [Joseph] Priestley o polo oposto real do flogisto fantasmagórico e, desse modo, pôde jogar no lixo toda a teoria flogística. Nem por isso, porém, foram eliminados os resultados experimentais da flogística. Pelo

A função C de Carnot foi literalmente desvirada: $1/c$ = a temperatura absoluta. Sem isso, nada se pode fazer com ela

---

[15] Idem.
[16] Os trabalhos decisivos dos dois autores mencionados são: Jean Baptiste Joseph Fourier, *Théorie analytique de la chaleur* (Paris, F. Didot Père et Fils, 1822); Nicolas Léonard Sadi Carnot, *Réflexions sur la puissance motrice du feu et sur les machines propres à developper cette puissance* (Paris, Bachelier, 1824).

contrário. Eles permaneceram, pois somente a sua formulação foi desvirada, traduzida da linguagem flogística para a linguagem química válida dali em diante, e assim mantiveram a sua validade[17].

A teoria substancial do calor está para a teoria mecânica do calor e a teoria flogística está para a teoria de Lavoisier, assim como a dialética hegeliana está para a dialética racional.

---

[17] Ver a introdução de Friedrich Engels a Karl Marx, *O capital*, Livro II (trad. Rubens Enderle, São Paulo, Boitempo, 2014), p. 95-6.

A pesquisa da natureza no mundo dos espíritos[1]

Uma antiga máxima da dialética que passou a fazer parte da consciência popular é que os extremos se tocam. Dificilmente nos enganaremos se buscarmos os graus extremos da imaginação fantasiosa, da credulidade e da superstição, não naquela tendência da ciência natural que, como a filosofia natural alemã, procurou enquadrar à força o mundo objetivo na moldura de seu pensamento subjetivo, mas na tendência contrária, que, insistindo na mera experiência, tratou o pensamento com soberano desprezo, e foi a que realmente chegou mais longe na prática da irreflexão. Essa é a escola predominante na Inglaterra. O pai dela, o aclamadíssimo Francis Bacon, exige de saída que seu novo método empírico-indutivo seja praticado para se alcançar sobretudo o seguinte: prolongação da vida, certo grau de rejuvenescimento, mudança da estatura e das feições, transformação dos corpos em outros, geração de novas espécies, domínio sobre o ar e causação de temporais; lamenta que investigações dessa natureza tenham sido abandonadas e, em sua *História da natureza*, dá receitas prontas para fazer ouro e operar vários tipos de prodígios[2]. Isaac Newton, em sua velhice, também se ocupou com a interpretação do Apocalipse de João[3]. Não

---

[1] Este artigo, que se originou por volta de janeiro de 1878, independentemente do plano da *Dialética da natureza*, constitui a reação de Engels à adesão de muitos pesquisadores da natureza ao espiritismo. Nele, Engels alude a experimentos espíritas organizados por Johann Karl Friedrich Zöllner em 17 de dezembro de 1877, em Leipzig. O artigo só foi juntado ao material deste livro mais tarde por Engels.

[2] Trata-se especialmente da terceira parte da *Instauratio magna* (Londres, J. Billium, 1620), de Francis Bacon, uma obra enciclopédica cujo plano só chegou a ser realizado parcialmente. Alguns materiais que integrariam a terceira parte foram publicados em Londres, no ano de 1622, com o título *Historia naturalis et experimentalis ad condendam philosophiam* (Londres, M. Lownes et G. Barret, 1622).

[3] O trabalho teológico mais conhecido de Isaac Newton é *Observations Upon the Prophecies of Daniel and the Apocalypse of St. John*, publicado em Londres no ano de 1733 (seis anos após sua morte).

Friedrich Engels – Dialética da natureza

é de se admirar, portanto, que, nos últimos anos, alguns representantes do empirismo inglês – e não são os piores – tenham sucumbido, de modo aparentemente irremediável, à mania importada da América do Norte de invocar espíritos batendo em madeira e ter visões de espíritos[4].

O primeiro pesquisador da natureza desse grupo é o altamente meritório zoólogo e botânico Alfred Russel Wallace, o mesmo que, concomitantemente com Darwin, propôs a teoria da mutação das espécies por meio da seleção natural[5]. No seu opúsculo *On Miracles and Modern Spiritualism* [Sobre milagres e espiritualismo moderno] (Londres, Burns, 1875), ele conta que suas primeiras experiências nesse ramo do conhecimento da natureza datam de 1844, quando assistiu às preleções do sr. Spencer Hall sobre o mesmerismo e, em decorrência disso, realizou experimentos parecidos em seus alunos. "O assunto despertou vivo interesse em mim e acompanhei-o com entusiasmo (*ardour*)."[6] Ele não só produziu sono magnético acompanhado de fenômenos de paralisia de membros e perda de sensibilidade local como também confirmou a exatidão do mapa craniano de [Franz Joseph] Gall[7], na medida em que o toque em qualquer órgão de Gall estimulava por gestos vivazes, conforme preconizado, a respectiva atividade no paciente magnetizado. Além disso, ele constatou que bastava o operador tocar seu paciente para que este compartilhasse de todas as suas sensações; ele o fazia sentir-se embriagado com um copo d'água, bastando dizer-lhe que se tratava de conhaque. Conseguia deixar um dos jovens tão apalermado que este, apesar de desperto, não sabia mais dizer o próprio nome, o que outros professores também conseguem sem recorrer ao mesmerismo. E assim por diante.

---

[4] A fonte de informação de Engels para esse tema foi John Nevil Maskelyne, *Modern Spiritualism* (Londres, F. Warne and Co, 1876). Um precursor eficaz do espiritismo foi Emanuel Swedenborg, de cujos relatos espíritas Immanuel Kant tratou no escrito *Träume eines Geistersehers, erläutert durch Träume der Metaphysik* [Sonhos de um vidente, explicados por meio de sonhos da metafísica] (Königsberg, J. F. Hartknoch, 1766). O espiritismo se tornou um movimento de massa na Europa somente no século XIX.

[5] Ver Charles Darwin, *On the Origin of Species by Means of Natural Selection*, cit., p. 1.

[6] Alfred Russell Wallace, *On Miracles and Modern Spiritualism* (Londres, Burns, 1875), p. 119.

[7] Franz Joseph Gall fundou, no início do século XIX, a frenologia, uma teoria materialista vulgar e pseudocientífica sobre o crânio humano que localizava as diferentes capacidades intelectuais e espirituais em diferentes pontos do cérebro. As conclusões pseudocientíficas dessa teoria foram usadas por charlatães de todos os tipos, inclusive os espíritas.

Curso do desenvolvimento teórico desde Hegel

Por coincidência, também assisti a esse sr. Spencer Hall em Manchester no inverno de 1843-1844. Tratava-se de um charlatão bem ordinário que, contando com a proteção de alguns padrecos, percorria o país fazendo exibições magnético-frenológicas com uma jovem mulher, visando, com isso, provar a existência de Deus, a imortalidade da alma e a nulidade do materialismo pregado naquela época em todas as grandes cidades pelos adeptos de [Richard] Owen. A dama era posta em sono magnético e, assim que o operador tocava um órgão de Gall em seu crânio, ela fazia gestos e poses teatrais demonstrativos de que o respectivo órgão tinha sido acionado; por exemplo, ao ser acionado o órgão do amor filial (*philoprogenitiveness*), ela acarinhava e beijava um bebê imaginário etc. Nessa atividade, o bravo Hall enriqueceu a geografia craniana de Gall com uma nova ilha de Barataria[8]: a saber, bem no topo do crânio ele descobriu um órgão da adoração que, quando tocado, fazia sua srta. hipnotizada ajoelhar-se, juntar as mãos e exibir a todo o filistério embasbacado ali reunido o anjo extasiado em adoração. Esse era o final e o ponto alto da apresentação. A existência de Deus estava comprovada.

Comigo e com um conhecido meu[9] aconteceu algo similar ao que ocorreu com o sr. Wallace: os fenômenos despertaram nosso interesse e tentamos ver até que ponto éramos capazes de reproduzi-los. Um jovem atilado de doze anos de idade se ofereceu como cobaia. Olhá-lo fixamente ou passar-lhe a mão de leve transportava-o sem dificuldades para o estado hipnótico. Porém, visto que agíamos de modo um pouco menos crédulo e um pouco menos ardoroso do que o sr. Wallace, chegamos a resultados muito diferentes. Abstraindo do enrijecimento muscular e da perda de sensibilidade, fáceis de produzir, encontramos um estado de total passividade da vontade, associada a uma excitabilidade curiosamente exacerbada da sensação. O paciente, arrancado de sua letargia por algum estímulo exterior, mostrava uma vivacidade ainda maior do que no estado desperto. Nenhum vestígio de alguma relação misteriosa com o operador; qualquer outra pessoa podia acionar o adormecido com a

---

[8] A ilha de Barataria é um local imaginário do clássico de Miguel de Cervantes Saavedra, *O engenhoso fidalgo Dom Quixote de la Mancha* [trad. Sérgio Molina, adaptação Federico Jeanmarie e Ángeles Durini, São Paulo, Martins, 2005], que seria governada por Sancho Pança por encargo de Dom Quixote (parte II, capítulo 45).

[9] Friedrich Engels e John Watts tentaram juntos em Manchester, supõe-se que em abril de 1843, desacreditar a teoria do frenomesmerismo que grassava naquele tempo, motivados pelos eventos protagonizados por Spencer Timothy Hall entre 20 e 27 de fevereiro daquele ano em Manchester. Ver Harry Schmidtgall, "Friedrich Engels' Manchester-Aufenthalt 1842-1844", *Schriften aus dem Karl-Marx-Haus Trier*, n. 25.

mesma facilidade. Fazer os órgãos cranianos de Gall produzir seu efeito era pouco para nós; fomos muito além: não só conseguimos trocar um pelo outro e transferi-los para qualquer parte do corpo como também fabricamos toda uma série de outros órgãos, como o de cantar, assobiar, apitar, dançar, boxear, costurar, consertar sapatos, fumar tabaco etc., e os transpúnhamos para onde bem quiséssemos. Enquanto Wallace embriagava seus pacientes com água, descobrimos nos dedões do pé um órgão da embriaguez que precisávamos apenas tocar para desencadear a mais bela comédia de bêbado. Entenda-se bem, porém, que nenhum órgão mostrava sombra de ação enquanto o paciente não tivesse entendido o que se esperava dele; rapidamente o jovem aperfeiçoou a prática de tal maneira que o menor sinal já bastava. Esses órgãos assim produzidos permaneciam em vigor para futuros adormecimentos da mesma forma, enquanto não fossem mudados pelo mesmo método. O paciente tinha então uma memória dupla, uma para o estado desperto, outra, bem reservada, para o estado hipnótico. Quanto à passividade da vontade, sua submissão absoluta à vontade de um terceiro, ela perde todo o caráter miraculoso quando temos em mente que todo esse estado começa com a submissão da vontade do paciente à vontade do operador e que, sem esta, ela não pode ser produzida. O mais poderoso magnetizador da Terra fica sem palavras quando um paciente ri na sua cara.

Ao passo que nós, com o nosso ceticismo frívolo, descobrimos uma série de fenômenos que servem de base para o charlatanismo magnético-frenológico, fenômenos que diferem apenas em grau daqueles do estado desperto e não necessitam de interpretação mística, o entusiasmo (*ardour*) do sr. Wallace o levou a uma série de autoilusões, em virtude das quais ele confirmou o mapa craniano de Gall em todas as suas minúcias e constatou uma relação misteriosa entre operador e paciente*. Em todo canto da narrativa do sr. Wallace, honesta a ponto de ser ingênua, transparece que sua intenção, mais do que investigar o pano de fundo real do charlatanismo, era reproduzir a qualquer preço todos os fenômenos. Esse estado de espírito basta para, em curto prazo, transformar o pesquisador inicial em adepto por meio do autoengano puro e simples. O sr. Wallace acabou acreditando em milagres magnético-frenológicos e já estava com um pé no mundo dos espíritos.

---

* Como já foi dito, os pacientes se aperfeiçoam com a prática. Portanto, é perfeitamente possível que, quando a submissão da vontade se torna um hábito, a relação dos envolvidos se torne mais íntima, alguns fenômenos se intensifiquem e um tênue reflexo deles transpareça no estado desperto.

Curso do desenvolvimento teórico desde Hegel

O outro pé seguiu o primeiro no ano de 1865. Depois de retornar de uma viagem de doze anos pela faixa tropical, experimentos com mesas giratórias o levaram a privar da companhia de vários "médiuns". O referido opúsculo é o atestado de que ele fez progressos muito rápidos e chegou ao completo domínio do seu objeto. Ele espera que acreditemos piamente não só que sejam reais todos os supostos milagres de Home, dos irmãos Davenport e outros "médiuns", que – uns mais, outros menos – se apresentam por dinheiro e, em sua maioria, já foram desmascarados como charlatães, mas também em toda uma série de histórias de espíritos pretensamente autenticadas de tempos antigos. As pitonisas do oráculo grego e as bruxas da Idade Média teriam sido "médiuns" e, na obra *De divinatione*, Jâmblico[10] já teria descrito com muita precisão "as mais admiráveis manifestações do espiritualismo moderno"[11].

Só um exemplo da facilidade com que o sr. Wallace faz a constatação científica e a autenticação desses milagres. Certamente é pedir muito que acreditemos que os supostos espíritos se deixem fotografar e decerto temos todo o direito de exigir que essas fotografias de espíritos sejam autenticadas da maneira mais indubitável possível, antes que as tomemos como autênticas. Ora, na p. 187, o sr. Wallace relata que, em março de 1872, a sra. Guppy, nascida Nichol, uma das principais médiuns, deixou-se fotografar com seu esposo e seu filho pequeno na casa do sr. Hudson, em Notting Hill, e, em duas tomadas diferentes, apareceu um vulto feminino de porte alto, finamente (*finely*) trajado de gaze branca, de feições meio orientais, em postura de bênção. "Aqui, portanto, uma de duas coisas *são* absolutamente certas*. Ou se encontrava presente uma entidade viva, inteligente, mas invisível, ou o sr. e a sra. Guppy, o fotógrafo e uma quarta pessoa planejaram uma fraude perversa (*wicked*) e a vêm sustentando desde então. Eu, porém, conheço muito bem o sr. e

---

[10] Jâmblico fundou a escola síria do neoplatonismo no século IV, a qual se ocupou sistematicamente do fenômeno da adivinhação. Sua obra em grego *De divinatione* [Sobre a adivinhação] foi publicada em Oxford no ano de 1678 e em Berlim no ano de 1857, neste último com o título *Über die Geheimlehren von Jamblichus* [Sobre as doutrinas secretas de Jâmblico]. A primeira tradução latina com o título *De mysteriis Aegyptiorum* [Sobre os mistérios egípcios] foi publicada no século XVI.

[11] Alfred Russell Wallace, *On Miracles and Modern Spiritualism*, cit., p. 158-62, p. 171-2 e p. 175.

* "Here, then, one of two things *are* absolutely certain." O mundo dos espíritos está acima da gramática. Certa vez, um piadista solicitou que fosse invocado o espírito do gramático Lindley Murray. Quando lhe foi perguntado se estava presente, ele respondeu: "I are" (no inglês norte-americano, em vez de "I am"). O médium era da América do Norte. [Ver John Nevil Maskelyne, *Modern Spiritualism*, cit., p. 71.]

a sra. Guppy e estou *absolutamente convencido* de que são tão incapazes de cometer uma fraude desse tipo quanto um pesquisador sério da verdade no campo da ciência natural."[12]

Portanto, ou se trata de fraude ou de fotografia de espíritos. De acordo. Então, na fraude, ou o espírito já estava impresso nas chapas fotográficas ou necessariamente participaram dela quatro pessoas, ou então três, se deixarmos de lado o velho sr. Guppy, que faleceu em janeiro de 1875, com 84 anos, como inimputável ou logrado (ele só precisava ser posicionado atrás do biombo que serve de pano de fundo). Não precisamos gastar saliva para dizer que um fotógrafo não teria dificuldade em arranjar um "modelo" para o espírito. Acontece, porém, que, logo depois, o fotógrafo Hudson foi acusado publicamente de falsificação rotineira de fotografias de espíritos, mas de tal modo que o sr. Wallace diz, atenuando: "Uma coisa está clara; se houve mesmo fraude, ela foi imediatamente descoberta por espiritualistas"[13]. Portanto, também não se pode confiar muito no fotógrafo. Resta a sra. Guppy e a favor dela fala "a convicção absoluta" do amigo Wallace e nada mais. – Nada mais? De modo nenhum. O que fala a favor da confiabilidade absoluta da sra. Guppy é a sua afirmação de que foi carregada inconsciente pelo ar, em certa noite no início de junho de 1871, desde a sua casa em Highbury Hill Park até o n. 69 da rua Lambs Conduit – três milhas inglesas em linha reta – e depositada sobre uma mesa da referida casa n. 69 em meio a uma sessão de videntes espíritas. As portas do recinto estavam cerradas e, embora a sra. Guppy fosse uma das damas mais encorpadas de Londres, o que por si só certamente já significa alguma coisa, sua repentina irrupção no local não causou o menor rombo nem nas portas nem no teto (noticiado no *Echo* [Eco] de Londres, em 8 de junho de 1871)[14]. Diante disso, quem ainda se recusar a acreditar na autenticidade da fotografia de espíritos não tem jeito mesmo.

O segundo adepto renomado entre os pesquisadores da natureza ingleses é o sr. William Crookes, o descobridor do elemento químico tálio e inventor do radiômetro (na Alemanha também chamado *Lichtmühle*[15]). Em torno de 1871, o sr. Crookes começou a investigar as manifestações espíritas e usou para isso uma série de aparelhos físicos e mecânicos, balanças de mola, baterias elétricas etc. Ainda veremos se ele usou também o aparelho principal – uma cabeça crítica e cética – e se o manteve

---

[12] Alfred Russell Wallace, *On Miracles and Modern Spiritualism*, cit., p. 188. Grifos de Engels.
[13] Ibidem, p. 189.
[14] John Nevil Maskelyne, *Modern Spiritualism*, cit., p. 99-101.
[15] Literalmente "moinho de luz".

Curso do desenvolvimento teórico desde Hegel

até o fim em bom estado de funcionamento. Em todo caso, não demorou muito para que o sr. Crookes fosse tão dominado quanto o sr. Wallace. Este conta que, há alguns anos, uma jovem dama, a "srta. Florence Cook, revelou uma notável qualidade mediúnica; nos últimos tempos, esta atingiu o seu ponto alto na produção de um vulto feminino completo que afirma ter origem espiritual e apareceu de pés descalços e com roupas brancas esvoaçantes, ao passo que a médium estava deitada, com roupas escuras, amarrada e dormindo profundamente em uma cabine fechada com cortinas (*cabinet*) ou no quarto ao lado"[16]. Esse espírito, que denominou a si próprio Katie e que era curiosamente parecido com a srta. Cook, certa noite foi repentinamente agarrado pela cintura pelo sr. Volckman – o atual esposo da sra. Guppy –, que queria conferir se não se tratava de outra edição da srta. Cook. Ficou evidente que o espírito era uma mulher perfeitamente palpável que se debateu energicamente, os espectadores interferiram, as lâmpadas a gás foram apagadas e, após um breve embate, foi restabelecida a tranquilidade; iluminado o quarto, o espírito havia sumido e a srta. Cook jazia amarrada e inconsciente em seu canto. Mas dizem que até hoje o sr. Volckman afirma ter segurado a srta. Cook e ninguém além dela. Para constatá-lo cientificamente numa nova tentativa, um famoso especialista em eletricidade, o sr. Varley, conduziu a corrente elétrica de uma bateria de tal maneira pela médium, a srta. Cook, que esta não poderia representar o espírito sem interromper a corrente. E, no entanto, o espírito apareceu. Portanto, ele de fato era uma entidade distinta da srta. Cook[17]. Continuar a verificação foi a tarefa do sr. Crookes. A primeira medida que ele tomou foi conquistar a *confiança* da dama espectral. Essa confiança – assim ele próprio diz no *Spiritualist* [Espiritualista] de 5 de junho de 1874 – "foi crescendo de tal maneira que ela se negava a realizar uma sessão *caso eu não fizesse os preparativos*. Disse que *me* queria constantemente perto dela e nas proximidades da cabine; tive a impressão de que, depois de estabelecida essa confiança e ela estar segura *de que eu não quebraria nenhuma das promessas feitas a ela*, as manifestações se intensificaram consideravelmente e foram admitidos elementos de prova que, por outra via, não teriam sido obtidos. Ela *me consultava* com frequência a respeito das pessoas presentes nas sessões e dos lugares que seriam destinados a elas, pois recentemente se tornara bastante nervosa (*nervous*) em consequência de certas insinuações malfadadas de

---

[16] Alfred Russell Wallace, *On Miracles and Modern Spiritualism*, cit., p. 181.
[17] John Nevil Maskelyne, *Modern Spiritualism*, cit., p. 141-2. Ver também Alfred Russell Wallace, *On Miracles and Modern Spiritualism*, cit., p. 181-2.

que, ao lado de outros métodos de investigação mais científicos, deveria ser empregada também a *violência*"[18].

A senhorita espectral retribuiu fartamente essa confiança tão amável quanto científica. Aparecia – o que a esta altura já não nos surpreende mais – até na casa do sr. Crookes, brincava com suas crianças e lhes contava "anedotas de suas aventuras na Índia"; também brindou o sr. Crookes "com algumas das amargas experiências de sua vida passada", permitiu que ele a tomasse pelo braço para que se convencesse de sua sólida materialidade, deixou que ele contasse a quantidade de suas pulsações e respirações por minuto e, por fim, também se deixou fotografar ao lado do sr. Crookes[19]. O sr. Wallace diz: "Depois de ser vista, apalpada e fotografada e depois de uma boa conversa, essa figura *desaparecia absolutamente* de um pequeno quarto, do qual não se podia sair, a não ser passando por um quarto contíguo repleto de espectadores"[20] – o que não requer muita habilidade, pressupondo que os espectadores eram tão corteses a ponto de demonstrar tanta confiança no sr. Crookes, em cuja casa tudo isso acontecia, quanto este demonstrava no espírito.

Infelizmente, essas "manifestações totalmente autenticadas" não eram críveis sem mais nem menos para os próprios espiritualistas. Pouco antes, vimos como o sr. Volckman, que era bem espiritualista, tomou a liberdade de dar um abraço bem material. E, dessa vez, um clérigo e membro do comitê da Associação Nacional Britânica dos Espiritualistas assistiu a uma sessão da srta. Cook e, sem dificuldade, constatou que o quarto por cuja porta o espírito entrava e desaparecia se comunicava com o mundo exterior por *uma segunda porta*. O comportamento do sr. Crookes, igualmente presente, desferiu "o golpe de misericórdia na minha crença de que pudesse haver algo nessas manifestações" (*Mystic London* [Londres mística], pelo reverendo C. Maurice Davies, Londres, Tinsley Brothers [1875])[21]. E, para o cúmulo, veio à tona na América do Norte como se "materializava" uma "Katie". Um certo casal Holmes fazia exibições na Filadélfia, nas quais também aparecia uma "Katie" e esta era ricamente presenteada pelos crédulos. Porém, um cético não descansou enquanto não descobriu a pista da dita Katie, que, aliás, certa vez fez greve por falta de pagamento: ele a encontrou em uma *boarding house* (pensão) na

---

[18] John Nevil Maskelyne, *Modern Spiritualism*, cit., p. 144-5. Ver William Crookes, "The Last of 'Katie King'", *The Spiritualist Newspaper*, Londres, v. 4, n. 23, 5 jun. 1874.
[19] John Nevil Maskelyne, *Modern Spiritualism*, cit., p. 145.
[20] Alfred Russell Wallace, *On Miracles and Modern Spiritualism*, cit., p. 183.
[21] John Nevil Maskelyne, *Modern Spiritualism*, cit., p. 142-4.

condição de uma jovem dama inquestionavelmente de carne e osso e de posse de todos os presentes oferecidos ao espírito[22].

Nesse meio-tempo, o continente [europeu] também presenciaria a ação de seus videntes espíritas científicos. Uma associação científica de Petersburgo – não sei exatamente se foi a Universidade ou a Academia mesmo – delegou ao sr. conselheiro de Estado Aksakov e ao químico Butlerov a tarefa de investigar os fenômenos espíritas, do que aparentemente não resultou muita coisa[23]. Em contrapartida – caso se possa confiar nos altissonantes anúncios dos espíritas –, agora também a Alemanha tem o seu representante na pessoa do sr. professor [Johann Karl Friedrich] Zöllner em Leipzig[24].

Como se sabe, o sr. Zöllner trabalhou durante anos com a "quarta dimensão" do espaço e descobriu que muitas coisas impossíveis em um espaço tridimensional são óbvias em um espaço de quatro dimensões. Assim sendo, neste último espaço, pode-se virar do avesso uma bola de metal fechada como se fosse uma luva sem fazer nenhum buraco nela; do mesmo modo, [pode-se] dar um nó num fio infinito de ambos os lados ou preso nas duas pontas, bem como entrelaçar duas argolas separadas e fechadas sem abrir uma delas e outros artifícios desse tipo. Segundo relatos triunfantes de data mais recente vindos do mundo dos espíritos, o sr. professor Zöllner teria recorrido a um ou mais médiuns para, com a ajuda deles, constatar mais precisamente a localização da quarta dimensão. O resultado teria sido surpreendente. Após a sessão, o espaldar da cadeira, no qual ele apoiara o braço enquanto mantinha a mão o tempo todo sobre a mesa, terminou enlaçado com seu braço; um fio lacrado sobre a mesa nas duas pontas ganhou quatro nós etc. Em suma, todos os prodígios da quarta dimensão teriam sido realizados pelos espíritos com a maior facilidade. Note-se bem: *relata refero* [relato o que foi relatado], não avalizo a exatidão do boletim sobre os espíritos e, se contém coisas incorretas, o sr. Zöllner deve ser grato a mim por lhe dar a oportunidade de corrigi-las. Porém, se estiverem reproduzindo de modo verídico as experiências do sr. Zöllner, elas evidentemente apontam para uma nova era, tanto na ciência dos espíritos quanto na matemática. Os espíritos provam

---

[22] Ibidem, p. 146-53.
[23] Ibidem, p. 169.
[24] Engels tomou ciência das teorias e dos experimentos espiritistas de Johann Karl Friedrich Zöllner pela revista científica *Nature*. Ver Peter Guthrie Tait, "Zöllner's Scientific Papers", *Nature*, Londres, v. 17, n. 439, 28 mar. 1878, p. 420-2. Esse artigo é uma recensão da obra de Zöllner, *Wissenschaftliche Abhandlungen*, v.1 (Leipzig, L. Staackmann, 1878).

a existência da quarta dimensão do mesmo modo que a quarta dimensão abona a existência dos espíritos. E, quando isso estiver estabelecido, será inaugurado para a ciência um campo inteiramente novo e imensurável. Toda a matemática e ciência natural praticadas até agora serão apenas uma pré-escola para a matemática da quarta dimensão e de dimensões ainda mais elevadas e para a mecânica, a física, a química e a fisiologia dos espíritos que habitam essas dimensões superiores. Pois o sr. Crookes constatou cientificamente quanto peso perdem mesas e outros móveis em sua passagem para – como decerto podemos dizer agora – a quarta dimensão e o sr. Wallace declara como certo que ali o fogo não machuca o corpo humano. E o que dizer da fisiologia desses corpos espirituais! Eles respiram, têm pulsação e, portanto, pulmões, coração e aparelho circulatório, e, em consequência, certamente são pelo menos tão bem supridos dos demais órgãos do corpo quanto qualquer um de nós. Pois, para respirar, é preciso que haja hidrocarbonetos que são queimados no pulmão e estes só podem ser trazidos de fora, ou seja, pelo estômago, intestino e acessórios – e, tendo constatado tudo isso, o restante se segue sem dificuldade. A existência desses órgãos inclui a possibilidade de seu adoecimento e, por conseguinte, ainda pode suceder ao sr. Virchow que ele tenha de redigir uma patologia celular do mundo dos espíritos[25]. E, dado que a maioria desses espíritos é constituída por jovens damas belíssimas que não se diferenciam em nada, mas em nada mesmo, das mulheres terrenas, a não ser por sua beleza sobrenatural, não tardaria que se chegasse "a homens que sentem amor" e, se daí "não falta um coração feminino"[26], como constatado pelo sr. Crookes mediante a pulsação, se abrirá à seleção natural uma quarta dimensão, na qual ela não precisará mais recear ser confundida com a perversa social-democracia[27].

Basta. Evidencia-se aqui de modo palpável qual é o caminho mais seguro da ciência natural até o misticismo. Não é a teoria exuberante da

---

[25] Alusão ao livro de Rudolf Virchow, *Die Cellularpathologie in ihrer Begründung auf physiologische und pathologische Gewebelehre* (4. ed., Berlim, Hirschwald, 1871).

[26] Alusão ao texto de autoria de Emanuel Schikaneder, da ópera *A flauta mágica*, de Wolfgang Amadeus Mozart. No ato 1, cena 14, Pamina diz: "A homens que sentem amor/ não falta um bom coração". Engels troca "bom [*gut*]" por "feminino [*weiblich*]".

[27] O alvo dessa observação irônica de Engels são os ataques reacionários ao darwinismo que foram sentidos especialmente na 50ª Assembleia dos Pesquisadores da Natureza e Médicos Alemães, em setembro de 1877. Em sua fala, Rudolf Virchow ressaltou a ligação entre o darwinismo e a social-democracia como um fenômeno suspeito. Ver Rudolf Virchow, "Die Freiheit der Wissenschaft im modernen Staat", cit., p. 12.

filosofia da natureza, mas o empirismo mais rasteiro, que despreza toda e qualquer teoria e suspeita de todo ato de pensar. Não é a necessidade apriorística que comprova a existência dos espíritos, mas a observação experimental dos srs. Wallace, Crookes e cia. Quando damos crédito às observações da análise espectral de Crookes, que levaram à descoberta do tálio, ou às ricas descobertas zoológicas de Wallace no arquipélago malaio, pede-se de nós a mesma crença nas experiências e descobertas espíritas desses dois pesquisadores. Mas, quando opinamos que há uma pequena diferença entre elas, a saber, que aquelas podem ser verificadas por nós e estas não, os visionários espíritas nos retrucam que não é bem assim e que estão dispostos a nos dar a oportunidade de verificar essas manifestações de espíritos.

De fato, não é possível desprezar impunemente a dialética. Por maior que seja o menosprezo que se cultive por todo e qualquer pensamento teórico, não há como estabelecer uma relação entre dois fatos naturais nem perceber a relação que existe entre eles sem o pensamento teórico. A única pergunta a fazer, no tocante a isso, é se estamos pensando corretamente ou não, e o menosprezo da teoria obviamente é a via mais segura para pensar de modo naturalista e, em consequência, incorreto. Contudo, o pensamento incorreto, quando executado com plena coerência, chega – de acordo com uma bem conhecida lei dialética – regularmente ao oposto do seu ponto de partida. E, assim, o desprezo empírico da dialética sofre a punição de conduzir alguns dos mais sóbrios empiristas à mais desolada de todas as superstições, o espiritismo moderno.

O mesmo se dá com a matemática. Os matemáticos metafísicos comuns insistem com tremendo orgulho na irrefutabilidade absoluta dos resultados de sua ciência. Desses resultados também fazem parte as grandezas imaginárias, que, desse modo, também adquirem certa realidade. Porém, uma vez que nos habituamos a atribuir à $\sqrt{-1}$ ou à quarta dimensão alguma realidade fora de nossa cabeça, não fará muita diferença se avançarmos um pouco mais e aceitarmos também o mundo espiritual dos médiuns. É como disse [Wilhelm Emmanuel von] Ketteler a respeito de [Johann Joseph Ignaz von] Döllinger: esse homem defendeu tanta besteira em sua vida que de fato não lhe faria mal nenhum defender a infalibilidade[28]!

---

[28] No dia 18 de julho de 1870, o Concílio Vaticano I em Roma proclamou o dogma da infalibilidade papal. O teólogo católico Johann Joseph Ignaz von Döllinger se recusou a reconhecer esse dogma. O bispo de Mainz, Wilhelm Emmanuel von Ketteler, que inicialmente também fora contrário, acabou anuindo e tornando-se um defensor ferrenho do dogma.

De fato, a simples empiria é incapaz de dar conta dos espíritas. Em primeiro lugar, invariavelmente os fenômenos "superiores" só são mostrados quando o "pesquisador" já foi dominado a ponto de ver somente o que deve ou quer ver – o que o próprio Crookes descreve com ingenuidade inimitável. Em segundo lugar, porém, aos espíritas não importa que centenas de supostos fatos sejam revelados como impostura e dúzias de supostos médiuns sejam desmascarados como reles ilusionistas. Enquanto não for explicado racionalmente *todo e qualquer* suposto milagre, restará terreno suficiente para eles – o que também foi dito claramente por Wallace por ocasião da falsificação das fotografias de espíritos. A existência das falsificações prova a autenticidade das fotografias autênticas.

E, assim, a empiria se vê forçada a livrar-se da impertinência dos videntes espíritas não com experimentos empíricos, mas com ponderações teóricas, dizendo com [Thomas Henry] Huxley: "A única coisa boa que, no meu modo de ver, pode resultar da demonstração da verdade do espiritualismo seria fornecer um novo argumento contra o suicídio. Melhor viver como varredor de rua do que como falecido a tagarelar bobagens pela boca de um médium a um guinéu por sessão"[29].

---

[29] Essas palavras constam de uma carta do biólogo Thomas Henry Huxley à Sociedade Dialética de Londres, de 29 de janeiro de 1869, na qual se recusa a participar de uma comissão para estudar fenômenos espíritas. A carta foi publicada com o título "A Letter to the Council of the London Dialectical Society" no *The Daily News*, Londres, n. 7.946, 17 out. 1871, p. 5; Charles Maurice Davies, *Mystic London* (Londres, Tinsley Brothers, 1875), p. 389.

[Anotações e fragmentos]

Büchner

O surgimento da tendência. Dissolução da filosofia alemã em materialismo – eliminado o controle sobre a ciência – explosão dos popularizadores materialistas rasos, cujo materialismo visa substituir a falta de ciência. Florescimento na época da degradação mais profunda da Alemanha burguesa e da ciência alemã oficial – 1850-1860[1]. [Karl] Vogt, [Jakob] Molesch[ott], [Ludwig] Büchner – asseguração mútua[2]. –

---

[1] Em 1859, Engels já constatara o seguinte em relação ao desenvolvimento burguês na Alemanha depois de 1848: "Hegel se extraviara e desenvolveu-se o novo materialismo da ciência natural, que quase não se diferenciava do materialismo do século XVIII em termos de teoria e, na maioria das vezes, só o superava em termos de material químico e fisiológico de caráter científico-natural mais abundante. Encontramos o modo de pensar tacanho do filisteu da época pré--kantiana reproduzido com extrema platitude em Büchner e Vogt, e até em Moleschott, que jura lealdade a Feuerbach, mas a todo instante se embreta de maneira sumamente divertida nas categorias mais simples possíveis" (Friedrich Engels, "Rezension zu Karl Marx, Zur Kritik der politischen Ökonomie. Erstes Heft", em MEGA 2 II/2, p. 250-1). Em 1886, ele retoma esse mesmo parecer quando critica Ludwig Feuerbach por ter jogado o materialismo no mesmo saco da "forma rasa e vulgar em que o materialismo continua existindo até hoje nas cabeças dos pesquisadores da natureza e médicos e, na década de 1850, foi anunciado ao estilo dos pregadores itinerantes por Büchner, Vogt e Moleschott" (Friedrich Engels, "Ludwig Feuerbach und der Ausgang der klassischen deutschen Philosophie", cit., p. 154).

[2] Na década de 1850, foram publicados três escritos típicos dessa tendência: Jakob Moleschott, *Der Kreislauf des Lebens* (Mainz, Zabern, 1852); Ludwig Büchner, *Kraft und Stoff* (Frankfurt am Main, Meidinger Sohn, 1855) e Karl Vogt, *Köhlerglaube und Wissenschaft* (Gießen, Ricker'sche Buchhandlung, 1855). Os três escritos se corroboram mutuamente com citações e referências entre si, o que fica muito claro no de Ludwig Büchner.

Friedrich Engels – Dialética da natureza

Revitalização quando o darwinismo se tornou moda, o qual esses senhores logo arrendaram[3].

Poderíamos deixá-los soltos e abandoná-los à sua vocação estreita, que não deixa de ser louvável, de ensinar o ateísmo etc. ao filisteu alemão; porém 1) xingam os filósof[os] (fazer citações)* que, apesar de tudo, constituem a glória da Alemanha, e 2) pretendem aplicar suas teorias da natureza à sociedade e reformar o socialismo. Assim somos forçados a notá-los.

Primeiro: quais são suas realizações em seu campo? Citações.

2) Reviravolta (p. 170-1)[4]. De onde vem de repente esse aspecto hegeliano? Transição para a dialética. – duas tendências filosóficas, a metafísica com suas categorias fixas, a dialética (Arist[óteles] e especialmente Hegel) com suas categorias fluidas, demonstrando que esses antagonismos fixos de razão e consequência, causa e efeito, identidade e diferença, aparência e essência não se sustentam, que a análise demonstra um polo como já existente *in nuce* [embrionariamente] no outro, que, em determinado ponto, um polo se converte no outro e que toda a lógica só se desenrola com base nesses antagonismos progressivos. – Isso no próprio Hegel é místico, porque as categorias são preexistentes e a dialética do mundo real aparece como simples reflexo delas. Na realidade é o inverso: a dialética dentro da cabeça é apenas reflexo das formas de movimento do mundo real, tanto da natureza quanto da história. Os pesquisadores da natureza até o final do século passado, e mesmo até 1830, conseguiam dar conta do recado com a velha metafísica, porque a ciência real não ia além da mecânica – terrestre e cósmica. Apesar disso, a matemática superior já trouxe alguma confusão, pois encara as verdades eternas da matemática inferior como ponto de vista superado, muitas vezes afirmando o contrário e propondo enunciados que

---

[3] O ensejo imediato da discussão de Engels com Büchner foi a segunda edição ampliada do escrito deste último, publicada em 1872 com o título *Der Mensch und seine Stellung in der Natur: in Vergangenheit, Gegenwart und Zukunft* (2. ed., Leipzig, T. Thomas, 1872), em que o autor tentou transpor a teoria darwiniana para a sociedade e reformar o socialismo.

* Büchner só conhece os fil[ósofos] como dogmáticos, como ele próprio é o mais baço reflexo do pseudoiluminismo alemão, que perdeu pelo caminho o espírito e o dinamismo dos grandes materialistas franceses ([citar] Hegel sobre estes) – como Nicolai perdeu o de Voltaire. [Ver Georg Wilhelm Friedrich Hegel, *Vorlesungen über die Geschichte der Philosophie*, v. 3, cit., p. 506-34. (N. T.)] Espinosa, o cachorro morto de Lessing ([Hegel], *Enc[yclopädie]*, Vorr[ede], p. 19). [Ver Hegel, *Encyclopädie der philosophischen Wissenschaften im Grundrisse*, Th. 1: Die Logik (org. Leopold von Henning, Berlim, Duncker und Humblot, 1840), p. xix.]

[4] Ludwig Büchner, *Der Mensch und seine Stellung in der Natur: in Vergangenheit, Gegenwart und Zukunft*, cit., p. 170-1.

parecem totalmente absurdos para o matemático inferior. As categorias fixas se dissolveram, a matemática entrou num terreno em que mesmo relações tão simples quanto a da quantidade abstrata, do mau infinito, assumiram uma forma inteiramente dialética e obrigaram os matemáticos a se tornarem dialéticos contra a sua vontade e sem saber. Nada mais cômico do que as contorções, os ardis furados e os expedientes dos matemáticos para solucionar essa contradição, reconciliar a matemática superior com a inferior, aclarar para o seu entendimento que aquilo que obtiveram como resultado inegável não é pura bobagem e, de modo geral, explicar racionalmente o ponto de partida, os métodos e os resultados da matemática infinitesimal.

Mas agora tudo mudou. A química – atomística. Divisibilidade abstrata da física – má infinitude. A fisiologia – célula. (O processo orgânico de desenvolvimento tanto do indivíduo quanto das espécies mediante diferenciação é a prova mais contundente para a dialética racional.) E, por fim, a identidade das forças da natureza e sua transformação recíproca que acaba com toda fixidez das categorias[5]. Apesar disso, a massa

---

[5] Ver também a carta de Engels a Marx, de 14 de julho de 1858: "A propósito. Envia-me a prometida *Filosofia da natureza* de Hegel. Estou estudando um pouco de fisiologia e em seguida pretendo dedicar-me à anatomia comparada. Há ali coisas altamente especulativas, todas elas, no entanto, só foram descobertas recentemente; quero muito saber se o velho não farejou algo nesse sentido. Com certeza, se ele fosse escrever uma filosofia da natureza *hoje*, haveria coisas voando de todos os lados ao encontro dele. Aliás, ainda nem se tem ideia dos progressos que foram feitos nos últimos trinta anos nas ciências naturais. Decisivas para a fisiologia foram 1) a gigantesca evolução da química orgânica, 2) o microscópio, que está sendo usado para valer apenas há vinte anos. Este levou a resultados ainda mais importantes do que a química; mas o principal, o que revolucionou a fisiologia e tornou possível uma fisiologia comparada, foi a descoberta das células, na planta por Schleiden e no animal por Schwann (cerca de 1836). Tudo é célula. A célula é o ser-em-si de Hegel e, em sua evolução, passa exatamente pelo processo hegeliano, até que por fim se desenvolve a partir dela a 'ideia', cada um dos organismos individuais. Outro resultado que teria alegrado o velho Hegel consiste, na física, na correlação de forças ou lei que, sob circunstâncias dadas, o movimento mecânico, ou seja, a força mecânica se converte em calor (por exemplo, mediante fricção), calor em luz, luz em afinidade química, afinidade química em eletricidade (por exemplo, na bateria voltaica) e esta em magnetismo. Essas transições, além do mais, podem ser feitas nos dois sentidos. Foi demonstrado por um inglês cujo nome agora não me ocorre que essas forças se convertem uma na outra em proporções quantitativas bem determinadas, de modo que, por exemplo, certa quantidade de uma, por exemplo, de eletricidade, corresponde a certa quantidade de outra, por exemplo, de magnetismo, luz, calor, afinidade química (positiva ou negativa, compondo ou decompondo) e movimento. Com isso a teoria idiota do calor latente foi eliminada. Isso não é uma prova contundente, material, da maneira como as determinações

dos pesquisadores da natureza ainda se aferra às velhas categorias metafísicas e é impotente quando esses fatos modernos que, por assim dizer, demonstram a dialética na natureza precisam ser explicados racionalmente e inter-relacionados. E aqui foi preciso *pensar*: não é possível observar o átomo e a molécula etc. com o microscópio; isso só pode ser feito com o pensamento[6]. Ver os químicos (salvo [Carl] Schorl[emmer], que conhece Hegel) e a *Patologia celular* de Virchow[7], em que fraseologias gerais acabam tendo de encobrir a impotência. A dialética – despida do misticismo – torna-se uma necessidade absoluta para a ciência natural, que abandonou o território em que lhe bastavam as categorias fixas, do tipo da matemática inferior da lógica, seu instrumento doméstico. A filosofia se vinga postumamente na ciência natural por esta tê-la abandonado – e, não obstante, os pesquisadores da natureza já poderiam ter depreendido dos êxitos dos filósofos no campo da ciência natural que em toda essa filosofia havia algo superior a eles também em seu campo (Leibniz foi o fundador da matemática infinitesimal, e contra ele se volta Newton, o asno da indução, como plagiador e deturpador[8] – Kant: teoria cósmica do surgimento do mundo[9], *anterior a* Laplace[10] Oken foi o primeiro a acolher

---

    da reflexão se decompõem umas nas outras? O que se tem como certo é que, na fisiologia comparada, adquire-se um desprezo profundo pelo enaltecimento idealista do humano em relação às demais bestas. A cada passo topamos com a mais completa coincidência estrutural com os demais mamíferos, nos grandes traços essa coincidência passa por todos os vertebrados e mesmo – com menos nitidez – por insetos, crustáceos, tênias etc. O lance hegeliano do salto qualitativo na série quantitativa cai bem também aqui. Por fim, no caso dos infusórios em estado mais bruto, chega-se à forma originária, a célula simples com vida autônoma, que, no entanto, não se diferencia perceptivelmente da planta inferior (do fungo unicelular, o fungo que estraga a batata e o vinho) nem dos embriões do estágio mais evoluído, incluindo o óvulo e espermatozoide humanos; e tem a mesma aparência das células autônomas do organismo vivo (glóbulos do sangue, células da pele e das mucosas, células secretoras nas glândulas; rins)". Considerações mais extensas nas p. 33 ("Aspectos históricos"), p. 37 ("Introdução") e p. 100 ("Partes omitidas do 'Feuerbach'").

[6] Karl Marx, *O capital*, Livro I, cit., p. 78.
[7] Rudolf Virchow, *Die Cellularpathologie in ihrer Begründung auf physiologische und pathologische Gewebelehre*, cit.
[8] Aqui Engels acompanha Hegel na avaliação de Newton. Ver Georg Wilhelm Friedrich Hegel, *Vorlesungen über die Geschichte der Philosophie*, v. 3, cit., p. 447 e p. 451. Mais tarde, Engels chega a um posicionamento diferente sobre a relação entre Leibniz e Newton.
[9] Immanuel Kant, *Allgemeine Naturgeschichte und Theorie des Himmels*, cit.
[10] Laplace desenvolveu sua cosmogonia independentemente de Kant no último capítulo de seu livro *Exposition du système du monde*, cit., v. 2.

Curso do desenvolvimento teórico desde Hegel

a teoria da evolução na Alemanha[11] – Hegel, cuja síntese enciclopédica e agrupamento racional das ciências naturais representou um feito maior do que todas as asneiras materialistas juntas)[12].

———◆———

Quanto à pretensão de B[üchner] de emitir juízo sobre o soc[ialismo] e a ec[onomia] a partir da luta pela existência: Hegel, *Enc[yclopädie]*, v. I, p. 9, sobre o fabrico de sapatos[13].

Quanto a pol[ítica] e soc[ialismo]: a inteligência pela qual o mundo esperava (p. 11)[14].

Um fora do outro, um ao lado do outro e um após o outro: H[egel], *Enc[yclopädie]*, p. 35! Como determinação da sensualidade, da representação[15].

Hegel, *Encycl[opädie]*, p. 40. Fenômenos da natureza[16] – mas B[üchner] não *pensa*, só transcreve e, por conseguinte, pensar não é necessário.

P. 42. Sólon produziu suas leis "a partir de sua cabeça"[17] – B[üchner] pode fazer o mesmo pela sociedade moderna.

P. 45. Metafísica – ciência *das coisas* – não dos movimentos[18].

P. 53. Ele chega – à experiência[19].

P. 56. Paralelismo entre indivíduo humano e história[20] = paralelismo entre embriologia e paleontologia.

———◆———

---

[11] Lorenz Oken, *Abriß der Naturphilosophie* (Göttingen, Bei Vandenhoek und Ruprecht, 1805); *Lehrbuch der Naturgeschichte* (Leipzig, Carl Heinrich Reclam, 1813-1827), 3 v.; *Allgemeine Naturgeschichte für alle Stände* (Stuttgart, Hoffman, 1841).
[12] Ver Georg Wilhelm Friedrich Hegel, *Vorlesungen über die Naturphilosophie als der Encyclopädie der philosophischen Wissenschaften im Grundrisse zweiter Theil* (org. Karl Ludwig Michelet, Berlim, Duncker und Humblot, 1842).
[13] Idem, *Encypädie der philosophischen Wissenschaften*, v. 1, cit., §5.
[14] Ibidem, §6.
[15] Ibidem, §20.
[16] Ibidem, §21, adendo.
[17] Ibidem, §22, adendo.
[18] Ibidem, §24.
[19] Ibidem, §24, adendo 3.
[20] Idem.

Friedrich Engels – Dialética da natureza

[Partes omitidas do "Feuerbach"][21]

[Os mascates vulgarizadores que, na Alemanha da década de 1850, venderam o materialismo não conseguiram de nenhuma maneira superar essa barreira dos seus professores. Todos os progressos feitos pela ciência natural desde então somente lhes serviram][22] de novos argumentos contra a crença em um criador do mundo; e, de fato, continuar a desenvolver a teoria era algo que não tinha nada a ver com o seu negócio. O idealismo recebera um duro golpe em 1848; mas o materialismo, nesse seu formato renovado, degradara-se ainda mais. Feuerbach tinha toda a razão ao se recusar a assumir certa responsabilidade por *esse* materialismo; só não deveria ter jogado no mesmo saco a doutrina desses pregadores itinerantes e o materialismo em geral.

Em torno da mesma época, porém, a ciência natural empírica recebeu um impulso tão forte e alcançou resultados tão brilhantes que isso não só possibilitou a superação completa da unilateralidade mecânica do século XVIII, mas, pela demonstração dos nexos existentes na própria natureza entre os diferentes campos de pesquisa (a mecânica, a física, a química, a biologia etc.), a própria ciência natural se converteu de ciência empírica em ciência teórica e, pela síntese dos resultados obtidos, em um sistema do conhecimento materialista da natureza. A mecânica dos gases; a recém-criada química orgânica, que dissipou o último resto de incompreensibilidade de cada uma das assim chamadas combinações orgânicas, ao produzi-las a partir de substâncias inorgânicas; a embriologia científica, que data de 1818[23], a geologia e a paleontologia; a anatomia comparativa das plantas e dos animais – todas elas forneceram material novo em proporções até agora inauditas. Porém três grandes descobertas foram de importância decisiva.

---

[21] Este texto constitui a versão original das páginas 16 a 19 do manuscrito do artigo "Ludwig Feuerbach und der Ausgang der klassischen deutschen Philosophie", publicado na revista *Neue Zeit*, cit. Nesse artigo, o trecho em questão aparece resumido em dois pontos diferentes. A exposição das três grandes descobertas do século XIX é resumida e deslocada para o quarto capítulo. O título "Partes omitidas do 'Feuerbach'" foi tirado do sumário do envelope "Pesquisa da natureza e dialética".

[22] O fragmento começa no meio da frase, que foi complementada a partir do texto impresso.

[23] Na verdade, o trabalho pioneiro decisivo data de 1828: Karl Ernst von Baer, *Über Entwickelungsgeschichte der Thiere. Beobachtung und Reflexion* (Königsberg, Gebrüder Bornträger, 1828-1837), 2 v.

A primeira foi a demonstração da transformação da energia, deduzida da descoberta do equivalente mecânico do calor (por Julius von Mayer, Joule e [Ludwig August] Colding). Todas as inúmeras causas eficientes na natureza, que até agora levavam uma existência misteriosa e inexplicada como "forças" – força mecânica, calor, radiação (luz e calor radiante), eletricidade, magnetismo, energia química de composição e decomposição –, foram agora demonstradas como formas específicas, modos de existência, de uma só e mesma energia, isto é, do movimento[24]; não só podemos demonstrar sua conversão de uma forma em outra, como ocorre permanentemente na natureza, mas também efetuá-la no laboratório e na indústria, e isso de tal maneira que uma quantidade dada de uma forma de energia sempre corresponda a uma quantidade determinada de energia desta ou de qualquer outra forma. Podemos expressar a unidade de calor em quilogramas-metro, e as unidades ou quaisquer quantidades de energia elétrica ou química novamente em unidades de calor e vice-versa; podemos, da mesma maneira, medir o consumo de energia e o fornecimento de energia de um organismo vivo e expressá-los em qualquer unidade, por exemplo, em unidades de calor. A unidade de todo movimento na natureza não é mais uma afirmação filosófica, mas um dado científico da natureza.

A segunda – temporalmente anterior à primeira – foi a descoberta da célula orgânica por [Theodor] Schwann e [Matthias Jakob] Schleiden, da célula enquanto unidade de cuja multiplicação e diferenciação surgem e crescem todos os organismos, com exceção dos inferiores. Foi essa descoberta que pela primeira vez proporcionou uma base sólida para a investigação dos produtos orgânicos e vivos da natureza – tanto na anatomia e fisiologia comparativas quanto na embriologia. A gênese, o crescimento e a estrutura dos organismos foram despidas do véu de mistério; o milagre até ali incompreensível se dissolvera em um processo que se efetuava de acordo com uma lei essencialmente idêntica para todos os organismos pluricelulares.

Porém ainda permanecia uma lacuna essencial. Se todos os organismos pluricelulares – tanto plantas quanto animais, inclusive o ser humano – crescem cada qual a partir de uma única célula, segundo a lei da divisão celular, de onde provém então a infinita diversidade desses organismos? Essa pergunta foi respondida pela terceira grande descoberta, a teoria da evolução, que foi exposta em seu conjunto e fundamentada pela primeira vez por Darwin. Independentemente de quantas mutações essa teoria ainda sofrerá em seus detalhes, em termos globais ela já resolve o problema de modo mais do que suficiente. Ficou demonstrada em grandes

---

[24] Ver Friedrich Engels, *Anti-Dühring*, cit., p. 38-40.

traços a sequência evolutiva ascendente de poucos organismos simples para organismos cada vez mais multifacetados e complexos, como os temos hoje diante de nós, até chegar ao ser humano; desse modo, não só foi possível a explicação para o conjunto já disponível de produtos orgânicos da natureza mas também foi lançada a base para elucidar a história pregressa do espírito humano, acompanhar seus diferentes estágios de desenvolvimento desde o protoplasma simples e sem estrutura, mas sensível a estímulos, dos organismos inferiores até o cérebro pensante do ser humano. Porém, sem essa história pregressa, a existência do cérebro humano pensante permaneceria um milagre.

Essas três grandes descobertas explicam os principais processos da natureza, deduzindo-os de causas naturais. Ainda falta fazer uma coisa no tocante a isso: explicar o surgimento da vida a partir da natureza inorgânica. No estágio atual da ciência, isso significa apenas produzir organismos proteicos a partir de substâncias inorgânicas. A química está cada vez mais próxima disso, mas ainda está muito distante. Porém, se considerarmos que só em 1828 foi produzido por [Friedrich] Wöhler o primeiro corpo orgânico, a ureia, a partir de material inorgânico, e como incontáveis assim chamados compostos orgânicos são produzidos agora artificialmente, sem nenhuma substância orgânica, não ordenaremos à química que se detenha diante da proteína. Até agora ela conseguiu produzir toda substância orgânica, cuja composição ela conhece com precisão. Assim que a composição dos organismos proteicos for conhecida, ela poderá empreender a produção de proteína viva. Mas querer que ela faça de hoje para amanhã aquilo que a própria natureza só conseguiu após milhões de anos, em condições muito favoráveis e em corpos celestes isolados – isso sim seria pedir um milagre.

Assim sendo, a concepção materialista da natureza se encontra hoje sobre uma base bem mais firme do que no século passado. Naquele tempo, só o movimento dos corpos celestes e o movimento de corpos terrestres sólidos sob a influência da gravidade foram entendidos de modo quase exaustivo; praticamente todo o campo da química e toda a natureza orgânica continuavam sendo mistérios incompreendidos. Hoje toda a natureza se estende diante de nós como um sistema de interconexões e processos, explicado e compreendido pelo menos em suas linhas básicas. No entanto, a concepção materialista da natureza não é senão a concepção simples da natureza como ela se apresenta, sem ingrediente estranho a ela, e é por isso que, entre os filósofos gregos, ela era compreendida originalmente por si só. Porém, entre aqueles gregos antigos e nós estendem-se mais de 2 mil anos de cosmovisão essencialmente idealista e, nesse caso, o retorno ao óbvio é mais difícil do que parece à primeira vista. Pois não se trata, de modo nenhum, de simples rejeição de todo conteúdo do pensamento desses 2 mil anos, mas trata-se de fazer a sua crítica, descascar os resultados obtidos por essa forma idealista transitória equivocada, mas inevitável para o seu tempo e para o curso do desenvolvimento. A dificuldade disso nos é demonstrada pelos numerosos pesquisadores da natureza que são materialistas ferrenhos no âmbito de sua ciência, mas fora dela são não só idealistas como até cristãos piedosos e mesmo ortodoxos.

Todos esses progressos da ciência natural que marcaram época passaram por Feuerbach sem tocá-lo essencialmente. Isso não foi tanto culpa dele, mas das miseráveis condições alemãs, em virtude das quais as cátedras das universidades foram monopolizadas por "catadores de pulgas"[25] ecléticos e cabeças-ocas, enquanto Feuerbach, que era muito superior a eles, quase foi obrigado a virar um camponês em seu isolamento interiorano[26]. Foi por isso que, a respeito da natureza – salvo algumas sínteses geniais –, ele foi obrigado a malhar tanta palha beletrística. Ele escreve assim:

> No entanto, a vida não é produto de um processo químico, não é o produto de uma força ou manifestação isolada da natureza, à qual o materialista metafísico reduz a vida; ela é resultado da natureza inteira.[27]

Dizer que a vida é resultado da natureza inteira de modo nenhum contradiz a circunstância de que a proteína, que é a portadora autônoma exclusiva da vida, surja em condições bem determinadas, dadas por todo o contexto da natureza, mas justamente como produto de um processo químico. Ao referido isolamento também se deve o fato de Feuerbach ter se perdido em uma série de especulações infrutíferas e circulares sobre a relação entre o ato de pensar e o órgão do pensamento, o cérebro – um campo em que [Carl Nicolai] Starcke o acompanha com predileção[28].

---

[25] *Flohknacker*, no original, designa uma pessoa impertinente que se apega às minúcias de qualquer tema.

[26] Depois que falharam suas tentativas de obter uma cátedra nas universidades de Berlim, Iena, Marburgo e Friburgo em Brisgóvia, Feuerbach se retirou para o vilarejo de Bruckberg, perto de Ansbach, onde seu sustento foi assegurado pelo patrimônio de sua esposa – ele se casara em 1837 com Berta Löwe, filha do inspetor da fábrica de porcelana que funcionava no castelo de Bruckberg.

[27] Ludwig Feuerbach, "Die Unsterblichkeitsfrage vom Standpunkt der Anthropologie", em *Sämmtliche Werke*, v.3 (3. ed., Leipzig, Otto Wigand, 1876), p. 331.

[28] Carl Nicolai Starcke, *Ludwig Feuerbach* (Stuttgart, F. Enke, 1885), p. 154-555. Engels se ocupa criticamente dessa obra em "Ludwig Feuerbach und der Ausgang der klassischen deutschen Philosophie", cit.

Friedrich Engels – Dialética da natureza

Isso basta; Feuerbach resiste à designação "materialismo"[29]. E não sem razão, pois ele nunca conseguiu libertar-se totalmente do idealista. No campo da natureza, ele é materialista, mas no campo da [...] humana [...][30]

———◆———

Os pesquisadores da natureza acreditam poder se livrar da fil[osofia], ignorando-a ou xingando-a. Como, porém, não avançam sem o pensamento e precisam das determinações do pensamento para pensar, tomam essas categorias indiscriminadamente da consciência comum dos assim chamados eruditos, dominada por resquícios de filosofias há muito desaparecidas, ou do pouquinho de filosofia forçosamente ouvido na universidade (que não só é fragmentário como também constitui uma balbúrdia de opiniões de pessoas das mais diferentes e geralmente das piores escolas possíveis), ou da leitura acrítica e assistemática de todo tipo de escritos filosóficos; em consequência, eles também são, na mesma medida, escravos da filosofia, mas, na maioria das vezes, infelizmente o são da pior delas, e aqueles que mais xingam os fil[ósofos] são escravos exatamente dos piores resquícios vulgarizados dos piores filósofos.

———◆———

Como quer que se portem, os pesquisadores da natureza são dominados pela filos[ofia]. A única questão é se querem ser dominados por u[ma] filos[ofia] ruim que está na moda ou por uma forma do pensamento teórico que se baseia no conhecimento da história do pensamento e de suas conquistas.

É correto dizer: "Física, cuidado com a metafísica", só que em outro sentido.

---

[29] Karl Grün (ed.), *Ludwig Feuerbach in seinem Briefwechsel und Nachlass sowie in seiner philosophischen Charakterentwicklung*, v. 2 (Leipzig, C. F. Winter, 1874), p. 307-8: "*Materialismo* é uma designação absolutamente inadequada, que transmite ideias erradas, só podendo ser desculpada na medida em que à imaterialidade do pensamento, da alma, se contrapõe a materialidade do pensamento. Para nós, porém, só existe uma vida orgânica, um agir orgânico, um pensar orgânico. Portanto, organismo é a expressão apropriada, pois o espiritualista coerente nega que o pensamento necessite de um órgão, ao passo que do ponto de vista da natureza não existe atividade sem órgão". "Para mim, o materialismo é o fundamento do edifício da essência e da ciência humanas; mas, para mim, ele não é aquilo que é, e necessariamente tem de ser a partir de sua perspectiva e profissão, para o fisiologista, o pesquisador da natureza no sentido estrito, como, por exemplo, para Moleschott, a saber, o próprio edifício."

[30] Aqui termina a página do manuscrito original, e a página seguinte, que contém o fim da frase, não chegou a nós. Suposição para o final da frase: "mas na ciência humana, ele é um idealista".

Curso do desenvolvimento teórico desde Hegel

Os pesquisadores da natureza ainda prolongam a vida aparente da filosofia, recorrendo às sobras da velha metafísica. Só quando a ciência da natureza e a ciência da história tiverem absorvido a dialética, desaparecerá, por ser supérfluo, todo cacareco filosófico na ciência objetiva – com exceção da teoria pura do pensamento[31].

———◆———

Do mesmo modo que Fourier é um *mathematical poem* [poema matemático], e não obstante ainda em uso, Hegel é um *dialectical poem* [poema dialético][32].

———◆———

A *teoria* equivocada *da porosidade* (em que as diversas falsas matérias, a substância calórica etc. residem nos poros recíprocos e, ainda assim, não se interpenetram) foi exposta por Hegel (*Enc[yclopädie]*, v. I, p. 259), como *pura invenção da mente*[33]. V. também *Lógica*[34].

———◆———

Hegel (*Enc[yclopädie]*, v. I, p. 205-6): passagem profética sobre os pesos atômicos em vista das concepções físicas daquele tempo e sobre o átomo e a molécula como determinações *do pensamento* sobre as quais *o pensamento* deve decidir[35].

———◆———

Hegel encara a natureza como uma manifestação da "ideia" eterna em sua exteriorização[36] e isso é tido como um crime muito grave; diante disso, o que diremos ao morfólogo Richard Owen:

---

[31] Ver Friedrich Engels, *Anti-Dühring*, cit., p. 45-56.
[32] Alusão a William Thomson e Peter Guthrie Tait, *Treatise on Natural Philosophy*, v. 1 (Oxford, Clarendon, 1867), p. 713: "In Fourier's great mathematical poem [no grande poema matemático de Fourier]", referindo-se ao livro do matemático francês Jean Baptiste Joseph Fourier, *Théorie analytique de la chaleur*, cit.
[33] Georg Wilhelm Friedrich Hegel, *Encyclopädie der philosophischen Wissenschaften*, v. 1, cit., §130.
[34] Idem, *Wissenschaft der Logik*, Th. 1: Die objective Logik, Abth. 2: Die Lehre vom Wesen (org. Leopold von Henning, 2. ed, Berlim, Duncker und Humblot, 1841), p. 135-9.
[35] Idem, *Encyclopädie der philosophischen Wissenschaften*, v. 1, cit., §103, adendo.
[36] Ibidem, v. 1, §18, p. 26-7.

The archetypal idea was manifested in the flesh under diverse such modifications, upon this planet, long prior to the existence of those animal species that actually exemplify it. [A ideia arquetípica se tornou manifesta na carne sob diversas modificações desse tipo neste planeta, num tempo muito anterior à existência dessas espécies animais que agora a exemplificam.] (*Nature of Limbs*, 1849)[37]

Quando isso é dito por um pesquisador da natureza de caráter místico, que nada tem de especial em mente ao fazer isso, está tudo bem; mas, quando um filósofo diz a mesma coisa, tendo em mente alguma coisa, e *au fond* [no fundo] a coisa certa, ainda que de forma invertida, então é misticismo e um crime inaudito.

———◆———

[August Wilhelm] Hofmann (*Ein Jahrh[undert] Chemie unter den Hohenzollern* [*Um século de química entre os Hohenzollern*]) cita a fil[osofia] da natureza[38]. Cit[a] também a obra de Rosenkranz[39], o beletrista, que não é reconhecido por nenhum hegeliano autêntico. Responsabilizar a fil[osofia] da natureza por Rosenkr[anz] é tão tolo quanto seria se Hofm[ann] responsabilizasse os Hohenzollern por Marggraf ter descoberto o açúcar de beterraba.

———◆———

Teoria e empiria: o achatamento [da Terra] foi constatado teoricamente por Newton, mas os Cassinis[40] e outros franceses continuaram afirmando ainda por muito tempo, apoiados em suas medições empíricas, que a Terra é elipsoidal e o eixo polar é o mais longo[41].

———◆———

---

[37] Richard Owen, *On the Nature of Limbs* (Londres, John Van Voorst, 1849), p. 86.
[38] August Wilhelm Hofmann, *Ein Jahrhundert chemischer Forschung unter dem Schirme der Hohenzollern* (Berlim, Vogt, 1881), p. 5 e seg. Em carta a Marx de 16 de junho de 1867, Engels menciona a leitura de outro trabalho científico de Hofmann: *Einleitung in die moderne Chemie* (Braunschweig, F. Vieweg und Sohn, 1866).
[39] Hofmann recorre a Karl Rosenkranz, *System der Wissenschaft. Ein philosophisches Encheiridion* (Königsberg, Gebrüder Bornträger, 1850), §475, p. 301-2.
[40] Astrônomos franceses: Giovanni Domenico Cassini, imigrado da Itália, seu filho Jacques Cassini, o filho deste César-François Cassini de Thury e o filho deste Jacques-Dominique, conde de Cassini. Todos foram diretores do Observatório Astronômico de Paris de 1669 a 1793. Os primeiros três tinham concepções diferentes de Newton sobre a forma da Terra, somente o último reconheceu a exatidão das inferências de Newton referentes ao achatamento da Terra nos polos. Ver Rudolf Wolf, *Geschichte der Astronomie*, cit., p. 449-551.
[41] Rudolf Wolf, *Geschichte der Astronomie*, cit., p. 613-6.

Curso do desenvolvimento teórico desde Hegel

Hegel formula a teoria da luz e das cores a partir do puro pensamento e, ao fazer isso, incorre *na mais grosseira empiria* da experiência rotineira do filisteu (ainda que com certa razão, já que naquele tempo esse ponto ainda não fora esclarecido), por exemplo, quando argumenta contra Newton usando a mistura de cores dos pintores (p. 314 abaixo)[42].

——◆——

O desprezo que os empiristas mostram pelos gregos ganha uma ilustr[ação] peculiar quando se lê, por exemplo, Th[omas] Thomson, *On Electr[icity]* [Sobre a eletricidade][43], em que pessoas como [Humphry] Davy e mesmo [Michael] Faraday ainda tateiam no escuro (faísca elétrica etc.) e fazem experimentos que lembram totalmente os relatos de Arist[óteles] e Plínio sobre as condições físico-químicas. Justo nessa ciência ainda muito nova, os empiristas reproduzem inteiramente o tatear às cegas dos antigos. E quando o genial Faraday descobre uma pista correta, o filisteu Thomson é forçado a protestar (p. 397)[44].

——◆——

No caso de *Oken* (Haeckel, p. 85 e seg.)[45], aflora o absurdo oriundo do dualismo de ciênc[ia] natural e filos[ofia]. Pela via do pensamento, Oken descobre o protoplasma e a célula, mas a ninguém ocorreu averiguar o assunto nos termos da ciência natural – o *pensamento* teria de bastar! E, quando o protoplasma e a célula foram descobertos de fato, Oken entrou pelo cano!

——◆——

Ideia de cientista da natureza: o plano de criação de Agassiz, segundo o qual Deus cria continuamente do geral para o particular e individual (ele cria primeiro o animal vertebrado como tal, depois o mamífero como tal, daí o carnívoro como tal, o felino como tal e por fim o leão etc.), ou seja,

---

[42] Georg Wilhelm Friedrich Hegel, *Vorlesungen über die Naturphilosophie*, cit., §320, adendo, p. 314-5. Na polêmica contra a teoria das cores de Newton, Hegel se reportou à teoria das cores de Johann Wolfgang von Goethe, *Zur Farbenlehre* (Stuttgart, J. G. Cotta, 1810), mantendo correspondência com este sobre o assunto.
[43] Thomas Thomson, *An Outline of the Sciences of Heat and Electricity* (2. ed., Londres, H. Baillière, 1840).
[44] Idem.
[45] Ernst Haeckel, *Natürliche Schöpfungsgeschichte*, cit.

primeiro conceitos abstratos em forma de coisas concretas e depois coisas concretas! Ver Haeckel, p. 59[46].

———◆———

Ninguém trata Deus tão mal quanto os pesquisadores da natureza que creem nele. Os materialistas simplesmente explicitam o assunto sem entrar em tais fraseologias; eles só fazem isso quando crentes insistentes querem lhes impingir Deus e então eles respondem de maneira breve, seja como Laplace: "*Sire, je n'avais* etc."[47], seja de modo mais rude, ao estilo dos comerciantes holandeses, que costumavam repelir os ambulantes alemães que tentavam impingir-lhes seus produtos de baixa qualidade com as seguintes palavras: "*Ik kan die zaken niet gebruiken* [essas coisas não têm serventia para mim]", e assunto encerrado. Mas o que Deus teve de aguentar dos seus defensores! Na história das ciências naturais modernas, Deus é tratado pelos seus defensores como Fr[ederico] G[uilherme] III foi tratado por seus generais e funcionários na campanha de Iena[48]. Um a um os destacamentos do Exército depõem armas, uma a uma as fortalezas capitulam diante da investida da ciência, até que, por fim, todo o campo infinito da natureza é conquistado por ela e não sobra mais lugar nenhum para o Criador. Newton ainda lhe deixou o "primeiro impulso", mas vetou-lhe toda e qualquer interferência em seu sistema solar. O padre Secchi o saúda com todas as honras canônicas, mas nem por isso é menos categórico ao excluí-lo inteiramente do sistema solar e só lhe concede um "ato criador" em relação à névoa originária[49]. E assim em todos os campos. Na biologia, seu último grande Dom Quixote, Agassiz, até o julga capaz de realizar um objetivo absurdo: Ele criaria não só os animais reais mas também os animais

---

[46] Ibidem, p. 58-9. Haeckel trata das contradições do pensamento do famoso zoólogo francês, adversário da teoria de Darwin, Jean Louis Rodolphe Agassiz, *An Essay on Classification. Contributions to the Natural History of the United States*, v.1 (Londres, Longman, 1859).

[47] Conta-se que, quando o imperador Napoleão I perguntou a Laplace por que seu livro *Mécanique céleste* (Paris, J.-B.-M. Duprat, 1799-1825), não mencionava o Criador, ele teria respondido: "*Sire, je n'avais pas besoin de cette hypothèse*" [Senhor, eu não precisava dessa hipótese]. Ver Georg Wilhelm Friedrich Hegel, *Vorlesungen über die Geschichte der Philosophie*, v. 3, cit., p. 552.

[48] Referência à Batalha de Iena-Auerstedt, ocorrida no dia 14 de outubro de 1806 entre o Exército francês sob Napoleão I e as tropas prussianas, em que a Prússia foi derrotada e capitulou.

[49] Angelo Secchi, *Die Sonne*, cit.; *Die Einheit der Naturkräfte. Ein Beitrag zur Naturphilosophie*, v. 2 (2. ed. Braunschweig, Paul Frohberg, 1884), p. 357-8; *Die Größe der Schöpfung* (Leipzig, E. Bidder, 1882), p. 14.

abstratos, o peixe como tal! E, por fim, [John] Tyndall[50] lhe proíbe até mesmo o acesso à natureza e o remete ao mundo das emoções, só o admitindo ali porque deve haver Alguém que saiba mais sobre todas essas coisas (da natureza) do que J[ohn] Tyndall! Que distância em relação ao velho Deus criador do céu e da Terra, mantenedor de todas as coisas, sem o qual nem um cabelo pode cair da cabeça!

Deus = nescio *[não sei]; porém* ignorantia non est argumentum *[não saber não é argumento] (*Espin[osa]*)*[51]

A necessidade emocional de Tyndall não prova nada. O cavalheiro Des Grieux[52] também tinha a necessidade emocional de amar e possuir Manon Lescaut, que vez ou outra se vendia e também se vendia a ele, e ele, por amor a ela, tornou-se trapaceiro e *maquereau* [cafetão]; se T[yndall] quisesse recriminá-lo por causa disso, ele poderia responder com a sua "necessidade emocional"!

———◆———

Secchi e o papa[53].

———◆———

A meu ver, é um disparate calcular o valor de alguma coisa tão somente com base no tempo de trabalho realizado com ela.

Dito assim por Philipp Pauli[54].

17 de maio de 1882.

---

[50] John Tyndall, "Inaugural Address", *Nature,* Londres, v. 10, n. 251, 20 ago. 1874.
[51] Benedictus de Espinosa, *Ética*, parte 1: "De Deus", apêndice.
[52] Antoine-François Prévost d'Exiles, *Histoire du chevalier des Grieux et de Manon Lescaut* (Amsterdã, Compagnie des Libraires, 1731).
[53] Em seus estudos astronômicos, Engels se baseia em uma obra do padre Pietro Angelo Secchi, *Die Sonne,* cit. Essa anotação breve pode ser interpretada como um indício de que Engels pretendia ocupar-se mais a fundo da obra de Secchi e sua relação com a religião. A partir de 1833, Secchi integrou a Ordem Jesuíta, em 1850 passou a ser diretor do Observatório Astronômico de Roma e professor do Collegium Romanum e privou da amizade pessoal do papa Pio IX até a morte deste, em 1878.
[54] Philipp Victor Pauli foi um químico alemão, diretor de uma fábrica de produtos químicos e amigo de Friedrich Engels, com quem este se correspondia.

[Dialética como ciência]

Dialética[1]

(desenvolver a natureza geral da dialética como ciência das interconexões em oposição à metafísica.)

———◆———

Portanto, é da história da natureza e da história da sociedade humana que são abstraídas as leis da dialética. Estas são apenas as leis mais gerais dessas duas fases do desenvolvimento histórico, como do próprio pensamento. Elas se reduzem, mais precisamente, sobretudo a três:
- A lei da conversão de quantidade em qualidade e vice-versa;
- A lei da interpenetração dos opostos;
- A lei da negação da negação[2].

Todas as três foram desenvolvidas por Hegel ao seu modo idealista como simples lei do *pensamento*: a primeira na primeira parte da *Lógica*, na teoria do ser; a segunda ocupa toda a segunda parte de sua *Lógica*, que é de longe a mais importante, a teoria da essência; a terceira, por fim, figura como lei fundamental para a construção de todo sistema. O erro reside em que essas leis, na condição de leis do pensamento, são impostas à natureza e à história e não deduzidas destas. O resultado, então, é toda essa construção forçada, muitas vezes de arrepiar os cabelos: o mundo, querendo ou não, deve se orientar por um sistema de pensamento que, por sua vez, não passa de produto de determinado estágio do desenvolvimento do pensamento humano. Se invertermos a coisa, tudo se torna simples e as

---
[1] Este é o primeiro texto elaborado por Engels a partir do "Plano de 1878".
[2] Ver também Friedrich Engels, *Anti-Dühring*, cit., p. 150-71.

leis dialéticas, que na filosofia idealista têm um aspecto extremamente misterioso, imediatamente se tornam simples e claras como o sol.

Aliás, quem conhece Hegel por pouco que seja também saberá que ele sabe bem como fornecer a partir da natureza e da história as provas mais contundentes a favor das leis dialéticas em centenas de passagens.

Neste ponto, não precisamos compor um manual de dialética, mas apenas demonstrar que as leis dialéticas são leis reais do desenvolvimento da natureza, ou seja, elas também têm validade para a investigação científica teórica da natureza. Por conseguinte, não podemos abordar aqui a interconexão interna dessas leis entre si.

I. A lei da conversão de quantidade em qualidade e vice-versa. Para o nosso propósito aqui, podemos expressar isso da seguinte maneira: na natureza, mudanças qualitativas só podem ocorrer por meio de adição quantitativa ou de subtração quantitativa de matéria ou movimento (da assim chamada energia), e isto de um modo estabelecido com precisão para cada caso individual.

Todas as diferenças qualitativas na natureza se devem ou à composição química diversa ou a diferentes quantidades, respectivamente, de diferentes formas de movimento (energia) ou, o que quase sempre é o caso, a ambas. Portanto, é impossível mudar a qualidade de um corpo sem a adição ou então a subtração de matéria ou movimento, isto é, sem mudança quantitativa do mesmo. Dita dessa forma, portanto, a tese misteriosa de Hegel não só parece bem racional mas também bastante plausível.

Assim, praticamente já não é necessário dizer que os diferentes estados alotrópicos dos corpos ou agregados de corpos, por se basearem em diferentes agrupamentos moleculares, também se devem a quantidades maiores ou menores de movimento transmitidas aos corpos.

Mas o que dizer da mudança de forma do movimento ou da assim chamada energia? Quando convertemos calor em movimento mecânico ou vice-versa, o que se altera é a qualidade, e a quantidade permanece a mesma? Corretíssimo. Porém a mudança de forma do movimento é como o vício, de acordo com [Heinrich] Heine: virtuoso cada um pode muito bem ser sozinho, o vício requer sempre dois[3]. A mudança de forma do movimento é sempre um processo que acontece entre pelo menos dois corpos, um dos quais perde determinada quantidade de movimento dessa qualidade (por exemplo, calor) e o outro recebe a quantidade

---

[3] Heinrich Heine, "Über den Denunzianten", em *Der Salon*, v. 3 (Hamburgo, Hoffmann und Campe, 1837): "Com o vício se dá algo bem peculiar. A virtude cada qual pode praticar sozinho, não necessitando de ninguém além de si mesmo, mas o vício sempre requer dois".

correspondente de movimento daquela qualidade (movimento mecânico, eletricidade, decomposição química). Portanto, quantidade e qualidade se correspondem aqui dos dois lados e reciprocamente. Até o momento ainda não se logrou transformar movimento de uma forma em movimento de outra forma dentro de um mesmo corpo isolado.

Fala-se aqui, em primeira linha, apenas de corpos inanimados; para os animados vale a mesma lei, mas ela se processa sob condições muito complexas e a medição quantitativa ainda nos é impossível muitas vezes.

Imaginemos um corpo inanimado qualquer sendo fragmentado em partículas cada vez mais pequenas; num primeiro momento, nenhuma mudança qualitativa ocorre. Porém há limites: quando conseguimos liberar as moléculas individuais, como na evaporação, em geral podemos até continuar a fragmentá-las, mas apenas com a mudança completa da qualidade. A molécula se desagrega em cada um dos seus átomos e estes têm qualidades bem diferentes daquela. No caso de moléculas compostas por diversos elementos químicos, as moléculas compostas são substituídas por átomos ou moléculas dos mesmos elementos; no caso das moléculas elementares, aparecem os átomos livres que têm efeitos qualitativos bem distintos: os átomos livres do oxigênio nascente conseguem fazer brincando o que os átomos ligados no oxigênio atmosférico jamais conseguirão.

Porém a molécula também já é qualitativamente distinta da massa do corpo a que pertence. Ela pode executar movimentos independentemente desta e, enquanto esta aparentemente permanece em repouso, como, por exemplo, no caso das vibrações calóricas, mediante mudança de posição ou da interconexão com as moléculas vizinhas, ela pode transpor o corpo para outro estado alotrópico ou outro estado de agregação etc.

Vemos, portanto, que há um limite para a operação puramente quantitativa de divisão, no qual ela se converte em diferença qualitativa: a massa consiste só de moléculas, mas algo essencialmente distinto da molécula é como esta se distingue do átomo. É dessa diferença que depende a separação entre a mecânica, enquanto ciência das massas celestes e terrestres, e a física, enquanto mecânica das moléculas, e a química, enquanto física dos átomos.

Na mecânica não existem qualidades, mas no máximo estados, como equilíbrio, movimento, energia potencial, sendo que todos eles se devem à transmissão mensurável de movimento e podem ser expressos em termos quantitativos. Portanto, na medida em que ocorre mudança qualitativa nesse caso, ela é condicionada por uma mudança quantitativa correspondente.

Na física, os corpos são tratados como quimicamente invariáveis ou indiferenciados; nela tratamos das mudanças de seus estados moleculares e da mudança da forma do movimento que, em todos os casos, aciona as moléculas pelo menos de um dos lados. Nesse campo, toda mudança é conversão de quantidade em qualidade, decorrência da mudança quantitativa da quantidade de qualquer forma de movimento inerente ou transmitido ao corpo.

> Assim, por exemplo, num primeiro momento, a temperatura da água é indiferente ao líquido gotejante; mas, aumentando ou diminuindo a temperatura da água líquida, chega-se a um ponto em que esse estado de coesão se altera e a água é transformada, de um lado, em vapor e, de outro, em gelo. (Hegel, *Enzykl[opädie]*, Gesamtausg[abe], v. VI, p. 217)[4]

Assim, uma corrente elétrica mínima é requerida para tornar incandescente o filamento de platina da lâmpada elétrica; assim, todo metal tem seu ponto de incandescência e de fusão, todo líquido tem seu ponto de congelamento e de ebulição sob certa pressão, na medida em que dispomos dos meios de produzir a respectiva temperatura. Por fim, assim também todo gás tem seu ponto crítico em que a compressão e o resfriamento o tornam liquefeito. Em suma: em grande medida, as assim chamadas constantes da física não passam de designações de pontos nodais em que a adição ou a subtração quantitativa de movimento provoca mudança qualitativa no estado do respectivo corpo, em que, portanto, a quantidade se converte em qualidade.

Contudo, o campo em que a lei natural descoberta por Hegel celebra seus mais portentosos triunfos é o da química. Pode-se caracterizar a química como a ciência das mudanças qualitativas dos corpos em decorrência da composição quantitativa alterada. O próprio Hegel já sabia disso (*Logik*, Gesamtausg[abe, v.] III, p. 433)[5]. Começa com o oxigênio: se três átomos se unem numa molécula, em vez dos dois habituais, temos ozônio, um corpo que se diferencia muito nitidamente do oxigênio comum pelo cheiro e pelo efeito. E até nas situações distintas em que o oxigênio se liga com nitrogênio ou enxofre, cada um dos quais forma um corpo qualitativamente distinto de todos os outros! Quanta diferença entre o gás do riso [óxido nitroso] (monóxido de nitrogênio, N_2O) e o anidrido nítrico (pentóxido de nitrogênio, N_2O_5)! O primeiro é um gás, o segundo, sob temperatura normal, é um corpo sólido cristalino. E, no entanto, toda a diferença de composição é que o segundo contém cinco vezes

---

[4] Georg Wilhelm Friedrich Hegel, *Encyclopädie der philosophischen Wissenschaften*, cit., §108, adendo. Ver também *Wissenschaft der Logik*, Th. 1: Die objective Logik, Abth. 1: Die Lehre vom Seyn, cit., p. 450.
[5] Ibidem, p. 433-4 e p. 417-29.

mais oxigênio do que o primeiro e entre os dois se encontram mais três outros óxidos de nitrogênio (NO, N_2O_3, NO_2), todos eles qualitativamente distintos dos dois anteriores e entre si.

Isso aparece de modo ainda mais contundente nas cadeias homólogas das combinações de carbono, especialmente nas dos hidrocarbonetos mais simples. Entre as parafinas normais, a de valência mais baixa é o metano (CH_4); aqui as quatro valências do átomo de carbono foram saturadas com quatro átomos de hidrogênio. A segunda parafina, o etano (C_2H_6), tem dois átomos de carbono ligados entre si e as seis valências livres saturadas com seis átomos de hidrogênio. E assim por diante: C_3H_8, C_4H_{10} etc., de acordo com a fórmula algébrica C_nH_{2n+2}, de modo que cada vez que um CH_2 é adicionado forma-se um corpo qualitativamente distinto do anterior. Os três integrantes de valência mais baixa da cadeia são gases, o de valência mais alta que se conhece, o hexadecano ($C_{16}H_{34}$), é um corpo sólido com ponto de ebulição a 270 ºC. Exatamente do mesmo modo comporta-se a cadeia dos álcoois primários de fórmula $C_nH_{2n+2}O$, (teoricamente) derivados das parafinas, e a dos ácidos graxos monobásicos (de fórmula $C_nH_{2n}O_2$)[6]. A diferença qualitativa produzida pela adição de C_3H_6 nos é comunicada pela experiência, quando consumimos álcool etílico (C_2H_6O), em alguma forma própria para o consumo, sem misturar a ele outros álcoois e quando, em outra ocasião, tomamos o mesmo álcool etílico adicionando um pouco de álcool amílico ($C_5H_{12}O$), o principal componente do infame óleo fúsel. Na manhã seguinte, nossa cabeça certamente perceberá essa diferença, muito em detrimento dela, de modo que até se poderia dizer que a bebedeira e a ressaca decorrente representam igualmente quantidade que se converteu em qualidade, de um lado, do álcool etílico e, de outro, do C_3H_6 a ele adicionado[7].

No caso dessas cadeias, deparamo-nos com a lei hegeliana ainda em outra forma. Os integrantes de valência mais baixa admitem apenas uma disposição recíproca dos átomos. Porém, quando a quantidade de átomos interligados para formar uma molécula alcança uma grandeza determinada para cada cadeia, o agrupamento dos átomos na molécula pode ocorrer de várias maneiras; portanto, podem ocorrer dois ou mais corpos isômeros com a mesma quantidade de átomos C, H e O na molécula, que, no entanto, são qualitativamente diferentes. Podemos até calcular quantas isomerias como essas são possíveis para cada integrante da cadeia. Assim,

---

[6] Ver Friedrich Engels, *Anti-Dühring*, cit., p. 158-9; Karl Marx, *O capital*, Livro I, cit., p. 380-1, nota 305a.

[7] Ver também idem, "Preußischer Schnaps im deutschen Reichstag I", *Der Volksstaat*, Leipzig, n. 23, 25 fev. 1876.

na cadeia das parafinas são duas para C_4H_{10}, três para C_5H_{12}; no caso dos integrantes de valência mais alta, o número de isomerias possíveis cresce com muita rapidez. Portanto, mais uma vez é a quantidade de átomos na molécula que condiciona a possibilidade e também, na medida em que é comprovada, a existência real desses corpos isômeros qualitativamente distintos.

Há mais, porém. A partir da analogia dos corpos que conhecemos de cada uma dessas cadeias, podemos tirar conclusões a respeito das qualidades físicas dos membros ainda desconhecidos da cadeia e predizer com bastante segurança que qualidades são essas, seu ponto de ebulição etc., pelo menos para os integrantes que se seguem imediatamente aos conhecidos.

Por fim, porém, a lei hegeliana vale não só para os corpos compostos mas também para os próprios elementos químicos. Sabemos agora "que as propriedades químicas dos elementos são uma função periódica dos pesos atômicos" (Roscoe-Schorlemmer, *Ausführliches Lehrbuch der Chemie*, v. II, p. 823)[8], ou seja, sua qualidade é condicionada pela quantidade do seu peso atômico. E a prova disso foi apresentada de modo brilhante. [Dmitri Ivanovitch] Mendeleiev demonstrou que, nas cadeias de elementos afins, ordenadas por pesos atômicos, há muitas lacunas, indicando que ali há novos elementos a serem descobertos. Um desses elementos desconhecidos, que ele chamou de eka-alumínio por se seguir ao alumínio na cadeia iniciada por este, foi descrito antecipadamente conforme suas propriedades químicas gerais por ele, que antecipou aproximadamente seu peso específico, seu peso atômico e seu volume atômico. Alguns anos mais tarde, [Paul-Émile] Lecoq de Boisbaudran realmente descobriu esse elemento, e as determinações prévias de Mendeleiev, salvo divergências ínfimas, mostraram-se acertadas. O eka-alumínio se tornou realidade no gálio (ibidem, p. 828)[9]. Por meio da aplicação – inconsciente – da lei hegeliana da conversão de quantidade em qualidade, Mendeleiev realizou uma façanha científica que pode ousar equiparar-se com a de [Urbain Jean Joseph] Le Verrier, ao calcular a órbita do até então desconhecido planeta Netuno[10].

---

[8] Henry Enfield Roscoe e Carl Schorlemmer, *Ausführliches Lehrbuch der Chemie*, v. 2 (Braunschweig, F. Vieweg und Sohn, 1879), p. 823.

[9] Ibidem, p. 828.

[10] Mais tarde Engels fala mais extensamente sobre o feito de Le Verrier: "Por trezentos anos o sistema solar copernicano foi hipótese a favor da qual se podia apostar cem, mil, dez mil contra um, mas continuava uma hipótese; porém, quando Le Verrier, a partir dos dados fornecidos por esse sistema, calculou não só a necessidade da

Na biologia, tanto quanto na história da sociedade humana, a mesma lei se comprova a cada passo, mas queremos nos ater aqui a exemplos extraídos das ciências exatas, visto que nelas as quantidades podem ser medidas e acompanhadas com exatidão.

Provavelmente os mesmos senhores que até agora difamaram a conversão de quantidade em qualidade como misticismo e transcendentalismo incompreensível declarem que se trata de algo óbvio, trivial e raso que eles há muito já vinham aplicando e, portanto, nada de novo lhes está sendo ensinado. Porém ter enunciado pela primeira vez uma lei geral do desenvolvimento da natureza, da sociedade e do pensamento em sua forma universalmente válida permanecerá para sempre um feito de alcance histórico-mundial. E, se os senhores há anos estiveram convertendo quantidade e qualidade uma na outra sem saber o que estavam fazendo, terão de se consolar com o sr. Jourdain, de Molière[11], que igualmente passou a vida falando [em] prosa sem sequer suspeitar disso.

---

existência de um planeta desconhecido mas também o lugar exato em que esse planeta deveria estar e quando Johann Galle então de fato encontrou esse planeta, o sistema copernicano estava comprovado" (Friedrich Engels, "Ludwig Feuerbach und der Ausgang der klassischen deutschen Philosophie", cit., p. 152). Baseado nos cálculos de Le Verrier, disponíveis no início de 1846, Galle descobriu o planeta Netuno em 23 de setembro de 1846, no Observatório Astronômico de Berlim.

[11] Da peça de Jean-Baptiste Molière, *O burguês fidalgo* (trad. Millôr Fernandes, São Paulo, Abril Cultural, 1983), ato 2, cena 6.

[Anotações e fragmentos]

[*Leis e categorias*]

A dialética dita *objetiva* domina toda a natureza, e a assim chamada dialética subjetiva, que é o pensamento dialético, constitui mero reflexo do movimento que vigora em toda parte na natureza em oposições que justamente condicionam a vida da natureza por meio do seu conflito permanente e de sua dissolução final uma na outra, ou então em uma forma mais elevada. Atração e repulsão. No magnetismo começa a polaridade[1], que aparece no mesmo corpo, na eletricidade ela se distribui por dois ou mais corpos que entram em tensão recíproca. Todos os processos químicos se reduzem a ocorrências de atração e repulsão químicas. Por fim, na vida orgânica, a formação do núcleo celular deve ser igualmente considerada uma polarização da proteína viva, e, começando pela célula simples, a teoria da evolução demonstra como todo progresso até a planta mais complexa de um lado e até o ser humano de outro é efetuado pelo conflito permanente entre hereditariedade e adaptação. Nesse caso, evidencia-se que categorias como "positivo" e "negativo" são pouco aplicáveis a essas formas de desenvolvimento. Pode-se conceber a hereditariedade como o lado positivo, preservador, [e] a adaptação como o lado negativo, que destrói continuamente o que foi herdado, mas do mesmo modo pode-se conceber a adaptação como a atividade criativa, ativa, positiva, e a hereditariedade como atividade resistente, passiva, negativa[2]. Porém, como na história o progresso ocorre como negação do que existe, aqui também é melhor conceber a adaptação como atividade negativa – por razões puramente *práticas*. Na história, o movimento em antagonismos só assoma realmente ao primeiro plano

---

[1] Sobre a questão da polaridade na física, ver também Georg Wilhelm Friedrich Hegel, *Vorlesungen über die Naturphilosophie*, cit., §248, adendo, p. 31. Ver também adiante o texto "Formas básicas do movimento", p. 169.
[2] Sobre a adaptação e a hereditariedade, ver também Friedrich Engels, *Anti-Dühring*, cit., p. 101-2.

nas épocas críticas dos povos líderes. Nesses momentos, um povo só tem escolha entre os dois chifres do dilema: ou-ou! Mais exatamente, a questão sempre é posta de modo bem diferente do desejado pelo filistinismo politizante de todas as épocas. Até o filisteu alemão liberal de 1848 se viu, em 1849, confrontado de repente, inesperadamente e a contragosto com a seguinte questão: retornar mais resolutamente ao antigo reacionarismo ou prosseguir com a revolução e chegar à república, talvez até a república una e indivisível com pano de fundo socialista. Ele não pensou muito e ajudou a criar o reacionarismo de Manteuffel como auge do liberalismo alemão[3]. Foi o que fez também, em 1851, o *bourgeois* [burguês] francês diante do dilema que ele certamente não esperava: a caricatura da monarquia, o pretorianismo e a espoliação da França por um bando de canalhas ou a república democrática socialista – e ele se curvou ao bando de canalhas para poder continuar a explorar os trabalhadores sob a proteção dele[4].

———◆———

Hard and fast lines [linhas estritas] são incompatíveis com a teoria da evolução – a linha que separa animais vertebrados de invertebrados já não é mais fixa, tampouco a que separa peixes de anfíbios. E a que separa aves de répteis está se esvaindo dia a dia. Entre o *compsognathus*[5] e o *archaeopteryx*[6] faltam poucos elos, e bicos de aves com dentes surgem nos dois hemisférios. A escolha entre uma coisa e outra se torna cada vez mais insatisfatória. No caso dos animais inferiores, não é possível nem sequer

---

[3] Engels se refere à derrota da revolução burguesa democrática de 1848-1849, que terminou com um acordo entre a nobreza e a burguesia. O barão Otto Theodor von Manteuffel, na função de ministro do Interior (cargo que ocupou de novembro de 1848 até dezembro de 1850), ajudou a dar os contornos definitivos desse acordo à Constituição aprovada por Frederico Guilherme IV no dia 31 de janeiro de 1850. Ver também Friedrich Engels, *Anti-Dühring*, cit., p. 70.

[4] O golpe de Estado de Napoleão III (Luís Bonaparte) em 2 de dezembro de 1851 extinguiu a República parlamentar criada na França após a Revolução de Fevereiro de 1848. Ver a análise completa desse golpe em Karl Marx, *O 18 de brumário de Luís Bonaparte* (trad. Nélio Schneider, São Paulo, Boitempo, 2011).

[5] O *Compsognathus longipes* designa um animal extinto, da ordem dos dinossauros, que tem o tamanho de um gato e ainda pertence à classe dos répteis, mas seu esqueleto já mostra uma aproximação com o da ave. Provável fonte de Engels: Henry Alleyne Nicholson, *A Manual of Zoology*, v. 2 (Edimburgo, W. Blackwood and Sons, 1870), p. 422.

[6] O *Archaeopteryx lithografica* designa um animal extinto, considerado a transição do réptil para o pássaro. O primeiro esqueleto foi encontrado em 1860, na Baviera.

Dialética como ciência

constatar com nitidez o conceito de indivíduo. Não só se determinado animal é um indivíduo ou uma colônia mas também em que ponto do desenvolvimento cessa um indivíduo e começa outro (gomos)[7]. – O velho método metafísico de pensar não é mais suficiente para um estágio da concepção da natureza em que todas as diferenças confluem em estágios intermediários, em que todos os antagonismos se convertem um no outro, passando por elos intermediários. O único método de pensar adequado a ela é, em última instância, o método dialético, que também não aceita *hard and fast lines*, não conhece nenhuma escolha incondicional e de validade geral entre duas coisas, converte as diferenças metafísicas fixas uma na outra e admite igualmente, ao lado do "ou isto ou aquilo!", o "tanto isto quanto aquilo!" no lugar correto, mediando os antagonismos. É claro que, para o uso cotidiano, para o varejo da ciência, as categorias metafísicas mantêm a sua validade.

———◆———

[Charles] Fourier (*Nouveau monde indu[striel] et soc[iétaire]* [Novo mundo industrial e societário])[8].
  Elemento da *desigualdade*: *l'homme étant par instinct ennemi de l'égalité* [o homem sendo por instinto inimigo da igualdade] (p. 59).

———◆———

Ce mécanisme de fourberies qu'on nomme civilisation [Esse mecanismo de fraudes que se chama civilização] (p. 81).

———◆———

On devra éviter de les réléguer (les femmes) comme parmi nous, aux fonctions ingrates, aux rôles serviles que leur assigne la philosophie qui prétend qu'une femme n'est faite que pour écumer le pot et ressarcir les vieilles culottes [Devemos evitar relegá-las (as mulheres) como entre nós, a funções ingratas, aos papéis servis que lhes foram atribuídos pela filosofia que afirma que uma mulher é feita apenas para escumar a panela e remendar calças velhas] (p. 141).

———◆———

---
[7] Referência à reprodução vegetativa por brotamento e partição nos celenterados.
[8] Charles Fourier, *Le nouveau monde industriel et sociétaire, ou Invention du procédé d'industrie attrayante et naturelle distribuée en séries passionées* (3. ed., Paris, Librairie Sociétaire, 1846).

Friedrich Engels – Dialética da natureza

Dieu n'a distribué pour le travail manufacturier qu'une dose d'attraction correspondante au quart *du temps que l'homme sociétaire peut donner au travail* [Deus destinou ao trabalho fabril apenas uma parcela de atração correspondente a *um quarto* do tempo que o membro da sociedade pode destinar ao trabalho]. Por conseguinte, o restante deve pertencer à agricultura, à pecuária, à cozinha, aos exércitos industriais (p. 152).

———◆———

"La tendre morale, douce et pure amie du commerce [A moral flexível, doce e pura amiga do comércio]. (p. 161) – Crítica da moral (p. 162 e seg.).

———◆———

Na sociedade atual, *dans le mécanisme civilisé* [no mecanismo civilizado] predomina *duplicité d'action, contrariété de l'intérêt individuel avec le collectif* [duplicidade de ação, contradição do interesse individual com o coletivo]; é *une guerre universelle des individus contre les masses. Et nos sciences politiques osent parler d'unité d'action!* [é uma guerra generalizada dos indivíduos contra as massas. E nossas ciências políticas ousam falar de unidade de ação!] (p. 172)

———◆———

C'est pour avoir ignoré la théorie des exceptions ou transitions, théorie de l'ambigu, que les modernes ont échoué partout dans l'étude de la nature [Foi por terem ignorado a teoria das exceções ou transições, a teoria do *ambíguo*, que os modernos falharam em toda parte no estudo da natureza] (exemplos do *ambigu*: *le coing, le brugnon, l'anguille, la chauve-souris etc.* [o marmelo, a nectarina, a enguia, o morcego etc.]).

———◆———

O caráter antagônico das determinações racionais do pensamento: a *polarização*. Do mesmo modo que a eletricidade, o magnetismo etc. se polarizam, assim também se movem as ideias em oposição. Do mesmo modo que naqueles não se mantém nenhuma unilateralidade – coisa que nenhum pesquisador da natureza cogita –, nestas tampouco.

———◆———

Polaridade. Um ímã, cortado ao meio, polariza a parte central neutra de tal maneira que os polos anteriores permanecem. Em contraposição, um verme cortado ao meio mantém no polo positivo a boca que recebe o alimento e forma na outra ponta um novo polo negativo com o ânus excretor; mas o polo negativo anterior (ânus) passa a ser positivo, torna-se boca, e um novo ânus ou polo negativo se forma na ponta cortada. *Voilà* [eis uma] conversão do positivo no negativo.

———◆———

Outro exemplo de polaridade em Haeckel: mecanismo = monismo e vitalismo ou teleologia = dualismo[9]. Em Kant e Hegel já temos a finalidade *interna* e o protesto contra o dualismo. Aplicada à vida, a categoria "mecanismo" é inútil; podemos, quando muito, falar de quimismo, se não quisermos renunciar a toda a compreensão das designações. Finalidade: Hegel, [v.] V, p. 205:

> O mecanismo se manifesta por essa via como busca da totalidade, porque busca apreender a natureza para si como um todo que não precisa de outro para o seu conceito – uma totalidade que *não se encontra na finalidade nem na compreensão extramundana a ela vinculada*.[10]

A graça da coisa, porém, é que o mecanismo (incluindo o materialismo do século XVIII) não se desvencilha da necessidade abstrata nem, por conseguinte, da contingência. O fato de a matéria desenvolver a partir de si o cérebro humano pensante é, para ele, puro acaso, embora, onde isso acontece, ele é necessariamente condicionado passo a passo. Na verdade, porém, a natureza da matéria é progredir rumo ao desenvolvimento de entes pensantes e, por conseguinte, isso acontece sempre, necessariamente, onde estão dadas as condições para isso (não necessariamente os mesmos sempre e em toda parte).

Adiante Hegel, [v.] V, p. 206:

> Por conseguinte, esse princípio (do mecanismo) proporciona em seu contexto de necessidade externa a consciência de liberdade infinita em relação à teleologia, que propõe as banalidades e até mesmo as coisas desdenháveis do seu conteúdo como algo absoluto; ali a ideia de cunho mais universal só pode se sentir extremamente premida e até repulsivamente afetada.[11]

Aqui, uma vez mais, o colossal desperdício de matéria e movimento pela natureza. No sistema solar, talvez apenas três planetas, no máximo, onde podem existir vida e seres pensantes – nas condições atuais. E por causa deles todo esse aparato gigantesco!

---

[9] Ernst Haeckel, *Natürliche Schöpfungsgeschichte*, cit., p. 1 e p. 19.
[10] Georg Wilhelm Friedrich Hegel, *Wissenschaft der Logik*, Th. 2: Die subjective Logik, oder: Die Lehre vom Begriff (org. Leopold von Henning, 2. ed., Berlim, Duncker und Humblot, 1841), p. 205. Grifo de Engels.
[11] Ibidem, p. 206.

A *finalidade interna* no organismo impõe-se, então, segundo Hegel ([v.] V, p. 244)[12] por meio do *instinto [Trieb]*. *Pas trop fort* [pouco convincente]. O instinto [*Trieb*] colocaria o ser vivo individual mais ou menos em harmonia com seu conceito. Disso ressalta quanto a própria *finalidade interna* é uma determinação ideológica. Mesmo assim, Lamarck[13] está metido nisso.

———◆———

Polarização. Para J[acob] Grimm ainda valia a máxima de que um dialeto alemão tinha de ser alto-alemão ou baixo-alemão. Nessa toada, perdeu completamente de vista o dialeto francônio. Pelo fato de a escrita franconia da época carolíngia posterior ser alto-alemã (na medida em que o deslocamento consonantal alto-alemão tomara conta do sudoeste da Franconia), o franconio, segundo a sua concepção, converteu-se, de um lado, no alto-alemão antigo e, de outro, no francês[14]. Mas isso não explica em absoluto de onde proveio o holandês nas regiões dos antigos sálios. Só depois da morte de Grimm o franconio foi recuperado: o sálico em seu rejuvenescimento como holandês, o ripuário nos dialetos do Médio e Baixo Reno, que em parte se deslocaram em diversos estágios para o alto-alemão, em parte permaneceram no baixo-alemão. Sendo assim, o dialeto franconio é tanto alto-alemão quanto baixo-alemão.

———◆———

A verdadeira natureza das determinações da "essência" expressa pelo próprio Hegel. *Encycl[opädie]*, v. I, §111, adendo: "na essência tudo é *relativo*" (por exemplo, o positivo e o negativo, que só têm sentido em sua relação e não cada um para si)[15].

———◆———

---

[12] Ibidem, p. 243-4.
[13] Nessa menção de Lamarck, Engels recorre a Ernst Haeckel, o qual considera Lamarck aquele que sustentou todos os princípios universais mais importantes da biologia monista e elaborou "pela primeira vez a teoria da descendência como teoria científica autônoma de primeira grandeza e base filosófico-natural de toda a biologia" (*Natürliche Schöpfungsgeschichte*, cit., p. 98-9).
[14] Jacob Grimm, *Geschichte der deutschen Sprache*, v. 1 (2. ed., Leipzig, S. Hirzel, 1853), p. 580.
[15] Georg Wilhelm Friedrich Hegel, *Encyclopädie der philosophischen Wissenschaften*, cit., §111, adendo, p. 221-2.

Dialética como ciência

Positivo e negativo são postos como iguais, não importando qual dos lados é positivo e qual é negativo, não só na geometria analítica, mas principalmente na física – ver [Rudolf] Clausius, p. 87 e p. [14][16].

———◆———

Positivo e negativo – também podem ter a denominação invertida, na eletricidade etc. Norte e sul a mesma coisa, invertam-se os dois e altere-se o restante da terminologia de modo correspondente e tudo permanece correto. Chamaremos, então, o Oeste de Leste e o Leste de Oeste. O Sol nasce no Oeste, os planetas rotacionam de Leste para Oeste etc., só as denominações mudaram. Sim, na física chamaremos o polo sul propriamente dito do ímã, o que é atraído pelo polo norte do ímã terrestre, de *polo norte* e isso não fará diferença nenhuma[17].

———◆———

Parte e todo, por exemplo, já são categorias que, na natureza orgânica, se tornam insuficientes – ejaculação do sêmen –, o embrião e o animal nascido não devem ser concebidos como "parte" que se separa do "todo"; isso levaria a uma abordagem equivocada. Só passa a ser parte no *cadáver* ([Hegel,] *Enc[yclopädie*, v.] I, p. 268)[18].

———◆———

Simples e composto: categorias que perdem igualmente seu sentido na natureza orgânica, são inaplicáveis a ela. Nem a composição mecânica de ossos, sangue, músculos, tecidos etc. nem a composição química de elementos expressam o que é um animal (H[egel], *Enc[yclopädie*, v.] I, p. 256)[19]. – O organismo *não* é simples *nem* composto, por mais complexo que seja.

———◆———

Identidade e diferença – necessidade e contingência – causa e efeito – os dois antagonismos principais que, tratados separadamente, se convertem um no outro. Então as "razões" precisam auxiliar.

———◆———

---

[16] Rudolf Clausius, *Die mechanische Wärmetheorie*, v. 1 (2. ed., Braunschweig, F. Vieweg und Sohn, 1876), p. 87 e p. 14.
[17] Ver também Georg Wilhelm Friedrich Hegel, *Vorlesungen über die Naturphilosophie*, cit., §312, adendo.
[18] Idem, *Encyclopädie der philosophischen Wissenschaften*, cit., §135, adendo.
[19] Ibidem, §126, adendo.

Friedrich Engels – Dialética da natureza

O *axioma da identidade* no sentido da velha metafísica é o axioma fundamental da concepção antiga: a = a, cada coisa é igual a si mesma. Tudo era permanente, sistema solar, estrelas, organismos. Esse axioma foi refutado pela pesquisa da natureza peça por peça em cada caso, mas teoricamente ainda perdura e ainda é contraposto ao novo pelos adeptos do velho: uma coisa não pode ser simultaneamente ela mesma e outra coisa. E, no entanto, recentemente o fato de que a verdadeira identidade concreta contém em si mesma a diferença, a mutação, foi demonstrado em detalhes pela pesquisa da natureza (ver acima). – Como ocorre com todas as categorias metafísicas, a identidade abstrata é suficiente para o uso *corriqueiro*, no qual se cogitam as relações em dimensão menor ou curtos períodos de tempo; os limites, dentro dos quais elas são utilizáveis, são diferentes quase para cada caso e condicionados pela natureza do objeto – [elas se aplicam] a um sistema planetário, no qual pode ser suposta a elipse como forma básica para o cálculo astronômico ordinário sem que se cometam erros práticos, muito mais do que a um inseto que completa sua metamorfose em algumas semanas. (Dar outros exemplos, como a mutação das espécies que se calcula por séries de milênios.) Mas, em cada ramo da própria ciência natural sintetizadora, a identidade abstrata é totalmente insuficiente e, embora tenha sido em grande parte posta de lado na prática, ela ainda domina teoricamente as cabeças, e a maioria dos pesquisadores da natureza imagina que identidade e diferença sejam antagonismos irreconciliáveis, em vez de polos unilaterais, verdadeiros somente em sua interação, na inclusão da diferença *na* identidade.

———◆———

Abstraindo, ademais, da evolução das espécies

Identidade abstrata: $a = a$ e identidade negativa: a não pode ser simultaneamente = e ≠ de a – são [ambas] igualmente inaplicáveis à natureza orgânica. A planta, o animal, cada célula, em cada instante de sua vida idênticos a si mesmos e, no entanto, diferenciando-se de si mesmos mediante o consumo e a excreção de substâncias, respiração, mediante a formação e a morte de células, mediante o processo circulatório em andamento, em suma, mediante um conjunto de alterações moleculares incessantes que perfazem a vida e cujos resultados somados se manifestam visivelmente nas fases da vida – vida embrionária, juventude, maturidade sexual, processo genérico, velhice, morte. Quanto mais a fisiologia evolui, tanto mais importantes se tornam para ela essas incessantes alterações infinitamente pequenas, tanto mais importante é para ela também, portanto, a análise da diferença *dentro da* identidade, e torna-se obsoleto o velho ponto de vista formal abstrato da identidade, de que um ser orgânico deve ser tratado como simplesmente idêntico a si mesmo e constante. Apesar disso, perdura o modo de pensar fundado sobre ele com suas categorias. Porém, já na natureza inorgânica, a identidade como tal não existe na realidade. Todo corpo está exposto permanentemente a interferências mecânicas, físicas e químicas que o tempo todo o alteram, modificam sua identidade. Só na matemática – uma ciência abstrata que se ocupa de coisas do pensamento que são algo como um decalque da realidade – a identidade abstrata e sua oposição à diferença são apropriadas e, inclusive nela, são permanentemente suspensas. (Hegel, *Encyc[lopädie*, v]. I, p. 235.)[20] O fato de que a identidade contém em si mesma a diferença, enunciada em *cada* s e n t e n ç a na qual o predicado é necessariamente diferente do sujeito: o *lírio* é uma *planta*, a *rosa* é *vermelha*, na qual existe no sujeito ou no predicado algo que não é abrangido pelo predicado ou pelo sujeito. (Hegel, *Encyc[lopädie*, v]. I, p. 231.)[21] – É óbvio que a *identidade consigo mesmo* precisa de antemão do complemento da *diferença em relação a tudo o mais*. (Ver página seguinte.)

———◆———

Identidade. Adendo. A mudança permanente, isto é, a suspensão da identidade abstrata consigo mesmo também no assim chamado inorgânico. A geologia é sua história. Na superfície, alteração mecânica (erosão, resfriamento), química (intemperismo); no interior, alteração mecânica (pressão), calor (vulcânico), química (água, ácidos, aglutinantes), em grandes cataclismos, terremotos etc. O xisto de hoje é fundamentalmente diferente do lodo do qual ele se formou, o giz difere das placas microscópicas soltas que o compõem, mais ainda do calcário, que, segundo alguns, teria uma origem inteiramente orgânica, o arenito é fundamentalmente diferente da areia solta do mar, que, por sua vez, provém do granito desgastado etc. – para não falar do carvão.

———◆———

---

[20] Georg Wilhelm Friedrich Hegel, *Encyclopädie der philosophischen Wissenschaften*, cit., §117, adendo.
[21] Ibidem, §115, p. 230-1.

Contingência e necessidade

Outro antagonismo, no qual a metafísica está presa, é o de contingência e necessidade. O que pode ser mais incisivamente contraditório do que essas duas determinações do pensamento? Como é possível que ambas sejam idênticas, que o contingente seja necessário e que o necessário seja igualmente contingente? O senso comum, e com ele a grande maioria dos pesquisadores da natureza, trata necessidade e contingência como determinações que se excluem de uma vez por todas. Uma coisa, uma relação, um processo é contingente ou necessário, mas não ambos. Portanto, os dois existem lado a lado na natureza; esta contém todo tipo de objetos e processos, alguns dos quais são contingentes, os outros necessários e só o que importa é não confundir os dois tipos. Nessa linha, assume-se, por exemplo, que as características decisivas da espécie são necessárias e as demais diferenças entre os indivíduos da mesma espécie são designadas como contingentes, e isso se aplica tanto a cristais quanto a plantas e animais. Nesse processo, o grupo inferior se torna contingente em relação ao grupo superior, de modo que se declara como contingente a quantidade existente de *species* diferentes do *genus felis* ou *equus* ou a quantidade de *genera* e ordens existentes em uma classe, e quantos indivíduos existem de cada uma dessas *species* ou a quantidade de espécies diferentes de animais que ocorrem em determinado território ou, de modo geral, qual a fauna, a flora. E então se declara o necessário como o único que apresenta interesse científico e o contingente como indiferente para a ciência, ou seja, o que se pode subordinar a leis e, portanto, o que se *conhece* é interessante, o que não se consegue subordinar a leis e, portanto, o que não se conhece é indiferente e pode ser negligenciado. Isso é o fim de toda ciência, pois ela visa investigar justamente o que *não* conhecemos. Em suma, o que se consegue subordinar a leis universais é tido como necessário e o que não se consegue é tido como contingente. Todo mundo vê que esse é o mesmo tipo de ciência que declara natural o que ela consegue explicar e atribui a causas sobrenaturais o que lhe é inexplicável. Se chamo de acaso ou de deus a causa do inexplicável é totalmente indiferente para a questão em si. Ambos são apenas outro modo de dizer "eu não sei" e, por conseguinte, não fazem parte da ciência. Esta cessa onde falha o nexo necessário.

A isso opõe-se o determinismo, que passou do materialismo francês para a ciência natural e procura resolver a questão da contingência, negando-a de modo geral. Segundo essa concepção, a natureza é regida pela necessidade pura e simples. O fato de certa vagem de ervilha conter cinco ervilhas e não quatro nem seis, de o rabo de certo cachorro ter cinco polegadas de comprimento e nem um milímetro a mais ou a menos, de certa flor de trevo

Dialética como ciência

ter sido fecundada neste ano por uma abelha e outra não e, ademais, por uma abelha bem determinada e numa hora bem determinada, de a semente de um dente-de-leão bem determinado levada pelo vento ter brotado e a de outro não, o fato de ontem à noite uma pulga ter me picado às quatro horas da manhã e não às três nem às cinco e, ademais, no ombro direito e não na panturrilha esquerda, são todos fatos produzidos pela cadeia inalterável de causa e efeito, por uma necessidade inabalável, de modo tal que já a esfera gasosa da qual surgiu o sistema solar foi projetada de tal maneira que esses acontecimentos tinham de ocorrer assim e não de outra maneira. Com esse tipo de necessidade tampouco conseguimos escapar da concepção teológica da natureza. Para a ciência dá no mesmo se chamamos isso de desígnio eterno de Deus, como fazem Agostinho e Calvino, ou de *kismet* [predestinação, destino, fado], como fazem os turcos, ou então de necessidade. Em nenhum desses casos fala-se de ir em busca da cadeia causal e, portanto, em qualquer dos casos sabemos agora tanto quanto sabíamos antes, a assim chamada necessidade permanece uma palavra vazia e, desse modo, o acaso também permanece o que sempre foi. Enquanto não pudermos demonstrar a que se deve a quantidade de ervilhas dentro da vagem, ela permanecerá contingente; não conseguiremos dar nenhum passo adiante, afirmando que esse caso já estava previsto na constituição original do sistema solar. Há mais, porém. A ciência que se pusesse a acompanhar retroativamente o *casus* dessa vagem de ervilha individual em seu encadeamento causal deixaria de ser ciência para se converter em pura brincadeira; pois essa mesma vagem de ervilha tem, sozinha, ainda incontáveis outras propriedades individuais que se manifestam como contingentes: nuança de cor, espessura e dureza da casca, tamanho das ervilhas, para não falar das particularidades individuais que seriam reveladas pelo microscópio. Essa vagem de ervilha já proporcionaria mais nexos causais para se pesquisar do que aqueles de que todos os botânicos do mundo poderiam dar conta. Portanto, a contingência não é explicada aqui a partir da necessidade; muito pelo contrário, a necessidade foi rebaixada à geração do meramente contingente. Quando o fato de que uma determinada vagem de ervilha contém seis ervilhas e não cinco nem sete é da mesma ordem da lei do movimento do sistema solar ou da lei da transformação da energia, de fato a contingência não é alçada ao nível da necessidade, mas a necessidade é degradada ao da contingência. E não é só isso. Por mais que se afirme que a multiplicidade das espécies e dos indivíduos orgânicos e inorgânicos que existem lado a lado em determinado terreno está fundada sobre uma necessidade inquebrantável, para as espécies individuais e para os indivíduos ela continua sendo o que sempre foi, a saber, contingente. Para o animal individual é contingente onde ele nasceu e que meio ele encontra para viver, quais e quantos inimigos o ameaçam. Para a planta-mãe é contingente para onde o vento leva a sua semente, para a planta-filha, onde o grão da semente do qual ela provém encontra solo fértil para brotar; a asseveração de que também nesse caso tudo está baseado na necessidade inquebrantável é um consolo barato. A mescla dos objetos da natureza em uma determinada região, mais ainda em toda a Terra, apesar de toda a determinação originária desde a eternidade, permanece aquilo que sempre foi: contingente.

Hegel se contrapõe às duas concepções com as seguintes sentenças até aquele momento totalmente inauditas: o contingente tem um fundamento por ser contingente e, na mesma medida, não tem fundamento por ser contingente; o contingente é necessário; a necessidade define a si própria como contingência e, em contrapartida, essa contingência é, muito antes, a necessidade absoluta (*Lógica*, Livro II, III, 2: a realidade)[22]. A ciência natural simplesmente deixou de lado essas sentenças por considerá-las brincadeiras paradoxais, um absurdo autocontraditório, e perseverou teoricamente na irreflexão da metafísica de Wolf, segundo a qual algo *ou* é contingente *ou* é necessário, mas não pode ser as duas coisas ao mesmo tempo; ou, em contrapartida, apegou-se ao determinismo mecânico, que não é menos irrefletido e elimina o acaso de modo geral, negando-o por meio da fraseologia, para reconhecê-lo na prática em cada caso específico[23].

Enquanto a pesquisa da natureza continuava a pensar dessa maneira, o que *fez* ela na pessoa de Darwin?

Em sua obra que marcou época[24], Darwin toma como ponto de partida a mais ampla base disponível da contingência. Foram justamente as intermináveis diferenças contingentes entre os indivíduos dentro das espécies individuais – diferenças que se intensificam até o rompimento do caráter da espécie e cujas causas, inclusive as mais imediatas, podem ser demonstradas somente em pouquíssimos casos (o [peso do] material de contingências acumulado nesse meio-tempo esmagou e quebrou a velha concepção da necessidade) – que o obrigaram a questionar o fundamento até ali aceito de toda legalidade na biologia, o conceito de espécie aceito até aquele momento com sua rigidez e imutabilidade

---

[22] Idem, *Wissenschaft der Logik*, Th. 1: Die objective Logik, Abth. 2: Die Lehre vom Wesen, cit., p. 199, p. 205 e p. 209.

[23] No final do século XIX, os cientistas James Clerk Maxwell e Ludwig Eduard Boltzmann (leis da termodinâmica são de natureza estatística), Nicolas de Condorcet, Pierre-Simon de Laplace, Karl Friedrich Gauß e John Dalton (cálculo probabilístico e estatística matemática) contribuíram para superar a contraposição metafísica de necessidade e acaso.

[24] Charles Darwin, *On the Origin of Species by Means of Natural Selection*, cit.

metafísicas. Mas, sem o conceito de espécie, a ciência toda nada era. Todos os seus ramos precisavam do conceito de espécie como fundamento: a anatomia – do ser humano e a comparativa; a embriologia, a zoologia, a paleontologia, a botânica etc. O que eram elas sem o conceito de espécie? Todos os seus resultados não só foram questionados mas também diretamente revogados. A contingência joga no lixo a necessidade tal como foi concebida até então. A representação da necessidade que se teve até ali falha. Mantê-la significa impor à natureza como lei a determinação arbitrária do ser humano que contradiz a si mesma e à realidade, significa negar toda a necessidade interior presente na natureza viva, significa proclamar o império caótico do acaso de modo geral como única lei da natureza viva. "Já não vale mais o Tausves-Jontof!"[25], gritaram os biólogos da escola antiga.

Darwin

———◆———

Correlação é a primeira coisa com que nos deparamos quando analisamos a matéria em movimento nos grandes traços, do ponto de vista da atual ciência da natureza. Vemos uma série de formas de movimento, a saber, movimento mecânico, calor, luz, eletricidade, magnetismo, composição e decomposição químicas, transição dos estados de agregação, vida orgânica, sendo que todas elas – se *por enquanto ainda* excetuarmos a vida orgânica – se convertem umas nas outras, condicionam umas às outras, cada uma delas sendo ora a causa, ora o efeito, e a soma total do movimento permanece a mesma em todas as formas que se alternam. O movimento mecânico se converte em calor, eletricidade, magnetismo, luz etc. etc. e vice-versa. Assim,

(*Espinosa:* a substância *é causa sui* [causa de si mesma], *expressa a correlação de modo contundente*)[26]

---

[25] Citação extraída de Heinrich Heine, *Romanceiro*, Livro 3: *Melodias hebraicas. Disputa*. Este retrata uma disputa entre um monge franciscano e um rabino letrado, supostamente ocorrida na corte do rei Pedro, o Cruel, de Castela (1350-1369). Durante a disputa, o rabino recorreu ao "Tausves-Jontof" (mais exatamente o *Tossafot Yom-Tov* = famoso comentário à Mixná [parte do Talmude], de autoria de Yom-Tov Lipmann Heller, que viveu em Sevilha na primeira metade do século XIV), mas o monge recusou-se a aceitar isso como válido, o que indignou o rabino. Ver também carta de Engels a Marx, de 5 de dezembro de 1873.

[26] Benedictus de Espinosa, *Ethica*, em *Opera posthuma* (Amsterdã, J. Rieuwertsz, 1677), Pars 1: De Deo. Definitiones 1, 3. Exposição detalhada da filosofia de Espinosa em Georg Wilhelm Friedrich Hegel, *Vorlesungen über die Geschichte der Philosophie*, v. 3, cit., p. 368-411.

Friedrich Engels – Dialética da natureza

a ciência natural confirma o que Hegel diz (onde?)[27], a saber, que a correlação é a verdadeira *causa finalis* das coisas. Não podemos recuar para aquém do conhecimento dessa correlação porque aí justamente não há nada que se possa conhecer. Tendo conhecido as formas de movimento da matéria (no que ainda falta muita coisa, *vu* [tendo em vista] o curto tempo de existência da ciência natural), conhecemos a própria matéria e, desse modo, o conhecimento está completo. (Todo o mal-entendido de Grove a respeito da causalidade deve-se ao fato de ele não conseguir formular a contento a categoria da correlação; ele tem o objeto, mas não a ideia abstrata, daí a confusão. (p. 10-4)[28]) Só partindo dessa correlação universal chegaremos à relação de causalidade real. Para entender os fenômenos individuais, temos de arrancá-los do seu contexto, analisá-los isoladamente, e *ali* aparecem os movimentos que se alternam, um como causa, o outro como efeito.

———◆———

Causalidade. A primeira coisa que nos chama a atenção ao analisar a matéria em movimento é a interconexão dos movimentos individuais dos corpos individuais; o fato de *estarem condicionados* um pelo outro. Porém não só descobrimos que a um certo movimento se segue outro, mas descobrimos também que conseguimos produzir determinado movimento estabelecendo as condições em que ele se processa na natureza, e até podemos produzir movimentos que nem sequer ocorrem na natureza (indústria), pelo menos não desse modo, e podemos conferir a esses movimentos um direcionamento e uma extensão predeterminados. *Por essa via*, pela *atividade humana*, fundamenta-se a representação da *causalidade*, a representação de que um movimento é a *causa* de outro. A sucessão regular de certos fenômenos da natureza já pode gerar a representação da causalidade: o calor e a luz que vêm com o Sol; mas isso não é prova e, assim, o ceticismo humano[29] teria razão em dizer

---

[27] Parece que Engels tem em mente a seguinte observação de Hegel: "Na correlação, embora a causalidade ainda não tenha sido posta em sua determinação verdadeira, o progresso de causas e efeitos para o infinito é suspenso de modo verídico como progresso, na medida em que a egressão linear de causas para efeitos e de efeitos para causas foi curvada de volta e para trás" (Georg Wilhelm Friedrich Hegel, *Encyclopädie der philosophischen Wissenschaften*, cit., §154, p. 306; ver também *Wissenschaft der Logik*, Th. 1: Die objective Logik, Abth. 2: Die Lehre vom Wesen, cit., p. 231-5).

[28] William Robert Grove, *The Correlation of Physical Forces*, cit., p. 10-4.

[29] David Hume desenvolveu suas concepções acerca da teoria do conhecimento em *Philosophical Essays Concerning Human Understanding* (Londres, A. Millar, 1748).

que o *post hoc* [depois disso] regular jamais poderá fundamentar um *propter hoc* [por causa disso]. Mas a atividade humana *produz a prova* da causalidade. Quando com uma lente de aumento concentramos os raios solares em um foco e causamos o mesmo efeito de um fogo comum, provamos, por essa via, que o calor vem do Sol. Quando colocamos o detonador, a carga propulsora e o projétil na espingarda e a disparamos, contamos com o efeito que conhecemos de antemão, por experiência, porque conseguimos acompanhar todos os detalhes do processo da detonação, queima e explosão pela repentina transformação em gás e pela pressão do gás sobre o projétil. E, nesse caso, o cético não pode nem mesmo dizer que da experiência anterior não decorre que na próxima acontecerá a mesma coisa. Pois, de fato, sucede de às vezes não acontecer a mesma coisa, de o detonador ou a pólvora falharem, o cano da espingarda pular etc. Porém, em vez de derrubá-la, é justamente isso que *prova* a causalidade, porque para cada um desses desvios da regra é possível encontrar a sua causa, depois de um exame correto: decomposição química do detonador, umidade etc. da pólvora, más condições do cano etc., de modo que, nesse caso, a prova da causalidade é feita, por assim dizer, *em dobro*. – Tanto os cientist[as] da natureza quanto os filós[ofos] negligenciaram até agora a influência da atividade humana sobre o seu pensamento, só conhecem a natureza de um lado, o pensamento de outro. Porém, justamente a *mudança da natureza pelo ser humano*, e não só a natureza como tal, é o fundamento mais essencial e mais imediato do pensamento humano, e a inteligência do ser humano cresceu na mesma proporção em que ele aprendeu a modificar a natureza. Por conseguinte, a concepção naturalista da história, como se vê, por exemplo, em maior ou menor grau em Draper[30] e outros pesquisadores da natureza – como se a natureza atuasse exclusivamente sobre o ser humano e como se a condição natural em toda parte condicionasse exclusivamente seu desenvolvimento histórico – é unilateral e esquece que o ser humano retroage também sobre a natureza, modificando-a, criando novas condições de existência. Bem pouca coisa resta da "natureza" da Alemanha da época em que os germanos migraram para lá.

Immanuel Kant, *Kritik der reinen Vernunft* (Riga, J. F. Hartknoch, 1781), Vorr. [ed. port.: *Crítica da razão pura*, trad. Fernando Costa Mattos, Petrópolis/Bragança Paulista, Vozes/Editora Universitária, 2012], e Georg Wilhelm Friedrich Hegel, *Encyclopädie der philosophischen Wissenschaften*, cit., §39, p. 84; *Wissenschaft der Logik*, Th. 2: Die subjective Logik, oder: Die Lehre vom Begriff, cit., p. 255-317, ocupam-se criticamente do que denominam o ceticismo de Hume.

[30] John William Draper, *History of the Intellectual Development of Europe*, cit.

Superfície do solo, clima, vegetação, fauna, as próprias pessoas mudaram infinitamente e tudo isso por meio da atividade humana, ao passo que as mudanças na natureza da Alemanha que aconteceram nesse tempo sem a colaboração humana são incalculavelmente pequenas.

——◆——

A empiria da observação sozinha jamais poderá provar suficientemente a necessidade. *Post hoc* [depois disso], mas não *propter hoc* [por causa disso] ([Hegel,] *Enc[yclopädie*, v.] I, p. 84)[31]. Isso é tão certo que do constante nascer do Sol pela manhã não se segue que ele nascerá novamente amanhã e, de fato, sabemos agora que chegará o momento em que em certa manhã o Sol *não nascerá*. Porém, a prova da necessidade reside na atividade humana, na experimentação, no trabalho: se consigo produzir o *post hoc*, ele se torna idêntico ao *propter hoc*.

——◆——

Para quem nega a causalidade, toda lei natural é uma hipótese, entre outras, também a análise química dos corpos cósmicos por meio do espectro prismático[32]. Como é raso o pensamento de quem não vai além disso.

——◆——

Causae finales e *causae efficientes* transformadas por Haeckel (p. 89, 90)[33] em causas de *efeito final* e causas de *efeito mecânico* porque, para ele, *causa finalis* = Deus! Do mesmo modo, para ele, mecânico é, sem mais nem menos, de acordo com Kant = monista, e não = mecânico no sentido da mecânica. Diante de tal confusão linguística, o absurdo é inevitável. O que Haeckel diz aqui da *Cr[ítica] da faculdade de julgar*, de Kant, não condiz com Hegel (*G[eschichte] d[er] Ph[ilosophie]*, p. 603)[34].

——◆——

---

[31] Georg Wilhelm Friedrich Hegel, *Encyclopädie der philosophischen Wissenschaften*, cit., §39.
[32] Engels se refere à análise espectral fundamentada pelo físico alemão Gustav Robert Kirchhoff e pelo químico alemão Robert Wilhelm Bunsen, cuja importância científica ele ressalta em outros textos: "Mädler, estrelas fixas" (p. 236), "Nebulosas" (p. 238) e "Introdução" (p. 37).
[33] Ernst Haeckel, *Natürliche Schöpfungsgeschichte*, cit., p. 89-91.
[34] Georg Wilhelm Friedrich Hegel, *Vorlesungen über die Geschichte der Philosophie*, v. 3, cit., p. 602-4. Aqui Hegel ressalta os parágrafos 64, 66 e 76 da *Crítica da faculdade de julgar* (cit.), nos quais Kant diferencia a conformidade interna com um fim da finalidade externa.

Dialética como ciência

[Georg Wilhelm Friedrich] Hegel, *Lógica*, v. I.

O nada contraposto ao algo, *o nada de alguma coisa*, é um *nada determinado* (p. 74)[35].

Considerando a interconexão determinadora de mudanças da totalidade (do cosmos), a metafísica pôde propor a afirmação – *no fundo tautológica* – de que, quando se destrói um grãozinho de pó, todo o universo ruiria (p. 78)[36].

Negação, passagem principal é Introdução (p. 38): o que se contradiz não se dissolve em zero, no nada abstrato, mas *na negação do seu conteúdo determinado* etc.[37]

Negação da negação (*Phänom[enologie]*, Vorrede (p. 4)[38]). Botão, flor, fruto etc.

[*Conhecer*]

Unidade de natureza e espírito – para os gregos era plausível por si só que a natureza não pudesse ser irracional, mas até hoje os mais tolos empiristas, por meio do seu arrazoado (por mais equivocado que seja), provam que de antemão estão convictos de que a natureza não pode ser irracional e a razão não pode ser antinatural.

Entendimento e razão. Essa diferenciação hegeliana, segundo a qual só o pensamento dialético é racional, tem um sentido bem definido[39]. Temos de comum com o animal todas as atividades do entendimento: *induzir*, *deduzir* e, portanto, também *abstrair* (os conceitos genéricos do Dido[40]: quadrúpedes e bípedes), *analisar* objetos desconhecidos (quebrar uma noz já é o começo da análise), *sintetizar* (em demonstrações de esperteza animal) e,

---

[35] Idem, *Wissenschaft der Logik*, Th. 1: Die objective Logik, Abth. 1: Die Lehre vom Seyn, cit., p. 74.
[36] Ibidem, p. 77-8.
[37] Ibidem, p. 38-9.
[38] Idem, *Phänomenologie des Geistes* (org. Johann Schulze, Berlim, [Duncker und Humblot,] 1832), p. 4 [ed. bras.: *Fenomenologia do espírito*, trad. Paulo Meneses, Petrópolis, Vozes, 2002, p. 24-5].
[39] Ver idem, *Wissenschaft der Logik*, Th. 1: Die objective Logik, Abth. 1: Die Lehre vom Seyn, cit., p. 6-7, p. 27-9; *Wissenschaft der Logik*, Th. 2: Die subjective Logik, oder: Die Lehre vom Begriff, cit., p. 317-43.
[40] O cão de Engels; ver as cartas de Engels a Marx de 16 de abril de 1865 e 10 de agosto de 1866.

Friedrich Engels – Dialética da natureza

A química, na qual a análise é a forma de investigação predominante, não é nada sem o polo oposto desta, a síntese

como junção de ambos, *experimentar* (no caso de novos obstáculos e situações estranhas). Quanto ao tipo, todos esses modos de proceder – portanto, todos os meios da pesquisa científica que reconhecem a lógica ordinária – são praticamente iguais no ser humano e nos animais superiores. São diferentes apenas quanto ao grau (de desenvolvimento do respectivo método). Os traços básicos do método são iguais e levam a resultados iguais no ser humano e no animal, enquanto ambos operarem ou subsistirem apenas com esses métodos elementares. – Em contraposição, o pensamento dialético – justamente por ter como pressuposto a investigação da natureza dos próprios conceitos – só é possível para o ser humano e, mesmo para este, somente num estágio de desenvolvimento relativamente elevado (budistas e gregos), chegando ao seu desenvolvimento pleno só bem mais tarde – através da filosofia moderna – e, *apesar disso*, já trouxe resultados colossais entre os gregos, os quais antecipam em grande parte a investigação[41]!

―――◆―――

O desenvolvimento de um conceito ou de uma relação entre conceitos (pos[itivo] e neg[ativo], causa e efeito, substância e acidência) na história do pensamento está para o seu desenvolvimento na cabeça de cada dialético como o desenvolvimento de um organismo na paleontologia está para o seu desenvolvimento na embriologia (ou melhor, na história e em cada embrião). Hegel foi o primeiro a descobrir esse fato no que se refere aos conceitos. No desenvolvimento histórico, a contingência desempenha seu papel, que, tanto no pensamento dialético quanto no desenvolvimento do embrião, *se resume à necessidade*.

―――◆―――

Abstrato e concreto. A lei universal da mudança de forma do movimento é muito mais concreta do que cada um dos exemplos "concretos" dela[42].

―――◆―――

---

[41] Ver Georg Wilhelm Friedrich Hegel, *Vorlesungen über die Geschichte der Philosophie*, v. 1, cit.

[42] Em 1864, Engels já tinha enfatizado para Marx que, na aritmética, a forma algébrica a + b é mais simples e mais fácil de visualizar do que qualquer exemplo numérico dela (carta de Engels a Marx, de 30 de maio de 1864).

Conhecer. Os olhos das formigas são diferentes dos nossos; elas veem os raios químicos (?) (*Nature,* v. 8, junho de 1882, [John] Lubbock)[43], mas avançamos bem mais do que as formigas no conhecimento dos raios invisíveis para nós; e o fato de podermos demonstrar *que* as formigas veem coisas que são invisíveis para nós e o fato de essa demonstração se basear exclusivamente em percepções que tivemos com os *nossos* olhos mostram que a construção específica do olho humano não representa um obstáculo absoluto para o conhecimento humano.

Ao nosso olho não se somam apenas os demais sentidos, mas também a nossa capacidade de pensar. Com esta sucede exatamente o mesmo que com o olho. Para saber o que o nosso pensamento é capaz de averiguar, de nada serve querer descobrir, cem anos depois de Kant, o alcance do pensamento a partir da crítica da razão ou a partir da investigação do instrumento do conhecimento; assim como de nada serve [Hermann von] Helmholtz tratar a limitação da nossa visão (que de fato é necessária, pois um olho que visse *todos* os raios, justamente por isso, não veria *absolutamente nada*)[44] e a construção do nosso olho, que impõe limites bem determinados à nossa visão e não a reproduz de modo correto, como prova de que o olho nos informa erroneamente ou imprecisamente a respeito da constituição do que acontece[45]. Vemos melhor o que o nosso pensamento pode averiguar a partir do que ele já averiguou e continua averiguando diariamente. E isso já é suficiente em termos de quantidade e qualidade. Em contrapartida, a investigação das *formas* do pensamento, das determinações do pensamento, é muito compensadora e necessária, e, depois de Aristóteles, esta só foi empreendida de modo sistemático por Hegel.

Todavia, jamais descobriremos *que aparência* têm os raios químicos para as formigas. Não há como ajudar a quem se incomoda com isso.

---

[43] Ver George John Romanes, "Ants, Bees, and Wasps", *Nature*, Londres, v. 26, n. 658, 8 jun. 1882, p. 121-3. Recensão de John Lubbock, *Ants, Bees, and Wasps: A Record of Observations on the Habits of the Social Hymenoptera, International Scientific Series*, Londres, v. XL, 1882. Nesse artigo são relatados os experimentos que comprovam a sensibilidade dos olhos dos insetos aos raios ultravioleta, bem como a variabilidade dessa sensibilidade. O termo "raios químicos" era comum naquele tempo para designar os raios UV.

[44] Ver fragmento iniciado com "*Luz e escuridão...*" (p. 308).

[45] Hermann Helmholtz, "Die neueren Fortschritte in der Theorie des Sehens", em *Populäre wissenschaftliche Vorträge*, Heft 2 (Braunschweig, F. Vieweg und Sohn, 1871), p. 1-98. Nesse escrito de 1868, Helmholtz descreve as "deficiências" estruturais do olho humano. Engels fez um comentário na margem da p. 53 do seu exemplar: "É porque o olho não é nenhum professor de física!".

Friedrich Engels – Dialética da natureza

———◆———

Em contraposição à lógica antiga, meramente formal, a lógica dialética não se contenta, como aquela, com enumerar e postar lado a lado, sem conexão umas com as outras, as formas do movimento do pensamento, isto é, as diferentes formas de juízo e dedução. Pelo contrário, ela deriva essas formas umas das outras, subordina umas às outras, em vez de coordená-las; desenvolve as formas superiores a partir das inferiores. Fiel a sua subdivisão de toda a lógica, Hegel agrupa os juízos do seguinte modo:

1) Juízos existenciais, a forma mais simples do juízo, no qual se enuncia a respeito de uma coisa individual em termos afirmativos ou negativos uma qualidade universal (juízo positivo: a rosa é vermelha; [juízo] negativo: a rosa não é azul; [juízo] infinito: a rosa não é um camelo).

2) Juízo reflexivo, no qual é enunciada uma determinação relacional, uma relação, a respeito do sujeito; juízo singular: este ser humano é mortal; [juízo] particular: alguns, muitos seres humanos são mortais; [juízo] universal: todos os seres humanos são mortais ou o ser humano é mortal.

3) Juízo necessário, no qual é enunciada a determinidade substancial do sujeito; juízo categórico: a rosa é uma planta; juízo hipotético: quando o Sol nasce, é dia; [juízo] disjuntivo: a piramboia é peixe ou anfíbio.

4) Juízo conceitual, no qual é enunciado a respeito do sujeito até que ponto ele corresponde à sua natureza geral ou, como diz H[egel], ao seu conceito; juízo assertivo: esta casa é ruim; [juízo] problemático: quando é assim e assim, uma casa é boa; [juízo] apodítico: a casa assim e assim é boa.

1) Juízo individual, 2) e 3) [juízo] particular, 4) [juízo] universal.

Por mais árida que seja esta leitura, e por mais arbitrária que possa parecer à primeira vista essa classificação dos juízos num ou noutro ponto, a verdade e a necessidade intrínsecas desse agrupamento se tornará plausível para quem quer que estude a fundo o desenvolvimento genial da *Grande Lógica* de Hegel (*Werke*, v. V, p. 63-115)[46]. Mas para mostrar quanto esse agrupamento está fundado não só nas leis do pensamento mas também nas leis da natureza, queremos apresentar aqui um exemplo bem conhecido fora desse contexto.

Os homens pré-históricos já sabiam na prática que a fricção gera calor quando, talvez há mais de 100 mil anos, inventaram o fogo por fricção e, antes disso, já aqueciam partes frias do corpo mediante a fricção. Porém, a partir daí, até descobrirem que a fricção é de modo geral uma fonte de calor,

---

[46] Ver Georg Wilhelm Friedrich Hegel, *Wissenschaft der Logik*, Th. 2: Die subjective Logik, oder: Die Lehre vom Begriff, cit., p. 63-115; *Encyclopädie der philosophischen Wissenschaften*, cit., §166-80.

passaram sabe-se lá quantos milênios. Bem, mas chegou o tempo em que o cérebro humano se desenvolveu o suficiente para emitir o seguinte juízo: *a fricção é uma fonte de calor*. Um juízo existencial e, ademais, um juízo positivo.

Passaram-se mais alguns milênios até que, em 1842, Mayer[47], Joule e Colding investigaram esse processo específico quanto a suas relações com outros processos similares que foram descobertos entrementes, isto é, quanto a suas condições universais imediatas, e formularam o dito juízo da seguinte maneira: todo movimento mecânico é capaz de se converter em calor mediante a fricção. Muito tempo e uma quantidade enorme de conhecimentos empíricos foram exigidos até que pudéssemos avançar, no conhecimento do objeto, do referido juízo existencial positivo até esse juízo reflexivo universal.

Mas as coisas andaram rápido desde então. Três anos mais tarde Mayer já foi capaz de, pelo menos quanto ao objeto, alçar o juízo reflexivo ao patamar em que ele vigora hoje:

> Toda forma de movimento é tão capacitada quanto compelida a se converter direta ou indiretamente em toda outra forma de movimento sob as condições determinadas para cada caso: juízo conceitual e, ademais, apodítico, forma suprema de todo juízo.[48]

Portanto, o que em Hegel aparece como desenvolvimento da forma de pensamento do juízo como tal vem ao nosso encontro aqui como desenvolvimento dos nossos conhecimentos sobre a natureza do movimento em geral, apoiados sobre fundamento empírico. Isso mostra de fato que leis do pensamento e leis da natureza necessariamente estão em sintonia, bastando que sejam corretamente conhecidas.

Podemos formular o primeiro juízo como o da singularidade: o fato isolado de que fricção gera calor é registrado. O segundo juízo como o da particularidade: uma forma particular do movimento, a forma mecânica, mostrou a propriedade de, sob circunstâncias particulares (mediante fricção), passar para outra forma particular de movimento, o calor. O terceiro juízo é o da universalidade: toda forma de movimento se mostrou capacitada e compelida a se converter em qualquer outra forma de movimento. Nessa forma, a lei alcançou sua expressão final. Mediante novas descobertas, podemos fornecer-lhe novas provas e dar-lhe um conteúdo novo e mais rico. Porém, à lei mesma tal como foi enunciada ali nada mais podemos acrescentar. Em sua universalidade, em que forma

---

[47] Julius Robert Mayer, *Die Mechanik der Wärme in gesammelten Schriften* (2. ed., Stuttgart, J. G. Cotta, 1874), p. 3-12.
[48] Ibidem, p. 13-126.

e conteúdo são igualmente universais, ela não é passível de ampliação: trata-se de uma lei absoluta da natureza.

Infelizmente, enquanto não formos capazes de fazer a proteína, ficará algo por desejar em relação à forma de movimento da proteína, aliás, da vida.

———◆———

Porém, acima também foi demonstrado que, para emitir juízo, não se necessita só da "faculdade de julgar" kantiana, mas também de uma

———◆———

Singularidade, particularidade, universalidade: estas são as três determinações em cujo âmbito se move toda a "teoria do conceito"[49]. Sob elas, progride-se então, não em uma modalidade, mas em muitas modalidades, do singular para o particular e deste para o universal, e isso é exemplificado muitas vezes por Hegel como progressão "indivíduo, espécie, gênero". E agora vêm esses "Haeckels" da indução trombeteando – contra Hegel –, como se fosse grande coisa, que se deve progredir do singular para o particular e daí para o universal, do indivíduo para a espécie e daí para o gênero! – E ainda dão permissão para que se tirem conclusões por *dedução* que trariam progressos. Essa gente se embretou de tal modo no antagonismo de indução e dedução que reduz todas as formas de conclusão lógica a essas duas e, ao fazer isso, nem se dá conta de que, 1) sob aquelas denominações, empregam inconscientemente outras formas de conclusão, 2) dispensam toda a riqueza das formas de conclusão, na medida em que não se deixam submeter àquelas duas e 3) desse modo transformam em puro disparate estas duas formas mesmas: a indução e a dedução.

———◆———

Absurdo de Haeckel: indução contra dedução, como se dedução não fosse = concluir e, portanto, a indução não fosse também uma dedução. Isso advém do ato de polarizar[50].

———◆———

---

[49] Georg Wilhelm Friedrich Hegel, *Wissenschaft der Logik*, Th. 2: Die subjective Logik, oder: Die Lehre vom Begriff, cit.
[50] Nesta anotação e na seguinte, Engels começa a ser mais crítico em relação a Haeckel. Talvez seja uma reação à palestra de Haeckel na 50ª Assembleia de Pesquisadores da Natureza e Médicos Alemães, em Munique, em setembro de 1877, quando Haeckel não só defendeu sua ideia de alma plastidular e atômica mas também tentou extrair consequências da teoria da evolução para a ética. Ver Ernst Haeckel,

Por meio da indução descobriu-se há cem anos que caranguejos e aranhas são insetos e todos os animais inferiores são vermes. Por indução descobriu-se agora que isso é absurdo e que existem x classes. Em que consiste então a vantagem da assim chamada conclusão por indução que pode estar tão errada quanto a assim chamada conclusão por dedução? Já que a razão dela é a classificação[51].

A indução jamais poderá provar que nunca haverá mamífero sem glândulas mamárias. Antigamente, os mamilos eram o sinal do mamífero. Mas o ornitorrinco não tem nenhum.

Toda essa enganação referente à indução [vem] dos ingl[eses]. [William] Whewell (*Ind[uctive] Sc[iences]* [Ciências indutivas])[52] abrange a indução meramente matemática e assim foi inventado o antagonismo à dedução. A lógica antiga e a nova nada sabem sobre isso. Experimentais e baseadas na experiência são todas as formas de conclusão que começam com o singular; a conclusão indutiva de fato parte (em geral) do U-I-P [Universal-Singular-Particular][53].

Também é sintomático da capacidade de pensar dos nossos pesquisadores da natureza o fato de Haeckel defender fanaticamente a indução no exato momento em que os *resultados* da indução – as classificações – são questionados (*limulus* é uma aranha, *ascidias* um vertebrado ou *chordatum*, os *dipnoi*, contrariando todas as definições originais dos anfíbios, são mesmo peixes) e diariamente são descobertos novos fatos que derrubam *toda* a classificação feita até agora por indução. Bela confirmação da frase de Hegel de que a conclusão por indução é essencialmente uma conclusão problemática[54]! Aliás, toda a classificação dos organismos foi excluída da indução pela teoria da evolução e a descendência foi reconduzida à "dedução" – uma

Indução e dedução. Haeck[el], [Natürliche] Sch[öpfungs] gesch[ichte], [cit.,] p. 76-77. A conclusão se polariza em indução e dedução!

Die heutige Entwickelungslehre im Verhältnisse zur Gesamtwissenschaft (Stuttgart, E. Schweizerbart, 1878).

[51] Engels se refere à classificação de Carlos Lineu. Ver Ernst Haeckel, *Natürliche Schöpfungsgeschichte*, cit., p. 435-9.

[52] William Whewell distingue entre ciências indutivas (ciências naturais e físicas) e ciências dedutivas (lógica, metafísica, geometria, álgebra), atribuindo às primeiras o poder de chegar aos princípios fundamentais da ciência (*History of the Inductive Sciences from the Earliest to the Present Times*, v. 1 (2. ed., Londres, J. W. Parker, 1837), p. 6).

[53] Georg Wilhelm Friedrich Hegel, *Wissenschaft der Logik*, Th. 2: Die subjective Logik, oder: Die Lehre vom Begriff, cit., p. 148-50.

[54] Ibidem, p. 149.

espécie é literalmente *deduzida* de outra por descendência – e é impossível demonstrar a teoria da evolução por meio da simples indução, dado que ela é totalmente anti-indutiva. Os conceitos com os quais lida a indução: espécie, gênero, classe, tornaram-se fluidos por ação da teoria da evolução e, desse modo, tornaram-se *relativos*: porém, não há como induzir com conceitos relativos.

———◆———

Indução e dedução. Haeckel, p. 75 e seg.[55], em que Goethe tira a conclusão por indução de que uma pessoa que *normalmente não tem* o intermaxilar *deve* tê-lo, ou seja, de uma indução *incorreta* também se chega a algo correto!

———◆———

Aos pan-inducionistas: nem com toda a indução do mundo chegaríamos a ter clareza sobre o *processo* indutivo. Isso só pôde ser levado a cabo mediante a *análise* desse processo. – Indução e dedução fazem parte uma da outra de modo tão necessário quanto síntese e análise. Em vez de enaltecer uma em detrimento da outra, procuremos aplicar cada uma em seu devido lugar, e só poderemos fazer isso tendo em mente que uma faz parte da outra, que elas se complementam mutuamente. – Segundo os inducionistas, a indução é um método infalível. Mas não é, tanto que seus resultados aparentemente mais seguros são derrubados todos os dias por novas descobertas. Os corpúsculos de luz, a substância calórica foram resultados da indução. Onde foram parar? A indução nos ensinou que todos os vertebrados têm um sistema nervoso central subdividido em cérebro e medula dorsal e que a medula dorsal está encerrada dentro de vértebras cartilaginosas ou ósseas – das quais, aliás, vem o nome. Então aparece o anfioxo[56], um vertebrado dotado de cordão nervoso central não diferenciado e sem vértebra. A indução constatou que os peixes são animais vertebrados que durante toda a sua vida respiram exclusivamente por brânquias. Então aparecem animais, cuja característica de peixe é quase universalmente reconhecida, mas que, ao lado das brânquias, também têm pulmões bem desenvolvidos, e ainda aparece que todo peixe traz em suas bexigas natatórias um pulmão em potencial. Só com a ousada aplicação da teoria da evolução é que Haeckel conseguiu

---

[55] Ernst Haeckel, *Natürliche Schöpfungsgeschichte*, cit., p. 75 e seg.
[56] O anfioxo lanceolado, também chamado peixe-lanceta, é um cefalocordado, um pequeno animal (5 cm) parecido com um peixe que ocorre em diversos oceanos e mares e é visto como forma de transição entre os invertebrados e os vertebrados. Ver Ernst Haeckel, *Natürliche Schöpfungsgeschichte*, cit., p. 508-9.

ajudar os inducionistas a sair dessas contradições, nas quais se sentiam bem confortáveis – se a indução fosse realmente tão infalível, de onde vêm as revoluções classificatórias no mundo orgânico atropelando umas às outras? Elas são o produto mais próprio da indução e, ainda assim, matam umas às outras.

———◆———

Indução e análise: exemplo contundente de que a indução praticamente não pode reivindicar o posto de única forma ou forma predominante da descoberta científica na termodinâmica: a máquina a vapor fornece a prova mais cabal de que se pode utilizar o calor para obter movimento mecânico. Cem mil máquinas a vapor não deram prova melhor disso do que uma, somente pressionaram cada vez mais os físicos a fornecer uma explicação. Sadi Carnot foi o primeiro a fazê-lo seriamente[57]. Porém não *per* indução. Ele estudou a máquina a vapor, analisou-a, descobriu que, no caso dela, o processo que importava não aparecia *de modo puro*, pois era encoberto por todo tipo de processos colaterais, eliminou essas circunstâncias colaterais sem importância para o processo essencial e construiu uma máquina a vapor ideal (ou máquina a gás), que não pode ser construída de fato, da mesma maneira que não podem ser construídas, por exemplo, uma linha geométrica ou uma superfície geométrica, mas, à sua maneira, presta o mesmo serviço que essas abstrações matemáticas: ela representa o processo de modo puro, independente, genuíno. Ele deparou com o equivalente mecânico do calor (ver a importância de sua função C), que ele só não conseguiu ver e descobrir porque acreditava na *substância* calórica. Aqui também a prova do estrago causado por teorias erradas.

———◆———

A forma de desenvolvimento da ciência natural, na medida em que ela pensa, é a *hipótese*. Um novo fato é observado e inviabiliza o modo de explicação usado até então para os fatos que pertencem ao mesmo grupo. A partir daí, novas maneiras de explicar se tornam necessárias – primeiramente fundadas apenas em uma quantidade limitada de fatos e observações. Material adicional de observação depura essas hipóteses, elimina uma, corrige a outra, até que, por fim, a lei é formulada de modo puro. Caso se esperasse até que o material estivesse *puro* para a lei, isso

---

[57] Nicolas Léonard Sadi Carnot, *Réflexions sur la puissance motrice du feu et sur les machines propres à developper cette puissance*, cit.

implicaria suspender a pesquisa reflexiva realizada até aquele momento e, já por isso, a lei jamais tomaria forma.

A quantidade e a sucessão de hipóteses que se superam – por falta de formação lógica e dialética básica dos pesquisadores da natureza – facilmente levam à ideia de que não somos capazes de conhecer a *essência* das coisas. ([Albrecht von] Haller e Goethe.)[58] Isso não é algo específico da ciência natural, visto que todo conhecimento humano evolui segundo uma curva intricada de múltiplas formas, e as teorias das disciplinas históricas, inclusive a filosofia, também se superam umas às outras, mas disso ninguém conclui, por exemplo, que a lógica formal é um absurdo. – A última forma dessa concepção foi a "coisa em si". O enunciado de que não podemos conhecer a coisa em si (Hegel, *Encyc[lopädie]*, §44)[59] 1) sai do âmbito da ciência e vai para o da fantasia. Ele 2) não acrescenta nenhuma palavra ao nosso conhecimento científico, pois, se não pudermos nos ocupar das coisas, elas não existirão para nós. E 3) trata-se de pura fraseologia e nunca é aplicado. Tomado abstratamente, soa bem razoável. Porém, que seja aplicado. O que pensar do zoólogo que diz: um cão parece ter quatro pernas, mas não sabemos se, na realidade, ele tem 4 milhões de pernas ou nenhuma? [O que pensar] do matemático que primeiro define que um triângulo tem três lados e, em seguida, declara não saber se ele não teria 25? 2 x 2 parece ser 4? Porém os pesquisadores da natureza se acautelam muito de aplicar a fraseologia da coisa em si à ciência natural, permitindo-se fazê-lo somente quando saem dela para o âmbito da filosofia. Essa é a maior prova de que a levam pouco a sério e de que ela própria pouco vale. – Se a levassem a sério, *à quoi bon* [de que serviria] investigar alguma coisa?

Concebido em termos históricos, o assunto faria certo sentido: só podemos conhecer sob as condições da nossa época e dentro do alcance delas.

———◆———

---

[58] Em 1730, Albrecht von Haller publicou a poesia "Die Falschheit der menschlichen Tugenden" [A falsidade das virtudes humanas], contendo o verso: "Espírito nenhum criado penetra da natureza o interior/ Feliz a quem ela ainda mostra a casca exterior". Johann Wolfgang von Goethe refutou essa afirmação de Haller com duas poesias no ano de 1821: "Allerdings" [No entanto] e "Ultimatum" [Ultimato], nas quais reitera que a natureza não tem caroço nem casca, mas é um todo coeso. Ver Georg Wilhelm Friedrich Hegel, *Encyclopädie der philosophischen Wissenschaften*, cit., §140, p. 275-6; *Vorlesungen über die Naturphilosophie*, cit., §246, adendo, p. 20-1.

[59] Idem, *Encyclopädie der philosophischen Wissenschaften*, cit., §44, p. 95.

Dialética como ciência

Coisa em si: Hegel, *Logik*, v. II, p. 10[60]; um pouco adiante mais um parágrafo inteiro sobre isso: Ver Enc[yclopädie, v.] I, p. 252.[61]

> O ceticismo não se permitia dizer que "algo é"; o idealismo mais recente (isto é, Kant e Fichte) não se permitiu encarar os conhecimentos como um saber sobre a coisa em si. [...] Ao mesmo tempo, porém, o ceticismo admitiu determinações múltiplas de sua aparência, ou melhor, sua aparência tinha por conteúdo toda a riqueza multifacetada do mundo. Da mesma forma, o *fenômeno* do idealismo (isto é, *what Idealism calls* [o que o Idealismo chama de] fenômeno) compreende em si toda a dimensão dessas determinidades multifacetadas. [...] Na base desse conteúdo, portanto, pode muito bem não haver nenhum ser, nenhuma coisa ou nenhuma coisa em si; *para si ele permanece como é, tendo sido apenas transferido do ser para a aparência.*[62]

Aqui, portanto, Hegel é um materialista bem mais decidido do que os modernos pesquisadores da natureza.

———◆———

Autocrítica deliciosa da coisa em si kantiana, dizendo que K[ant] também falha em relação ao eu pensante e encontra nele igualmente uma coisa em si incognoscível (H[egel], *Encyclopädie*], v. V, p., 256 e seg.)[63].

———◆———

Também as *leis naturais eternas*[64] se transformam cada vez mais em leis históricas. Uma dessas leis naturais eternas diz que a água é líquida de 0-100°C, mas para que ela tenha vigência é preciso que haja 1) água, 2) a temperatura dada e 3) pressão normal. Na Lua não existe água, no Sol existem só seus elementos e para esses corpos celestes tal lei não existe. – As leis da meteorologia também são eternas, mas só para a Terra ou para um corpo da grandeza, densidade, inclinação do eixo e temperatura da Terra e pressupondo-se que ele tenha uma atmosfera com a mesma mistura de oxigênio e nitrogênio e as mesmas quantidades de vapor de água subindo e precipitando-se. A Lua não tem atmosfera, a do Sol é composta de

---

[60] Idem, *Wissenschaft der Logik*, Th. 1: Die objective Logik, Abth. 2: Die Lehre vom Wesen, cit.
[61] Georg Wilhelm Friedrich Hegel, *Encyclopädie der philosophischen Wissenschaften*, cit., §124.
[62] Ibidem, p. 125-9, p. 131-2. Grifos de Engels.
[63] Idem, *Wissenschaft der Logik*, Th. 1: Die subjective Logik, oder: Die Lehre vom Begriff, cit., p. 256-8.
[64] A imutabilidade absoluta das leis da natureza consta em John Draper, *History of the Intellectual Development of Europe*, v. 2, cit., p. 325.

vapores de metais incandescentes; aquela não tem meteorologia, este tem uma bem diferente da nossa. – Nossa física, química e biologia oficiais são todas exclusivamente *geocêntricas*, calculadas somente para a Terra. Ainda nem sequer conhecemos as condições de tensão elétrica e magnética no Sol, nas estrelas fixas e nas nebulosas, nem em planetas de outra densidade. As leis de composição química dos elementos são revogadas no Sol pela alta temperatura, ou então são efetivas apenas momentaneamente nas margens da atmosfera solar e as composições voltam a se desfazer ao se aproximar do Sol. A química do Sol ainda se encontra em formação e necessariamente é bem diferente da química da Terra, não a invalidando, mas situando-se fora dela. Nas nebulosas talvez nem existam, dentre os 65 elementos, aqueles que possivelmente são compostos. Portanto, se quisermos falar de leis universais da natureza que se aplicam igualmente a todos os corpos, desde a nebulosa até o ser humano, restam-nos apenas a gravidade e, por exemplo, a versão mais geral da teoria da transformação da energia, popularmente conhecida como teoria mecânica do calor. Mas mesmo essa teoria se transforma, mediante a sua aplicação geral coerente a todos os fenômenos da natureza, em uma exposição histórica das mudanças que se processam sucessivamente desde o seu surgimento até o seu desaparecimento, ou seja, em uma história em que novas leis vigoram a cada estágio, isto é, outras formas de manifestação do mesmo movimento universal e, em consequência, nada resta com validade geral a não ser – o *movimento*.

O ponto de vista *geocêntrico* na astronomia é tacanho e com razão foi descartado. Mas, à medida que avançamos na pesquisa, ele tem cada vez mais razão de ser. O Sol etc. *serve* à Terra (Hegel, N[atur]ph[ilosophie], p. 157)[65]. (O Sol daquele tamanhão existe só por causa dos pequenos planetas.) Uma física, uma química, uma biologia, uma meteorologia etc. não geocêntricas são impossíveis para nós e não perdem nada com a fraseologia de que só valem para a Terra – e, por conseguinte, são meramente relativas. Se levarmos isso a sério e exigirmos uma ciência destituída de centro, paralisaremos *toda* a ciência. Basta-nos saber que, sob circunstâncias iguais, o resultado será sempre igual, mesmo a uma distância mil bilhões de vezes maior do que a da Terra até o Sol para a direita e para a esquerda de nós.

---

[65] Georg Wilhelm Friedrich Hegel, *Vorlesungen über die Naturphilosophie*, cit., §280, adendo, p. 155-6.

[Sobre a incapacidade de Nägeli de conhecer o infinito][66]

[Karl von] Nägeli, p. 12, 13[67].

Primeiro N[ägeli] diz que não somos capazes de conhecer diferenças realmente qualitativas e logo depois diz que tais "diferenças absolutas" não ocorrem na natureza (p. 12)!

Em primeiro lugar, toda qualidade tem uma infinidade de gradações quantitativas, como, por exemplo, nuances de cor, dureza e brandura, duração de vida etc., e estas, apesar de qualitativamente diferenciadas, são mensuráveis e cognoscíveis.

Em segundo lugar, não existem qualidades, mas apenas coisas com qualidades, e uma infinidade de qualidades. Duas coisas diferentes sempre têm certas qualidades (pelos menos as qualidades físicas de um corpo) comuns, outras são diferentes em grau, outras ainda podem estar totalmente ausentes em uma das coisas. Se compararmos duas coisas extremamente diferentes – por exemplo, um meteorito e um ser humano –, pouca coisa resultará disso, no máximo que os dois têm de comum peso e outras qualidades físicas gerais. Porém encaixa-se entre os dois uma série infinita de outras coisas da natureza e processos da natureza que nos permitem completar a sequência que vai do meteorito até o ser humano e designar a cada qual seu lugar no contexto natural e, assim, conhecê-los. O próprio N[ägeli] admite isso.

Em terceiro lugar, os nossos sentidos podem nos transmitir impressões qualitativas absolutamente diferentes. De acordo com isso, as qualidades que experimentamos por meio da visão, da audição, do olfato, do paladar e do tato seriam absolutamente diferentes. Porém também aqui as diferenças desaparecem com o progresso da investigação. Olfato e paladar há muito foram identificados como sentidos afins que fazem parte um do outro e percebem qualidades correspondentes, quando não idênticas. Visão e audição percebem ondas vibracionais. O tato e a visão se complementam de tal maneira que, vendo uma coisa, muitas vezes podemos antecipar suas qualidades táteis. E, por fim, é sempre o mesmo *eu* que capta e processa todas essas diferentes impressões dos sentidos e, portanto, as sintetiza numa coisa só e, do mesmo modo, essas diferentes impressões são fornecidas pela mesma coisa, aparecendo como qualidades *comuns* dela que ajudam a conhecê-la. Explicar essas qualidades diferentes,

---

[66] O título deste texto é tirado do sumário do envelope "Pesquisa da natureza e dialética".
[67] Karl von Nägeli, "Die Schranken der naturwissenschaftlichen Erkenntnis", cit., p. 2-18, aqui p. 12-3.

acessíveis apenas a sentidos diferentes, e interconectá-las é justamente a tarefa da ciência, que até agora não se queixou do fato de não termos um sentido geral em vez dos cinco sentidos específicos nem do fato de não podermos ver ou ouvir os sabores e aromas.

Para onde quer que olhemos, em lugar nenhum da natureza existem tais "campos qualitativamente ou absolutamente diferentes" que são indicados como inapreensíveis. A origem de toda essa confusão é a confusão de qualidade e quantidade. Segundo a visão mecânica dominante, para N[ägeli], todas as diferenças qualitativas só são consideradas explicadas na medida em que podem ser reduzidas a diferenças quantitativas (sobre isso será dito o necessário em outra parte), ou então a partir do fato de que, para ele, qualidade e quantidade são categorias absolutamente distintas. Metafísica.

"Somos capazes de conhecer *somente o que é finito* etc." Isso está totalmente correto na medida em que somente objetos finitos entram no âmbito do nosso conhecimento. Porém essa sentença também necessita do seguinte complemento: no fundo, somos capazes de conhecer *somente o que é infinito*. De fato, todo conhecer real e exaustivo consiste apenas em que elevemos, por meio do pensamento, o singular da individualidade à particularidade e desta à universalidade, que encontremos e constatemos o infinito no finito, o eterno no transitório. Porém a forma da universalidade é a forma do ser completo em si mesmo e, portanto, da infinitude; ela é a síntese dos muitos finitos em um infinito. Sabemos que cloro e hidrogênio, dentro de certos limites de pressão e temperatura e sob a incidência da luz, combinam-se mediante explosão em gás cloreto de hidrogênio e, assim que ficamos sabendo disso, também sabemos que isso ocorrerá *em toda parte* e *sempre* que as condições acima estiverem dadas. E é indiferente se isso se repete uma ou milhões de vezes e em quantos corpos cósmicos. A forma da universalidade na natureza é a *lei*, e não há ninguém que proclame mais a *eternidade das leis da natureza* do que os pesquisadores da natureza. Portanto, quando N[ägeli] diz que tornamos o finito insondável quando não queremos investigar apenas esse finito, mas misturamos a ele coisas eternas, ele está negando a cognoscibilidade das leis da natureza ou sua eternidade. Todo verdadeiro conhecimento da natureza é conhecimento do eterno, do infinito, e, por conseguinte, ele é essencialmente absoluto.

Porém esse conhecimento absoluto apresenta uma dificuldade considerável. Do mesmo modo que a infinitude da substância cognoscível é composta somente de finitudes, também a infinitude do pensamento absolutamente cognoscente é composta de uma quantidade infinita de mentes humanas finitas, que, paralela e sucessivamente, trabalham nesse

Dialética como ciência

conhecimento infinito, cometem erros primários de ordem prática e teórica, partem de pressupostos equivocados, unilaterais e falsos, trilham caminhos errados, tortuosos e inseguros e, com frequência, não fazem a coisa certa nem quando dão de cara com ela (Priestley)[68]. Por conseguinte, conhecer o infinito é um processo cercado de dificuldades dobradas e, por sua natureza, só se pode efetuar em um progresso infinito assintótico. E isso nos basta inteiramente para podermos dizer: o infinito é cognoscível e incognoscível na mesma medida, e isso é tudo de que precisamos.

Curiosamente Nägeli diz a mesma coisa: só podemos conhecer o finito, mas podemos conhecer *todo o finito* que entra no âmbito da nossa percepção sensível. O finito que entra no âmbito etc. justamente perfaz, em suma, o infinito, *pois foi justamente daí que N[ägeli] extraiu sua noção do infinito!* Pois, sem esse finito etc., ele não teria noção nenhuma do infinito!

(Falar sobre o mau infinito como tal em outra parte)

———◆———

(Colocar o seguinte antes dessa investigação da infinitude:)
1) O "âmbito minúsculo" de acordo com espaço e tempo.
2) A "formação provavelmente defeituosa de órgãos dos sentidos".
3) Que só conseguimos conhecer o finito, transitório, mutante, apenas o que se diferencia em grau e o relativo (etc. até) "não sabemos o que é tempo, espaço, força e matéria, movimento e repouso, causa e efeito"[69].

É a velha história. Primeiro fazem abstrações das coisas sensíveis e depois querem conhecê-las com os sentidos, ver o tempo e cheirar o espaço. O empirista se afunda tanto no hábito do experimentar empírico que ainda se julga no campo da experiência sensível ao lidar com abstrações. Sabemos o que é uma hora, um metro, mas não o que são tempo e espaço! Como se o tempo fosse algo diferente de horas e o espaço algo diferente de metros cúbicos! As duas formas de existência da matéria naturalmente não são nada sem a matéria, representações vazias, abstrações que só existem na nossa cabeça. Mas nem mesmo sabemos o que são matéria e movimento! É óbvio que não, pois a matéria como tal e o movimento como tal ninguém nunca viu nem experimentou de outra maneira, mas o que se experimentou foram os diferentes materiais e formas de movimento realmente existentes. A substância, a matéria, nada mais é que a totalidade das substâncias das quais esse conceito foi abstraído, o movimento como

---

[68] Em 1774, Joseph Priestley descreveu o oxigênio sem desconfiar de que havia descoberto um novo elemento químico que provocaria uma reviravolta na química.
[69] Karl von Nägeli, "Die Schranken der naturwissenschaftlichen Erkenntnis", cit., p. 13.

tal nada mais é que a totalidade de todas as formas de movimento perceptíveis através dos sentidos; palavras como matéria e movimento nada mais são que *abreviações* com as quais sintetizamos muitas coisas diferentes perceptíveis com os sentidos segundo suas qualidades comuns. Portanto, a matéria e o movimento *não podem* ser conhecidos senão mediante a investigação das substâncias individuais e das formas de movimento individuais e, na medida em que as conhecemos, conhecemos *pro tanto* [na mesma medida] também a matéria e o movimento *como tais*. Portanto, ao dizer que não sabemos que tempo, espaço, matéria, movimento, causa e efeito existem, N[ägeli] diz apenas que primeiro fazemos com a nossa cabeça abstrações do mundo real e depois não somos capazes de conhecer essas abstrações feitas por nós mesmos por serem coisas do pensamento e não coisas sensíveis, sendo que todo conhecer é mensuração por meio dos sentidos! Exatamente a mesma dificuldade em Hegel, a saber, que podemos sim comer cerejas e ameixas, mas não *frutas*, porque ninguém até agora comeu frutas como tais[70].

———◆———

Quando N[ägeli] afirma que provavelmente há uma boa quantidade de formas de movimento na natureza que não podemos perceber com os nossos sentidos, isso é uma desculpa *pauvre* [pobre] que equivale a revogar, *pelo menos para o nosso conhecimento*, a lei da incriabilidade do movimento. Pois essas formas de movimento podem se transformar *em movimento perceptível por nós*! Nesse caso, facilmente se explicaria, por exemplo, a eletricidade de contato!

———◆———

Ad vocem [ao que diz] Nägeli. Inapreensibilidade de que [haja] infin[ito]. Ao dizer que matéria e movimento são incriáveis e indestrutíveis, dizemos que o mundo existe como progresso infinito, isto é, na forma da má infinitude, tendo compreendido tudo o que há para compreender nesse processo. No máximo, ainda resta perguntar se esse processo é uma eterna repetição – em grandes ciclos – da mesma coisa ou se os ciclos têm ramos descendentes ou ascendentes.

———◆———

---

[70] Georg Wilhelm Friedrich Hegel, *Encyclopädie der philosophischen Wissenschaften*, cit., §13, p. 21-2.

Dialética como ciência

Má infinitude – a infinitude verdadeira já foi corretamente situada por Hegel no espaço e no tempo *preenchidos*, no processo da natureza e na história[71]. Agora também toda a natureza foi dissolvida em história, e a história se distingue da história da natureza apenas como processo evolutivo de organismos *autoconscientes*. Essa multiplicidade infinita de natureza e história contém a infinitude do espaço e do tempo – a má infinitude – apenas como momento suprimido, essencial, mas não preponderante. Até agora, o limite extremo da nossa ciência natural é *o nosso* universo e, para conhecer a natureza, não precisamos da infinidade de universos exteriores. Pois mesmo as nossas pesquisas astronômicas têm como base essencial apenas um Sol e seu sistema dentre milhões de sóis. Para a mecânica, física e química terrestres estamos mais ou menos restritos à pequena Terra; para as ciências orgânicas, totalmente a ela. E, no entanto, isso não prejudica em essência a multiplicidade praticamente infinita dos fenômenos e do conhecimento da natureza, do mesmo modo que a história não é prejudicada por uma limitação ainda maior a um período relativamente curto de tempo e a uma pequena parte da Terra.

———◆———

1) Em Hegel, o progresso infinito é o ermo, porque aparece apenas *como eterna repetição da mesma coisa*: 1 + 1 + 1 etc.[72]

2) Na realidade, porém, ele não é repetição, mas desenvolvimento, avanço ou retrocesso e, desse modo, torna-se forma necessária do movimento. Abstraindo do fato de ele não ser infinito: o fim do período de vida da Terra já pode ser estimado. Em compensação, a Terra não é todo o cosmo. No sistema hegeliano, todo e qualquer desenvolvimento estava excluído da história temporal da natureza, senão a natureza não seria o ser-fora-de-si-mesmo do espírito[73]. Na história humana, porém, o progresso infinito é reconhecido por H[egel] como a única forma verdadeira de existência do "espírito", só que fantasiosamente se presume que esse desenvolvimento teria um fim – na elaboração da filosofia hegeliana[74].

---

[71] Idem, *Wissenschaft der Logik*, Th. 1: Die objective Logik, Abth. 1: Die Lehre vom Seyn, cit., p. 140-65.
[72] Ibidem, p. 257.
[73] Idem, *Vorlesungen über die Naturphilosophie*, cit., §247, p. 23; §249, p. 32-3.
[74] Engels se pronuncia sobre a ideia de desenvolvimento em Hegel no prefácio à segunda edição do *Anti-Dühring*, cit., p. 38-9, e em "Ludwig Feuerbach und der Ausgang der klassischen deutschen Philosophie", cit.

Friedrich Engels – Dialética da natureza

3) Há também um conhecer infinito: *questa infinità che le cose non hanno in progresso, la hanno in giro* [essa infinitude que as coisas não têm ao progredir, elas têm ao circular][75] (quantidade, p. 259[76], astronomia). Assim, a lei da mudança de forma do movimento é uma lei infinita que se encerra em si mesma. Porém essas infinitudes, por sua vez, são acometidas da finitude, aparecem apenas em partes. Assim também $1/r^2$ [77].

---

[75] Ferdinando Galiani, *Della moneta*, Libro 1, em Pietro Custodi, *Scrittori classici italiani di economia politica*, t. 3, Parte moderna (Milão, 1805), p. 155-6. Ver Karl Marx, *O capital*, Livro I, cit., p. 229, nota 10a.
[76] Georg Wilhelm Friedrich Hegel, *Wissenschaft der Logik*, Th. 1: Die objective Logik, Abth. 1: Die Lehre vom Seyn, cit., p. 259.
[77] $1/r^2$ é outro modo de expressar o número irracional π quando a superfície do círculo é 1. Os números irracionais se caracterizam por não poderem ser expressos por uma fração decimal finita.

[Formas de movimento da matéria e interconexão entre as ciências]

Dialética da ciência natural: objeto – a matéria em movimento. As diferentes formas e espécies da matéria mesma, por seu turno, só podem ser conhecidas através do movimento; só neste se mostram as propriedades dos corpos; de um corpo que não se move não há nada a dizer. Das formas do movimento, portanto, resulta a constituição dos corpos em movimento.

1) A primeira e a mais simples forma do movimento é a mecânica, puramente atinente à mudança de lugar –

a) Movimento de um só corpo – não existe, somente relativo – queda.

b) Movimento de corpos separados: trajetória do voo, astronomia – aparente equilíbrio – termina sempre em *contato*.

c) Movimento de corpos que se tocam em relação uns aos outros – pressão. Estática. Hidrostática e gases. Alavanca e outras formas da mecânica propriamente dita – todas estas em sua forma mais simples do contato resultam em atrito e impacto, que são diferentes apenas em grau. Porém o atrito e o impacto, que *in fact* [na realidade] são contato, têm aqui também outras consequências nunca citadas pelos p[esquisadores] da natureza: dependendo das circunstâncias, eles produzem som, calor, luz, eletricidade, magnetismo.

2) Essas diferentes forças (com exceção do som) – física dos corpos celestes

a) se convertem uma na outra e se substituem e

b) no caso de certa quantidade de força de cada uma delas, diferente para cada corpo, aplicada aos corpos, sejam eles quimicamente compostos, sejam eles vários corpos quimicamente simples – ocorrem alterações *químicas*, e estamos na química.

3) A física pôde ou teve de desconsiderar os corpos orgânicos vivos, só a química encontra a resposta propriamente dita para a verdadeira natureza dos corpos mais importantes na investigação dos compostos orgânicos e, *Química dos corpos celestes. Cristalografia como parte da química*

em contrapartida, só ela compõe corpos que ocorrem na natureza orgânica. Aqui a química conduz à vida orgânica e ela está suficientemente adiantada para nos assegurar que *ela sozinha* nos explicará a transição dialética para o organismo.

4) Porém a transição *real* consiste na *história* – do sistema solar, da Terra, e é o pressuposto *real* do mundo orgânico.

5) Mundo orgânico[1].

———◆———

---
[1] Este esboço de Engels deu origem à seguinte carta endereçada a Karl Marx, em 30 de maio de 1873:
"Caro Mouro,
Hoje de manhã, ainda na cama, ocorreram-me as seguintes coisas dialéticas sobre as ciências naturais:
Objeto da ciência natural – a matéria em movimento, os corpos. Os corpos não podem ser separados do movimento, suas formas e espécies só podem ser conhecidas no movimento e nada se tem a dizer de corpos fora do movimento, fora da relação com outros. É no movimento que o corpo mostra o que ele é. Por conseguinte, a ciência natural conhece os corpos, analisando-os na relação uns com os outros, no movimento. O conhecimento das diferentes formas de movimento é o conhecimento dos corpos. A investigação dessas diferentes formas de movimento é, portanto, o objeto principal da ciência natural.
1) A forma mais simples de movimento é a mudança de *lugar* (dentro do tempo, para fazer um favor ao velho Hegel) – movimento *mecânico*:
a) O movimento de um corpo *individual* não existe; em termos relativos, a *queda* pode ser considerada um [movimento] desse tipo, o movimento na direção de um ponto central comum a muitos corpos. Porém, no momento em que o corpo individual deve se mover em *outra* direção que não para o centro, ele até continua sujeito às leis da queda livre, mas estas se modificam
b) em leis das órbitas e levam diretamente ao movimento recíproco de vários corpos – movimento planetário etc., astronomia. Equilíbrio – temporário ou aparentemente no próprio movimento. Porém o resultado *real* dessa espécie de movimento acaba sendo sempre o *contato* dos corpos em movimento; eles caem uns nos outros.
c) Mecânica do contato – corpos que se tocam. Mecânica comum, alavanca, plano inclinado etc. Porém *o contato não esgota seu efeito nisso*. Ele se expressa diretamente de duas formas: atrito e impacto. Comum a ambos é a propriedade de, em determinada intensidade e sob determinadas circunstâncias, gerar efeitos *novos* que não são mais só mecânicos: *calor, luz, eletricidade, magnetismo*.
2) *A física propriamente dita*, ciência dessas formas de movimento, que, após investigar cada uma delas, constata que, sob determinadas condições *se convertem umas nas outras*, e acaba descobrindo que todas elas, em determinada intensidade, que é diferente para cada corpo movido, provocam efeitos que extrapolam a física. Mudanças na estrutura interna dos corpos – efeitos *químicos*.

Formas de movimento da matéria e interconexão entre as ciências

Classificação das ciências, em que cada qual analisa apenas uma forma de movimento ou uma sequência de formas de movimento concatenadas e que passam de uma para outra, sendo classificação, desse modo, a ordenação dessas formas de movimento mesmas segundo a sequência que lhes é inerente, e nisso reside sua importância.

———◆———

No fim do século passado, depois dos materialistas franceses, que são predominantemente mecânicos, surgiu a necessidade de *produzir uma síntese enciclopédica* de toda a ciência natural da *antiga* escola de Newton--Lineu[2], e duas pessoas dentre as mais geniais se puseram a fazer isso, *[Claude-Henri de Rouvroy, conde de] S[aint-]Simon* (incompleto)[3] e *[Georg Wilhelm Friedrich] Hegel*[4]. Agora que a nova concepção da natureza está pronta em seus traços básicos, a mesma necessidade se torna perceptível e são feitas tentativas nesse sentido. Porém, onde o nexo geral do desenvolvimento na natureza foi agora demonstrado, o procedimento

---

3) *Química*. Para a investigação das formas de movimentos anteriores era mais ou menos indiferente se era feita em corpos animados ou inanimados. Os inanimados até mostraram os fenômenos com o máximo de *pureza*. A química, por seu turno, só consegue conhecer a natureza química dos principais corpos em substâncias que se originaram do processo da vida; cada vez mais, sua tarefa principal é confeccionar artificialmente essas substâncias. Ela constitui a transição para a ciência do organismo, mas a transição dialética só poderá ser feita quando a química fizer ou estiver a ponto de fazer a transição real.

4) Organismo – nesse ponto, por enquanto não vou tentar nenhuma dialética. Já que te encontras no centro das ciências naturais, terás melhores condições de avaliar se isso tem fundamento.

Teu F. E.

Se acreditas que tem fundamento, não fales disso com ninguém para que nenhum inglês sujo roube a minha ideia, pois a elaboração ainda levará muito tempo".

[2] Isaac Newton, *Philosophiae naturalis principia mathematica*, cit.; Carlos Lineu, *Systema naturae*, cit.; *Philosophia botanica, in qua explicantur fundamenta botanica, cum definitionibus partium, exemplis terminorum, observationibus variorum* (Estocolmo, G. Kiesewetter, 1751).

[3] Claude-Henri de Rouvroy, conde de Saint-Simon, é mencionado várias vezes nas anotações e textos da *Dialética da natureza* em função do projeto da nova enciclopédia. Ver os textos de Claude-Henri de Saint-Simon, *Lettres d'un habitant de Genève à ses contemporains* (Genebra, 1802); *Esquisse d'une nouvelle encyclopédie, ou Introduction à la philosophie du XIXe siècle* (Paris, Moreaux, 1810). Engels se baseou na obra de Gustave Nicolas Hubbard, *Saint-Simon, sa vie et ses travaux. Suivi de fragments des plus célèbres écris de Saint-Simon* (Paris, Guillaumin, 1857).

[4] Georg Wilhelm Friedrich Hegel, *Encyclopädie der philosophischen Wissenschaften*, cit., 3 v.

Friedrich Engels – Dialética da natureza

de enfileirar exteriormente não é mais suficiente, do mesmo modo que as transições dialéticas artificialmente elaboradas por Hegel não bastam mais. As transições precisam se fazer por si sós, precisam ser naturais. Do mesmo modo que uma forma de movimento evolui a partir da outra, também seus espelhamentos, as diferentes ciências, devem provir necessariamente uma da outra.

———◆———

É possível depreender que [Auguste] Comte não podia ser o autor da classificação enciclopédica das ciências naturais[5], que ele copiou de [Claude-Henri de] Saint-Simon, já porque ela só lhe serviu para *classificação dos meios didáticos e do curso* e, desse modo, levou à maluquice do *enseignement intégral* [ensino integral], no qual cada ciência é esgotada antes até de se começar com a outra, no qual uma ideia no fundo correta foi matematicamente levada ao absurdo[6].

---

[5] Auguste Comte, *Cours de philosophie positive*, t. 1 (Paris, Bachelier, 1830), p. 47-88.

[6] Sobre a relação entre Auguste Comte e Claude-Henri de Saint-Simon, Engels escreve em carta a Ferdinand Tönnies em 24 de janeiro de 1895: "Interessei-me por suas observações sobre Auguste Comte. No que se refere a esse 'filósofo', a meu ver, ainda é preciso lhe dedicar uma boa dose de trabalho. Comte foi secretário e íntimo de Saint-Simon por cinco anos. Este padecia positivamente de profusão de ideias; foi gênio e místico ao mesmo tempo. Elaboração clara, classificação e sistematização não eram com ele. Assim, buscou em Comte alguém que, após a morte do mestre, talvez apresentasse ao mundo de forma ordenada essas ideias transbordantes; a formação matemática e o modo de pensar de Comte podem ter dado a impressão de que ele estaria especialmente apto para isso, em contraste com os demais discípulos entusiastas. Aconteceu, porém, que repentinamente Comte rompeu com o 'mestre' e se retirou da escola; após um período mais longo, reapareceu com sua 'filosofia positiva'. Nesse sistema encontram-se três elementos característicos: 1) uma série de ideias geniais, que, no entanto, são quase regularmente deturpadas em maior ou menor grau por um desdobramento deficiente, correspondendo 2) a uma concepção filisteia estreita em brusca contradição com a anterior genialidade; 3) uma constituição religiosa hierarquizada que procede de fonte saint-simonista, mas foi despida de todo misticismo, sóbria ao extremo, encabeçada por um verdadeiro papa, de modo que Huxley pôde dizer que o comtismo é *catholicism without christianity* [catolicismo sem cristianismo]. Eu apostaria que o n. 3 nos dá a solução para a contradição entre o n. 1 e o n. 2: que Comte tomou todas as suas ideias geniais de Saint-Simon, mas ao agrupá-las mutilou-as de um modo muito pessoal".

Formas de movimento da matéria e interconexão entre as ciências

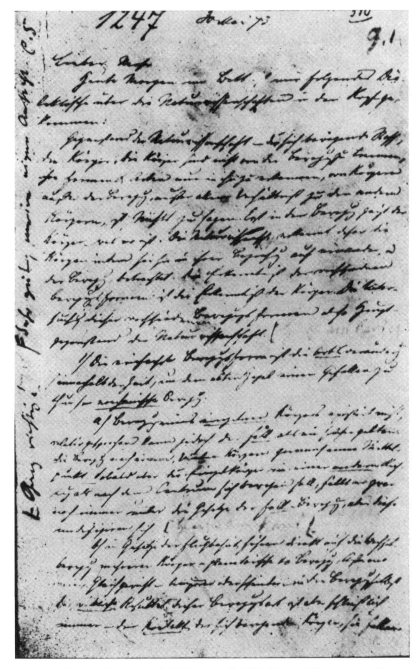

Carta de Engels a Marx, de 30 de maio de 1873. Página [1] com anotação à margem de Carl Schorlemmer.

Friedrich Engels – Dialética da natureza

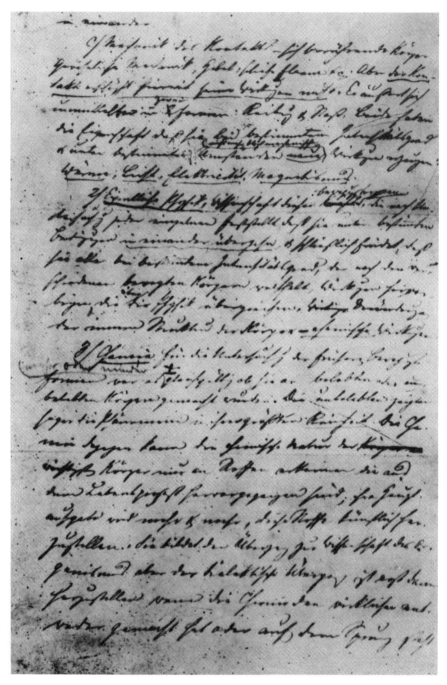

Carta de Engels a Marx, de 30 de maio de 1873. Página [2].

Formas de movimento da matéria e interconexão entre as ciências

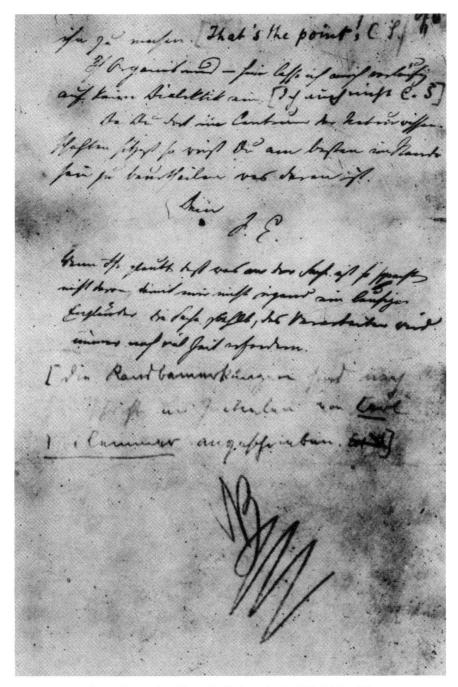

Carta de Engels a Marx, de 30 de maio de 1873. Página [3].

Friedrich Engels – Dialética da natureza

Cada grupo, por sua vez, é duplicado: mec[ânica]: 1) celeste, 2) terrena; movimento molecular: 1) física, 2) química; natureza orgân[ica]: 1) planta, 2) animal

A subdivisão de Hegel (a original)[7]: mecanismo, quimismo, org[anismo] era completa para a época. Mecân[ica] = o movimento das massas; quím[ica] = o movimento molecular (a física também era abrangida, pois ambas pertencem à mesma ordem) e movimento atômico. A org[ânica] = o movimento dos corpos em que ambos são inseparáveis. Pois o organismo de fato é *a unidade mais elevada da mecân[ica], fís[ica] e quím[ica] compreendida em si mesma como totalidade*, na qual os três aspectos não podem mais ser separados. No org[anismo], o movimento mecânico é efetuado diretamente por meio da alteração física e química, mais precisamente por meio de alimentação, respiração, secreção etc., exatamente do mesmo modo que por meio do puro movimento muscular.

———◆———

Anotações[8]

1) [August] Kekulé. Depois: a sistematização das ciências naturais, que agora se torna cada vez mais necessária, não pode ser encontrada senão nos contextos dos próprios fenômenos. Assim, o movimento mecânico de pequenas massas sobre um corpo cósmico termina no contato de dois corpos que assume as formas de atrito e impacto, diferenciando-se ambos apenas quanto ao grau. Examinamos, portanto, para começar, o efeito mecânico de atrito e impacto. Porém descobrimos que com isso eles não estão esgotados: atrito produz calor, luz e eletricidade; impacto produz calor e luz, e talvez também eletricidade – ou seja, transformação de movimento de massas em movimento molecular. Adentramos o campo do movimento molecular, a física, e continuamos a investigar. Porém também aqui descobrimos que o movimento molecular não constitui a conclusão da investigação. A eletricidade se converte em e provém de conversão química. Calor e luz *idem*. O movimento molecular se converte em movimento atômico. – Química. A investigação dos processos químicos se depara com o mundo orgânico como campo de pesquisa

---

[7] Georg Wilhelm Friedrich Hegel, *Wissenschaft der Logik*, Th. 1: Die subjective Logik, oder: Die Lehre vom Begriff, cit., p. 167-228.

[8] A primeira nota é um esboço da segunda, mais abrangente, intitulada "Sobre a concepção 'mecânica' da natureza". Ambas se referem à palestra inaugural de August Kekulé como reitor, "Die wissenschaftlichen Ziele und Leistungen der Chemie", realizada no dia 18 de outubro de 1877 (mencionada pela revista *Nature*, Londres, v. 17, n. 420, nov. 1877, p. 55).

e, portanto, um mundo em que os processos químicos se guiam pelas mesmas leis, mas sob condições diferentes das que se encontram no mundo inorgânico, cujos são suficientemente explicados pela química. Em contraposição, todas as investigações químicas do mundo orgânico reconduzem, em última análise, a um corpo que, como resultado de processos químicos corriqueiros, se diferencia de todos os outros pelo fato de ser um processo químico permanente que efetiva a si mesmo – a proteína. Quando a química conseguir obter essa proteína com a determinidade em que ela evidentemente surgiu, em um assim chamado protoplasma, com a determinidade, ou antes, a indeterminidade em que ela contém potencialmente todas as outras formas de proteína (não sendo necessário presumir que haja apenas um tipo de protoplasma), então a transição dialética também terá sido obtida em termos reais e, portanto, de modo completo. Enquanto isso não acontece, permanece-se no pensamento, aliás, na hipótese. Na medida em que a química produzir a proteína, o processo químico ultrapassa[rá] a si mesmo, como anteriormente o processo mecânico, isto é, ele chega[rá] a um campo mais abrangente, o do organismo. No entanto, a fisiologia é a física e especialmente a química do corpo vivo e, desse modo, também deixa de ser especificamente química, restringindo, por um lado, seu âmbito, mas elevando-se, por outro, a uma potência maior.

———◆———

[*Sobre a concepção "mecânica" da natureza*][9]

Nota 2.

Referente à p. 46[10]: as diferentes formas do movimento e as ciências que tratam delas

Desde a publicação do artigo anteriormente mencionado (*Vorwärts*, 9 de fev[ereiro] de 1877)[11], [August] Kekulé (*Die wissensch[aftlichen] Ziele und Leistungen der Chemie*) definiu mecânica, física e química de modo bastante semelhante:

---

[9] Engels deu esse título a esta nota no sumário do segundo envelope.
[10] O número da página se refere a Friedrich Engels, "Herrn Eugen Dührings Umwälzung der Wissenschaft, Heft 1: Philosophie", *Vorwärts*, Leipzig, n. 17, 1877.
[11] Engels se refere aqui ao sétimo capítulo de "Herrn Eugen Dührings Umwälzung der Philosophie", que fora publicado como artigo no jornal *Vorwärts*, Leipzig, n. 17, 9 fev. 1877, p. 1-2.

Quando se toma como base essa representação da essência da matéria, pode-se definir a química como a *ciência dos átomos* e a física como a *ciência das moléculas*, o que nos deixa a um passo de destacar daí como disciplina especial aquela parte da atual física que trata das *massas* e reservar a ela a designação de *mecânica*. A mecânica aparece, assim, como ciência que está na base da física e da química, na medida em que ambas, em certas análises e principalmente em cálculos, têm de tratar como massas suas moléculas ou então seus átomos.[12]

Como se vê, essa versão se diferencia da que foi dada no texto e na nota anterior apenas por uma determinidade um pouco menor. Porém, quando uma revista inglesa (*Nature*)[13], traduziu a frase recém-citada de Kekulé no sentido de que a mecânica é a estática e a dinâmica das massas, a física é a estática e a dinâmica das moléculas e a química é a estática e a dinâmica dos átomos, parece-me que essa redução incondicional até dos processos químicos a processos meramente mecânicos estreita indevidamente o campo, pelo menos da química. E, no entanto, ela está tão na moda que, por exemplo, em Haeckel, "mecânico" e "monista" são permanentemente usados como sinônimos e, de acordo com ele, "a atual fisiologia [...] só permite a ação, em seu campo, de forças físico-químicas – ou mecânicas *em sentido mais amplo*". (*Perigenesis*)[14]

Quando, *num primeiro momento*, denomino a física de mecânica das moléculas, a química de física dos átomos e, então, prosseguindo, a biologia de química da proteína, quero expressar, desse modo, a transição de cada uma dessas ciências para a outra e, portanto, a inter-relação, a continuidade, tanto quanto a diferença, a distinção de ambas. Não me parece admissível prosseguir e dizer que a química é igualmente uma espécie de mecânica. A mecânica – mais ampla ou mais estrita – só conhece quantidades, ela calcula velocidades, massas e, quando muito, volumes. Quando a qualidade dos corpos atravessa o seu caminho, como na hidrostática e na aerostática, ela não consegue dar conta do recado sem abordar estados moleculares e movimentos moleculares, ficando ela própria reduzida a ciência auxiliar, pressuposto da física. Porém, na física e bem mais na química, não só ocorre mudança qualitativa contínua em decorrência de mudanças quantitativas, conversão de quantidade em qualidade, mas também é preciso analisar uma boa quantidade de mudanças qualitativas, cujo condicionamento por mudanças quantitativas de modo nenhum está comprovado. Pode-se

---

[12] August Kekulé, *Die wissenschaftlichen Ziele und Leistungen der Chemie*, cit., p. 12.
[13] "On Entering Upon", *Nature*, Londres, v. 17, n. 420, 15 nov. 1877, p. 55.
[14] Ernst Haeckel, *Die Perigenesis der Plastidule oder die Wellenzeugung der Lebenstheilchen. Ein Versuch zur mechanischen Erklärung der elementaren Entwickelungs-Vorgänge* (Berlim, G. Reimer, 1875), p. 12-3.

Formas de movimento da matéria e interconexão entre as ciências

muito bem conceder que a corrente atual da ciência se move nessa direção, mas isso não prova que ela esteja exclusivamente correta, que seguir essa corrente vá *esgotar* a física e a química. Todo movimento inclui movimento mecânico, mudança de local de partes maiores ou menores da matéria, e tomar conhecimento dele é a *primeira* tarefa da ciência, mas é só a primeira. Pois esse movimento mecânico não esgota completamente o movimento. Movimento não é só mudança de lugar; nos campos supramecânicos, ele também é mudança qualitativa. A descoberta de que calor é um movimento molecular marcou época. Porém, se eu não souber dizer do calor nada além de que é uma certa mudança de lugar das moléculas, é melhor eu ficar calado. A química parece estar em via de explicar, a partir da relação entre volume atômico e pesos atômicos, toda uma série de propriedades químicas e físicas dos elementos. Porém nenhum químico afirmaria que todas as propriedades de um elemento estão exaustivamente expressas por sua posição na curva de [Julius] Lothar Meyer[15], que só isso já explicaria, por exemplo, a constituição peculiar do carbono que o torna portador essencial da vida orgânica ou a necessidade de haver fósforo no cérebro. E, no entanto, é nisso que desemboca a concepção "mecânica". Ela explica todas as mudanças como mudança de lugar, todas as diferenças qualitativas a partir de diferenças quantitativas e não vê que a relação entre qualidade e quantidade é recíproca, que qualidade se converte em quantidade da mesma forma que quantidade em qualidade, que justamente ocorre interação. Se todas as diferenças e modificações da qualidade tiverem de ser reduzidas a diferenças e modificações quantitativas, a mudança mecânica de lugar, chegaremos necessariamente ao teorema de que toda matéria consiste em minúsculas partículas idênticas e que todas as diferenças qualitativas dos elementos químicos da matéria são causadas por diferenças de quantidade e agrupamento local dessas minúsculas partículas em forma de átomos. Porém ainda não chegamos a esse ponto.

É a falta de conhecimento dos nossos atuais pesquisadores da natureza a respeito de outra filosofia que não seja a filosofia vulgar do tipo mais ordinário, que hoje grassa nas universidades alemãs, que lhes permite lidar dessa maneira com expressões como "mecânico", sem se darem conta ou sem nem mesmo intuírem quais as conclusões que eles necessariamente acarretam para si com isso. Pois a teoria da identidade qualitativa absoluta da matéria de fato tem seus adeptos – não há como refutar nem provar

---

[15] A curva de Meyer é uma representação da inter-relação entre pesos atômicos e massas atômicas dos elementos químicos. Ver Lothar Meyer, "Die Natur der chemischen Elemente als Function ihrer Atomgewichte", *Annalen der Chemie und Pharmacie*, Leipzig, Suplemento, v. 7, 1870, p. 354-64 e Tabela III.

empiricamente essa teoria. Porém, quando perguntamos a esses que querem explicar tudo "mecanicamente" se eles têm consciência dessa conclusão e aceitam a identidade da matéria, quantas respostas diferentes escutamos!

O mais curioso é que a equiparação de "materialista" a "mecânico" provém de Hegel, que pretendeu tornar o materialismo desprezível mediante o complemento "mecânico"[16]. Ora, o materialismo criticado por Hegel – o francês do século XVIII[17] – de fato era exclusivamente *mecanicista* – e isso pela razão muito natural de que, naquela época, física, química e biologia ainda usavam fraldas e estavam muito distantes de poderem oferecer a base para uma concepção universal da natureza. Haeckel também empresta de Hegel a tradução *causae efficientes* = causas que atuam mecanicamente e *causae finales* = causas que atuam com uma finalidade, nas quais Hegel, portanto, põe mecânico como = atuando cegamente, atuando inconscientemente e não = mecânico no sentido de Haeckel. Mas, para o próprio Hegel, todo esse antagonismo é um ponto de vista tão superado que *nem mesmo o menciona* em suas duas exposições da causalidade na *Lógica* – ele faz isso só na *Hist[ória] d[a] fil[osofia]*[18], no ponto em que ele aparece historicamente (portanto, puro mal-entendido de Haeckel decorrente da superficialidade!) e, de modo totalmente ocasional na teleologia (*Logik*, v. III/II, p. 3)[19], ele o menciona como a forma em que *a velha metafísica* concebeu o antagonismo entre mecanismo e teleologia, mas de resto trata-o como ponto de vista há muito superado. Portanto, na sua empolgação por ter encontrado uma confirmação para a sua concepção "mecânica", Haeckel copiou errado e, desse modo, chegou ao belo resultado de que, quando uma determinada mudança é provocada num animal ou numa planta por meio de seleção natural, isso se deve a uma *causa efficiens* e, quando a mesma mudança é provocada por seleção *artificial*, isso se deve a uma *causa finalis*! A *causa finalis* dos criadores! É claro que um dialético do calibre de Hegel não ficaria andando em círculos no antagonismo estreito de *causa efficiens* e *causa finalis*. E, do ponto de vista atual, pôs-se um fim a todo esse cozido intragável a respeito do referido antagonismo pelo fato de *sabermos*, a partir

---

[16] Georg Wilhelm Friedrich Hegel, *Encyclopädie der philosophischen Wissenschaften*, cit., §99, adendo, p. 199-200.

[17] Engels se refere aqui ao materialismo francês originário de René Descartes, que desembocou nas ciências naturais com o nome de materialismo mecanicista. Ver Friedrich Engels e Karl Marx, *A sagrada família*, cit., p. 144-53; "Ludwig Feuerbach und der Ausgang der klassischen deutschen Philosophie", cit., p. 154.

[18] Ver Georg Wilhelm Friedrich Hegel, *Vorlesungen über die Geschichte der Philosophie*, v. 2, cit., p. 190-1.

[19] Idem, *Wissenschaft der Logik*, Th. 1: Die subjective Logik, oder: Die Lehre vom Begriff, cit., p. 203.

da experiência e da teoria, que a matéria, bem como seu modo de existência, o movimento, é incriável e, portanto, eles próprios constituem sua causa final; ao passo que às causas individuais isoladas da nossa reflexão, ou que se isolam momentânea e localmente na interação do movimento do universo, de modo nenhum se adiciona uma nova determinação, mas tão somente um elemento perturbador quando as chamamos de causas eficientes. Uma causa que não atua não é causa.

N[ota] b[ene]. A matéria como tal é pura criação do pensamento e abstração. Abstraímos das diferenças qualitativas das coisas, subsumindo-as como fisicamente existentes sob o conceito "matéria". A matéria como tal, em distinção às substâncias determinadas existentes, não é, portanto, algo existente para os sentidos. Quando a ciência natural se põe em busca da matéria singular, da matéria como tal, reduzindo as diferenças qualitativas à diferença meramente quantitativa da composição de partículas minúsculas idênticas, é como se ela exigisse ver, em vez de cerejas, peras e maçãs, a fruta como tal, em vez de gatos, cães, ovelhas etc., o mamífero como tal, o gás como tal, o metal como tal, a pedra como tal, a composição química como tal, o movimento como tal. A teoria d[arwin]iana exige um protomamífero desse tipo, o *promammale* de Haeckel[20], mas, ao mesmo tempo, precisa admitir que, se ele continha *embrionariamente* todos os mamíferos futuros e atuais em si, ele era na realidade inferior a todos os mamíferos atuais e de constituição bruta primitiva, sendo, por conseguinte, mais perecível do que todos eles. Como já foi demonstrado por Hegel (*Enc[yclopädie*, v.] I, p. 199), essa concepção, esse "ponto de vista unilateralmente matemático", que encara a matéria como determinável somente em termos quantitativos, mas como originalmente igual em termos qualitativos, "não é senão o ponto de vista do" materialismo francês do século XVIII[21]. Trata-se até mesmo de um retrocesso a Pitágoras, que já concebia o número, ou seja, a determinidade quantitativa, como essência das coisas[22].

———◆———

Conversão de quantidade em qualidade = cosmovisão "mecânica", mudança quantitativa modifica a qualidade. Esses senhores jamais farejaram disso!

---

[20] Ernst Haeckel, *Natürliche Schöpfungsgeschichte*, cit., p. 588.
[21] Georg Wilhelm Friedrich Hegel, *Encyclopädie der philosophischen Wissenschaften*, cit., §99, adendo, p. 199-200.
[22] Idem, *Vorlesungen über die Geschichte der Philosophie*, v. 1, cit., p. 261-4.

[Conteúdo dialético das ciências]

[Plano de 1880][1]

1. Movimento em geral
2. Atração e repulsão. Transmissão de movimento
3. Conservação da energia aplicada a isso. Repulsão + atração. – Acréscimo de repulsão = energia
4. Gravidade – corpos celestes – mecânica terrestre
5. Física. Calor. Eletricidade
6. Química
7. Resumo

a) Antes de 4: Mat[emática]. Linha infinita. + e – são iguais.
b) Em astronomia: produção de trabalho pela maré.
Cálculo duplo em H[elmholtz, v.] 2, p. 120.
"Forças" – H[elmholtz, v.] 2, p. 190[2].

---

[1] O "Plano de 1880" é a estrutura do texto a seguir, intitulado "Formas básicas do movimento". Ele mostra o desdobramento do conteúdo e da concepção dos pontos 5.1 até 5.4 do "Plano de 1878" (ver p. 31).

[2] Hermann Helmholtz, *Populäre wissenschaftliche Vorträge*, cit. As duas passagens são citadas no texto a seguir.

[Formas básicas do movimento][1]

No sentido mais geral, no qual ele é concebido como modo de existência, como atributo inerente à matéria, o movimento compreende todas as mudanças e todos os processos que ocorrem no universo, desde a simples mudança de lugar até o pensamento. É óbvio que a investigação sobre a natureza do movimento tinha de partir das formas inferiores e mais simples desse movimento e aprender a entendê-las antes de conseguir encaminhar uma explicação das formas superiores e mais complexas. Assim, vemos como no desenvolvimento histórico das ciências naturais é elaborada primeiro a teoria da simples mudança de lugar, a mecânica dos corpos cósmicos tanto quanto a das massas terrenas, em segundo lugar a teoria do movimento molecular, a física, e, logo em seguida, quase paralela a ela e em certos trechos à frente dela, a ciência do movimento dos átomos, a química. Só depois que esses diversos ramos do conhecimento das formas de movimento que dominam a natureza inanimada atingiram um alto grau de elaboração, a explicação dos processos dinâmicos que representam o processo vital pôde ser empreendida com êxito. Ela avançou na mesma proporção que a mecânica, a física e a química. Portanto, enquanto a mecânica já há mais tempo é capaz de derivar suficientemente das leis que também vigoram na natureza inanimada, os efeitos da alavanca óssea, posta em movimento pela contração muscular no corpo animal, a fundamentação físico-química dos demais fenômenos vitais ainda se encontra mais ou menos no início do seu percurso. Portanto, ao examinar aqui a natureza do movimento, somos forçados a excluir do processo as formas orgânicas de movimento. Por conseguinte, forçosamente nos limitaremos – correspondendo ao estado da ciência – às formas de movimento da natureza inanimada.

---

[1] Este é o primeiro de vários capítulos estruturados que surgiram como concretização do "Plano de 1880". O título foi tirado do sumário.

Friedrich Engels – Dialética da natureza

Todo movimento está vinculado a alguma mudança de lugar, quer se trate de mudança de lugar de corpos celestes, massas terrenas, moléculas, átomos ou partículas etéreas. Quanto mais elevada a forma de movimento, tanto menor essa mudança de lugar. De modo nenhum ela esgota a natureza do respectivo movimento, mas é inseparável dele. Portanto, é ela que devemos examinar antes de tudo.

Toda a natureza acessível a nós compõe um sistema, um nexo global de corpos, mais precisamente, entendemos por corpos todas as existências materiais, desde os astros até o átomo, e inclusive a partícula etérea, na medida em que sua existência é admitida. No fato de esses corpos existirem dentro de um contexto já está contido que incidem uns nos outros e essa incidência mútua justamente é o movimento. Aqui já se mostra que a matéria é inconcebível sem movimento. E, quando além disso nos defrontamos com a matéria como algo dado, tão impassível de ser criado quanto de ser destruído, disso resulta que também o movimento é tão impassível de ser criado quanto de ser destruído. Essa inferência se tornou incontestável assim que o universo foi conhecido como sistema, como interconexão de corpos. O fato de esse conhecimento ter sido obtido pela filosofia muito antes de passar a vigorar na ciência natural explica por que a filosofia chegou à conclusão da incriabilidade e da indestrutibilidade do movimento duzentos anos antes da ciência natural. Até a forma com que ela fez isso é superior à formulação atual da ciência da natureza. A tese de Descartes de que a quantidade de movimento existente no universo é sempre a mesma só precisa ser formalizada na aplicação de uma expressão finita a uma grandeza infinita. Em contraposição, na ciência natural vigoram agora duas expressões da mesma lei: a de Helmholtz sobre a conservação da *força*[2] e a mais recente e mais precisa sobre a conservação da *energia*[3], e, como veremos, uma diz o exato oposto da outra e, além disso, cada uma representa apenas um aspecto da relação.

Quando dois corpos atuam um sobre o outro de modo a causarem uma mudança de lugar de um deles ou de ambos, essa mudança de lugar só pode consistir em uma aproximação ou em um afastamento. Ou eles se atraem ou se repelem. Ou, na expressão da mecânica, as forças operantes entre eles são centrais, operam na direção da linha de conexão de seus pontos centrais. Hoje é considerado normal que isso aconteça e que aconteça sempre e sem exceção no universo, por mais complexos que pareçam alguns movimentos. Pareceria absurdo supor que dois corpos

---

[2] Hermann Helmholtz, *Über die Erhaltung der Kraft*, cit.
[3] Rudolf Clausius, *Über den zweiten Hauptsatz der mechanischen Wärmetheorie* (Braunschweig, Vieweg, 1867), p. 15.

que incidem um sobre o outro, e cuja incidência mútua não sofre resistência de nenhum obstáculo posto por um terceiro corpo, não exercessem essa incidência pela via mais curta e direta possível, na direção das retas que unem seus pontos centrais. Porém, como se sabe, Helmholtz (*Über die Erhaltung der Kraft*, Berlim, 1847, seções I e II)[4] também forneceu a prova matemática de que a ação central e a imutabilidade da quantidade de movimento se condicionam mutuamente e a aceitação de outras ações que não as centrais leva a resultados em que o movimento poderia ser criado ou destruído. De acordo com isso, a forma básica de todo movimento é a aproximação e o afastamento, a contração e a dilatação – em suma, a velha polarização entre *atração* e *repulsão*.

Kant, p. 22, [diz] que as três dimensões espaciais são condicionadas pelo fato de essa atração ou repulsão acontecer na proporção inversa do quadrado da distância[5]

Deve-se registrar expressamente que aqui atração e repulsão não são concebidas como "*forças*", mas como *formas simples do movimento*, na linha de Kant, que já concebia a matéria como unidade de atração e repulsão[6]. A seu tempo mostraremos o que as "forças" têm a ver com isso.

É na alternância de atração e repulsão que consiste todo o movimento. Porém, ela só é possível quando cada atração individual é compensada por uma repulsão correspondente em outro ponto. Caso contrário, com o tempo um dos lados preponderaria sobre o outro e desse modo o movimento cessaria. Portanto, todas as atrações e todas as repulsões precisam se compensar mutuamente no universo. A lei da indestrutibilidade e da incriabilidade do movimento ganha aqui a seguinte expressão: todo movimento de atração no universo deve ser complementado por um movimento equivalente de repulsão e vice-versa; ou como isso foi enunciado pela filosofia mais antiga – muito antes do estabelecimento da lei de conservação da força ou então da energia pela ciência natural: que a soma de todas as atrações no universo é igual à soma de todas as repulsões.

Entretanto, aqui ainda parecem estar em aberto duas possibilidades de eventual cessação de todo movimento, a saber, quando um dia repulsão e atração realmente acabarem, igualando-se, ou quando a totalidade da

---

[4] Hermann Helmholtz, *Über die Erhaltung der Kraft*, cit., p. 10-20, aqui p. 19-20.
[5] Immanuel Kant, "Gedanken von der wahren Schätzung der lebendigen Kräfte und Beurteilung der Beweise, deren sich Herr von Leibniz und andere Mechaniker in dieser Streitsache bedienet haben, nebst einigen vorhergehenden Betrachtungen, welche die Kraft der Körper überhaupt betreffen", em *Sämmtliche Werke*, v. 1 (Leipzig, L. Voss, 1867), §10, p. 22.
[6] Immanuel Kant, *Allgemeine Naturgeschichte und Theorie des Himmels*, cit.; *Metaphysische Anfangsgründe der Naturwissenschaft* (Riga, J. F. Hartknoch, 1786).

repulsão se apoderar definitivamente de uma parte da matéria e a totalidade da atração se apoderar da parte restante. Para a concepção dialética, essas possibilidades não podem existir de antemão. No momento em que a dialética demonstrou, a partir dos resultados da experiência que tivemos até agora com a natureza, que todos os opostos polares em geral são condicionados pela interação recíproca dos dois polos opostos, que separação e contraposição desses polos só existem dentro de seu pertencimento mútuo e de sua união e que, inversamente, sua união só existe em sua separação, seu pertencimento mútuo só em sua contraposição, não se pode mais falar de uma igualação definitiva de repulsão e atração nem de uma distribuição definitiva de uma forma de movimento para uma metade da matéria e a outra forma para a outra metade, ou seja, não se pode falar nem de interpenetração mútua [no sentido do equilíbrio mútuo e da neutralização] nem de separação absoluta dos dois polos. Isso equivaleria a pedir, no primeiro caso, que o polo norte e o polo sul de um ímã se equalizassem um em relação ao outro e um através do outro e que, no segundo caso, limar um ímã entre os dois polos produzisse aqui uma metade norte sem polo sul e ali uma metade sul sem polo norte. Porém, mesmo que a inadmissibilidade dessas suposições decorra já da natureza dialética dos opostos polares, pelo menos a segunda suposição desempenha certo papel na teoria física, graças ao modo metafísico de pensar predominante entre os pesquisadores da natureza. Sobre isso falaremos no lugar apropriado.

Ora, como se apresenta o movimento na alternância de atração e repulsão? O melhor modo de analisar isso é usar as próprias formas individuais do movimento. A síntese será formulada no final.

Tomemos o movimento de um planeta em torno do seu corpo central. A astronomia escolar explica a elipse percorrida, acompanhando Newton, a partir da ação conjunta de duas forças, a da atração do corpo central e a de uma força tangencial que normalmente impulsiona o planeta na direção dessa atração central. Portanto, além dessa forma de movimento que é gerada a partir de um centro, essa astronomia assume outro movimento ou assim chamada "força" que age na direção perpendicular à linha que une os centros. Desse modo, ela se coloca em contradição com a já mencionada lei básica, segundo a qual, no nosso universo, todo movimento só pode ocorrer na direção dos pontos centrais dos corpos que atuam uns sobre os outros ou, como se costuma dizer, só é causado por "forças" que atuam centralmente. Justamente assim essa astronomia introduz na teoria um elemento de movimento que, como também já vimos, necessariamente desemboca na criação e destruição de movimento e, por conseguinte, também pressupõe um criador. Era importante, portanto, reduzir essa misteriosa força tangencial a uma forma de movimento que age a partir de um centro e foi isso que fez a teoria cosmogônica de Kant-Laplace. Como se sabe, essa concepção faz todo o sistema solar surgir de uma massa de gás extremamente rarefeita em rotação causada por contração gradativa, sendo que obviamente esse movimento de rotação é mais forte na linha do equador dessa bola de gás e arranca alguns anéis isolados de gás da massa, que então se aglutinam em planetas, planetoides etc. e giram em torno do corpo central na direção da rotação original. Essa rotação mesma costuma ser explicada a partir do movimento próprio das partículas gasosas individuais que acontece nas mais variadas direções, impondo-se por fim uma maioria que roda em determinada direção e assim provoca o movimento rotatório que, na medida em que aumenta a contração da bola de gás, se torna cada vez mais forte. Porém, qualquer que seja a hipótese que se aceite sobre a origem da rotação, todas elas eliminam a força tangencial, que é dissolvida em uma forma de manifestação específica do movimento que se dá na direção do centro. Enquanto o elemento diretamente central do movimento planetário é representado pela gravidade, ou seja, pela atração entre ele e o corpo central, o elemento tangencial aparece como um resquício, em uma forma transposta ou transformada, da repulsão original das partículas individuais da bola de gás. O processo de existência de um sistema solar se apresenta, pois, como interação de atração e repulsão, na qual a atração aos poucos vai obtendo a supremacia pelo fato de a repulsão ser irradiada para o espaço cósmico na forma de calor e, portanto, ser pouco a pouco perdida pelo sistema.

À primeira vista já se vê que a forma de movimento aqui concebida como repulsão é a mesma que é designada como *"energia"* pela física moderna. Devido à contração do sistema e à separação dela decorrente dos corpos individuais que hoje o compõem, o sistema perdeu "energia", mais precisamente essa perda, segundo o conhecido cálculo de Helmholtz, já perfaz $^{453}/_{454}$ de toda a quantidade de movimento nele contido originalmente em forma de repulsão[7].

Tomemos como exemplo, além disso, uma massa corpórea na nossa própria Terra. Ela está ligada à Terra pela gravidade, do mesmo modo que a Terra está ligada por sua vez ao Sol; mas, diferentemente da Terra, ela é incapaz de um movimento planetário livre. Ela só pode ser posta em movimento por impulso externo e, mesmo nesse caso, assim que o impulso cessa, seu movimento logo para, seja por efeito apenas da gravidade, seja por efeito desta em conexão com a resistência do meio em

---

[7] Hermann Helmholtz, "Über die Wechselwirkung der Naturkräfte und die darauf bezüglichen neuesten Ermittelungen der Physik", em *Populäre wissenschaftliche Vorträge*, cit., p. 134-6.

que ela se movimenta. Essa resistência também é, em última análise, um efeito da gravidade, sem a qual a Terra não teria nenhum meio resistente, nenhuma atmosfera em sua superfície. Portanto, no caso do movimento puramente mecânico na superfície da Terra, estamos diante de uma situação em que a gravidade, a atração, predomina decididamente, em que, portanto, a produção de movimento apresenta duas fases: primeiro atuando contra a gravidade e, em seguida, deixando a gravidade agir – em suma – levantar e deixar cair.

Temos aqui, portanto, uma vez mais, a alternância entre a atração, de um lado, e, de outro, uma forma de movimento de repulsão, ou seja, que atua no sentido oposto à primeira. Porém, no âmbito da mecânica *pura* terrestre (que conta com massas de estados de agregação e coesão *dados* e considerados inalteráveis por ela), essa forma de movimento de repulsão não ocorre na natureza. As condições físico-químicas nas quais um bloco rochoso se desprende do cume da montanha ou uma queda-d'água se torna possível situam-se fora do seu âmbito. Portanto, o movimento de repulsão e de elevação precisa ser gerado artificialmente na mecânica pura terrestre: através da força humana, da força animal, da força da água, da força do vapor etc. E essa circunstância, essa necessidade de combater artificialmente a atração natural, causa nos [físicos] mecanicistas a concepção de que a atração, a gravidade ou, como dizem, a *força* da gravidade [Schwer*kraft*] é a forma mais essencial e até a forma básica de movimento na natureza.

Quando, por exemplo, um peso é levantado e por sua queda direta ou indireta transmite movimento a outros corpos, o que transmite esse movimento, segundo a concepção mecânica usual, não é a *elevação* do peso, mas a *força da gravidade*. Assim, Helmholtz, por exemplo, faz "com que a força mais simples e mais familiar para nós, a gravidade, atue como força propulsora [...], por exemplo, naqueles relógios de parede que são movidos por meio de um peso. O peso [...] não pode acompanhar a tração da gravidade sem pôr em movimento todo o mecanismo do relógio"[8]. Porém ele não consegue pôr o mecanismo do relógio em movimento sem que ele próprio baixe, e acaba baixando até que o cordão em que está pendurado esteja todo desenrolado.

> Então o relógio para e a capacidade de realização do seu peso estará provisoriamente esgotada. Sua gravidade não foi perdida ou diminuída; ele continua sendo atraído pela Terra na mesma medida, mas perdeu-se a capacidade dessa gravidade de produzir movimento. [...] Contudo podemos dar corda no relógio com a força do nosso braço e então o peso volta a se erguer. Assim

---

[8] Idem, "Über die Erhaltung der Kraft. Einleitung eines Cyclus von Vorlesungen, gehalten in Carlsruhe während des Winters 1862 auf 1863", em *Populäre wissenschaftliche Vorträge*, cit., p. 144-5.

que isso acontecer, ele recuperará a capacidade anterior de realização e poderá de novo manter o relógio em movimento. (Helmholtz, *Popul[äre] Vorträge*, [v.] II, [p.] 144-5)[9]

Segundo Helmholtz, portanto, não é a transmissão ativa de movimento, o levantamento do peso, que põe o relógio em movimento, mas a gravidade passiva do peso, embora essa mesma gravidade só seja arrancada de sua passividade pelo levantamento e, depois de desenrolado o cordão que sustenta o peso, ela retorne à sua passividade. Portanto, enquanto segundo a concepção mais recente, como vimos há pouco, *energia* era só outra expressão para *repulsão*, aqui, na concepção mais antiga de Helmholtz, *força* aparece como outra expressão para o contrário da repulsão, para *atração*. Por enquanto nos limitaremos a constatar isso.

Depois que o processo da mecânica terrestre chegou ao fim, depois que, primeiro, a massa da gravidade foi levantada e, em seguida, voltou a cair da mesma altura, o que acontece com o movimento que completou esse processo? Para a mecânica pura, ele desapareceu. Nós, porém, sabemos agora que ele de modo nenhum foi aniquilado. A menor parte dele foi convertida em vibrações de ondas sonoras do ar, a maior parte dele em calor – um calor que foi transmitido em parte para a atmosfera resistente, em parte para o próprio corpo em queda e, por fim, em parte para o chão que absorveu o impacto. O pêndulo do relógio também foi cedendo pouco a pouco o seu movimento em forma de calor de atrito para cada uma das engrenagens do mecanismo do relógio. Porém, não foi, como se costuma dizer, o movimento de *queda*, isto é, a atração que passou a ser calor e, portanto, uma forma da repulsão. Ao contrário, a atração, a gravidade, permanece, como Helmholtz observa corretamente, o que era antes e, em termos mais exatos, se torna ainda maior. Muito antes, é a repulsão transmitida ao corpo erguido pelo levantamento que é destruída *mecanicamente* pela queda e ressurge como calor. A repulsão da massa foi transformada em repulsão molecular.

Como já foi dito, o calor é uma forma de repulsão. Ele põe as moléculas de corpos sólidos em vibração, afrouxando dessa forma a coesão das moléculas individuais, até que, por fim, ocorre a passagem para o estado líquido; também neste, ele intensifica, por adição permanente de calor, o movimento das moléculas até um ponto em que estas se desvencilham completamente da massa e cada uma das moléculas passa a se mover livremente a uma velocidade determinada, condicionada pela constituição química específica de cada uma delas; por adição continuada e constante

---

[9] Idem.

de calor, essa velocidade também vai aumentando e, desse modo, faz cada vez mais as moléculas repelirem umas às outras.

Calor, porém, é uma forma da "energia"; também aqui esta, mais uma vez, se mostra idêntica à repulsão.

No caso dos fenômenos da eletricidade estática e do magnetismo, temos atração e repulsão distribuídas em polos. Qualquer que seja a hipótese que se queira validar quanto ao *modus operandi* [modo de operar] dessas duas formas de movimento, em vista dos fatos, ninguém duvida de que atração e repulsão, quando provocadas pela eletricidade estática ou pelo magnetismo e podendo desdobrar-se sem impedimento, compensam inteiramente uma à outra, como de fato decorre necessariamente já da natureza da distribuição polar. Dois polos, cujo acionamento não se compensa inteiramente, já não seriam polos, tanto é que até agora não foram encontrados na natureza. Deixemos de lado por enquanto o galvanismo, porque, no caso dele, o processo é condicionado por processos químicos e isso o torna mais intricado. Por conseguinte, vamos dar preferência à análise dos processos químicos de movimento em separado.

Quando duas unidades de peso de hidrogênio se combinam com 15,96 unidades de peso de oxigênio para formar vapor d'água, durante esse processo se desenvolve uma quantidade de calor de 68.924 unidades calóricas. Inversamente, quando se quer decompor 17,96 unidades de peso de vapor d'água em duas unidades de peso de hidrogênio e 15,96 unidades de peso oxigênio, isso só será possível sob a condição de que seja adicionado ao vapor d'água uma quantidade de movimento equivalente a 68.924 unidades calóricas – seja na forma de calor mesmo ou de movimento elétrico. O mesmo vale para os demais processos químicos. Na esmagadora maioria dos casos, na composição o movimento é cedido, na decomposição é preciso adicionar movimento. Também nesse caso, em regra, a repulsão é o aspecto ativo do processo, dotado de movimento ou que exige adição de movimento, enquanto a atração é o aspecto passivo e cedente do processo, que torna o movimento supérfluo. É por isso que a teoria moderna volta a declarar que, em termos gerais, na combinação de elementos a energia seria liberada, enquanto na decomposição ela seria captada. Aqui, portanto, a energia novamente representa a repulsão. E Helmholtz volta a explicar o seguinte:

> Podemos conceber essa força (a força da afinidade química)[10] como uma força de *atração*. [...] Ora, essa força de atração entre os átomos do carbono e do oxigênio realiza exatamente o mesmo trabalho que a Terra exerce, em forma de gravidade, sobre um peso levantado. [...] Depois que os átomos de carbono

---

[10] Observação de Engels.

e oxigênio se precipitaram uns sobre os outros e se uniram para formar o ácido carbônico, as partículas recém-formadas do ácido carbônico devem se encontrar no mais intenso movimento molecular, isto é, em movimento calórico [...]. Mais tarde, quando o ácido carbônico tiver cedido seu calor para o ambiente, ainda subsistirão nele todo o carbono, todo o oxigênio e também ainda a força da afinidade de ambos tão vigorosa quanto antes. Esta última, porém, só se expressa ainda no fato de manter os átomos de carbono e de oxigênio firmemente ligados uns aos outros, sem permitir a separação dos mesmos. ([Helmholtz, *Populäre Vorträge*,] cit., [p.] 169)[11]

É exatamente como antes: Helmholtz insiste que, tanto na química quanto na mecânica, a força consiste somente na *atração*, sendo, portanto, o exato oposto daquilo que outros físicos denominam energia e idêntico à *repulsão*.

Portanto, já não temos mais só as duas formas básicas simples da atração e da repulsão, mas toda uma série de subformas, nas quais se dá o processo do movimento universal que se desenvolve e se envolve no quadro da oposição das duas formas simples. Porém, não é de modo nenhum apenas o nosso entendimento que sintetiza essas múltiplas formas fenomênicas na expressão singular do movimento. Pelo contrário, elas próprias se comprovam pelo ato como formas de um só e do mesmo movimento, quando sob certas circunstâncias uma se transforma na outra. O movimento mecânico da massa se transforma em calor, em eletricidade, em magnetismo; calor e eletricidade se convertem em decomposição química; a combinação química, por sua vez, gera calor e eletricidade e, por meio desta, o magnetismo; por fim, calor e eletricidade produzem novamente movimento mecânico de massa. E fazem isso de tal maneira que uma determinada quantidade de movimento de uma forma sempre corresponde a uma quantidade exatamente determinada de movimento de outra forma; no tocante a isso, é indiferente de que forma de movimento é tomada a unidade de medida com que se mede essa quantidade de movimento: é indiferente se ela serve para medir movimento de massa, calor, a assim chamada força eletromotriz ou o movimento produzido por processos químicos.

Desse modo, pisamos o chão da teoria da "conservação da energia", fundada por J[ulius] R[obert von] Mayer[12] em 1842* e, desde então,

---

[11] Hermann Helmholtz, "Über die Erhaltung der Kraft", cit., p. 169-70.
[12] No ano de 1842, Julius Robert von Mayer publicou seu trabalho "Bemerkungen über die Kräfte der unbelebten Natur", *Annalen der Chemie und Pharmacie*, Leipzig, v. 42, 1842, p. 233-40, considerado o primeiro documento escrito contendo o teorema da energia de Mayer. Ver também Julius Robert von Mayer, *Die organische Bewegung in ihrem Zusammenhange mit dem Stoffwechsel* (Heilbronn, C. Drechsler, 1845).
* Nas suas *Pop[ulären] Vorles[ungen]*, v. II, p. 113 ["Über die Wechselwirkung der Naturkräfte und die darauf bezüglichen neuesten Ermittelungen der Physik",

elaborada internacionalmente com muito brilhantismo. Temos de examinar agora as representações básicas com que essa teoria opera hoje em dia. Trata-se das representações da "força" ou "energia" e do "trabalho".

Já ficou evidente que a concepção mais recente, que agora certamente foi aceita de modo geral, entende por energia a repulsão, ao passo que Helmholtz prefere a palavra "força" para expressar a atração. Poderíamos ver isso como uma discrepância formal irrelevante, visto que atração e repulsão se compensam no universo e, em vista disso, parece indiferente qual dos lados da relação se põe como positivo ou negativo, como de fato também é indiferente quando, partindo de um ponto em uma linha qualquer, se contam as abscissas positivas para a direita ou para a esquerda. Entretanto, não é absolutamente o caso aqui.

Pois não se trata aqui, em primeira linha, do universo, mas de fenômenos que sucedem na Terra e são condicionados pela posição precisamente determinada da Terra no sistema solar e do sistema solar no universo. O nosso sistema solar cede, a todo momento, enormes quantidades de movimento para o espaço cósmico, mais precisamente um movimento de qualidade bem determinada: calor do Sol, isto é, repulsão. Porém, a nossa Terra é vivificada somente pelo calor do Sol e, por sua vez, também acaba refletindo para o espaço cósmico o calor que recebe do Sol, depois de converter parte dele em outras formas de movimento. Portanto, no sistema solar e muito especialmente sobre a Terra, a atração já obteve uma significativa preponderância em

---

cit.], Helmholtz parece atribuir também a si mesmo, bem como a Mayer, Joule e Colding, certa parcela na comprovação científico-natural do postulado cartesiano da imutabilidade quantitativa do movimento.

"Eu próprio havia *encetado o mesmo caminho* sem saber de Mayer e Colding, e tomando ciência dos experimentos de Joule apenas no final do meu trabalho; empenhei-me particularmente por frequentar todas as relações entre os diferentes processos naturais a serem deduzidos da perspectiva indicada e *publiquei as minhas investigações* em 1847 num breve escrito intitulado *Über die Erhaltung der Kraft.*" [Grifos de Engels.]

Nesse escrito, porém, não se encontra absolutamente nada de novo para o estado da pesquisa de 1847, além do desenvolvimento matemático anteriormente citado, muito valioso aliás, de que "conservação da força" e ação central das forças ativas entre os diversos corpos de um sistema não passam de duas expressões diferentes para o mesmo objeto, além de uma formulação mais exata da lei da constância da soma das forças vivas e tensivas em um sistema *mecânico* dado. Em todos os outros pontos, esse escrito já estava ultrapassado desde 1845, data do segundo tratado de Mayer. Mayer afirmou a "indestrutibilidade da força" já em 1842 e, em 1845, partindo do seu novo ponto de vista, soube dizer coisas bem mais geniais sobre as "relações entre os diversos processos naturais" do que Helmholtz em 1847.

relação à repulsão. Sem o movimento de repulsão irradiado pelo Sol, todo o movimento sobre a Terra teria de cessar. Se amanhã o Sol tiver esfriado, a atração continuaria a ser sobre a Terra o que ela é hoje, se as circunstâncias se mantiverem as mesmas. Uma pedra de 100 quilogramas continuaria a pesar 100 quilogramas no lugar em que está repousada. Mas o movimento, tanto o das massas quanto o das moléculas e dos átomos, sofreria uma parada absoluta, de acordo com as nossas concepções. Fica claro, portanto, que, para processos que sucedem na *Terra* atual, de modo nenhum é indiferente conceber a atração ou a repulsão como o lado ativo do movimento e, portanto, como "força" ou "energia". Pelo contrário, sobre a Terra atual a atração já se tornou *absolutamente passiva* devido a sua decidida preponderância em relação à repulsão; devemos todo movimento ativo à adição de repulsão pelo Sol. Por conseguinte, ao conceber energia como repulsão, a escola mais recente – mesmo que continue não tendo clareza sobre a natureza da relação de movimento – está coberta de razão em termos objetivos e no que se refere aos processos *terrestres* e até a todo o sistema solar.

A expressão "energia" de modo nenhum expressa corretamente toda a relação do movimento, pois abrange somente um aspecto, a ação, mas não a reação. Ela também deixa a impressão de que "energia" seria algo exterior à matéria, algo implantado nela. Mas, sob todas as circunstâncias, ela deve ser preferida à expressão "força".

A concepção de força, como se admite em toda parte (de Hegel até Helmholtz), é tomada de empréstimo da atividade do organismo humano dentro do seu ambiente. Falamos de força muscular, força de levantamento dos braços, força de salto das pernas, força digestiva do estômago e do duto intestinal, força sensitiva dos nervos, força de secreção das glândulas etc. Em outras palavras, para poupar-nos de indicar a causa real de uma mudança acarretada mediante uma função do nosso organismo, imputamos uma causa fictícia, uma assim chamada força que corresponde à mudança. Em seguida, transpomos esse método cômodo para o mundo exterior e assim inventamos para os diversos fenômenos as forças a eles correspondentes.

A ciência da natureza (com exceção talvez da mecânica celeste e terrestre) encontrava-se nesse estágio simplório ainda na época de *Hegel*, que com toda razão sai a campo contra a mania de nomear forças, própria daquela época (citar passagem)[13]. Igualmente em outra passagem:

---

[13] Georg Wilhelm Friedrich Hegel, *Wissenschaft der Logik*, Th. 1: Die objective Logik, Abth. 2: Die Lehre vom Wesen, cit., p. 90; *Encyclopädie der philosophischen Wissenschaften*, cit., §136.

É melhor (dizer) que o ímã tem uma *alma* (como se expressa Tales) do que (dizer que) ele tem a força de atrair; força é uma espécie de qualidade, concebida como *separável da matéria*, como um predicado – a alma, em contraposição, *esse seu mover*, é concebida *como idêntica à natureza da matéria*. ([Hegel,] *Gesch[ichte] d[er] Phil[osophie]*, [v.] I, [p.] 208)[14]

Hoje já não simplificamos mais dessa maneira o referente às forças. Ouçamos o que diz Helmholtz:

Quando conhecemos completamente uma lei da natureza, também temos de exigir que ela seja válida sem exceção. [...] Desse modo, defrontamo-nos com a lei como poder objetivo e, em conformidade com isso, chamamo-la *força*. Objetivamos, por exemplo, a lei da refração como uma força de refração das substâncias transparentes, a lei das afinidades químicas como uma força de afinidade dos diversos materiais entre si. Nessa linha, falamos de uma força elétrica de contato dos metais, de uma força de aderência, de uma força capilar e outras mais. Com esses nomes foram objetivadas leis que, de início, abrangem apenas séries menores de processos naturais, *cujas condições ainda são bastante intricadas*[15]. [...] A força não passa da lei objetivada do efeito [...]. O conceito abstrato da força que intercalamos só acrescenta a tudo isso que não inventamos arbitrariamente essa lei, mas que ela é uma lei obrigatória dos fenômenos. Nossa exigência de *entender* os fenômenos da natureza, isto é, encontrar suas *leis*, assume assim outra forma [de expressão], a saber, que temos de buscar as *forças* que constituem as causas dos fenômenos. ([Helmholtz, *Populäre Vorträge*,] cit., p. 190. Palestra em Innsbruck, 1869.)[16]

Em primeiro lugar, trata-se, em todo caso, de uma maneira peculiar de "objetivar" quando se introduz numa lei natural já constatada como independente da nossa subjetividade e, portanto, totalmente *objetiva* a representação *puramente subjetiva* de *força*. Quando muito, um velho hegeliano da mais estrita observância poderia permitir-se isso, mas não um neokantiano como Helmholtz. Nem a lei uma vez constatada nem sua objetividade ou a de seu efeito obtêm o menor acréscimo de objetividade quando lhe imputamos uma força; o que se soma ao que havia é a nossa *afirmação subjetiva* de que essa lei atua em virtude de uma força ainda totalmente desconhecida. Porém, o sentido oculto dessa imputação se torna manifesto assim que Helmholtz nos dá exemplos: refração da luz, afinidade química, eletricidade de contato, aderência, capilaridade,

---

[14] Idem, *Vorlesungen über die Geschichte der Philosophie*, v. 1, cit., p. 208. Grifos de Engels.
[15] Grifos de Engels.
[16] Hermann Helmholtz, "Über das Ziel und die Fortschritte der Naturwissenschaft. Eröffnungsrede für die Naturforscherversammlung zu Innsbruck, 1869", em *Populäre wissenschaftliche Vorträge*, cit., p. 189-91.

alçando as leis que regulam esses fenômenos à nobre condição "objetiva" de *forças*. "Com esses nomes foram objetivadas leis que, de início, abrangem apenas séries menores de processos naturais, *cujas condições ainda são bastante intricadas*." É justamente aqui que a "objetivação", que é muito mais uma subjetivação, adquire sentido: às vezes buscamos refúgio na palavra "força", não porque conhecemos completamente a lei, mas justamente porque isso *não* é o caso, porque ainda *não* temos clareza sobre as "condições bastante intricadas" desses fenômenos. Expressamos desse modo, não a nossa ciência, mas nossa *falta* de ciência da natureza da lei e de seu modo de agir. Nesse sentido, como expressão sucinta de um nexo causal ainda não investigado a fundo, como expediente de linguagem, pode acontecer de lançarmos mão dela. O que passar disso é do mal. Baseados no mesmo direito com que Helmholtz explica fenômenos físicos a partir da assim chamada força de refração, da força elétrica de contato etc., os escolásticos da Idade Média explicaram as mudanças de temperatura a partir de uma *vis calorifica* [força calorífica] e de uma *vis frigifaciens* [força resfriadora], poupando-se de qualquer investigação mais profunda dos fenômenos do calor.

E mesmo assim o uso desse termo é equivocado, pois expressa tudo de maneira unilateral. Todos os processos naturais têm dois lados, baseiam-se na relação de pelo menos duas partes atuantes, na ação e na reação. Porém, em consequência de sua origem na ação do organismo humano sobre o mundo exterior e, ademais, na mecânica terrestre, a representação da força implica que só uma das partes é ativa e efetiva, enquanto a outra é passiva e receptiva, estabelecendo, portanto, uma extensão da diferença de gênero até agora não comprovável a existências inanimadas. A reação da outra parte sobre a qual atua a força aparece, no máximo, como força passiva, como *resistência*. Ora, esse modo de conceber as coisas é admissível para uma série de campos também fora da mecânica pura, a saber, quando se trata da transmissão simples de movimento e seu cálculo quantitativo. Porém, nos processos mais intricados da física, ela já não é suficiente, como mostram justamente os exemplos citados pelo próprio Helmholtz. A força de refração da luz reside tanto na própria luz quanto nos corpos transparentes. No caso da aderência e da capilaridade, a "força" certamente reside na superfície sólida tanto quanto no líquido. No caso da eletricidade de contato, em todo caso, é certeza que *ambos os* metais contribuem com a sua parcela, e a "força de afinidade química", se é que está em alguma parte, reside, em todo caso, nas *duas* partes que se combinam. Porém, uma força que consiste de duas forças separadas, uma ação que não provoca uma reação a ela, mas abrange-a e carrega-a dentro de si, não é força no sentido da mecânica terrestre, a única ciência que realmente sabe o que significa força. Pois as condições básicas da mecânica terrestre são, em primeiro lugar, a recusa a investigar as causas do impulso, isto é, a natureza da respectiva força, e, em segundo lugar, a concepção da unilateralidade da força, à qual é contraposta uma gravidade que é idêntica em todo lugar, de tal modo que, relativamente a qualquer distância terrestre de queda livre, o raio da Terra = ∞.

Mas continuemos a observar como Helmholtz "objetiva" suas "forças" para dentro das leis da natureza.

Numa preleção de 1854 ([*Populäre Vorträge*,] cit., p. 119)[17], ele investiga a "reserva de força de trabalho" contida inicialmente na esfera nebulosa que levou à formação do nosso sistema solar. "De fato lhe foi proporcionada uma enorme dotação nesse tocante, já na forma da força de atração geral entre todas as suas partes." Isso é indubitável. Porém é igualmente indubitável que toda essa dotação de gravidade ou gravitação ainda existe sem redução no atual sistema solar, descontando talvez a pequena quantidade que se perdeu com a matéria que possivelmente foi arremessada de modo irrecuperável para o espaço cósmico. Adiante:

> As forças químicas também já deviam estar disponíveis, prontas para agir; porém, como essas forças só podem entrar em ação pelo contato mais estreito entre os diversos tipos de massas, era preciso que primeiro ocorresse a condensação para que elas começassem a atuar.[18]

Se, a exemplo de Helmholtz, concebermos essas forças químicas como forças de afinidade e, portanto, como *atração*, necessariamente diremos também neste ponto que a soma total dessas forças químicas de atração continua a existir sem qualquer perda dentro do sistema solar.

Porém, na mesma página, Helmholtz apresenta como resultado de seu cálculo, "que só existe mais cerca de $1/454$ avos da força mecânica original como tal" – a saber, no sistema solar[19]. Como coadunar isso? A força de atração, tanto a geral quanto a química, ainda existe intacta no sistema solar. Helmholtz não cita outra fonte segura de força. Todavia, segundo Helmholtz, aquelas forças realizaram um trabalho colossal. Elas, porém, não se multiplicaram nem diminuíram com isso. O que aconteceu anteriormente com o pêndulo do relógio acontece com cada molécula do sistema solar e com o próprio sistema solar. "Sua gravidade não se perdeu nem

---

[17] Idem, "Über die Wechselwirkung der Naturkräfte und die darauf bezüglichen neuesten Ermittelungen der Physik", cit., p. 119.
[18] Ibidem, p. 120.
[19] Idem.

diminuiu."[20] O que ocorreu anteriormente com o carbono e o oxigênio ocorre com todos os elementos químicos: ainda temos toda a quantidade dada de cada um deles, além de toda a "força de afinidade existindo com o mesmo vigor de antes"[21]. Então, o que foi que perdemos? E que "força" realizou o enorme trabalho que foi 453 vezes maior do que aquele que o sistema solar, segundo o cálculo de Helmholtz, ainda consegue realizar? Até agora nenhuma resposta. Mas ele prossegue:

"Não sabemos se [nos primórdios] ainda havia outra *reserva de força em forma de calor*"[22]. Com licença. O calor é uma "força" de repulsão e, portanto, atua no sentido *contrário* ao da gravidade e da atração química, é negativo quando estas são postas como positivas. Portanto, se a reserva original de força de Helmholtz fosse composta pela *atração* geral e química, uma reserva de calor, que além do mais ainda existisse, não poderia ser somada àquela reserva de força, mas teria de ser subtraída dela. Caso contrário, o calor do Sol *intensificaria* a força de atração da Terra, quando transformasse água em vapor e fizesse o vapor subir – em sentido diretamente *contrário* à atração; ou o calor de um cano de ferro incandescente pelo qual se conduzisse vapor d'água deveria *intensificar* a atração química de oxigênio e hidrogênio, ao passo que ele justamente a anula. Assim, ao pressupor a possibilidade de que uma quantidade de movimento *de repulsão* na forma de calor se some a formas de movimento *de atração* e as incremente, Helmholtz decididamente comete um erro de cálculo.

Ou, para aclarar a mesma coisa de outra forma: suponhamos que a esfera nebulosa de raio r e, portanto, de volume $4/_3 \pi r^3$ tenha a temperatura t. Suponhamos, além disso, que uma segunda esfera nebulosa com a mesma massa tenha a temperatura mais elevada T com um raio maior R e o volume $4/_3 \pi R^3$. Agora é plausível que, na segunda esfera nebulosa, a atração, tanto mecânica quanto física e química, só poderá atuar com a mesma força que atua na primeira quando tiver encolhido do raio R para o raio r, isto é, quando tiver irradiado o calor correspondente à diferença de temperatura $T - t$ para o espaço cósmico. Portanto, a esfera nebulosa mais quente demorará mais a condensar do que a mais fria, logo o calor, como obstáculo à condensação, visto da perspectiva de Helmholtz, não é "reserva de força" a mais, e sim a menos.

Reduzamos agora toda essa "reserva de forças", tanto as possíveis quanto as comprováveis, ao mesmo denominador para que uma adição seja possível. Visto que, por ora, ainda não podemos inverter o calor,

---
[20] Idem.
[21] Idem.
[22] Idem. Grifos de Engels.

mas podemos estabelecer a atração equivalente à sua repulsão, teremos de proceder a essa inversão nas duas formas de atração. Então, em vez da força geral de atração, em vez da força química de afinidade e em vez de simplesmente estipular o calor que, além disso, possivelmente existiu como tal no início, teremos a soma do movimento de repulsão ou a assim chamada energia existente na esfera gasosa no momento em que ela se tornou autônoma. E assim está correto o cálculo de Helmholtz, no qual ele pretende calcular "o aquecimento, que teve de surgir da suposta condensação inicial dos corpos celestes do nosso sistema composto de substâncias nebulosas dispersas"[23]. Ao reduzir desse modo toda a "reserva de força" a calor, repulsão, ele também torna possível somar a ela a suposta "reserva de força em forma de calor". Nesse caso, o cálculo expressa que $^{453}/_{454}$ avos de toda a energia, isto é, da repulsão, originalmente existente na esfera gasosa foram irradiados para o espaço cósmico em forma de calor ou, em termos mais exatos, que a soma de toda a atração existente no atual sistema solar se comporta para com a soma de toda a repulsão ainda existente nele na proporção de 454:1. Nesse caso, porém, o cálculo contradiz diretamente a palestra à qual ele foi anexado como prova.

Ora, se a representação da força enseja uma confusão conceitual como essa até em um físico como Helmholtz, essa é a prova mais cabal de que ela é totalmente imprestável em termos científicos em todos os ramos de investigação que vão além da mecânica matemática. A mecânica presume as causas do movimento como dadas e não se preocupa com sua origem, apenas com seus efeitos. Portanto, quando se designa a causa de um movimento como força, isso não prejudica em nada a mecânica como tal; mas, quando surge o hábito de transferir essa designação também para a física, a química e a biologia, a confusão é inevitável. Isso vimos e ainda veremos com frequência.

Sobre o conceito de trabalho no próximo capítulo.

(Trabalho – desenvolver a transmissão de movimento e a síntese de suas formas)

---

[23] Idem.

[Anotações e fragmentos]

Causa finalis[1] – a matéria e o movimento inerente a ela. Essa matéria não é nenhuma abstração. Já no Sol [existem] as substâncias individuais dissociadas e sem efeitos diferenciados. Porém, na esfera gasosa da nebulosa, embora todas as substâncias existam separadamente, elas se diluem na pura matéria como tal e atuam somente como matéria, não com suas propriedades específicas.

───◆───

(De resto, já Hegel suprimiu o antagonismo de *causa efficiens* e *causa finalis* na interação.)[2]

───◆───

Protomatéria:
> A concepção da matéria como originalmente existente e amorfa é muito antiga e já nos deparamos com ela entre os gregos, primeiro na forma mítica do caos, que é representado como o fundamento amorfo do mundo existente. (*Enc[yclopädie,* v.] I, p. 258)[3]

Voltamos a encontrar esse caos em Laplace e, de modo aproximado, na nebulosa, que também só tem um princípio de forma. Depois disso vem a diferenciação.

───◆───

A *gravidade* é corriqueiramente aceita *como a determinação mais universal da materialidade*. Isto é, a atração é propriedade necessária da matéria, mas não

---

[1] A diferenciação entre *causa efficiens* e *causa finalis* remonta a Aristóteles, *Metafísica* IV, 1-2 (= 1013a-1014a).

[2] Georg Wilhelm Friedrich Hegel, *Wissenschaft der Logik*, Th. 1: Die objective Logik, Abth. 2: Die Lehre vom Wesen, cit., p. 231-5.

[3] Idem, *Encyclopädie der philosophischen Wissenschaften*, cit., §128, adendo.

a repulsão. Porém atração e repulsão são tão inseparáveis quanto positivo e negativo – e, por conseguinte, a partir da própria dialética já se pode prever que a verdadeira teoria da matéria deve conferir à repulsão uma posição tão importante quanto a que confere à atração, que uma teoria da matéria baseada na mera atração é errada, insuficiente, metade. De fato, afloram fenômenos em número suficiente que apontam para isso de antemão. O éter não pode ser dispensado já por causa da luz. O éter é material? Se ele *existir* mesmo, tem de ser material, recair sob o conceito da matéria. Porém ele não possui gravidade[4]. As caudas de cometa são reconhecidamente materiais. Mostram uma poderosa repulsão. O calor no gás gera repulsão etc.

―――◆―――

Atração e gravitação. Toda a teoria da gravitação se baseia na afirmação de que a atração é a essência da matéria. Isso está necessariamente errado. Onde houver atração, ela terá de ser complementada pela repulsão. Bem correto, por conseguinte, [estava] já Hegel: a essência da matéria seria atração e repulsão[5]. E, de fato, impõe-se cada vez mais a necessidade de que a dispersão da matéria tenha um limite em que atração se converte em repulsão e, inversamente, a condensação da matéria em repulsão chega a um limite em que se torna atração.

―――◆―――

Conversão da atração em repulsão e vice-versa em Hegel é mística, mas, no que se refere ao objeto, ele antecipou as descobertas posteriores das ciências naturais. Já no gás há repulsão das moléculas, mais ainda na matéria dividida em partículas menores, como, por exemplo, a cauda do cometa, onde seu efeito atinge uma força gigantesca. Hegel foi genial até no fato de derivar a atração, como segunda coisa, da repulsão, como algo

---

[4] A hipótese do éter foi desenvolvida em conexão com a teoria da onda luminosa por Christiaan Huygens e apresentada em 1678 na Real Academia de Ciências de Paris, sendo publicada pela primeira vez em *Traité de la lumière, où sont expliquées les causes de ce qui luy arrive dans la réflexion et dans la réfraction et particulièrement dans l'étrange réfraction du cristal d'Islande. Avec un discours de la cause de la pesanteur* (Leiden, P. van der Aa, 1690). A hipótese do éter foi refutada a partir de 1881 com os primeiros experimentos de Albert Abraham Michelson, que os publicou em coautoria com Eduard William Morley em "On the Relative Motion of the Earth and the Lumineferous Ether", *American Journal of Science*, New Haven, v. 34, 1887, p. 333-45. Esses estudos contribuíram para o desenvolvimento da teoria da relatividade especial por Albert Einstein.

[5] Ver também Georg Wilhelm Friedrich Hegel, *Vorlesungen über die Naturphilosophie*, cit., §262, p. 67-8.

que a precede: um sistema solar só se forma por meio da preponderância gradativa da atração sobre a repulsão que predominava antes[6]. – Expansão pelo calor = repulsão. Teoria cinética dos gases.

———◆———

Divisibilidade da matéria. A questão é praticamente indiferente para a ciência. Sabemos que na química existe um limite da divisibilidade, para além do qual os corpos não conseguem mais atuar quimicamente – átomo e o fato de vários átomos sempre estarem interconectados – molécula. Da mesma forma na física, somos forçados a assumir a existência de certas partículas mínimas – para a análise física –, cujo acúmulo condiciona a forma e a coesão dos corpos, cujas vibrações se manifestam no calor etc. Porém não sabemos até agora se a molécula física e a molécula química são idênticas ou diferentes disso. – Hegel encontra uma saída fácil para essa questão da divisibilidade, dizendo que a matéria é as duas coisas, divisível e contínua, e simultaneamente nenhuma das duas coisas, o que não é resposta, mas agora está quase comprovado[7]. (Ver folha 5,3 mais adiante: Clausius.)[8]

———◆———

Divisibilidade – um mamífero é indivisível, o pé do réptil volta a crescer – as ondas do éter são divisíveis e mensuráveis até o infinitamente pequeno – todo corpo é divisível, na prática, dentro de certos limites, na química, por exemplo.

———◆———

Sua essência (do movimento) é ser a unidade imediata do espaço e do tempo. [...] Do movimento faz parte o espaço e o tempo; a velocidade, a quantidade de movimento é espaço em relação a determinado tempo transcorrido. (*Nat[ur]ph[ilosophie,* p.] 65)[9]

Espaço e tempo são preenchidos com matéria. [...] Do mesmo modo que não existe movimento sem matéria, tampouco existe matéria sem movimento. ([Ibidem, p.] 67)[10]

---

[6] Idem, *Encyclopädie der philosophischen Wissenschaften,* cit., §97, p. 192. Ver também *Vorlesungen über die Naturphilosophie,* cit., §262, §303 e §304.
[7] Ver idem, *Wissenschaft der Logik,* Th. 1: Die objective Logik, Abth 1: Die Lehre vom Seyn, cit., p. 208-20.
[8] Engels remete à anotação intitulada "Teoria cinética dos gases" (p. 308).
[9] Georg Wilhelm Friedrich Hegel, *Vorlesungen über die Naturphilosophie,* cit., §261, adendo.
[10] Idem.

Força. Hegel (*G[eschichte] d[er] Ph[ilosophie,* v.] I, p. 208) diz: "É melhor (dizer) que o ímã tem uma *alma* (como se expressa Tales) do que (dizer que) ele tem a força de atrair; força é uma espécie de qualidade, concebida como *separável da matéria,* como um predicado – a alma, em contraposição, *esse seu mover,* é concebida *como idêntica à natureza da matéria*"[11].

Haeckel (*Anthrop[ogenie,* p.] 707)[12]: "De acordo com a cosmovisão materialista, *a matéria ou a substância* é a n t e r i o r *ao movimento ou* à força viva, a substância criou a força!". Isso seria tão errado quanto dizer que a força criou a substância, visto que força e substância são inseparáveis. De onde este tira seu materialismo?

Movimento mecânico. Entre os pesquisadores da natureza, o movimento sempre é tomado obviamente como = movimento mecânico, mudança de lugar. Isso adveio do século XVIII anterior à química e dificulta muito a concepção clara dos processos. O movimento aplicável à matéria é *mudança em geral.* Do mesmo mal-entendido procede a mania de reduzir tudo a movimento mecânico – Grove já *is strongly inclined to believe that the other affections of matter are, and will ultimately be resolved into, modes of movement* [está fortemente inclinado a crer que as demais coisas que afetam a matéria são modos de movimento e serão, em última análise, dissolvidas nestes] (p. 16)[13] – o que anula o caráter específico das demais formas de movimento. Com isso não se quer dizer que cada uma das formas superiores de movimento não possa estar sempre necessariamente vinculada com um movimento realmente mecânico (externo ou molecular); exatamente do mesmo modo que as formas superiores de movimento simultaneamente também produzem outras, a ação química não é possível sem modificação de temperatura e eletricidade, a vida orgânica não é possível sem modificação mecânica, molecular, química, térmica, elétrica etc.: porém a presença dessas formas secundárias não

---

[11] Idem, *Vorlesungen über die Geschichte der Philosophie,* v. 1, cit., p. 208. Grifos de Engels.
[12] Ernst Haeckel, *Anthropogenie oder Entwicklungsgeschichte des Menschen: Gemeinverständliche wissenschaftliche Vorträge über die Grundzüge der menschlichen Keimes-und Stammes-Geschichte* (Leipzig, Engelmann, 1874), p. 707-8.
[13] William Robert Grove, *The Correlation of Physical Forces,* cit., p. 16.

Conteúdo dialético das ciências

esgota a essência de sua respectiva forma principal. Com certeza um dia "reduziremos" o ato de pensar experimentalmente a movimentos moleculares e químicos no cérebro; mas isso esgota a essência do pensamento?

———◆———

Movimento e equilíbrio. O equilíbrio é inseparável do movimento. No movimento dos corpos cósmicos há *movimento no equilíbrio* e *equilíbrio no movimento* ([são] relativos). Porém todo movimento especificamente relativo, isto é, nesse caso, todo movimento individual de corpos individuais sobre um corpo cósmico em movimento, é busca de estabelecer o repouso relativo, o equilíbrio. A possibilidade do repouso relativo dos corpos, a possibilidade dos estados temporários de equilíbrio, é condição essencial da diferenciação da matéria e, desse modo, da vida. No Sol, não existe equilíbrio das substâncias individuais, só da massa toda, ou então um equilíbrio muito reduzido, condicionado por significativas diferenças de densidade; na superfície, [há] movimento eterno e agitação, dissociação. Na Lua, parece predominar exclusivamente o equilíbrio, sem nenhum movimento relativo – morte (Lua = negatividade). Sobre a Terra, o movimento se diferenciou na alternância entre movimento e equilíbrio: o movimento individual ruma para o equilíbrio, a massa do movimento volta a sustar o equilíbrio individual. O rochedo chegou ao repouso, mas o intemperismo, a ação da arrebentação do mar, os rios, as geleiras sustam continuamente o equilíbrio. Evaporação e chuva, vento, calor, fenômenos elétricos e magnéticos oferecem o mesmo espetáculo. No organismo vivo, por fim, vemos o movimento permanente de todas as minúsculas partículas tanto quanto dos órgãos maiores, que, durante o período normal da vida, tem como resultado o equilíbrio permanente da totalidade do organismo e, ainda assim, permanece sempre em movimento, [constituindo] a unidade viva de movimento e equilíbrio. – Todo equilíbrio é apenas *relativo* e *temporário*[14].

> Equilíbrio = predominância da atração sobre a repulsão

---

[14] Essa anotação é uma das primeiras reflexões de ordem mais geral sobre a concepção dialética do movimento na *Dialética da natureza*, retomada por Engels em *Anti-Dühring*, cit., p. 85-95.

Friedrich Engels – Dialética da natureza

───◆───

1) Movimento dos corpos cósmicos. Equilíbrio aproximado de atração e repulsão no movimento.

2) Movimento num corpo cósmico. Massa. Na medida em que remonta a causas puramente mecânicas, também há equilíbrio. As massas *repousam* sobre seu fundamento. Isso aparentemente está completo na Lua. A atração mecânica superou a repulsão mecânica. Do ponto de vista da pura mecânica, não sabemos que fim levou a repulsão, e a mecânica pura tampouco explica de onde vêm as "forças" com as quais, não obstante, por exemplo, massas são movidas sobre a Terra contra a gravidade. Ela toma o fato como dado. Aqui, portanto, simples comunicação de movimento local distanciador, de repulsão, de massa para massa, sendo que atração e repulsão são idênticas.

3) Porém a enorme massa de todos os movimentos sobre a Terra é a transformação de uma forma de movimento em outra, mecânica em calor, eletricidade, movimento químico e uma forma na outra e, portanto, ou conversão de atração em repulsão (movimento mecânico em calor, eletricidade, decomposição química (a conversão é a transformação em calor do movimento mecânico originalmente *de elevação*, não do movimento *de queda*; isto só na aparência)).

4) Toda energia agora atuante sobre a Terra é calor solar transformado[15].

───◆───

A indestrutibilidade do movimento no teorema de D e s c a r t e s *de que, no universo, sempre se conserva a mesma quantidade de movimento*[16]. Os pesquisadores da natureza expressam isso de modo incompleto como "indestrutibilidade da força". A expressão puramente quantitativa de Desc[artes] é igualmente insuficiente: o movimento como tal, como atividade essenc[ial], como forma de existência da matéria, é indestrutível como esta, no que está incluído o aspecto quantitativo. Portanto, aqui também, duzentos anos depois, o filósofo foi confirmado pelos pesquisadores da natureza.

---

[15] Essa anotação é continuação do texto "Formas básicas do movimento" (p. 169).

[16] René Descartes, *Les Principes de la philosophie* (Paris, F.-G. Levrault, 1824). A primeira formulação desse teorema por Descartes já ocorreu em seu tratado sobre a luz, na primeira parte da sua obra *De mundo*, concluída em 1633 – *Le Monde de M. Descartes, ou le traité de la lumière et des autres principaux objets des sens* (Paris, T. Girard, 1664). Ver também Georg Wilhelm Friedrich Hegel, *Vorlesungen über die Naturphilosophie*, cit., §266, p. 78; Friedrich Engels, *Anti-Dühring*, cit., p. 83-4, nota 64.

Conservação da energia. A constância *quantitativa* do movimento enunciada já por Descartes, e isso quase com as mesmas palavras usadas agora por ([Rudolf Julius Emanuel] Cl[ausius], [Julius] R[obert] M[ayer], [James Clerk] Maxw[ell]?). Em contraposição, a transformação da forma do movimento só foi descoberta em 1842, e esta é a novidade e não a lei da constância quantitativa.

Indestrutibilidade do movimento, bela passagem em Grove, p. 20 e seg.[17]

Força e conservação da força – citar as passagens dos dois primeiros ensaios de J[ulius] R[obert von] Mayer[18] em contraposição a Helmholtz[19].

Força. Quando algum movimento se transmite de um corpo para outro, pode-se conceber o movimento, *na medida em que ele se transmite*, em que é ativo, como causa do movimento, e, *na medida em que é transmitido*, em que é passivo, [como manifestação], aparecendo então essa causa, o movimento ativo, como *força*, e o movimento passivo como *manifestação*. Segundo a lei da indestrutibilidade do movimento, decorre daí por si só que a força é exatamente tão grande quanto a sua manifestação, já que tanto numa quanto noutra se trata *do mesmo movimento*[20]. Mas o movimento que se transmite é mais ou menos determinável quantitativamente, porque aparece em dois corpos, e um deles pode servir de unidade de medida para medir o movimento no outro. A mensurabilidade do movimento confere valor à categoria "*força*", que de resto não tem nenhum. Quanto mais for o caso, tanto mais utilizável para a análise se tornarão as categorias "força" e "manifestação". Daí que, principalmente na mecânica, na qual se decompõem ainda mais as forças, estas são vistas como compostas e, com isso, resultados novos são obtidos, porém não podemos esquecer-nos de que se trata de uma operação

---

[17] William Robert Grove, *The Correlation of Physical Forces*, cit., p. 20 e seg.
[18] Julius Robert Mayer, "Bemerkungen über die Kräfte der unbelebten Natur", cit.; *Die organische Bewegung in ihrem Zusammenhange mit dem Stoffwechsel*, cit.; Engels utilizou *Die Mechanik der Wärme in gesammelten Schriften*, cit.
[19] Hermann Helmholtz, *Über die Erhaltung der Kraft*, cit.
[20] Ver Friedrich Engels, *Anti-Dühring*, cit., p. 91.

meramente mental; quando se aplica a forças realmente simples a analogia de forças realmente compostas, como expressa no paralelogramo das forças[21], estas não se tornam realmente compostas. – Da mesma forma na estática. Em seguida, na conversão de outras formas de movimento em movimento mecânico (calor, eletricidade, magnetismo na atração de metais), em que o movimento original pode ser medido pelo efeito mecânico produzido por ele. Porém já aqui, em que são analisadas concomitantemente diversas formas de movimento, mostra-se a limitação da categoria ou abreviatura *"força"*. Nenhum físico que se preze continuará a designar eletricidade, magnetismo e calor como meras *forças*, nem como *matérias* ou *imponderabilia*[22]. Quando sabemos a quantidade de movimento mecânico em que se converte determinada quantidade de movimento calórico, ainda não sabemos absolutamente nada sobre a natureza do calor, por mais que a investigação dessas conversões possa ser necessária para a pesquisa sobre a dita natureza do calor. Concebê-lo como uma forma do movimento é o último avanço da física e, desse modo, a categoria "força" foi preservada nele: em certas relações – as de transição –, elas [as formas de movimento] podem aparecer como forças e assim ser medidas. Assim o calor por meio da expansão de um corpo aquecido. Se, nesse caso, o calor não passasse de um corpo para outro – que é o parâmetro –, isto é, o calor do corpo que serve de parâmetro não se modificasse, tampouco se poderia falar de medir, de mudança de tamanho. Simplesmente se diz: o calor expande os corpos; dizer, em contraposição, que o calor tem força para expandir os corpos seria mera tautologia, e dizer que calor é a força que expande os corpos não seria correto, visto que 1) a expansão, por exemplo, de gases, é levada a cabo também de outras maneiras, e 2) o calor não é expresso de maneira exaustiva desse modo. – Alguns químicos também falam de força química como aquela que faz as combinações e as mantém coesas. Nesse caso, porém, não se trata de uma passagem propriamente dita, mas de uma junção do movimento de diversos corpos em um só, e, desse modo, aqui a "força" chega ao seu limite. Ela, porém, ainda é

---

[21] Essa representação gráfica decorre do quarto axioma de Newton, significando que a resultante de duas forças aplicadas sobre o mesmo ponto corresponde matematicamente à soma vetorial das forças.

[22] A suposição das *imponderabilia* [substâncias sem peso] é característica do pensamento científico do século XVIII e servia para explicar de certo modo fenômenos físicos não mecânicos, como calor, eletricidade, magnetismo etc. Essa suposição só seria superada no século XIX pela teoria mecânica do calor e pela eletrodinâmica.

mensurável pela geração de calor, mas até agora sem muito resultado. Torna-se aqui pura fraseologia, como em toda parte onde, em vez de investigar formas de movimento não investigadas, *inventa-se* uma assim chamada força para explicá-las (por exemplo, o boiar da madeira sobre a água a partir de uma força para boiar – força de refração no caso da luz etc.), obtendo-se, nesse caso, tantas forças quantos são os fenômenos não explicados e onde justamente só se traduziu o fenômeno exterior por meio de uma fraseologia interior. (Atração e repulsão já têm mais chance de serem justificadas, pois nelas se reúne uma quantidade de fenômenos inexplicáveis para o físico sob um denominador comum que dá a noção de um nexo interno.) – Por fim, na natureza orgânica, a categoria "força" é completamente insuficiente e, ainda assim, constantemente aplicada. Pode-se até designar e também medir a ação dos músculos como força muscular por seus efeitos mecânicos, pode-se até conceber como forças outras funções mensuráveis, como, por exemplo, a capacidade de digestão de diferentes estômagos, mas isso logo chega *ad absurdum* (por exemplo, a força nervosa) e, de qualquer modo, nesse caso só se pode falar de forças em um sentido muito limitado e figurado (como na expressão habitual "recuperar as forças"). Porém esse mau uso [do termo] levou a se falar de uma força vital [*vis vitalis*]. Caso se queira dizer com isso que a forma do movimento nos corpos orgânicos é diferente da forma mecânica, física e química, tendo subsumido todas elas dentro de si, esse modo de se expressar é inadequado, e isso especialmente porque assim a força – pressupondo a transmissão do movimento – aparece como algo insuflado de fora no organismo, não como algo inerente a ele e inseparável dele, razão pela qual a força vital foi o último refúgio de todos os supranaturalistas.

{Defeito: 1) A força costuma ser tratada como existência autônoma (H[egel], *Nat[ur]phil[osophie]*, p. 79[23].

2) A força *latente, em repouso* – deve ser explicada a partir da relação entre movimento e repouso (*inertia*, equilíbrio), onde também deve ser resolvida [a questão d]a ativação [das forças][24].[}]

———◆———

---

[23] Georg Wilhelm Friedrich Hegel, *Vorlesungen über die Naturphilosophie*, cit., §266, p. 78-9.

[24] Idem, *Wissenschaft der Logik*, Th. 1: Die objective Logik, Abth. 2: Die Lehre vom Wesen, cit., p. 168-70. Hegel diferencia entre forças que "solicitam" (acionam) e forças que "são solicitadas" (são acionadas), mas vê essa diferenciação como relativa.

Força (ver acima)[25]: a transmissão do movimento se efetuará naturalmente somente quando estiverem dadas *todas* as diferentes condições – que frequentemente são múltiplas e complexas, sobretudo em máquinas (máquina a vapor, espingarda de ferrolho, gatilho, detonador e pólvora). Se faltar uma delas, a transmissão não acontecerá até que essa condição seja cumprida. Poderíamos imaginar isso então da seguinte maneira: a força precisaria ser primeiro *acionada* mediante o recurso a esta última condição como se estivesse *latente* em um corpo, o assim chamado portador da força (pólvora, carvão), sendo que, na realidade, o que precisa estar presente não é somente esse corpo, mas também todas as outras condições precisam estar aí para que seja provocada justamente essa transmissão específica. –

A concepção da força nos advém automaticamente do fato de nós mesmos possuirmos em nosso corpo os meios para transmitir movimento, os quais, dentro de certos limites, podem ser acionados mediante a nossa vontade, especialmente os músculos dos braços com que podemos produzir movimento mecânico, mudança de lugar de outros corpos, ou seja, podemos levantar, carregar, lançar, bater etc. e, desse modo, provocar certos efeitos úteis; aqui, aparentemente o movimento é *gerado* e não transmitido, o que dá ensejo à concepção de que a força em geral *gera movimento*. Só agora foi comprovado fisiologicamente que a força muscular também é apenas transmissão.

———◆———

Quando Hegel concebe força e manifestação, causa e efeito, como idênticos, isso se confirma na mudança de forma da matéria, cuja equivalência foi provada matematicamente. Pela medição isso já foi reconhecido antes: a força medida pela manifestação, a causa pelo efeito.

———◆———

Força. – Também o aspecto negativo deve ser analisado: a resistência contraposta à transmissão do movimento.

---

[25] Continuação direta da anotação anterior.

Medida do movimento – Trabalho[1]

Helmholtz escreve o seguinte:

> Em contraposição, sempre achei que os conceitos fundamentais desse campo (isto é, "os conceitos físicos fundamentais do trabalho e sua invariabilidade")[2] são de difícil compreensão para quem não passou pela escola da mecânica matemática, apesar de todo o empenho, toda a inteligência, e mesmo dispondo de um elevado grau de conhecimentos da ciência natural. Tampouco se pode deixar de perceber que se trata de abstrações de um tipo bem peculiar. Nem mesmo um intelecto como o de I[mmanuel] Kant logrou alcançar a sua compreensão sem dificuldade, como comprova a polêmica que manteve com Leibniz sobre esse assunto. (*Pop[uläre] wiss[enschaftliche] Vortr[äge]*, [v.] II, "Vorrede")[3]

De acordo com isso, aventuramo-nos agora por um campo muito perigoso, tanto mais por não podermos tomar a liberdade de conduzir o leitor "pela escola da mecânica matemática". Mas talvez se evidencie que, quando se trata de conceitos, o pensamento dialético pode levar pelo menos tão longe quanto o cálculo matemático.

De um lado, Galilei descobriu a lei da queda dos corpos, segundo a qual os espaços percorridos por um corpo em queda são proporcionais ao quadrado dos tempos de queda. Ao lado disso, ele propôs a tese, que, como veremos, não corresponde exatamente à anterior, de que o tamanho do movimento de um corpo (seu *impeto* ou *momento* [impulso ou momento]) é determinado pela massa e pela velocidade, de tal modo que, permanecendo a massa constante, ele é proporcional à velocidade. Descartes retomou essa última tese e converteu em medida bem geral do

---

[1] Texto que consta no sumário do envelope "Dialética da natureza" com o título "As duas medidas do movimento".
[2] Observação de Engels.
[3] Hermann Helmholtz, *Populäre wissenschaftliche Vorträge*, cit., p. vi-vii.

movimento de um corpo o produto resultante da massa pela velocidade de um corpo em movimento.

[Christiaan] Huygens já descobrira que, no caso do impacto elástico, a soma do produto das massas e do quadrado da sua velocidade permanece a mesma antes e depois do impacto e que uma lei análoga vigora para diversos outros casos de movimento de corpos reunidos em um sistema.

Leibniz foi o primeiro a perceber que a medida cartesiana do movimento está em contradição com a lei da queda dos corpos. Em contrapartida, não se pode negar que a medida de Descartes está correta em muitos casos. Leibniz, portanto, dividiu as forças motrizes em mortas e vivas. As forças mortas eram os "empurrões" ou "puxões" em corpos em repouso, sua medida era o produto da massa pela velocidade com que o corpo se moveria ao passar do estado de repouso para o movimento; em contrapartida, como medida da força viva, do movimento real de um corpo, ele estabeleceu o produto da massa pelo quadrado da velocidade, ou seja, derivou essa nova medida do movimento direto da lei da queda livre dos corpos. Leibniz concluiu o seguinte:

> Para erguer um corpo pesando 4 libras [1,81 kg] a 1 pé [30,48 cm] de altura é requerida a mesma força que para levantar um corpo pesando 1 libra [0,45 kg] a 4 pés [1,21 m] de altura; mas os percursos são proporcionais ao quadrado da velocidade, pois, quando tiver caído 4 pés, um corpo terá atingido o dobro da velocidade de quando caiu apenas 1 pé. Mas, ao cair, os corpos obtêm a força para voltar a subir até a mesma altura de onde caíram; portanto, as forças são proporcionais ao quadrado da velocidade. (Suter, *Gesch[ichte] der math[ematischen Wissenschaften]*, [v.] II, p. 367)[4]

Mas, além disso, ele demonstrou que a medida de movimento *mv* se encontra em contradição com a tese cartesiana da constância da quantidade de movimento, que, se fosse realmente válida, a força (isto é, a quantidade de movimento) na natureza se multiplicaria ou se reduziria continuamente. Ele até projetou um aparelho (*Acta Eruditorum*, 1690)[5], que, se a medida *mv* fosse correta, deveria representar um *perpetuum mobile* com constante ganho de força, o que seria absurdo. Recentemente Helmholtz passou a usar com alguma frequência esse tipo de argumentação.

Os cartesianos protestaram com toda a veemência, desencadeando uma famosa polêmica que durou muitos anos, da qual também participou Kant com seu primeiro escrito (*Gedanken von der wahren Schätzung der*

---

[4] Heinrich Suter, *Geschichte der mathematischen Wissenschaften*, v. 2 (Zurique, Orell Füssli und Co, 1875), p. 367.

[5] Gothofredi Guillelmi Leibnitii, "De causa gravitatis, et defensio sententiae suae de veris naturae legibus contra Cartesianos", *Acta Eruditorum*, Leipzig, 1690, p. 228-39.

Conteúdo dialético das ciências

lebendigen Kräften, 1746)[6], sem, no entanto, obter clareza sobre o assunto. Os matemáticos atuais olham com boa dose de desdém para essa polêmica "estéril" que

> se estendeu por mais de quarenta anos e dividiu os matemáticos da Europa em dois campos antagônicos, até que por fim D'Alembert, por meio do seu *Traité de dynamique* [Tratado de dinâmica] (1743), pôs fim, como que por uma palavra de ordem, à *inútil desavença retórica*, pois não passava disso. (Suter, [*Geschichte der mathematischen Wissenschaften*], cit., p. 366)[7]

No entanto, deveria parecer que uma disputa que foi suscitada por alguém como Leibniz contra alguém como Descartes e ocupou um homem como Kant, a ponto de ele dedicar a ela seu escrito de estreia, um livro bem volumoso por sinal, não pode ser apenas uma desavença retórica de todo inútil. E, de fato, como explicar que o movimento possui duas medidas que se contradizem, sendo proporcional à velocidade numa delas e proporcional ao quadrado da velocidade na outra? Suter facilita muito as coisas para si mesmo; ele diz que os dois lados estavam certos e errados ao mesmo tempo; "a expressão 'força viva' se manteve até hoje, *só que ela não vale mais como medida da força*, tratando-se, porém, de uma designação que certa vez foi adotada para o produto da massa pela metade do quadrado da velocidade, muito significativa na mecânica"[8]. Portanto, mv continua sendo a medida do movimento e "força viva" é apenas outra expressão para $\frac{mv^2}{2}$, uma fórmula que somos informados ser muito significativa na mecânica, mas que agora já não fazemos ideia do que vem a significar.

Entretanto, compulsemos o salvador *Traité de dynamique* e olhemos mais de perto a "palavra de ordem" de [Jean le Rond] D'Alembert: ela se encontra no "Prefácio". Ali se diz que toda essa questão nem aparece no texto por *"l'inutilité parfaite dont elle est pour la mécanique* [sua completa inutilidade para a mecânica]"[9]. Isso está totalmente correto para a mecânica *puramente matemática*, para a qual, como anteriormente em Suter, designações verbais não passam de outras expressões, [outros] nomes para as fórmulas algébricas, nomes sobre os quais é melhor nem pensar nada. – No entanto, visto que pessoas tão renomadas se ocuparam da

---

[6] Immanuel Kant, "Gedanken von der wahren Schätzung der lebendigen Kräfte und Beurteilung der Beweise, deren sich Herr von Leibniz und andere Mechaniker in dieser Streitsache bedienet haben, nebst einigen vorhergehenden Betrachtungen, welche die Kraft der Körper überhaupt betreffen", cit.
[7] Ibidem, p. 366-8, aqui p. 366. Grifos de Engels.
[8] Ibidem, p. 368. Grifos de Engels.
[9] Jean le Rond D'Alembert, *Traité de dynamique: dans lequel les lois de l'équilibre...* (Paris, David l'aîné, 1743), p. xvi-xvii.

Friedrich Engels – Dialética da natureza

questão, ele a examinaria brevemente no "Prefácio". Quando se pensa com clareza, só se pode entender por força de corpos em movimento sua propriedade de superar obstáculos ou oferecer resistência a eles. Portanto, a força não pode ser medida nem com base em mv nem com base em mv^2, mas unicamente com base nos obstáculos e sua resistência[10].

Ora, existem três tipos de obstáculos: 1) os insuperáveis, que acabam totalmente com o movimento e, já por essa razão, não podem entrar em cogitação aqui; 2) obstáculos cuja resistência mal consegue suspender o movimento e o fazem apenas por instantes: o caso do equilíbrio; 3) obstáculos que suspendem o movimento gradativamente: caso do movimento retardado[11].

> Or, tout le monde convient qu'il a équilibre entre deux corps quand les produits de leurs masses par leurs vitesses virtuelles, c'est-à-dire par les vitesses avec lesquelles ils tendent à se mouvoir, sont égaux de part et d'autre. Donc, dans l'équilibre, le produit de la masse par la vitesse, ou ce qui est la même chose, la quantité du mouvement, peut représenter la force. Tout le monde convient aussi que, dans le mouvement retardé, le nombre des obstacles vaincus est comme le carré de la vitesse, pourra, avec une vitesse double, fermer ou tout à la fois, ou successivement non pas deux, mais quatre ressorts semblables au premier, neuf avec une vitesse triple et ainsi du reste. D'où les partisans des forces vives concluent que la force des corps qui se meuvent actuellement, est en général comme le produit de la masse par le carré de la vitesse. Au fond, quel inconvénient pourrait-il y avoir à ce que la mesure des forces fût différente dans l'équilibre et dans le mouvement retardé, puisque, si on ne veut raisonner que d'après des idées claires, on ne doit entendre par le mot *force* que l'effet produit en surmontant l'obstacle ou en lui résistant.
> [Ora, todos certamente concordam que existe equilíbrio entre dois corpos sempre que os produtos de suas massas por suas velocidades virtuais, isto é, as velocidades com que tendem a se mover, são iguais nos dois lados [da equação]. Assim sendo, em caso de equilíbrio, o produto da massa pela velocidade ou, o que dá no mesmo, a quantidade de movimento, pode representar a força. Todos concordam igualmente que, no caso do movimento retardado, a quantidade de obstáculos superados é proporcional ao quadrado da velocidade, de modo que, por exemplo, um corpo que com certa velocidade retesou uma mola será capaz de com o dobro dessa velocidade retesar simultânea ou sucessivamente não duas, mas quatro molas iguais à primeira, com o triplo da velocidade, nove e assim por diante. Disso os adeptos das forças vivas (os leibnizianos)[12] concluem que a força dos corpos em movimento de modo geral é proporcional ao produto da massa pelo quadrado da sua velocidade. No

---

[10] Ibidem, p. xvii-xviii.
[11] Idem.
[12] Observação de Engels.

fundo, que desvantagem pode haver se a medida das forças para o equilíbrio e para o movimento retardado é diferente, visto que, tomando por base ideias totalmente claras, só se visa entender com a palavra *"força"* o efeito que consiste na superação de um obstáculo ou na resistência oferecida a ele? ("Préface", p. xix-xx da edição original)]

Acontece, porém, que D'Alembert ainda tem muito de filósofo para não se dar conta de que não seria tão fácil passar por cima da contradição de uma dupla medida para uma só força. Portanto, depois de, no fundo, apenas repetir o que Leibniz já dissera – pois seu *équilibre* [equilíbrio] é exatamente a mesma coisa que a "pressão morta" de Leibniz –, ele passa repentinamente para o lado dos cartesianos e encontra a seguinte saída: o produto mv pode servir de medida de força também no caso do movimento retardado,

> si dans ce dernier cas on mesure la force, non par la quantité absolue des obstacles, mais par la somme des résistances de ces mêmes obstacles. Car on ne saurait douter que cette somme des résistances ne soit proportionelle à la quantité du mouvement (mv) puisque, de l'aveu de tout le monde, la quantité de mouvement que le corps perd à chaque instant est proportionelle au produit de la résistance par la durée infiniment petite de l'instant, et que la somme des ces produits est évidemment la résistance totale.
> [se, nesse caso, a força for medida não pela grandeza absoluta dos obstáculos, mas pela soma das resistências desses obstáculos. Pois certamente não se duvidará que essa soma das resistências é proporcional à magnitude do movimento (mv), visto que, como todos admitem, a magnitude do movimento que o corpo perde a cada instante é proporcional ao produto da resistência pela duração temporal infinitamente pequena, e a soma desses produtos evidentemente é a resistência total.][13]

Esse último modo de calcular lhe parece o mais natural,

> car un obstacle n'est tel qu'en tant qu'il résiste, et c'est, à proprement parler, la somme des résistances que est le obstacle vaincu; d'ailleurs, en estimant ainsi la force, on a l'avantage d'avoir pour l'équilibre et pour le mouvement retardé une mesure commune.
> [pois um obstáculo só é obstáculo enquanto oferecer resistência e é, propriamente dizendo, a soma de suas resistências que é o obstáculo superado; ademais, quando se mede a força desse modo, tem-se a vantagem de ter uma medida comum para o equilíbrio para o movimento retardado.][14]

No entanto, cada qual poderia pensar o que quisesse sobre isso. E depois de acreditar que resolveu a questão por meio de um erro matemático,

---

[13] Jean le Rond D'Alembert, *Traité de dynamique: dans lequel les lois de l'équilibre*, cit., p. xx-xxi.
[14] Idem.

como ele mesmo admite, Suter conclui com observações deselegantes sobre a confusão que reinou entre seus predecessores e afirma que, depois das observações feitas, restaria como possibilidade apenas mais uma discussão metafísica muito fútil ou uma desavença retórica ainda mais indigna.

A proposta de conciliação de D'Alembert desemboca no seguinte cálculo:

- Massa 1 com velocidade 1 tranca 1 mola propulsora em 1 unidade de tempo.
- Massa 1 com velocidade 2 tranca 4 molas, mas precisa de 2 unidades de tempo para isso, trancando, portanto, apenas 2 molas por unidade de tempo.
- Massa 1 com velocidade 3 tranca 9 molas em 3 unidades de tempo, trancando, portanto, apenas 3 molas por unidade de tempo. Portanto, se dividirmos o efeito pelo tempo exigido para ele, passamos novamente de mv^2 para mv.

É o mesmo argumento que já fora usado contra Leibniz, principalmente por [François] Catelan: um corpo com velocidade 2 sobe, mesmo contra a gravidade, quatro vezes mais do que um corpo com velocidade 1; mas ele precisa do dobro do tempo para isso; logo, a quantidade de movimento deve ser dividida pelo tempo, sendo = 2, não = 4[15]. Curiosamente essa também é a opinião de Suter, que privara a expressão "força viva" de todo sentido lógico, deixando-lhe apenas um sentido matemático. Isso, entretanto, é natural. Para Suter, trata-se de resgatar a importância da

---

[15] Essa controvérsia se desdobrou nos seguintes artigos, publicados por Pierre Bayle na revista *Nouvelles de la République des Lettres* [Novidades da República das Letras], com sede em Amsterdã: Gottfried Wilhelm von Leibniz, "Démonstration courte d'une erreur considérable de M. Descartes et de quelques autres touchant une loi de la nature...", *Nouvelles de la République des Lettres*, Amsterdã, set. 1686, p. 996-9; François Catelan, "Courte remarque de M. l'Abbé D. C. où l'on montre à Mr. G. G. Leibnits le paralogisme contenu dans l'objection précédente", *Nouvelles de la République des Lettres*, Amsterdã, set. 1686, p. 999-1.005; Gottfried Wilhelm von Leibniz, "Réplique de M. L. à M. l'Abbé D. C. contenue dans une lettre écrite à l'auteur de ces Nouvelles le 9 janv. 1687", *Nouvelles de la République des Lettres*, Amsterdã, fev. 1687, p. 131-45; François Catelan, "Remarque de M. l'Abbé D. C. sur la réplique de M. L. touchant le principe mécanique de M. Descartes, contenue dans l'article III des ces Nouvelles, mois de février 1687", *Nouvelles de la République des Lettres*, Amsterdã, jun. 1687, p. 577-90; Gottfried Wilhelm von Leibniz, "Réponse de M. L. à la remarque de M. l'Abbé D. C. contenue dans l'article I. de ces Nouvelles, mois de juin 1687, où il prétend soutenir une loi de la nature avancée par M. Descartes", *Nouvelles de la République des Lettres*, Amsterdã, set. 1687, p. 952-6.

fórmula mv como única medida da quantidade de movimento e, por isso, a fórmula mv^2 é sacrificada pela lógica para ressuscitar transfigurada no céu da matemática.

Mas uma coisa é certa: a argumentação de Catelan constitui uma das pontes que fazem a mediação entre mv^2 e mv e, por isso, tem relevância.

Os mecanicistas posteriores a D'Alembert não aceitaram de modo nenhum a sua palavra de ordem, pois o seu veredito foi favorável a mv como medida do movimento. Mas eles se ativeram à expressão que ele aplicara à distinção entre forças mortas e forças vivas já feita por Leibniz: para o equilíbrio e, portanto, para a estática, vale mv; para o movimento inibido e, portanto, para a dinâmica, vale mv^2. Embora essa distinção esteja correta em termos globais, nessa forma ela faz tanto sentido lógico quanto a conhecida decisão do sargento: a serviço sempre "mim", fora de serviço sempre "me"[16]. Ela é tacitamente aceita, é assim que as coisas são, não podemos mudá-las e nada podemos fazer se houver alguma contradição nessa medida dupla.

É como procedem, por exemplo, [William] Thomson e [Peter Guthrie] Tait em *Treatise on Natural Philosophy* (Oxford, 1867, p. 162):

> The *quantity of Motion* or the *Momentum* of a rigid body moving without rotation is proportional to its mass and velocity conjointly. Double mass or double velocity would correspond to double quantity of movement.
> [A *quantidade de movimento* ou a *magnitude do movimento* de um corpo sólido que se move sem rotação é proporcional à sua massa e à sua velocidade conjuntamente. O dobro da massa ou o dobro da velocidade corresponderiam ao dobro da quantidade do movimento.]

E logo em seguida: "The *Vis Viva* or *Kinetic energy* of a moving body is proportional to the mass and the square of velocity conjointly [a *força viva* ou *energia cinética* de um corpo em movimento é proporcional a sua massa e ao quadrado de sua velocidade conjuntamente]"[17]. É dessa forma tosca que são postas lado a lado as duas medidas contraditórias. Não há a mais leve tentativa de explicar a contradição ou mesmo de apenas disfarçá-la. No livro desses dois escoceses, é proibido pensar, só é permitido calcular.

---

[16] Referência a uma anedota a respeito de um sargento prussiano sem formação escolar que não conseguia entender quando usar o dativo de eu ("*mir* [mim]") e quando usar o acusativo ("*mich* [me]"), uma confusão que também é típica dos berlinenses. Para não ter de se preocupar mais com essa questão, o sargento decidiu que, quando estivesse a serviço, usaria sempre o dativo "*mir*" e, quando estivesse fora de serviço, sempre o acusativo "*mich*".

[17] Ibidem, p. 163.

Friedrich Engels – Dialética da natureza

Não admira que pelo menos um deles, a saber, Tait, figure entre os mais crentes cristãos da Escócia crente.

Nas preleções de [Gustav] Kirchhoff sobre a mecânica matemática[18], as fórmulas mv e mv^2 nem aparecem *nessa forma*.

Talvez Helmholtz nos ajude. Em *Über die Erhaltung der Kraft* [Sobre a conservação da força][19], ele propõe expressar a força viva por meio da fórmula $\frac{mv^2}{2}$, um ponto ao qual retornaremos. Então, na p. 20 e seg., ele enumera brevemente os casos em que o princípio da conservação da força viva (ou seja, de $\frac{mv^2}{2}$) já foi usado ou reconhecido[20]. Consta entre eles, sob o n. 2:

> A transmissão do movimento pelos corpos sólidos e líquidos incompressíveis, enquanto não houver atrito nem impacto causado por substâncias não elásticas. Costuma ser enunciado como a regra para esses casos o nosso princípio geral de que um movimento reproduzido e modificado por potências mecânicas constantemente perde em intensidade de força na mesma proporção em que aumenta a velocidade. Imaginemos, pois, que uma máquina, na qual é gerada força de trabalho uniforme por meio de algum processo, levante um peso m com a velocidade c, então por outro dispositivo mecânico poderá ser levantado o peso nm, mas somente com a velocidade $\frac{c}{n}$, de modo que, nos dois casos, a quantidade da força tensiva da máquina por unidade de tempo deve ser representada por mgc, onde g representa a intensidade da gravidade.[21]

Portanto, também aqui ocorre a contradição de que uma "intensidade de força" que diminui e aumenta na proporção simples da velocidade deve servir de prova para a conservação de uma intensidade de força que diminui e aumenta na proporção do quadrado da velocidade.

Todavia, mostra-se aqui que mv e $\frac{mv^2}{2}$ servem à determinação de dois processos totalmente distintos, o que há muito já sabíamos, pois mv^2 não pode ser = mv, a não ser que $v = 1$. Trata-se de tornar compreensível por que o movimento tem duas medidas, uma questão que também na ciência, de resto, é tão inadmissível quanto no comércio. Tentemos, pois, de outro modo.

Portanto, mede-se com mv "um movimento reproduzido e modificado por potências mecânicas"; essa medida vale, portanto, para a alavanca e todas as formas dela derivadas, rodas, parafusos etc., em suma, para toda a maquinaria de transmissão de força. Nesse ponto, porém, evidencia-se por meio de uma análise muito simples e de modo algum nova que, na

---

[18] Gustav Kirchhoff, *Vorlesungen über mathematische Physik. Mechanik* (2. ed., Leipzig, B. G. Teubner, 1877).
[19] Hermann Helmholtz, *Über die Erhaltung der Kraft*, cit., p. 9.
[20] Ibidem, p. 20.
[21] Ibidem, p. 21.

medida em que vale *mv*, também *mv*² tem sua validade. Tomemos qualquer dispositivo mecânico em que a soma das alavancas dos dois lados está na relação de 4 para 1, no qual, portanto, um peso de 1 kg equilibra um peso de 4 kg. Assim, aplicando uma adição de força muito pequena em uma das alavancas levantamos 1 kg a 20 m; a mesma adição de força aplicada em seguida à outra alavanca levanta 4 kg a 5 m, mais precisamente, o sobrepeso baixa no mesmo tempo que o outro necessita para subir. Massas e velocidades se comportam inversamente: *mv*, 1 × 20 = *m'v'*, 4 × 5. Em contraposição, se deixarmos cada um dos pesos, depois de levantado, cair livremente até o nível inicial, um deles, o de 1 kg, após percorrer uma distância de queda de 20 m (sendo a aceleração da gravidade arredondada aqui para 10 m, em vez de 9,81 m) atinge uma velocidade de 20 m [por segundo]; em contraposição, o outro, o de 4 kg, após uma distância de queda de 5 m atinge uma velocidade de 10 m [por segundo].

$$mv^2 = 1 \times 20 \times 20 = 400 = m'v'^2 = 4 \times 10 \times 10 = 400$$

Em contraposição, os tempos de queda são diferentes: o peso de 4 kg percorre seus 5 m em 1 segundo, o de 1 kg, seus 20 m em 2 segundos. O atrito e a resistência do ar obviamente foram negligenciados aqui.

Porém, depois que cada um dos corpos caiu de sua altura, o movimento cessou. Portanto, aqui *mv* se apresenta como medida de movimento mecânico simplesmente transmitido e, portanto, permanente, e *mv*² como medida de movimento mecânico desaparecido.

Adiante. O mesmo vale para o impacto de corpos inteiramente elásticos: a soma de *mv*, bem como a soma de *mv*², fica inalterada tanto antes quanto depois do impacto. As duas medidas têm a mesma validade.

Não é o que acontece no impacto com corpos inelásticos. Nesse ponto, os atuais manuais elementares (a mecânica superior já não se ocupa mais dessas ninharias) também ensinam que, antes e depois do impacto, a soma de *mv* seria a mesma. Em contraposição, haveria uma perda de força viva, pois, quando se subtrai a soma de *mv*² após o impacto da soma anterior ao impacto, permaneceria sob todas as circunstâncias um resto positivo; esse montante (ou a metade dele, dependendo da concepção) representaria a redução da força viva pela penetração recíproca, bem como pela mudança de forma dos corpos que sofreram o impacto. – Ora, esse último ponto é claro e manifesto. Mas não a primeira afirmação, de que a soma de *mv* permaneceria a mesma antes e depois do impacto. Apesar do que diz Suter, força viva é movimento e, quando uma parte dela é perdida, perde-se movimento. Portanto, ou *mv* expressa aqui a quantidade de movimento de modo incorreto ou a afirmação acima é falsa. Em termos gerais, todo esse teorema vem de uma época em que ainda não se tinha noção da transformação do movimento, em que, portanto, um sumiço de movimento mecânico só era admitido quando não havia outra saída. Assim, a igualdade da soma de mv antes e depois do impacto é demonstrada mediante a afirmação de que, em lugar nenhum, há perda ou ganho. Porém, se os corpos liberam força viva no atrito interno correspondente à sua inelasticidade, eles também liberam velocidade, e a soma de mv depois do impacto tem de ser menor do que era antes dele. Pois é inaceitável negligenciar o atrito interno no cálculo de mv quando ele é validado tão claramente no cálculo de mv^2.

Entretanto, isso não importa. Mesmo que admitamos o teorema e calculemos a velocidade após o impacto presumindo que a soma de mv permaneça a mesma, mesmo assim encontraremos a dita diminuição da soma de mv^2. Aqui, portanto, mv e mv^2 entram em conflito, mais precisamente pela diferença de movimento mecânico realmente desaparecido. E o próprio cálculo comprova que a soma de mv^2 expressa corretamente a quantidade de movimento, ao passo que a soma de mv a expressa incorretamente.

Esses são mais ou menos todos os casos em que a fórmula mv é empregada na mecânica. Vejamos agora alguns casos em que se emprega mv^2.

Quando uma bala de canhão é disparada, ela esgota durante o seu percurso uma magnitude de movimento proporcional a mv^2, não importando se acerta um alvo sólido ou se acaba parando em virtude da resistência do ar e da gravidade. Quando um trem ferroviário colide com um segundo trem que está parado, a violência com que isso acontece e a destruição correspondente é proporcional ao seu mv^2. Da mesma forma, mv^2 é válido para o cálculo de toda força mecânica exigida para superar uma resistência.

Porém o que significa esta maneira cômoda de falar, tão corriqueira entre os mecanicistas: superação de uma resistência?

Quando superamos a resistência da gravidade ao levantar um peso, desaparece no processo uma quantidade de movimento, uma quantidade de força mecânica, que é igual àquela que pode voltar a ser gerada na queda direta ou indireta do peso levantado da altura atingida até o seu nível inicial. Ela é medida por meio da metade do produto de sua massa pelo quadrado da velocidade final atingida na queda, $\frac{mv^2}{2}$. Logo, o que aconteceu durante o levantamento? Desapareceu movimento mecânico ou força como tal. Mas ela não passou a ser nada: ela se transformou em força mecânica tensiva, para usar a expressão de Helmholtz[22], em

---

[22] Ibidem, p. 13-4.

energia potencial, como dizem os mais recentes; em *ergal*, como a denomina Clausius[23], e ela pode, a cada instante e de qualquer maneira mecanicamente admissível, ser retransformada na mesma quantidade de movimento mecânico que foi necessária para a sua produção. A energia potencial é apenas a expressão negativa da força viva e vice-versa.

Uma bala de canhão de 24 libras bate a uma velocidade de 400 metros por segundo contra o casco de ferro de um encouraçado e, sob essas circunstâncias, não tem nenhum efeito visível sobre ele[24]. Desapareceu, portanto, um movimento mecânico, que era = $\frac{mv^2}{2}$, ou seja, dado que as 24 libras eram = 12 kg ou = 12 × 400 × 400 × ½ = 960.000 kgm. Que fim levou ele? Uma pequena parcela dele foi usada para provocar o abalo e a modificação molecular da couraça de ferro. Outra parcela para explodir a bola em incontáveis estilhaços. Porém a maior parte se transformou em calor e tornou a bola incandescente. Quando, em sua travessia até Alsen em 1864, os prussianos lançaram suas baterias contra o casco do encouraçado *Rolf Krake*, eles viram a cada impacto, sob a escuridão, o brilho da bola repentinamente incandescente e [Joseph] Whitworth[25] já comprovara por experimentos que projéteis explosivos lançados contra encouraçados não precisam de detonador, pois o próprio metal incandescente inflama a carga explosiva. Supondo que o equivalente mecânico da unidade de calor é de 424 kgm, a quantidade de movimento mecânico acima especificada corresponde a uma quantidade de calor de 2.264 unidades. O calor específico do ferro é = 0,1140, isto é, a quantidade de calor que aquece 1 kg de água em 1 °C (que vale como unidade de calor) é suficiente para elevar a temperatura de $^1/_{0,1140}$ = 8,772 kg de ferro em 1 °C. Portanto, as 2.264 unidades de calor citadas acima elevam a temperatura de 1 kg de ferro em 8,772 × 2264 = 19.860 °C ou 19.860 kg de ferro em 1 °C. Dado que essa quantidade de calor se distribui uniformemente pela couraça e pelo projétil, este seria aquecido em $^{19.800}/_2$ × 12 = 828 °C, o que já provoca uma bela incandescência. Porém, dado que em todo o caso a parte dianteira do lado do impacto recebe a maior parte do aquecimento, decerto o dobro da parte de trás, aquela seria aquecida a 1.104 °C, esta a 552 °C, o que

---

[23] Rudolf Clausius, *Die mechanische Wärmetheorie*, v. 1, cit., p. 12.
[24] Engels era bastante versado em questões técnicas referentes a armas e táticas de batalha e frequentemente publicava a respeito. Ver, por exemplo, "Taktik der Infanterie aus den materiellen Ursachen abgeleitet. 1700 bis 1870", em Karl Marx e Friedrich Engels, *Werke*, v. 20 (Berlim, Dietz, s.d.), p. 597-603; *Anti-Dühring*, cit., p. 195 e seg.
[25] Engenheiro e empresário inglês, autoridade reconhecida na área técnica (fabricação de armas de fogo, aperfeiçoamento de prensas hidráulicas etc.).

é perfeitamente suficiente para explicar o efeito incandescente, mesmo que façamos um grande desconto referente ao trabalho mecânico de fato realizado no momento do impacto.

No atrito, também desaparece movimento mecânico, para reaparecer como calor; como se sabe, por meio da medição mais precisa possível dos dois processos correspondentes; Joule em Manchester e Colding em Copenhague foram os primeiros a constatar com êxito, por experimentos, aproximadamente o equivalente mecânico do calor.

O mesmo ocorre na geração de corrente elétrica em uma máquina eletromagnética por meio de força mecânica, como, por exemplo, uma máquina a vapor. A quantidade da assim chamada força eletromotriz gerada em determinado tempo é proporcional e, quando expressa pela mesma medida, igual à quantidade de movimento mecânico consumido no mesmo intervalo de tempo. Em vez de imaginar essa força sendo gerada pela máquina a vapor, podemos imaginá-la sendo produzida pela pressão descendente de um peso que acompanha a pressão da gravidade. A força mecânica que é capaz de liberá-la é medida pela força viva que ela receberia se caísse livremente da mesma altura ou pela força requerida para levantá-la novamente até a altura original: nos dois casos, $\frac{mv^2}{2}$.

O resultado a que chegamos, portanto, é que o movimento mecânico tem de fato duas medidas, mas também que cada uma dessas medidas vale para uma série de fenômenos bem precisamente delimitada. Quando o movimento mecânico já existente é transmitido de tal maneira que se conserva como movimento mecânico, ele se transmite na proporção do produto da massa pela velocidade. Porém, quando ele é transmitido de tal maneira que desaparece como movimento mecânico para ressurgir na forma de energia potencial, calor, eletricidade etc., em suma, se ele for convertido em outra forma de movimento, a quantidade dessa nova forma de movimento será proporcional ao produto da massa originalmente movida pelo quadrado da velocidade. Numa palavra: mv é movimento mecânico medido em movimento mecânico; $\frac{mv^2}{2}$ é movimento mecânico medido por sua capacidade de se converter em quantidade determinada de outra forma de movimento. E já vimos que, por serem distintas, essas duas medidas não se contradizem.

Assim sendo, evidencia-se que a discussão de Leibniz com os cartesianos não foi, de modo nenhum, mera desavença retórica e que a "palavra de ordem" de D'Alembert de fato nada resolveu. D'Alembert poderia ter guardado para si as tiradas sobre a falta de clareza de seus predecessores, porque tinha tão pouca clareza quanto eles. E, de fato, enquanto não se soubesse onde vai parar o movimento mecânico aparentemente destruído, não haveria como ter clareza. E, enquanto ficarem obstinadamente entre as quatro paredes de sua especialidade científica, mecanicistas matemáticos como Suter sofrerão da mesma falta de clareza de D'Alembert e serão obrigados a nos enrolar com fraseologias vazias e contraditórias.

Porém, como a mecânica moderna expressa essa conversão de movimento mecânico em outra forma de movimento, proporcional a ele em termos de quantidade? – [Diz-se que] ele *realizou trabalho*, uma quantidade bem determinada de trabalho.

Mas isso não esgota o sentido do conceito de "trabalho" no sentido da física. Quando calor é convertido em movimento mecânico, ou seja, movimento molecular em movimento de massa, como ocorre na máquina a vapor ou térmica, quando calor decompõe uma combinação química, quando ele se transforma em eletricidade na termopilha, quando uma corrente elétrica separa os elementos da água do ácido sulfúrico diluído, ou quando, inversamente, o movimento (aliás, a energia) liberado durante o processo químico de uma célula vibratória assume a forma de eletricidade e esta, por sua vez, converte-se em calor no circuito fechado – em todos esses processos, a forma de movimento que inicia o processo e é transformada por ele em outra forma de movimento realiza trabalho, mais precisamente uma quantidade que corresponde à quantidade que lhe é própria.

Portanto, o trabalho é mudança de forma do movimento considerado de acordo com o seu aspecto quantitativo.

Mas de que modo? Quando um peso levantado fica pendurado no alto sem se mover, sua energia potencial durante o repouso também é uma forma de movimento[26]? Claro que sim. Até mesmo Tait chegou à convicção de que a energia potencial subsequentemente se dissolverá em alguma forma de movimento atual (*Nature*)[27]. E, abstraindo disso, Kirchhoff vai mais longe, dizendo (*Math[ematische Physik.] Mech[anik]*, p. 32) "O repouso é um caso específico de movimento", demonstrando, desse modo, que é capaz não só de calcular mas também de pensar dialeticamente.

O conceito de trabalho, que nos foi descrito como muito difícil de apreender sem o auxílio da mecânica matemática, se nos franqueou casualmente, sem esforço e quase ao natural, a partir da análise das duas medidas do movimento mecânico. Em todo caso, sabemos agora mais sobre ele do

---

[26] Hegel critica a contraposição de repouso a movimento em Georg Wilhelm Friedrich Hegel, *Vorlesungen über die Naturphilosophie*, cit., §266, p. 78.

[27] Engels se refere à palestra intitulada *Force*, proferida por Peter Guthrie Tait no 46º Congresso da Associação Britânica para o Progresso da Ciência em Glasgow, realizada no dia 8 de setembro de 1876 e publicada na revista *Nature*, Londres, v. 14, n. 360, 21 set 1876, p. 459-63.

que soubemos pela palestra de Helmholtz sobre a conservação da força, de 1862, na qual ele visava justamente "aclarar tanto quanto possível os conceitos físicos fundamentais do trabalho e sua invariabilidade"[28]. Tudo o que ficamos sabendo ali sobre o trabalho é que ele é expresso em pés-libra, ou então em unidades de calor, e que a quantidade desses pés-libra ou unidades de calor é invariável para determinada quantidade de trabalho. Ademais, que, além das forças mecânicas e do calor, as forças químicas e elétricas também podem realizar trabalho, mas todas essas forças esgotam sua capacidade de trabalho na medida em que realmente produzem trabalho. E que disso resulta o seguinte: a soma das quantidades eficazes de força na totalidade da natureza permanece perpetuamente inalterada, a despeito de todas as mudanças na natureza. O conceito de trabalho não é desenvolvido nem sequer definido*. E é justamente a invariabilidade quantitativa da magnitude do trabalho que lhe oculta a noção de que a mudança qualitativa, a mudança de forma, é condição fundamental de todo trabalho físico. E isso leva Helmholtz a ousar esta afirmação: "atrito e impacto inelástico são processos em que *trabalho mecânico é destruído* e, em seu lugar, calor é gerado" (*Pop[uläre] Vortr[äge]*, [v.] II, p. 166)[29]. Muito pelo contrário. Aqui não se *destrói* trabalho mecânico, aqui se *realiza* trabalho mecânico. O que *aparentemente* é destruído é *movimento* mecânico. Porém, nenhum movimento mecânico jamais poderá realizar um milionésimo de quilogrâmetros de trabalho sem aparentemente destruir-se como tal, sem transformar-se em outra forma de movimento.

Ora, a capacidade de trabalho contida em determinada quantidade de movimento mecânico representa, como vimos, sua força viva e até recentemente foi medida em mv^2. Porém, nesse ponto surgiu uma nova contradição. Ouçamos Helmholtz (*Erh[altung] d[er] Kraft*, p. 9). Aqui se diz que a magnitude do trabalho poderia ser expressa por um peso m elevado à altura h, sendo que a força da gravidade é expressa por g, e a magnitude do trabalho é $= mgh$. Para subir livremente na vertical até a altura h, a velocidade precisa ser $v = \sqrt{2gh}$, atingindo a mesma velocidade novamente ao cair. Logo, $mgh = \frac{mv^2}{2}$, e Helmholtz propõe:

---

[28] Hermann Helmholtz, *Über die Erhaltung der Kraft*, cit., p. vi.

* Não avançamos depois de consultar Clerk Maxwell (*Theory of Heat*, cit.), que diz na p. 87: "*Work is done when resistance is overcome* [trabalho é realizado sempre que é superada uma resistência]", e na p. 185: "*The energy of a body is its capacity for doing work* [a energia de um corpo é sua capacidade de realizar trabalho]". Isso é tudo o que ficamos sabendo sobre o assunto.

[29] Hermann Helmholtz, "Über die Wechselwirkung der Naturkräfte und die darauf bezüglichen neuesten Ermittlungen der Physik", cit., p. 166. Grifos de Engels.

designar logo a magnitude $\frac{1}{2}mv^2$ como quantidade de força viva, o que a torna idêntica à medida de magnitude do trabalho. Essa modificação não tem importância para a aplicação usual do conceito da força viva [...], ao passo que doravante nos garantirá vantagens essenciais.

É difícil de acreditar. Em 1847, Helmholtz tinha tão pouca clareza sobre a relação recíproca de força viva e trabalho que nem sequer se deu conta de que transformara a anterior medida proporcional da força viva em medida absoluta desta, nem sequer chegou a ter consciência da importância da descoberta que fizeram com a sua ousada manobra e recomendou o seu $\frac{mv^2}{2}$ apenas por razões de comodidade em comparação com o mv^2! E por comodidade os mecanicistas permitiram que isso se estabelecesse. Só aos poucos isso também foi comprovado matematicamente; há um desenvolvimento algébrico em [Alexander] Naumann, "Allg[emeine und physikalische] Chemie", p. 7[30], um desenvolvimento analítico em Clausius, *Mech[anische] Wärmetheorie*, 2. ed., v. I, p. 18, que depois é deduzido e executado diferentemente por Kirchhoff (*[Vorlesungen über mathematische Physik. Mechanik]*, cit., p. 27)[31]. Uma bela dedução algébrica de $\frac{mv^2}{2}$ a partir de mv é executada por Clerk Maxwell (*[Theory of Heat]*, cit., p. 88). Isso não impediu nossos dois escoceses, Thomson e Tait, de dizerem o seguinte (*[Treatise on Natural Philosophy]*, cit., p. 163):

> The *Vis Viva*, or Kinetic of a moving body is proportional to the mass and the square of the velocity conjointly. If we adopt the same units of mass [and velocity as before] (a saber, unit of mass moving with unit of velocity)[32] there is a *particular advantage* in defining kinetic energy as *half* the product of the mass and the square of the velocity.
> [A *força viva* ou energia cinética de um corpo em movimento é proporcional à sua massa e simultaneamente ao quadrado da sua velocidade. Se adotarmos as mesmas unidades de massa [e velocidade de antes] (a saber, a unidade da massa que se move com a unidade da velocidade), isso terá a *vantagem particular* de definir a força viva como *metade* do produto da massa pelo quadrado da velocidade.][33]

Aqui, portanto, no caso dos primeiros dois mecanicistas da Escócia, não só a faculdade de pensar, mas também a faculdade de calcular ficaram

---

[30] Alexander Naumann, "Allgemeine und physikalische Chemie", em Leopold Gmelin e Karl Kraut, *Handbuch der Chemie*, v.1 (Heidelberg, Carl Winter's Universitätsbuchhandlung, 1873-1877).
[31] Gustav Kirchhoff, *Vorlesungen über mathematische Physik. Mechanik*, cit., p. 26-8.
[32] Observação de Engels.
[33] Grifos de Engels.

paralisadas. A *particular advantage* [vantagem particular], a praticidade da fórmula, resolve tudo da melhor maneira.

Para nós, vendo que a força viva nada mais é que a capacidade de uma quantidade dada de movimento mecânico realizar trabalho, é óbvio que a expressão da medida mecânica dessa capacidade de trabalho e a do trabalho realmente realizado por ela têm de ser iguais; portanto, se $\frac{mv^2}{2}$ mede o trabalho, a força viva também tem de ser medida por $\frac{mv^2}{2}$. Mas na ciência é assim: a mecânica teórica chega ao conceito da força viva, a mecânica prática do engenheiro chega ao do trabalho e o impõe ao teórico. E, de tanto calcular, as pessoas se desacostumam de pensar, tanto é que por anos a fio não reconheceram o nexo entre os dois, medindo um deles por mv^2, o outro por $\frac{mv^2}{2}$ e, por fim, aceitando $\frac{mv^2}{2}$ pelos dois, não com base no entendimento, mas em função da simplicidade do cálculo*!

---

* A palavra "trabalho", do mesmo modo que a concepção, provêm dos engenheiros ingleses. Porém, em inglês, o trabalho prático é chamado *work*, o trabalho no sentido econômico [é] *labour*. Por conseguinte, o trabalho da física também é designado por *work*, o que exclui toda mistura com o trabalho no sentido econômico. Na língua alemã é diferente e, por conseguinte, a literatura pseudocientífica mais recente possibilitou aplicações curiosas do trabalho no sentido da física a relações econômicas de trabalho e vice-versa. Mas nós também temos a palavra "*Werk*", que, como a palavra inglesa "*work*", presta-se primorosamente para designar o trabalho da física. Como, porém, a economia se situa a uma distância muito grande dos nossos pesquisadores da natureza, dificilmente estes se decidirão a introduzi-la em lugar do termo "*Arbeit*" já estabelecido – a não ser quando já for tarde demais. Clausius é o único que faz a tentativa de pelo menos manter a expressão "*Werk*" ao lado do termo "*Arbeit*". [Ver Rudolf Clausius, *Über den zweiten Hauptsatz der mechanischen Wärmetheorie*, cit., p. 2-3.]

[Anotações e fragmentos]

mv^2 também foi comprovado para moléculas de gás por meio da teoria cinética dos gases e, portanto, a mesma lei para movimento molecular que [vale] para o movimento de massas; a diferença entre as duas foi suprimida aqui.

10 kg[1] levantados a 80 m: obtida a velocidade final de queda de $v = gt = 10 \times 4 = 40$ m. Força de queda $= \frac{1}{2}mv^2 = \frac{1}{2} \times 10 \times 40^2 = 8.000$ kgmt de trabalho ao levantar: $10 \times 80 = 800$ km.

" _____ " " $A = pt = \frac{x}{2g}v^2 xs = 800$ kgm.

quando levantado em 40 segundos: então $v = 2$, $v^2 = 4$

———◆———

10 kg × 80 m = 800 kgm

$\qquad\qquad\qquad\qquad\qquad\qquad\qquad$ 5 + 15 + 25 + 35

10 kg caem 80 m: em 1) 5 + 15 + 25 + 35 – 4 segundos
velocidade no final do 4º segundo = 40 m.

Força de queda $= \frac{1}{2}mv^2 = \frac{1}{2} \times 10 \times 40^2 = 8.000$ kgm $\qquad$ 8.000

$s = \dfrac{v^2}{2g} = \dfrac{40^2}{2 \times 10\text{m}} = \dfrac{160\emptyset}{2\emptyset} = 80 = \dfrac{vt}{2} = \dfrac{40 \times 4}{2} = 80$

$s = \dfrac{mv^2}{2p} = \dfrac{10 \times 40^2}{2 \times 10} = 800.$ $\qquad\qquad\qquad$ 80 + 45 + 55

———◆———

10 kg em massa $= \dfrac{10}{10} = 1$. Sobre a massa 1 uma pressão de 10 kg para 80 m = 800 kgm.

---

[1] Seguem algumas anotações com cálculos preparatórios para o texto "Medida do movimento – trabalho".

Friedrich Engels – Dialética da natureza

A massa 1 cai 80 m em 4 segundos, velocidade final = 40 m.

Força de queda = $\frac{mv^2}{2} = \frac{1 \times 1.600}{2}$ = 800 kgm.

$$\begin{array}{r} 7 \quad 8 \\ 180 + 65 + 75 \\ \underline{140} \\ 320 \end{array}$$

———◆———

50 kg levantados a 180 m. Tempo de queda 6 s. Velocidade final 60 m.

50 kg = massa 5, pressão = 10 kg, percurso 180 m.

Trabalho 5 × 10 × 180 = 9.000 kgm

50 kg = massa 5 cai com velocidade final de 60 m

Trabalho $\frac{5 \times 60^2}{2}$ = 9.000 kgm

40 kg levantados a 320 m. Tempo de queda 8 s. Velocidade final 80 m.

Massa 4 × pressão 10 × percurso 320 = 12.800 kgmt

$\frac{\text{Massa 4} \times \text{velocidade final } 80^2}{2}$ = 12.800 kgmt

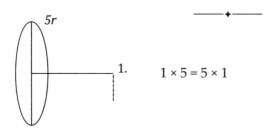

4:1   40 kg no eixo 1 levantam 10 kg no eixo 4 em vez de 320 –

4 × 320 = 1.280 m.

Queda de 10 kg – 1.280 m em 16 s.

Velocidade final 160 m.

Força de queda massa $\frac{1 \times 160^2}{2} = \frac{25.600 \text{ Kgm}}{2}$ = 12.800.

———◆———

5r

1.   1 × 5 = 5 × 1

Massa 4 com velocidade 4 colide em massa 4. Massa 4 + 4 se move com velocidade 2.

Massa 4 tinha energia cinética $= \dfrac{4 \times 4^2}{2} = 32$ $\qquad 4 \times x^2 = 32$

Massa 4 + 4 tinha energia cinética $= \dfrac{8 \times 2^2}{2} = 16$ $\qquad x = \sqrt{8}$

$\qquad\qquad\qquad\qquad\qquad\quad = \dfrac{4 \times 2^2}{2} + \dfrac{4 \times 2^2}{2} =$

$v = \dfrac{MC + mc}{M + m}$

$(M + m)\, v^2 = (M + m) \left(\dfrac{MC + mc}{M + m}\right)^2$

$\qquad\qquad = \left(\dfrac{MC + mc}{M + m}\right)^2$

$v = \dfrac{MC}{M + m}$

$MC_1 + mc_1 \ = M(2v - C) + 2mv \qquad\qquad C_1 = 2v - C$

$\qquad\qquad = 2v(M + m) - MC \qquad\qquad c_1 = 2v$

$\qquad\qquad = 2MC - MC \qquad\qquad\qquad MC = (M + m)\, v$

$\qquad\qquad = MC \qquad\qquad\qquad\qquad 4 \cdot 2 + 4 \cdot 2 \ = 4 \cdot 4$

$MC - MC_1 = mc$

$C + C_1 \ = c \qquad\qquad\qquad\qquad\qquad\qquad MC^2 = (M + m)\, x^2$

$MC^2 - MC_1^2 = mc^2 \qquad\qquad\qquad\qquad x^2 = \dfrac{MC^2}{M + m}$

$MC^2 = MC_1^2 + mc^2 \qquad\qquad\qquad\qquad x = \sqrt{\dfrac{MC^2}{M + m}}$

$4 \times 4^2 \ = 4 \times 2^2 + 4 \times 2^2$

$64 \qquad = 16 + 16$

$4 \times 4^2 \ = 4 \times x^2 + 4 \times x^2$

$\qquad\quad = x^2 (4 + 4)$

$x^2 : \quad = \dfrac{4 \cdot 4^2}{4 + 4} = \dfrac{4 \times 4 \times 4}{4 + 4} = \dfrac{64 \times 4}{8} = 32$

MCm em repouso $\qquad\qquad\quad$ MC^2 antes

$\qquad\qquad\qquad\qquad\qquad\qquad (M + m)\, v^2$ depois

$MC = (M + m)\, v \qquad\qquad\qquad\qquad = \dfrac{MmC^2}{M + m}$

$v = \dfrac{MC}{M + m} \qquad\qquad MC^2 - \dfrac{MmC^2}{M + m} = \dfrac{MC^2(M + m) + MmC^2}{M + m}$

$(M + m)\, v^2 \qquad = \dfrac{MC^2}{(M + m)}$

Friedrich Engels – Dialética da natureza

$$MC^2 - \frac{MC^2}{M+m} = \frac{MC^2(M+m) - MC^2}{M+m}$$
$$= \frac{M^2C^2 + MmC^2 - MC^2}{M+m}$$

———◆———

$$MC^2 - \frac{(MC+mc)^2}{M+m} \qquad\qquad = mr^2 v$$
$$MR^2 V = mr^2 v$$

———◆———

$MC = (M+m)v$

$$v = \frac{MC}{M+m}$$

$$MC^2 - (M+m)v^2 = MC^2 - (M+m)\left(\frac{MC^2}{M+m}\right)^2$$
$$= MC^2 - \frac{M^2C^2}{M+m}$$

———◆———

1) $v = ct$

2) $m = \dfrac{p}{g};$ $\qquad\qquad g = \dfrac{p}{m}$

3) $c = \dfrac{p}{m}$

4) $s = \dfrac{1}{2}vt;$ $\qquad$ mas $t = \dfrac{v}{c}$ (1)

5) $s = \dfrac{v^2}{2c};$ $\qquad\qquad c = \dfrac{p}{m}$ (3); $\quad s = \dfrac{mv^2}{2p}$

6) $ps = \dfrac{mv^2}{2}$

Conteúdo dialético das ciências

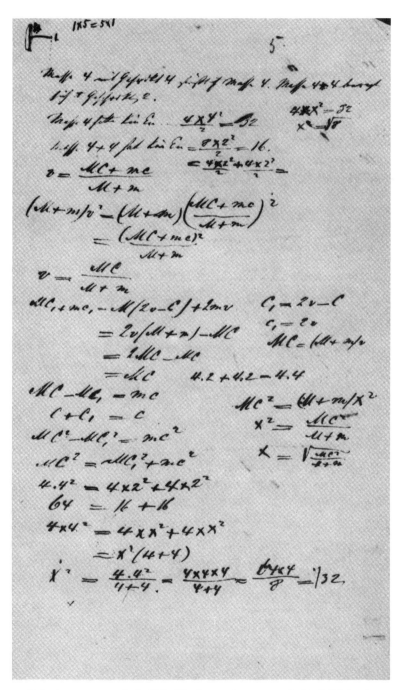

Cálculos para o capítulo "Medida do movimento – trabalho". Página 2.

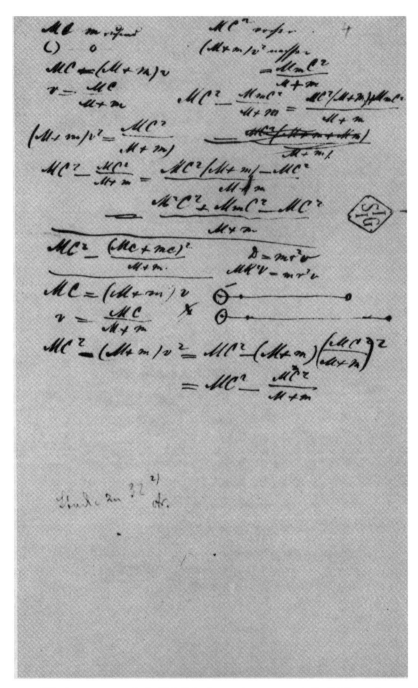

Cálculos para o capítulo "Medida do movimento – trabalho". Página 3.

[Sobre a matemática]

[Sobre os protótipos do infinito matemático no mundo real][1]

[Nota] I.[2]

Sobre as p. 17-8[3]: Sintonização de pensar e ser. — O infinito da matemática

O fato de que nosso pensamento subjetivo e o mundo objetivo estão sujeitos às mesmas leis e, por conseguinte, os resultados de ambos não podem se contradizer no final das contas, mas têm de concordar, domina de modo absoluto todo o nosso pensamento teórico. Ele é seu pressuposto inconsciente e incondicional. Em consequência de um caráter essencialmente metafísico, o materialismo do século XVIII examinou esse pressuposto apenas quanto ao seu conteúdo. Ele se limitou a demonstrar que o conteúdo de todo pensamento e saber deveria provir da experiência sensível e restabeleceu a sentença: *nihil est in intellectu quod non fuerit in sensu* [não há nada no intelecto que não tenha estado também nos sentidos][4]. A moderna filosofia idealista e ao mesmo tempo dialética, principalmente Hegel, foi a primeira a investigá-la também quanto à

---

[1] Engels deu esse título à anotação no sumário do segundo envelope.
[2] Essa anotação foi feita como nota à primeira edição em livro de *Herrn Eugen Dühring's Umwälzung der Wissenschaft*, publicada em Leipzig, em 1878. Ela não chegou a ser usada em nenhuma das edições da obra.
[3] O número de páginas se refere ao primeiro caderno de Friedrich Engels, *Herrn Eugen Dühring's Umwälzung der Wissenschaft*, Heft 1: Philosophie, cit.
[4] Esse princípio do sensualismo remonta a Aristóteles, mas o fundador propriamente dito da teoria sensualista do conhecimento foi o filósofo inglês John Locke. Deste derivam duas linhas: uma delas leva às concepções subjetivistas de George Berkeley e David Hume e a outra, via Étienne Bonnot de Condillac, ao materialismo iluminista francês. Ver também Friedrich Engels e Karl Marx, *A sagrada família*, cit., p. 144-53.

forma. Apesar das inúmeras formulações e fantasias arbitrárias com que nos deparamos aí, apesar da forma do seu resultado, que é a unidade de pensar e ser aparecer idealisticamente posta de cabeça para baixo, é inegável que essa filosofia demonstrou, com a ajuda de uma quantidade de casos e nos mais diferentes campos, a analogia entre os processos do pensamento e os processos da natureza e da história e vice-versa, bem como a validade das mesmas leis para todos esses processos[5]. Em contrapartida, a ciência natural moderna ampliou de tal maneira a sentença da origem experimental de todo o conteúdo do pensamento que jogou no lixo toda a sua antiga limitação e formulação metafísicas. Ao reconhecer a hereditariedade das propriedades adquiridas, ela ampliou o sujeito da experiência do indivíduo para o gênero; não é mais necessário que o indivíduo isolado tenha experimentado algo, sua experiência individual pode ser substituída até certo ponto pelos resultados das experiências de uma série de antepassados seus. Quando entre nós, por exemplo, os axiomas matemáticos parecem óbvios para qualquer criança de oito anos, não carecendo de prova, isso é meramente o resultado da "hereditariedade acumulada". Dificilmente conseguiríamos ensiná-los mediante prova a um bosquímano ou a um negro austral [papua].

No presente escrito[6], a dialética foi concebida como a ciência das leis universais de *todo* movimento. Está incluído nisso que suas leis devem ter validade para o movimento na natureza e na história humana, tanto quanto para o movimento do pensamento. Essa lei pode ser conhecida em duas dessas três esferas, e até em todas as três, sem que fique claro para o relapso metafísico que se trata de uma só e da mesma lei que ele identificou. {Tomemos um exemplo. Entre todos os avanços teóricos certamente nenhum é considerado um triunfo tão elevado do espírito humano quanto a invenção do cálculo infinitesimal na segunda metade do século XVII. Se isso ocorreu em algum lugar, então é aqui que estamos diante de um feito puro e exclusivo do espírito humano. O mistério que ainda hoje envolve as grandezas usadas no cálculo infinitesimal, os diferenciais e o infinito de diversos graus, é a melhor prova de que até agora se imagina que estamos lidando aqui com puras "criações e imaginações livres"[7] do espírito humano, coisas para as quais o mundo objetivo não

---

[5] Ver também Friedrich Engels, "Ludwig Feuerbach und der Ausgang der klassischen deutschen Philosophie", cit., p. 44-9.
[6] Referência a Friedrich Engels, *Herrn Eugen Dühring's Umwälzung der Wissenschaft*, Heft 1: Philosophie, cit.
[7] Eugen Dühring, Cursus der Philosophie als streng wissenschaftlicher Weltanschauung und Lebensgestaltung (Leipzig, E. Koschny, 1875), p. 43.

Conteúdo dialético das ciências

ofereceria nada correspondente. E, no entanto, trata-se do oposto. Para todas essas grandezas imaginárias[8], a natureza oferece os protótipos.

Nossa geometria parte de relações espaciais; nossa aritmética e álgebra, de grandezas numéricas que correspondem às nossas relações terrestres e que, portanto, correspondem às grandezas dos corpos que a mecânica chama de massas – massas do tipo das que ocorrem na Terra e são movidas por seres humanos. Em comparação com essas massas, a massa da Terra parece infinitamente grande e também é tratada como infinitamente grande pela mecânica terrestre. O raio da Terra = ∞, princípio de toda mecânica na lei da queda livre. Porém, não só a Terra mas todo o sistema solar e as distâncias que ocorrem nele parecem ser infinitamente pequenos assim que passamos a nos ocupar de distâncias estimadas em anos-luz no sistema estelar visível a nós por telescópio. Já temos aqui, portanto, um infinito não só de primeira ordem mas também de segunda ordem, e podemos deixar que a fantasia dos nossos leitores projete infinitos de ordem ainda mais elevada no espaço infinito, se tiverem vontade de fazer isso.

Porém as massas terrenas, os corpos com que a mecânica opera, consistem, segundo a visão predominante hoje na física e na química, em moléculas, partículas minúsculas, que não podem mais ser subdivididas sem que se anule a identidade física e química do corpo em questão. Segundo os cálculos de W[illiam] Thomson, o diâmetro da menor dessas moléculas não pode ser menor do que uma parte de 1 milímetro dividido em 50 milhões de partes[9]. Mas suponhamos que a maior molécula alcance um diâmetro de uma parte de 1 milímetro dividido em 25 milhões de partes; mesmo assim, ainda se trata de uma grandeza infimamente pequena em comparação com a menor massa com que a mecânica, a física e até mesmo a química operam. Ainda assim, ela é dotada de todas as propriedades peculiares à respectiva massa e pode representar a massa fisicamente e quimicamente, e de fato a representa em todas as equações químicas. Em suma, ela tem exatamente as mesmas propriedades em relação à massa correspondente como a diferencial matemática em relação a sua variável. Todavia, aquilo que, no cálculo diferencial, na abstração matemática, parece misterioso e inexplicável, aqui se torna óbvio e, por assim dizer, evidente.

Ora, a natureza opera com essas diferenciais, as moléculas, exatamente da mesma maneira e seguindo exatamente as mesmas leis que a matemática segue com suas diferenciais abstratas. Assim, por exemplo, a diferencial de $x^3 = 3x^2 dx$, sendo que $3x dx^2$ e dx^3 são negligenciados. Se fizermos uma

---

[8] Significa aqui o mesmo que grandezas obtidas por abstração.
[9] William Thomson, "The Size of Atoms", *Nature*, Londres, v. 1, n. 22, 31 mar. 1870, p. 553.

construção geométrica disso, teremos um cubo com o comprimento lateral x que sofre um aumento infinitamente pequeno dx. Suponhamos que esse cubo seja feito de um elemento sublimado, digamos, enxofre; que as três superfícies encobertas por um canto estejam protegidas e as outras três estejam expostas. Exponhamos agora esse cubo de enxofre a uma atmosfera de gás de enxofre [anidrido sulfuroso] e baixemos sua temperatura o suficiente para que o gás de enxofre se precipite sobre as três superfícies expostas do cubo. Permanecemos inteiramente dentro do procedimento corriqueiro da física e da química quando consideramos, para imaginar o processo em sua pureza, que sobre cada um dos três lados primeiramente se precipitou uma camada da espessura de uma molécula. O comprimento lateral x do cubo sofreu um aumento correspondente ao diâmetro de uma molécula, dx. O conteúdo do cubo x^3 cresceu na diferença de x^3 e $x^3 + 3x^2dx + 3xdx^2 + dx^3$, sendo que, pela mesma razão com que a matemática faz isso, podemos negligenciar dx^3, *uma* molécula, e $3xdx^2$, três fileiras de moléculas dispostas lado a lado em linha simples do comprimento de $x + dx$. O resultado é o mesmo: o aumento de massa do cubo é de $3x^2dx$.

A rigor, dx^3 e $3xdx^2$ não ocorrem no cubo de enxofre, porque duas ou três moléculas não podem ocupar o mesmo espaço e, por conseguinte, seu aumento de massa corresponde exatamente a $3x^2dx + 3xdx + dx$. A explicação é que, na matemática, dx constitui uma grandeza linear, mas esse tipo de linha sem espessura nem largura, como se sabe, não ocorre de modo autônomo na natureza e, portanto, as abstrações matemáticas só têm validade incondicional na matemática pura. E, se ela negligencia $3xdx^2 + dx^3$, é porque isso não faz nenhuma diferença.

O mesmo ocorre na evaporação. Quando a camada molecular superior dentro de um copo de água evapora, a altura do nível de água x sofreu uma diminuição de dx, e a volatilização constante de camada molecular após camada molecular constitui de fato uma diferenciação continuada. E, quando o vapor quente é novamente condensado por pressão e resfriado e volta a se transformar em água dentro de um recipiente e uma camada molecular se deposita sobre outra (é admissível abstrair aqui das circunstâncias colaterais que poluem o processo) até que o recipiente esteja cheio, teve lugar literalmente uma integração que se diferencia da integração matemática unicamente pelo fato de que esta é efetuada pelo cérebro humano e aquela inconscientemente pela natureza. Porém não é só na passagem do estado líquido para o gasoso e vice-versa que ocorrem processos totalmente análogos aos do cálculo infinitesimal. Quando – por impacto – o movimento de massas como tal é suspenso e transformado em calor, em movimento molecular, o que aconteceu senão a diferenciação do movimento de massas? E, quando os movimentos moleculares do

Conteúdo dialético das ciências

vapor no cilindro da máquina a vapor se somam a ponto de levantarem o êmbolo até certa altura, a ponto de se converterem em movimento de massa, eles não foram integrados? A química decompõe as moléculas em átomos, grandezas de menor massa e extensão espacial, mas grandezas da mesma ordem, de modo que ambas se encontram em relações recíprocas finitas e determinadas. Todo o conjunto de equações químicas que expressam a composição molecular dos corpos é, portanto, quanto a sua forma, composto de equações diferenciais. Na realidade, porém, elas já estão integradas pelos pesos atômicos que figuram nelas. Pois a química calcula com diferenciais, cuja relação recíproca de magnitude é conhecida.

Porém de modo nenhum os átomos são tidos como simples ou mesmo como as menores partículas materiais conhecidas. Abstraindo da própria química, que tende cada vez mais para a visão de que os átomos são compostos, a maioria dos físicos afirma que o éter cósmico que transmite radiação luminosa e calórica consistiria igualmente em partículas discretas que, no entanto, seriam tão pequenas que estariam para os átomos químicos e as moléculas físicas como estes para as massas mecânicas, ou seja, como d^2x para dx. Aqui, portanto, na representação agora corriqueira da constituição da matéria, temos igualmente a equação diferencial de segunda ordem e não existe razão nenhuma para que quem gosta de fazer isso não deva imaginar que existem análogos na natureza também para d^3x, d^4x etc.

Portanto, independentemente da visão que se tenha da constituição da matéria, o que se sabe com certeza é que ela se subdivide em uma série de grandes grupos bem delimitados quanto a sua massividade relativa, de modo que os componentes de cada grupo individual se encontram em relações mútuas determinadas e finitas conforme as suas massas, mas que, diante das massas do grupo seguinte, se encontram numa relação de magnitude ou pequenez infinita, no sentido da matemática. O sistema estelar visível, o sistema solar, as massas terrenas, as moléculas e os átomos e, por fim, as partículas do éter formam, cada um deles, um grupo desse tipo. Nada se alterará se encontrarmos elos intermediários entre os grupos individuais. Assim, entre as massas do sistema solar e as massas terrenas encontram-se os asteroides, alguns dos quais com um diâmetro maior do que, por exemplo, o principado de Reuß de linhagem mais recente[10], os meteoros etc. Do mesmo modo a célula entre as massas terrenas e as moléculas no mundo orgânico. Esses elos intermediários só provam que não há salto na natureza, *justamente porque* a natureza se compõe exclusivamente de saltos.

---

[10] O principado de Reuß de linhagem mais jovem (= Reuß-Gera-Schleiz) era um pequeno Estado da Turíngia (826 km^2 e 86.400 habitantes em 1864).

Na medida em que calcula com grandezas reais, a matemática também aplica sem mais nem menos esse modo de ver as coisas. Para a mecânica terrestre, a massa da Terra já é tida como infinitamente grande, do mesmo modo que para a astronomia as massas terrenas e os meteoros que lhes correspondem são infinitamente pequenos, desaparecendo igualmente para ela as distâncias e massas dos planetas do sistema solar assim que ela vai além das estrelas fixas mais próximas e começa a investigar a constituição do nosso sistema estelar. Porém, assim que os matemáticos se recolhem na abstração, que é sua fortaleza inexpugnável, na assim chamada matemática pura, todas essas analogias caem no esquecimento, o infinito torna-se algo totalmente misterioso e a maneira como se opera com ele na análise aparece como algo puramente incompreensível, que contradiz toda a experiência e todo o entendimento. As tolices e os absurdos com que os matemáticos mais desculpam esse seu procedimento, que curiosamente sempre leva a resultados corretos, superam as piores fantasias aparentes e reais, por exemplo, da filosofia hegeliana da natureza, a respeito da qual os matemáticos e os pesquisadores da natureza não cansam de dizer horrores. Eles fazem em escalas bem maiores o que criticam em Hegel, ou seja, que ele leva as abstrações às últimas consequências. Esquecem que toda a assim chamada matemática pura se ocupa de abstrações, que *todas* as suas grandezas, a rigor, são imaginárias e que todas as abstrações, levadas às últimas consequências, se convertem em contrassenso ou em seu oposto. O infinito matemático é emprestado da realidade, ainda que inconscientemente, e, por isso, só pode ser explicado a partir da realidade e não a partir de si mesmo, não a partir da abstração matemática. E, quando examinamos a realidade em busca disso, também encontramos, como vemos, as relações reais das quais foi emprestada a relação matemática da infinitude e até os análogos naturais do modo matemático de operar essa relação. E com isso o assunto está explicado. (Em Haeckel, reprodução ruim da identidade de pensar e ser. Mas também *a contradição entre matéria contínua e matéria discreta*[11]; ver Hegel[12]).

---

[11] Engels se refere à concepção desenvolvida por Ernst Haeckel de que toda matéria tem alma, não só os plastídios, ou seja, as moléculas do protoplasma, mas também os átomos. Ernst Haeckel, *Die Perigenesis der Plastidule oder die Wellenzeugung der Lebenstheilchen*, cit., p. 37-8.

[12] Ver Georg Wilhelm Friedrich Hegel, *Wissenschaft der Logik*, Th. 1: Die objective Logik, Abth. 1: Die Lehre vom Seyn, cit., p. 208-20.

Conteúdo dialético das ciências

Os assim chamados axiomas matemáticos são aquelas poucas determinações do pensamento de que a matemática necessita como ponto de partida. A matemática é a ciência das grandezas; ela tem como ponto de partida o conceito de grandeza. Ela define esta última de modo capenga e então acrescenta as demais determinidades elementares da grandeza, que não estão exteriormente na definição, como axiomas, nos quais aparecem, então, como não demonstradas e naturalmente também como *matematicamente* não demonstráveis. A análise da grandeza resultaria em que todas essas determinações axiomáticas são determinações necessárias da grandeza. [Herbert] Spencer tem razão, na medida em que é *herdado* aquilo que supomos ser a *obviedade* desses axiomas. Estes podem ser demonstrados dialeticamente na medida em que não são puras tautologias[13].

———◆———

Identidade e diferença – a relação dialética já se encontra no cálculo diferencial em que dx é infinitamente pequeno e, não obstante, é efetivo e realiza tudo.

———◆———

Questões matemáticas. Não há nada que pareça repousar sobre uma base inabalável, a não ser a diferenciação das quatro *species* [espécies, isto é, de operações matemáticas], dos elementos de toda a matemática. E, não obstante, de início a multiplicação já se apresenta como adição abreviada, a divisão como subtração abreviada de determinada quantidade de grandezas numéricas iguais; e há o caso – quando o divisor é fração – em que a divisão é realizada mediante multiplicação pela fração inversa. No caso do cálculo algébrico, vai-se muito mais longe. Toda subtração ($a - b$) pode ser representada como adição ($- b + a$), toda divisão $\frac{a}{b}$ como multiplicação $a \cdot \frac{1}{b}$. No cálculo com grandezas potenciais, vai-se muito mais longe. Desaparecem todas as diferenças fixas entre as espécies de cálculo. Tudo pode ser representado na forma oposta. Uma potência como raiz ($x^2 = \sqrt{x^4}$), uma raiz como potência ($\sqrt{x} = x^{\frac{1}{2}}$). O número 1 dividido por uma potência ou raiz como potência do denominador ($\frac{1}{\sqrt{x}} = x^{-\frac{1}{2}}$, $\frac{1}{x^3} = x^{-3}$). A multiplicação ou divisão das potências de uma grandeza se

O ponto de mutação na matemática foi a grandeza variável de Descartes. Com ela, o movimento e com este a dialética na matemática e com esta também imediata e necessariamente o cálculo diferencial e integral, que não foram inventados por Newton e Leibniz, mas de imediato iniciados e levados à completude em seus grandes traços

---

[13] Friedrich Engels, *Anti-Dühring*, cit., p. 152 e seg.

transformam em adição ou subtração de seus expoentes. Todo número pode ser concebido e representado como potência de todo outro número (logaritmos, $y = a^x$). E essa conversão de uma forma na oposta não é brincadeira de quem não tem o que fazer; ela é uma das alavancas mais poderosas da ciência matemática, sem a qual hoje dificilmente se executaria um cálculo ainda mais difícil. Que se experimente riscar da matemática apenas as potências negativas e fracionais e se verá onde vamos parar[14].

(Desenvolver antes $- \cdot - = +, \frac{-}{-} = +, \sqrt{-1}$ etc.)

---◆---

Foi o cálculo diferencial que tornou possível à ciência natural representar matematicamente *processos* e não só *estados*: movimentos.

---◆---

Molécula e [cálculo] diferencial. [Gustav] Wiedem[ann] (v. III, p. 636) contrapõe diretamente distâncias *finitas* e distâncias *moleculares*[15].

---◆---

Quantidade e qualidade. O número é a determinação quantitativa mais pura que conhecemos. Mas ele está repleto de diferenças qualitativas. 1) Hegel, quantidade e unidade, multiplicar, dividir, potenciar, extrair a raiz. Por essa via já são produzidas, o que H[egel] não enfatiza[16], diferenças qualitativas: números primos e produtos, raízes simples e potências. [O número] 16 não é a mera soma de dezesseis números 1, mas também o quadrado de 4, e 2 na quarta potência. Tem mais. Os números primos transmitem novas qualidades aos números derivados deles pela multipl[icação] por outros números: só números pares são divisíveis por 2, determinações semelhantes para 4 e 8. Para o 3, entra em cena a soma de verificação, valendo o mesmo para o 9 e o 6 quando estão ligados a um número par. Para o 7 vale uma lei especial. Com base nisso, elaboram-se truques com números, que ao indouto parecem incompreensíveis. Portanto, não é correto o que H[egel] diz sobre

---

[14] Ver a respeito dessa nota Georg Wilhelm Friedrich Hegel, *Wissenschaft der Logik*. Th. 1: Die objective Logik. Abth. 1: Die Lehre vom Seyn, cit., p. 226-36, nota 1.

[15] Gustav Heinrich Wiedemann, *Die Lehre vom Galvanismus und Elektromagnetismus* (2. ed., Braunschweig, F. Vieweg und Sohn, 1874), v. 2, seção 1, p. 636.

[16] Ver Georg Wilhelm Friedrich Hegel, *Wissenschaft der Logik*. Th. 1: Die objective Logik. Abth. 1: Die Lehre vom Seyn, cit., p. 228.

a irreflexão da aritmética ("Quantität [Quantidade]", p. 237)[17]. Ver, no entanto: "Maß [Medida]"[18].

Quando fala de infinitamente grande e infinitamente pequeno, a matemática introduz uma diferença qualitativa, que chega até a se apresentar como antagonismo qualitativo intransponível: tornam-se incomensuráveis as quantidades cuja disparidade é de uma enormidade tal que cessa toda relação racional, toda comparação entre elas. A incomensurabilidade habitual, por exemplo, de círculo e linha reta é também uma diferença qualitativa dialética; mas, aqui, trata-se da diferença *quantitativa* de grandezas *da mesma espécie* que intensifica a diferença *qualitativa* até a incomensurabilidade[19].

———◆———

Número. O número individual adquire uma qualidade já no sistema numérico e dependendo de qual sistema seja esse. [O número] 9 não é só o 1 somado nove vezes, mas a base para 90, 99, 900 mil etc. Todas as leis numéricas dependem do sistema adotado e são determinadas por ele. Nos sistemas diádico e triádico 2 × 2 não são = 4, mas = 100 ou = 11. Todo sistema com número básico ímpar elimina a diferenciação entre números pares e ímpares, como, por exemplo, no sistema pentanumérico 5 = 10 e 10 = 20, 15 = 30. No mesmo sistema, o mesmo se dá com o número cruzado 3*n* dos produtos de 3 ou então 9 (6 = 11, 9 = 14). O número básico determina, portanto, não só a sua qualidade mas também a de todos os outros números.

Na relação entre potências, vai-se ainda mais longe: todo número pode ser concebido como potência de todo outro número – existem tantos sistemas de logaritmos quantos os números inteiros e fracionados.

———◆———

O *zero* não é destituído de conteúdo só por constituir a negação de toda quantidade determinada. Pelo contrário, o zero possui um conteúdo bem determinado. Como fronteira entre todas as grandezas positivas e negativas, com único número realmente neutro, que não pode ser + nem –, ele não só é um número bem determinado mas também é em si mais importante do que todos os números delimitados por ele. O zero de fato tem mais conteúdo do que qualquer outro número. Postado à direita

---

[17] Ibidem, p. 237. Ver também p. 401: a matemática como "ciência das medidas".
[18] Ibidem, p. 432-3.
[19] Ver ibidem, p. 272-315.

de qualquer outro número, confere a este, no nosso sistema numérico, um valor dez vezes maior. Em vez do zero, poderíamos empregar qualquer outro sinal para indicar isso, mas somente com a condição de que esse sinal, tomado para si, signifique zero, seja = 0. Portanto, é da natureza do próprio zero ser usado para isso e só ele pode ser usado assim. O zero anula qualquer outro número pelo qual é multiplicado; unido como divisor ou dividendo a qualquer outro número, torna-o, no primeiro caso, infinitamente grande e, no segundo, infinitamente pequeno; ele é o único número que se encontra numa relação infinita com todos os outros. $\frac{0}{0}$ pode expressar qualquer número entre $-\infty$ e $+\infty$, e em cada caso representa uma grandeza real. – O conteúdo real de uma equação só aparecerá claramente quando todos os seus termos forem trazidos para um dos lados e, assim, a equação for reduzida a zero, como já acontece no caso de equações quadráticas, sendo regra quase universal na álgebra superior. Nesse caso, uma função $F(x, y) = 0$ também pode ser estipulada como igual a z e esse z, embora seja = 0, pode ser diferenciado como uma variável dependente comum, como o seu quociente diferencial parcial.

Porém o próprio nada de qualquer quantidade ainda é quantitativamente determinado e unicamente por isso é possível calcular com o zero. Os mesmos matemáticos que com toda a naturalidade calculam com o zero da maneira acima indicada, isto é, operam com ele como se fosse uma representação quantitativa determinada, estabelecendo com ele relações quantitativas com outras representações quantitativas, põem as mãos na cabeça quando leem isso em Hegel na seguinte formulação generalizada: o nada de algo é um nada *determinado*[20].

Mas vejamos a geometria (analítica). Nela o zero é um ponto determinado a partir do qual se mede sobre uma linha positivamente para um lado e negativamente para o outro. Aqui, portanto, o ponto zero tem não só uma importância tão grande quanto qualquer ponto caracterizado com um indicativo de grandeza + ou – mas também uma importância muito maior do que todos: ele é o ponto do qual todos dependem, ao qual todos se referem, pelo qual todos são determinados. Em muitos casos, esse ponto pode ser adotado de modo bem arbitrário. Mas, uma vez adotado, permanece o centro de toda operação, frequentemente determinando até a direção da linha na qual os outros pontos – os pontos finais das abscissas – devem ser inseridos. Por exemplo, se, para chegar à equação do círculo, escolhemos um ponto qualquer da periferia como ponto zero, a linha

---

[20] Ver ibidem, p. 74.

Conteúdo dialético das ciências

das abscissas deve passar pelo centro do círculo. Tudo isso se aplica do mesmo modo à mecânica, onde igualmente, no cálculo dos movimentos, o ponto zero adotado em cada caso constitui o pivô de toda a operação. O ponto zero do termômetro é o limite inferior bem determinado da seção de temperatura que é subdividida em um número qualquer de graus e, desse modo, serve de medida para as gradações da temperatura tanto dentro dele mesmo quanto para temperaturas mais altas ou mais baixas. Trata-se, portanto, de um ponto bem essencial. E mesmo o ponto zero absoluto do termômetro não representa, de modo nenhum, uma negação pura e abstrata, mas um estado bem determinado da matéria: o limite no qual desaparece o último vestígio de movimento autônomo das moléculas e a matéria só atua ainda como massa. Onde quer que nos deparemos com o zero, ele representa algo bem determinado e sua aplicação prática na geometria, mecânica etc. prova que – como limite – ele é mais importante do que todas as grandezas reais por ele limitadas.

———◆———

[O número] um. Nada parece mais simples do que a unidade quantitativa e nada é mais multifacetado do que ela, assim que a examinamos em conexão com a pluralidade correspondente e de acordo com os diferentes modos como ela surge a partir desta. Primeiramente, o 1 é o número básico de todo o sistema numérico positivo e negativo, por meio de cuja adição sucessiva a si mesmo surgem todos os outros números. – O número 1 é a expressão para todas as potências positivas, negativas e fracionadas de um: $1^2, \sqrt{1}, 1^{-2}\ 1^{\frac{1}{2}}$ são todas iguais a 1. – O 1 é a razão de todas as frações, cujo numerador e denominador resultam iguais. – É expressão de todo número elevado à potência zero e, desse modo, o único número cujo logaritmo é o mesmo em todos os sistemas, a saber, = 0. Desse modo, o 1 é o limite que divide todos os sistemas possíveis de logaritmos em duas partes: se a base foi maior do que 1, os logaritmos de todos os números maiores que 1 serão positivos e todos os números menores que 1 serão negativos; se a base foi menor do que 1, dá-se o inverso. Portanto, se cada número contém a unidade em si, na medida em que se compõe só do 1 somado a si mesmo, então o 1 igualmente contém em si todos os outros números. Isso não só em termos de possibilidade, na medida em que podemos construir cada número a partir da unidade, mas em termos de realidade, na medida em que o 1 é uma potência determinada de cada outro número. Porém os mesmos matemáticos que, sem mover um músculo da face, interpolam onde lhes convém em seus cálculos $x^0 = 1$ ou uma fração cujo denominador e numerador são iguais e que, portanto,

Friedrich Engels – Dialética da natureza

também representa o 1, os quais, portanto, utilizam matematicamente a pluralidade contida na unidade, torcem o nariz e fazem caretas quando alguém lhes diz, em termos universais, que unidade e pluralidade são conceitos inseparáveis que se interpenetram e a pluralidade está contida na unidade tanto quanto a unidade na pluralidade[21]. Porém vemos quanto isso é correto assim que abandonamos o campo dos puros números. Já na medição de linhas, superfícies e volumes de corpos evidencia-se que podemos adotar qualquer grandeza da ordem correspondente como unidade e o mesmo na medição de tempo, peso, movimento etc. Para medir [e pesar] células, milímetros e miligramas ainda são muito grandes; para medir distâncias interestelares ou a velocidade da luz, o quilômetro já se torna incomodamente pequeno, do mesmo modo que o quilograma para calcular as massas planetárias ou mesmo a massa solar. Aqui fica evidente quanta multiplicidade e pluralidade estão contidas no conceito à primeira vista tão simples da unidade.

———◆———

Potências de expoente zero: importantes na sequência logarítm[ica]:

$$0. \quad 1. \quad 2. \quad 3. \quad \log$$
$$10^0. \ 10^1. \ 10^2. \ 10^3.$$

Todas as variáveis em algum ponto passam pelo 1; portanto, também as constantes de potência variável, $a^x = 1$, quando $x = 0$. $a^0 = 1$ nada significa, além de conceber o número 1 em conexão com os demais termos da série de potências de a, pois só ali ele tem sentido e pode produzir resultados $\left(\sum x^0 = \frac{x}{w}\right)$; porém, de resto ele não pode. Daí decorre que também a unidade – por mais que pareça idêntica a si mesma – encerra em si mesma uma multiplicidade infinita por poder constituir a potência 0 de qualquer outro possível número; e que essa multiplicidade não é meramente imaginária se comprova toda vez que o número 1 é concebido como 1 determinado, como resultado variável de um processo (como grandeza momentânea ou forma de uma variável) em conexão com esse processo[22].

———◆———

---

[21] Ver ibidem, p. 174-81.
[22] Ver Charles Bossut, *Traités de calcul différentiel et de calcul intégral*, t. 1 (Paris, Impr. de la République, 1797-1798), ano VI, p. 38. Essa é a única obra matemática que Engels cita na *Dialética da natureza*.

$\sqrt{-1}$[23]. – As grandezas negativas da álgebra são reais somente na medida em que se referem a grandezas positivas, somente em relação a elas; fora dessa relação, tomadas por si, são puramente imaginárias. Na trigonometria e na geometria analítica, bem como nos ramos da matemática superior construídos com base naquelas, elas expressam uma determinada tendência do movimento que é contraposta à tendência positiva; porém, pode-se contar os senos e as tangentes do círculo tanto a partir do quadrante direito inferior quanto do quadrante direito superior e, portanto, inverter diretamente + e –. O mesmo se dá na geometria analítica, onde as abscissas podem ser calculadas para dentro do círculo, a partir da periferia, ou do centro e, em todas as curvas, até para fora da curva, na direção habitualmente caracterizada como negativa, em qualquer direção e, ainda assim, resultam numa equação racional correta da curva. Aqui o + só existe como complemento do – e vice-versa. Porém a abstração da álgebra a trata como uma grandeza real e autônoma também fora da relação com uma grandeza positiva, *maior*.

———◆———

Matem[ática]. Para o senso comum parece bobagem decompor uma determinada grandeza, como um binômio, por exemplo, numa sequência infinita e, portanto, em algo indeterminado. Porém onde estaríamos sem as sequências infinitas e sem o teorema binomial?

———◆———

Assíntotas. A geometria tem início com a descoberta de que reto e curvo são opostos absolutos, que o reto é totalmente inexprimível no curvo e o curvo no reto e as duas coisas são incomensuráveis. E, no entanto, não há como fazer o cálculo do círculo, a não ser expressando seu perímetro em linhas retas. Porém, nas curvas com assíntotas, o reto se confunde completamente com o curvo e o curvo com o reto, bem como a ideia de paralelismo: as linhas não são paralelas, aproximam-se constantemente uma da outra, mas nunca se juntam; o braço da curva vai se tornando cada vez mais reto sem jamais se tornar inteiramente reto – assim, na geometria analítica, a linha reta é vista como uma curva de primeiro grau, com curvatura infinitamente pequena. Por maior que se torne – x da curva logarítmica, y jamais poderá ser = 0.

———◆———

---

[23] Ver Friedrich Engels, *Anti-Dühring*, cit., p. 152.

Quando a matemática do reto e do curvo já estava praticamente esgotada, abre-se uma nova via quase infinita pela matemática que concebe o curvo como reto (triângulo diferencial) e o reto como curvo (curva de primeiro grau, com curvatura infinitamente pequena). Ó metafísica!

No cálculo diferencial, *reto e curvo* são igualados em última instância: no triângulo diferencial cuja hipotenusa constitui a diferencial do arco (no método das tangentes), essa hipotenusa pode ser vista *comme une petite ligne droite qui est tout à la fois l'élément de l'arc et celui de la tangente* [como uma pequena linha reta que é, ao mesmo tempo, elemento do arco e da tangente] – quer a curva seja considerada composta de uma quantidade infinita de linhas retas, quer também *lorsqu'on la considère comme rigoureuse; puisque le détour à chaque point M étant infiniment petit, la raison dernière de l'élément de la courbe à celui de la tangente* est évidemment une raison d'égalité [quando é considerada rigorosa; pois, sendo o desvio em cada ponto M infinitamente pequeno, a razão última do elemento da curva em relação à tangente *é evidentemente uma razão de igualdade*]. Aqui, portanto, embora a relação se aproxime constantemente daquela da igualdade, mas de acordo com a natureza da curva *de modo assintótico*, dado que o contato se restringe a um *ponto* que não tem comprimento, ainda assim, no final, considera-se que se alcançou a igualdade do reto e do curvo – [Charles] Bossut, *Calcul diff[érentiel] et intégr[al]* (Paris, v. VI, n. I, p. 149)[24]. No caso das curvas polares, até se considera que a abscissa imaginária diferencial é paralela à abscissa real e faz-se a operação tendo isso em vista, embora ambas se encontrem no polo; chega-se a deduzir daí a semelhança de dois triângulos, um dos quais tem um ângulo reto no ponto de interseção das duas linhas sobre cujo paralelismo está fundada toda a semelhança! Fig[ura] 17[25].

───────◆───────

---

[24] Charles Bossut, *Traités de calcul différentiel et de calcul intégral*, t. 1, cit., ano VI, p. 149.
[25] Trata-se da seguinte figura (Bossut, cit., p. 149):

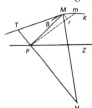

BMK é a curva ("curva polar"). MT é a tangente dessa curva. P é o polo ou a origem da coordenada. PZ é o eixo polar. PM é a ordenada do ponto M, que Engels chama de "abscissa real" (o nome atual é raio vetor). Pm é a ordenada do ponto m infinitamente próximo de M, que Engels chama de "abscissa imaginária diferencial". MH é a vertical da tangente MT. TPH é a vertical da ordenada PM. Mr é o arco formado pelo raio PM. Visto que MPm forma um ângulo infinitamente pequeno, PM e Pm são vistos como paralelos. Por isso, os triângulos Mrm e TPM (assim como os triângulos Mrm e MPH) são vistos como similares.

Trigonometria. Depois que a geometria sintética esgotou as propriedades de um triângulo considerado em si e não tem mais nada de novo a dizer, descortina-se um horizonte ampliado por meio de um procedimento muito simples perfeitamente dialético. O triângulo não é mais considerado em si e por si, mas em conexão com outra figura, o círculo. Todo triângulo retângulo pode ser considerado acessório de um círculo: se a hipotenusa for = *r*, os catetos serão seno e cosseno; se um dos catetos for = *r*, o outro será = tangente e a hipotenusa = secante. Por essa via, os lados e os ângulos estabelecem relações determinadas bem diferentes entre si, não havendo como descobri-las nem utilizá-las sem essa relação do triângulo sobreposto ao círculo; assim, desenvolve-se uma teoria totalmente nova do triângulo, que supera em muito a antiga e pode ser aplicada em toda parte, porque todo triângulo pode ser decomposto em dois triângulos retângulos. Esse desenvolvimento da trigonometria a partir da geometria sintética é um bom exemplo de como a dialética compreende as coisas em sua interconexão, em vez de compreendê-las isoladas.

———◆———

Aplicação da matemática: na mecânica dos corpos sólidos, [aplica-se] de modo absoluto, na dos gases, de modo aproximado, na dos líquidos já é mais difícil – na física, mais por tentativas e de modo relativo – na química, equações simples de primeiro grau de natureza simplicíssima – na biologia = 0.

———◆———

	= superfície do cilindro[26]
Esfera	superfície = $4\pi R^2$ = 4 grandes superfícies circulares
	Volume = $\frac{4}{3}\pi R^3$ = $\frac{2}{3}$ do cilindro circundado
Pirâmide	" = $\frac{1}{3}$ base x altura = $\frac{1}{3}$ prisma.
Cone	" = do, = $\frac{1}{3}$ cilindro.

———◆———

---

[26] Os cálculos a seguir foram realizados em conexão com a anotação intitulada "Trigonometria" (acima).

Friedrich Engels – Dialética da natureza

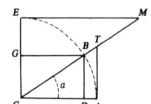

$\text{sen}^2 a + \cos^2 a = R^2 = 1$ (1)

$\sec^2 a = \tan^2 a + R^2 = \tan^2 a + 1$ (2)

(por causa de $CBD \sim CTA$:)

$\tan a = \dfrac{R \sin a}{\cos a} = \dfrac{\sin a}{\cos a}$ (3)

$\sec a = \dfrac{R^2}{\cos a} = \dfrac{1}{\cos a}\quad =$ (4)

(por causa de $CBD \sim CBG \sim CME$:)

$\cot a = \dfrac{R \cos a}{\sin a} = \dfrac{\cos a}{\sin a}\quad =$ (5)

$\cos a = \dfrac{R^2}{\sin a} = \dfrac{1}{\sin a}\quad -$ (6)

por causa de ($CTA \sim CME$) e multiplicado de (3) e (5)

$\tan a \times \cot a = R^2 = 1 \quad -$ (7)

(CME) – $\operatorname{cosec}^2 a = R^2 + \cot^2 a = 1 + \cot^2 a$ (8)

De (4) e (2): $\cos a = \dfrac{R^2}{\sqrt{R^2 + \tan^2 a}} = \dfrac{1}{\sqrt{1 + \tan^2 a}}\quad -$ (9)

De (3) $\quad \sin a = \dfrac{R \tan a}{\sqrt{R^2 + \tan^2 a}} = \dfrac{\tan a}{\sqrt{1 + \tan^2 a}}\quad -$ (10)

Em *todo* triângulo $\dfrac{\sin A}{a} = \dfrac{\sin B}{b} = \dfrac{\sin C}{c}$

(abc os lados opostos)

$\text{sen}\,(a \pm b) = \text{sen}\,a \cos b \pm \text{sen}\,b \cos a$

$\cos (a \pm b) = \cos a \cos b \operatorname{sen} a \operatorname{sen} b$

ou seja, $\text{sen}\,(2a) = 2 \operatorname{sen} a \cos a$

$\cos (2a) = \cos^2 a - \sin^2 a = 2\cos^2 a - 1 = 1 - 2\sin^2 a$

$(r \times r^2 = 1)$

$\tan (a \pm b) = \dfrac{\tan a \pm \tan b}{1 \mp \tan a \tan b},\ \tan (2a) = \dfrac{2 \tan a}{1 - \tan^2 a}$

$\tan \left(\dfrac{1}{2}a\right) = \dfrac{1 - \cos a}{\sin a}$

$$F(x+h, y+k) = z + \frac{dz}{dy}\frac{dy}{dx}h + \frac{dy}{dz}\frac{dz}{dx}h.$$

$$\frac{F(x+h, y+k) - F(x,y)}{h} = \frac{dz}{dy}\frac{dy}{dx} + \frac{dz}{dx}$$

$$\frac{Dz}{dx} = \frac{dz}{dy}y' + \frac{dz}{dx}$$

$z = F(xy)$; x se torna $x + h$ como o pressuposto indireto, então

$F(x+h, y) = $ (Taylor) $z + \frac{dz}{dx}h...$; então y se torna $y + k$, ou seja,

$F(x+h, y+k) = z + \frac{dz}{dy}k + \frac{dz}{dx}h...$

Agora $h = dx$, $k = dy$, ou seja, $k = \frac{dy}{dx}h$

Ou seja, $F(x+h, y+k) = z + \left(\frac{dz}{dx} \cdot \frac{dy}{dx} + \frac{dz}{dx}\right)h...$

$F(x+h, y+k) - z$ (ou Fx, y) = como acima sem z.

Dividindo por h ou por dx, temos

$$\frac{Dz}{dx} = \frac{dz}{dy} \cdot \frac{dy}{dx} + \frac{dz}{dx}.$$

$$z' = \frac{dz}{dx} + \frac{dz}{dy}y'$$

$$z'' = \frac{D}{dx}\left(\frac{dz}{dx}\right) + \frac{D}{dy}\left(\frac{dz}{dy}y'\right)$$

$$= \frac{d^2z}{dx^2} + y'\frac{d^2z}{dxdy} + y'\frac{d^2z}{dy^2}\frac{dy}{dx} + y'\frac{d^2z}{dxdy} + y''\frac{dz}{dy}$$

$$= \frac{d^2z}{dx^2} + 2y'\frac{d^2z}{dxdy} + y'^2\frac{d^2z}{dy^2} + y''\frac{dz}{dx}$$

[Sobre mecânica e astronomia]

Exemplo da necessidade do pensamento dialético e das categorias e relações não fixas na natureza: a lei da queda livre[1], que já se torna incorreta depois de alguns minutos de queda, porque então o raio da Terra já não pode mais ser estipulado sem erro como = ∞, e a atração da Terra aumenta, em vez de permanecer constante, como pressuposto pela lei da queda livre de Galilei. Apesar disso, essa lei continua a ser ensinada e a ressalva é omitida!

———◆———

Atração e força centrífuga de Newton[2] – exemplo de pensamento metafísico: o problema não é resolvido, mas somente *levantado*, e isso é ensinado como solução. – O mesmo quanto à diminuição do calor em Clausius[3].

———◆———

Gravitação newtoniana. A melhor coisa que se pode dizer dela é que não explica, mas *ilustra* o estado atual do movimento planetário. O movimento está dado. O mesmo vale para a força de atração do Sol. Como deve ser explicado o movimento tendo em vista desses dados? Por meio do paralelogramo das forças, por meio de uma força tangencial que agora se torna um postulado necessário que *temos* de aceitar. Isto é, pressupondo a *eternidade* do estado existente, necessitamos de *um primeiro impulso*, de Deus. Acontece que nem o estado planetário existente é eterno nem o movimento é originalmente composto, mas *simples rotação*, e é errado

---

[1] Ver também Georg Wilhelm Friedrich Hegel, *Vorlesungen über die Naturphilosophie*, cit., §267 e §268.
[2] Ver detalhes na anotação "Formas básicas do movimento" (p. 169).
[3] Referência ao segundo princípio da termodinâmica, formulado por Rudolf Julius Emanuel Clausius. Ver a anotação intitulada "Irradiação de calor para o espaço cósmico" (p. 305).

Friedrich Engels – Dialética da natureza

aplicar aqui o paralelogramo das forças, na medida em que simplesmente não põe às claras a grandeza desconhecida a ser encontrada, ou seja, o X, isto é, na medida em que Newton pretendeu não só levantar a questão mas também solucioná-la.

———◆———

O paralelogramo das forças de Newton[4] é verdadeiro no sistema solar, quando muito, no momento em que os corpos anelares se separam, porque então o movimento de rotação entra em contradição consigo mesmo, manifestando-se como atração de um lado e como força tangencial de outro. Porém, assim que a separação se conclui, o movimento volta a ser um só. Prova do processo dialético é que essa separação tem de ocorrer.

———◆———

A teoria de Laplace pressupõe apenas matéria em movimento[5] – a rotação é necessária para todos os corpos que pairam no espaço cósmico.

———◆———

[Johann Heinrich von] Mädler, Estrelas fixas[6]
[Edmund] Halley, no início do século XVIII, a partir da diferença entre os dados de Hiparco e de [John] Flamsteed sobre três estrelas, foi o primeiro a ter a ideia do movimento próprio (p. 410)[7]. – O *British Catalogue* de Flamsteed[8] é o primeiro um pouco mais preciso e abrangente (p. 420)[9], depois, em cerca de 1750, [James] Bradley, [John Nevil] Maskel[yne] e [Joseph Jérôme Lefrançois de] Lalande[10].

---

[4] Essa representação gráfica decorre do quarto axioma de Newton, significando a resultante de duas forças aplicadas sobre o mesmo ponto, corresponde matematicamente à soma vetorial das forças.
[5] Pierre Simon de Laplace desenvolveu sua cosmogonia no último capítulo de sua *Exposition du système du monde*, cit.
[6] Johann Heinrich von Mädler, *Der Wunderbau des Weltalls*, cit., Abschnitt 9: Fixsterne, e Abschnitt 10: Die Nebel und ähnliche Formationen; ver também Angelo Secchi, *Die Sonne*, cit., Die Sonnen oder Fixsterne, p. 80-7. Engels usou as anotações a seguir na segunda parte da "Introdução" (p. 37).
[7] Johann Heinrich von Mädler, *Der Wunderbau des Weltalls*, cit., p. 410.
[8] John Flamsteed, *Historia coelestis britannica complectens stellarum* (Londres, H. Meere, 1725), 3 v.
[9] Johann Heinrich von Mädler, *Der Wunderbau des Weltalls*, cit., p. 420.
[10] Ibidem, p. 420-1.

Teoria maluca *da distância de tiro dos raios de luz no caso de corpos enormes* e cálculos baseados nela por Mädler (p. 424-5)[11] – tão maluca quanto qualquer coisa da *Nat[ur]phil[osophie]* de Hegel[12].

Fortíssimo movimento próprio (aparente) de uma estrela: 701" em um século = 11'41" = $^1/_3$ do diâmetro do Sol; o menor [movimento próprio] na média de 921 estrelas telescópicas: 8" 65., algumas 4"[13]. –

A Via Láctea é uma série de anéis, todos com um centro de gravidade comum (p. 434)[14].

O *grupo das Plêiades* e, dentro dele, *Alcíone* [ou] η Tauri, centro do movimento da nossa ilha cósmica, "até as regiões mais remotas da Via Láctea" (p. 448)[15]. Tempo de revolução do grupo das Plêiades [é] em média cerca de 2 milhões de anos (p. 449)[16]. Em torno das Plêiades alternam-se grupos anelares, uns com poucas estrelas, outros com muitas estrelas – Secchi contesta a possibilidade de se fixar um centro já neste momento[17].

Segundo [Friedrich Wilhelm] Bessel, *Sírio* e *Prócion* descrevem uma órbita em torno de um corpo *escuro*, ao lado do movimento geral (p. 450)[18]. *Eclipse de Algol* a cada três dias, com oito horas de duração, *confirmado por análise espectral* (Secchi, p. 786)[19].

Na região da *Via Láctea*, só que bem para *dentro* dela, um anel denso de estrelas de magnitude 7.-11.; bem para fora desse anel, os anéis concêntricos da Via Láctea, dos quais vemos dois. Segundo Herschel, na Via Láctea, há cerca de 18 milhões de estrelas visíveis por telescópio; as situadas *dentro* do anel totalizam cerca de 2 milhões ou mais, ou seja, mais de 20 milhões ao todo. Além disso, há uma luminosidade inextinguível na Via Láctea até atrás das estrelas extintas e, portanto, será possível que ainda existam outros anéis encobertos pela perspectiva? (p. 451-2)[20].

Alcíone a 573 anos-luz de distância do Sol. *Diâmetro do anel da Via Láctea* com estrelas individuais visíveis de pelo menos 8 mil anos-luz (p. 462-3)[21].

---

[11] Ibidem, p. 424-5.
[12] Georg Wilhelm Friedrich Hegel, *Vorlesungen über die Naturphilosophie*, cit.
[13] Ibidem, p. 425-6.
[14] Ibidem, p. 434.
[15] Ibidem, p. 448.
[16] Ibidem, p. 449.
[17] Angelo Secchi, *Die Sonne*, cit., p. 799.
[18] Johann Heinrich von Mädler, *Der Wunderbau des Weltalls*, cit., p. 450, nota.
[19] Angelo Secchi, *Die Sonne*, cit., p. 786.
[20] Johann Heinrich von Mädler, *Der Wunderbau des Weltalls*, cit., p. 451-2.
[21] Ibidem, p. 462-3.

A *massa* dos corpos que se movem dentro do raio do Sol Alcíone de 573 anos-luz, calculada em 118 milhões de massas solares (p. 462)[22], não condiz com os 2 milhões de estrelas, no máximo, que se movem dentro dele. Corpos escuros? Em todo caso, *something wrong* [há algo errado], prova de quanto nossas premissas de observação ainda são imperfeitas.

Até o anel extremo da Via Láctea, M[ädler] supõe uma distância de dezenas de milhares, talvez até centenas de milhares de anos-luz (p. 464)[23]. Bela motivação contra a assim chamada deglutição da luz:

> De fato existe uma distância desse tipo (da qual nenhuma luz chega até nós), mas a razão é bem diferente. A velocidade da luz é finita; do início da criação até os nossos dias transcorreu um tempo finito e só podemos, portanto, perceber os corpos celestes que se encontram até a distância que a luz percorre nesse tempo finito! (p. 466)[24]

É óbvio que a luz, que diminui de intensidade na razão do quadrado da distância percorrida, necessariamente chega a um ponto em que não é mais visível ao nosso olho, por mais aguçado e bem munido que esteja. Isso é suficiente para refutar a teoria de [Heinrich Wilhelm] Olbers de que só a absorção da luz seria capaz de explicar a escuridão do espaço celeste cheio de estrelas brilhantes por todos os lados, na distância infinita. Com isso não se pretende dizer que não possa haver uma distância em que o éter não deixa mais passar a luz.

———◆———

Nebulosas. Todas as formas, pontiaguda, circular, elíptica ou irregular e serrilhada. Todos os graus de resolubilidade, desvanecendo-se em total irresolubilidade, onde só se discerne o adensamento em direção ao centro. Em algumas das nebulosas resolúveis há até 10 mil estrelas perceptíveis, sendo o centro geralmente mais denso, muito raramente uma estrela central com luz mais brilhante. O telescópio gigante de [William Parsons] Rosse voltou a resolver muitas delas; Herschel I[25] enumera 197 agrupamentos de estrelas e 2.300 nebulosas – às quais ainda se somam as do céu meridional catalogadas por Herschel II[26]. As irregulares devem ser ilhas cósmicas remotas, dado que as massas de névoa só subsistem em equilíbrio na forma

---

[22] Idem.
[23] Ibidem, p. 464.
[24] Ibidem, p. 466.
[25] Trata-se de William Herschel (1738-1822).
[26] John Frederick William Herschel (1792-1871), filho de William Herschel, autor da obra *A New General Catalogue of Nebulae and Clusters of Stars* (Londres, Royal Astronomical Society, 1888).

esférica ou elipsoide. A maioria mal é visível, mesmo pelos mais potentes telescópios. As arredondadas podem, quanto muito, ser massas de névoa, perfazendo um total de 78 entre as 2.500 acima mencionadas[27]. Herschel supõe uma distância de 2 milhões de anos-luz até nós, Mädler – indicando um diâmetro real = 8 mil anos-luz –, de 30 milhões de anos-luz. Dado que a distância de um sistema astronômico até o mais próximo perfaz pelo menos 100 vezes a distância do diâmetro do seu sistema, a distância da nossa ilha cósmica até a próxima seria de *no mínimo* 50 vezes 8 mil anos-luz = 400 mil anos-luz, sendo que, no caso de vários milhares de nebulosas, já passamos muito dos 1-2 milhões de Herschel (p. 492)[28]. *Secchi*: as estrelas que se encontram em nebulosas resolúveis fornecem um espectro estelar contínuo e um comum. Porém as nebulosas propriamente ditas

> fornecem em parte um espectro contínuo como a névoa em Andrômeda, mas geralmente um espectro que consiste numa linha clara ou em apenas poucas linhas claras, como é o caso das nebulosas em Órion, Sagitário, Lira e da grande quantidade daquelas que são conhecidas pelo nome de nebulosas *planetárias* {arredondadas}. (p. 787)[29]

{De acordo com M[ädler] (p. 495)[30], a nebulosa de Andrômeda não é resolúvel – a nebulosa de Órion é irregular, em flocos, e tem a forma de uma pessoa abrindo os braços (p. 795)[31]! – Lira é um anel, só um pouco elíptico (p. 498)[32]} – [William] Huggins encontrou, no espectro da nebulosa Herschel n. 4.374, três linhas claras e "imediatamente deduziu disso que essa nebulosa não é um agregado de estrelas individuais, mas uma *névoa real*, de uma substância incandescente em estado gasoso"[33]. Uma das linhas é de nitrogênio (1), a outra de hidrogênio (1) e a terceira é desconhecida. O mesmo vale para a nebulosa de Órion. Até mesmo as nebulosas que apresentam pontos luminosos (Hidra, Sagitário) têm essas linhas claras, ou seja, as massas estelares que estão se juntando ainda não estão sólidas ou líquidas (p. 789)[34]. A nebulosa de Lira só tem uma linha de nitrogênio (p. 789)[35]. – O ponto mais denso da nebulosa de Órion é 1º, toda a extensão é 4º[36].

---

[27] Johann Heinrich von Mädler, *Der Wunderbau des Weltalls*, cit., p. 484-92.
[28] Ibidem, p. 492.
[29] Angelo Secchi, *Die Sonne*, cit., p. 787.
[30] Johann Heinrich von Mädler, *Der Wunderbau des Weltalls*, cit., p. 495.
[31] Angelo Secchi, *Die Sonne*, cit., p. 795.
[32] Johann Heinrich von Mädler, *Der Wunderbau des Weltalls*, cit., p. 498.
[33] Angelo Secchi, *Die Sonne*, cit., p. 787-8.
[34] Ibidem, p. 789.
[35] Idem.
[36] Ibidem, p. 790-1.

[Angelo] Secchi: *Sírio*:

Onze anos depois [do cálculo de Bessel (Mädl[er,] p. 450)[37]], não só foi descoberto o satélite de Sírio como uma estrela com luz própria de 6ª magnitude mas também foi provado que sua órbita coincide com a que fora calculada por Bessel. Também para Prócion e seu acompanhante foi agora determinada a órbita por [Arthur Julius Georg Friedrich von] Auwers, mas o satélite mesmo ainda não foi visto. (p. 793)[38]

Secchi, estrelas fixas: "Dado que as estrelas fixas, com exceção de duas ou três, não têm nenhuma paralaxe perceptível, elas se encontram pelo menos" a uns 30 anos-luz distantes de nós (p. 799)[39]. – De acordo com S[ecchi], as estrelas de 16ª magnitude (que ainda se podem distinguir no grande telescópio de Herschel) estão a 7.560 anos-luz, as que se podem distinguir no telescópio de Rosse estão a pelo menos 20.900 anos-luz de distância (p. 802)[40].

O próprio Secchi pergunta (p. 810): quando o Sol e todo o sistema se tiverem extinguido, "haverá forças na natureza capazes de reconduzir o sistema morto ao estado inicial de nebulosa incandescente e redespertá-lo para uma nova vida? Não sabemos"[41].

Atrito das marés. Kant e Thomson-Tait[42]

Rotação da Terra e atração da Lua[43]

[William] Thomson e [Peter Guthrie] Tait, *Nat[ural] Philos[ophy]*, v. I, p. 191 (§276)[44]:

There are also indirect resistances, owing to friction impeding the tidal motions, on all bodies which, like the earth, have portions of their free surfaces

---

[37] Johann Heinrich von Mädler, *Der Wunderbau des Weltalls*, cit., p. 450.
[38] Angelo Secchi, *Die Sonne*, cit., p. 793.
[39] Ibidem, p. 799.
[40] Ibidem, p. 802.
[41] Ibidem, p. 810.
[42] Este título se encontra no envelope que continha o texto.
[43] Este título se encontra na primeira página do manuscrito. No sumário do envelope "Dialética da natureza", este texto é intitulado "Atrito das marés".
[44] William Thomson e Peter Guthrie Tait, *Treatise on Natural Philosophy*, v. 1, cit., p. 191. Grifos de Engels.

covered by liquid, which, as long as these bodies move relatively to neighbouring bodies, must keep drawing off energy from their relative motions. Thus, if we consider, in the first place, the action of the moon alone, on the earth with its oceans, lakes and rivers, we perceive that it must tend to equalize the periods of the earth's rotation about its axis, and of the revolution of the two bodies about their centre of inertia; because as long as these periods differ, the tidal action of the earth's surface must keep subtracting energy from their motions. To view the subject more in detail and at the same time to avoid unnecessary complications, let us suppose the moon to be a uniform spherical body. The mutual action and reaction of gravitation between her mass and the earth's will be equivalent to a single force in some line through her centre; and *must be such as to impede the earth's rotation as long as this is performed in a shorter period than the moon's motion round the earth*. It must therefore lie in some such direction as the line *MQ* in the diagram, which represents, necessarily with enormous exaggeration, its deviation, *OQ* from the *earth's* centre.

Now the actual force on the moon in the line *MQ*, may be regarded as consisting of a force in the line *MO* towards the earth's centre, sensibly equal in amount to the whole force, and a comparatively very small force in the line *MT* perpendicular to *MO*. This latter is very nearly tangential to the moon's path, and is in the direction *with* her motion. Such a force, if suddenly commencing to act, would, in the first place, increase the moon's velocity; but after a certain time, she would have moved so much farther from the earth, in virtue of this acceleration, as to have lost, by moving against the earth's attraction, as much velocity as she had gained by the tangential accelerating force. The effect of a continued tangential force, acting with the motion, but so small in amount as to make only a small deviation at any moment from the circular form of the orbit, is to gradually increase the distance from the central body and to cause as much again as its own amount of work to be done against the attraction of the central mass, by the kinetic energy of motion lost. The circumstances will be readily understood, by considering this motion round the central body in a very gradual spiral path tending outwards. Provided the law of force is the inverse square of the distance, the tangential component of gravity against the motion will be twice as great as the disturbing tangential force in the direction with the motion; and therefore one half of the amount of work done against the former, is done by the latter, and the other half by kinetic energy taken from the motion. The integral effect, on the moon's motion, of the particular disturbing cause now under consideration, is most easily found by using the principle of moments of momenta. Thus we see that as much moment of momentum is gained in any time by the motions of the centres of inertia of the moon and earth relatively to their common centre of inertia, as is lost by the earth's rotation about its axis. The sum of the moments of momentum of the centres of inertia of the moon and earth as moving at present, is about 4.45 times the present moment of momentum of the earth's rotation. The average plane of the former is the ecliptic; and therefore the axes of the two momenta are inclined to one another at the average angle of 23° 27½', which, as we are neglecting the sun's influence on the plane of the moon's motion, may be taken as the actual inclination of the two axes at present. The resultant, or whole moment of momentum, is therefore 5.38 times that of the earth's present rotation and its axis is inclined 19° 13' to the axis of the earth. Hence the ultimate tendency of the *tides* is to reduce the earth and moon to a simple uniform rotation with his resultant moment round this resultant axis, as if they were two parts of one rigid body: in which condition the moon's distance would be increased (approximately) in the ratio of 1:1.46, being the ratio of the square of the present moment of momentum of the centres of inertia to the square of the whole moment of momentum; and the period of revolution in the ratio of 1:1.77, being that of the cubes of the same quantities. The distance would therefore be increased to – 347 100 miles, and the period lengthened to 48.36 days. Were there no other bodies in the universe but the earth and the moon, these two bodies might go on moving thus for ever, in circular orbits round their common centre of inertia, and the earth rotating in the same period, so as always to turn the same face to the moon, and therefore to have all the liquids at its surface at rest relatively to the solid. But the existence of the sun would prevent any such state of things from being permanent. There would be solar tides – twice high water and twice low water – in the period of the earth's revolution relatively to the sun (that is to say, twice in the solar day or, which would be the same thing, in the month). This could not go on without *loss of energy by fluid friction*. It is not easy to trace the whole course of the disturbance in the earth's and moon's motion which this cause would produce, but its ultimate effect must be to bring the earth, moon and sun to rotate round their common centre of inertia like parts of one rigid body.

[Também há resistências indiretas, devido ao atrito que impede os movimentos das marés, em todos os corpos que, como a Terra, têm partes de suas superfícies livres cobertas por líquidos, que, enquanto esses corpos se estiverem movendo relativamente aos corpos vizinhos, forçosamente extrairão energia de seus movimentos relativos. Assim, se considerarmos, em primeiro lugar, a ação exclusivamente da Lua sobre a Terra com seus oceanos, lagos e rios,

Conteúdo dialético das ciências

perceberemos que ela deve tender a equalizar os períodos de rotação da Terra sobre seu eixo e de revolução dos dois corpos sobre o seu centro de inércia; porque, enquanto esses períodos diferirem, a ação das marés da superfície da Terra terá de continuar a subtrair energia de seus movimentos. Para detalhar mais o assunto e, ao mesmo tempo, evitar complicações desnecessárias, suponhamos que a Lua seja um corpo esférico uniforme. A ação e a reação mútuas da gravitação entre sua massa e a da Terra serão equivalentes a uma única força em alguma linha que atravessa o seu centro; e *tem de ser do tipo que impede a rotação da Terra enquanto esta for realizada em um período mais curto do que o movimento da Lua em torno da Terra*. Por essa razão, ela deve situar-se em uma direção como a da linha MQ no diagrama, que representa, necessariamente com enorme exagero, seu desvio OQ do centro da Terra.

Pode-se considerar que a força real sobre a Lua na linha MQ consiste numa força na linha MO na direção do centro da Terra, sensivelmente igual em intensidade à força total, e numa força comparativamente muito pequena na linha MT perpendicular à MO. Esta última é quase tangencial ao curso da Lua e *acompanha* a direção do seu movimento. Uma força como essa, se começasse a atuar repentinamente, em primeiro lugar, aumentaria a velocidade da Lua; mas, depois de certo tempo, teria se afastado tanto da Terra, em virtude dessa aceleração, que teria perdido, devido ao movimento contrário à atração da Terra, tanta velocidade quanto ganhara devido à força tangencial de aceleração. O efeito de uma força tangencial continuada, atuando com o movimento, mas tão pequena em intensidade a ponto de produzir apenas um pequeno desvio em algum momento da forma circular da órbita, é o de aumentar gradualmente a distância em relação ao corpo central e voltar a causar o mesmo tanto de trabalho a ser feito contra a atração da massa central pela energia cinética perdida. As circunstâncias serão facilmente entendidas, considerando-se esse movimento em torno do corpo central como um percurso em espiral muito gradual tendendo para fora. Dado que a lei da força é o inverso do quadrado da distância, o componente tangencial da gravidade contrária ao movimento será duas vezes maior do que a força tangencial perturbadora na direção que acompanha o movimento; e, por essa razão, metade do trabalho realizado contra o primeiro é feita pelo último e a outra metade pela energia cinética extraída do movimento. A maneira mais fácil de descobrir o efeito integral da causa perturbadora ora considerada sobre o movimento da Lua é usar o princípio dos momentos dos *momenta*. Em consequência, vemos que se ganha tanto momento de *momentum* a qualquer tempo devido aos movimentos dos centros de inércia da Lua e da Terra relativamente a seu centro comum de inércia quanto é perdido pela rotação da Terra em torno do seu eixo. A soma dos momentos do *momentum* dos centros de inércia da Lua e da Terra no presente é em torno de 4,45 vezes o momento de *momentum* presente da rotação da Terra. O plano médio do primeiro é o eclíptico; e, por essa razão, os eixos dos dois *momenta* são inclinados um para o outro no ângulo médio de 23° 27½', que, como estamos negligenciando a influência do Sol sobre o plano do movimento da Lua, pode ser tomado como a inclinação real dos dois eixos no presente. A resultante ou o momento do *momentum* total é, portanto, 5,38 vezes a ou o da presente rotação da Terra e seu eixo está inclinado a 19° 13' na direção do eixo da Terra. Daí que a tendência última das *marés* é reduzir a Terra e a Lua a uma rotação uniforme simples com seu momento resultante em torno desse eixo resultante, como se fossem duas partes de um único corpo sólido: nessa condição, a distância da Lua aumentaria (aproximadamente) na razão da 1:1,46, sendo a razão do quadrado do presente momento do *momentum* dos centros de inércia para o quadrado do momento do *momentum* total; e o período de revolução na razão de 1:1,77, sendo a do cubo das mesmas quantidades. Por isso, a distância aumentaria para – 347.100 milhas e o período para 48,36 dias. Se não houvesse outros corpos no universo além da Terra e da Lua, esses dois corpos poderiam continuar se movendo do mesmo modo para sempre, em órbitas circulares em torno do seu centro de inércia comum e a Terra faria sua rotação no mesmo período, de modo a voltar sempre a mesma face para a Lua e, por isso, teria todos os líquidos em sua superfície em repouso relativamente aos sólidos. Porém, a existência do Sol impediria que qualquer estado de coisas desse tipo se tornasse permanente. Haveria marés solares – duas vezes maré alta e duas vezes maré baixa – no período da revolução da Terra relativamente ao Sol (isso quer dizer, duas vezes por dia solar ou, o que seria a mesma coisa, por mês). Isso não seria possível sem *perda de energia por atrito do fluido*. Não é fácil seguir todo o curso da perturbação do movimento da Terra e da Lua que essa causa produziria, mas seu efeito último deve ser o de fazer a Terra, a Lua e o Sol girarem em torno do seu centro de inércia comum como partes de um único corpo sólido.]

[Immanuel] Kant foi o primeiro a propor, em 1754, a teoria de que a rotação da Terra é retardada pelo atrito das marés e que esse efeito só estará completo

> quando sua superfície (da Terra) encontrar o respectivo repouso em face da Lua, isto é, quando ela girar em torno do eixo ao mesmo tempo que a Lua gira em torno dela, logo quando virar sempre o mesmo lado para ela.[45]

Na sua visão, esse retardamento devia sua origem unicamente ao atrito das marés e, portanto, à existência de massas líquidas sobre a Terra.

> Se a Terra fosse uma massa totalmente sólida sem qualquer líquido, nem a atração do Sol nem a da Lua causariam algo que alterasse sua livre rotação; pois ela atrai as partes orientais e as ocidentais do globo terrestre com a mesma força e, desse modo, não provoca nenhuma inclinação nem para um lado nem

---

[45] Immanuel Kant, "Untersuchung der Frage, ob die Erde in ihrer Umdrehung um die Achse...", em *Sämmtliche Werke*, v. 1 (ed. G. Hartenstein, Leipzig, L. Voss, 1867), p. 185.

para o outro; logo, ela deixa a Terra totalmente livre para prosseguir desimpedida nessa rotação como se não houvesse nenhuma influência de fora.[46]

Kant pôde contentar-se com esse resultado. Naquele tempo, faltavam todas as precondições científicas para penetrar mais profundamente na influência da Lua sobre a rotação da Terra. Pois foram necessários quase cem anos até que a teoria de Kant obtivesse o reconhecimento geral e demorou ainda mais até que se descobrisse que maré baixa e maré alta são apenas o aspecto *visível* de um efeito da atração do Sol e da Lua que influencia a rotação da Terra.

Essa concepção mais geral do tema foi desenvolvida acima por Thomson e Tait. A atração da Lua e da Terra não influencia só os líquidos do corpo terrestre nem só a sua superfície, mas toda a massa terrestre, e isso de maneira a retardar a rotação da Terra. Enquanto o período de rotação da Terra não coincidir com o período de revolução da Lua em torno da Terra, a atração da Lua – para limitar-nos, num primeiro momento, a esta – terá o efeito de aproximar cada vez mais os dois períodos. Se o período de rotação do corpo central (relativo) fosse mais longo do que o tempo de revolução do satélite, o primeiro seria gradativamente encurtado; sendo mais curto, como é caso da Terra, ele é retardado. Porém, nem se cria energia cinética do nada em um dos casos nem ela é destruída no outro. No primeiro caso, o satélite se aproximaria do corpo central e encurtaria seu tempo de revolução; no segundo caso, ele se afastaria do corpo central e obteria um tempo de revolução mais longo. No primeiro caso, o satélite perde, na aproximação com o corpo central, a mesma quantidade de energia potencial que o corpo central ganha de energia cinética devido à rotação acelerada; no segundo caso, o satélite ganha, devido ao aumento de sua distância, exatamente a mesma quantidade de energia potencial que o corpo central perde de energia cinética advinda da rotação. A soma total de energia dinâmica, potencial e cinética existente no sistema "Terra-Lua" permanece a mesma; o sistema é perfeitamente conservador.

Percebe-se que essa teoria é totalmente independente da constituição físico-química dos corpos em questão. Ela deriva das leis gerais do movimento dos corpos cósmicos livres, cuja interconexão é produzida pela atração na proporção das massas e na proporção inversa do quadrado das distâncias. Ela surgiu evidentemente como uma generalização da teoria kantiana do atrito das marés e até é apresentada por Thomson e Tait como sua fundamentação pela via matemática. Porém, na realidade – e

---

[46] Ibidem, p. 182-3.

disso os autores curiosamente não têm a mínima noção –, na realidade, ela exclui o caso específico do atrito das marés.

Atrito é retardamento do movimento de massas e foi tido por séculos como aniquilação do movimento de massas e, portanto, de energia cinética. Sabemos agora que atrito e impacto são as duas formas pelas quais a energia cinética se converte em energia molecular, em calor. Em todo atrito, portanto, perde-se energia cinética como tal, para aparecer de novo não como energia potencial no sentido da dinâmica, mas como movimento molecular na forma determinada de calor. Num primeiro momento, portanto, a energia cinética perdida por atrito está *realmente perdida* para as relações dinâmicas do sistema em questão. Ela só poderia voltar a ser dinamicamente efetiva caso fosse *reconvertida* da forma calor para a forma energia cinética.

Como se apresenta, pois, o caso do atrito das marés? É evidente que, também nesse caso, toda a energia cinética transmitida para as massas de água na superfície da Terra pela atração da Lua é convertida em calor, seja pelo atrito das partículas de água entre si em virtude da viscosidade da água, seja pelo atrito com a superfície sólida da Terra e pelo esfacelamento das pedras que oferecem resistência ao movimento das marés. Desse calor somente a mínima parte se reconverte em energia cinética, que contribui para a evaporação das superfícies aquosas. Mas, num primeiro momento, essa quantidade mínima de energia cinética cedida pelo sistema "Terra-Lua" global a uma parte da superfície terrestre permanece na superfície da Terra, sob as condições ali vigentes, e estas dão a toda energia ali ativa o mesmo destino final: conversão final em calor e irradiação para o espaço cósmico.

Portanto, na medida em que o atrito das marés irrefutavelmente tem um efeito retardador sobre a rotação da Terra, na mesma medida a energia cinética usada para isso é absolutamente perdida pelo sistema dinâmico "Terra-Lua". Logo, ela não pode mais aparecer dentro desse sistema como energia potencial dinâmica. Em outras palavras: da energia cinética usada para o retardamento da rotação da Terra por meio da atração da Lua só pode reaparecer como energia potencial dinâmica, ou seja, ser compensada por meio do aumento correspondente da distância da Lua aquela parte que atua sobre a *massa sólida* do corpo terrestre. Em contrapartida, a parte que atua sobre as massas líquidas da Terra só pode fazer isso na medida em que não põe essas mesmas massas em movimento contrário ao da rotação da Terra, pois esse movimento se transforma *inteiramente* em calor e acaba se perdendo para o sistema por irradiação.

O que vale para o atrito das marés na superfície da Terra aplica-se na mesma medida ao atrito de marés, às vezes hipoteticamente presumido, em um suposto núcleo terrestre líquido.

O curioso no tocante a isso é Thomson e Tait não perceberem que, para fundamentar a teoria do atrito das marés, eles propõem uma teoria que parte do pressuposto tácito de que a Terra é um corpo totalmente rígido e que, desse modo, exclui toda e qualquer possibilidade de alguma maré e, portanto, também de um atrito das marés.

———◆———

[René] Descartes descobriu que a maré baixa e a maré alta são causadas pela ação da Lua. Do mesmo modo, ao mesmo tempo que [Willebrord] Snellius, [ele descobriu] o princípio da refração da luz (contestado por Wolf, p. 325)[47], e isso sob uma forma peculiar, diferente da de Sn[ellius][48].

———◆———

[Julius Robert von] Mayer, Mech[anische] Th[eorie] d[er] W[ärme], p. 328[49]: *Kant já enunciou* que a maré baixa e a maré alta exercem uma pressão retardadora sobre a Terra em rotação. (Cálculo de [John Couch] Adams obtendo que a duração do dia estelar agora aumenta $1/_{100}$ seg[undos] em mil anos.)[50]

———◆———

O consumo de energia cinética como tal é sempre de dois tipos e tem resultado duplo na dinâmica: 1) o trabalho cinético feito, a geração de uma quantidade correspondente de energia potencial, porém sempre menor do que a energia cinética empregada. – 2) Superação – além da gravidade – de resistências de atrito etc. que convertem o restante da energia cinética consumida em calor. – Igualmente na reconversão: dependendo do modo, uma parte da perda por atrito etc. é dissipada como calor – e isso tudo é antiquíssimo!

———◆———

---

[47] Rudolf Wolf, *Geschichte der Astronomie*, cit., p. 325.
[48] René Descartes, *Discours de la méthode pour bien conduire sa raison et chercher la vérité dans les sciences, plus la dioptrique, les météores et la géométrie* (Leiden, J. Maire, 1637) [ed. bras.: *Discurso do método*, trad. Maria Ermantina de Almeida Prado Galvão e Andréia Stahel M. da Silva, 4. ed., São Paulo, Martins Fontes, 2014]. A mesma lei já fora descoberta em 1618 por Willebrord Snell van Roijen (Snellius). Ver Johann Christian Poggendorff, *Geschichte der Physik* (Leipzig, J. A. Barth, 1879), p. 310-3.
[49] Julius Robert Mayer, *Die Mechanik der Wärme in gesammelten Schriften*, cit., p. 328.
[50] Ibidem, p. 330.

Impacto e atrito. A mecânica encara o efeito do impacto como *puramente precedente*. Na realidade, porém, é diferente. Em cada impacto, uma parte do movimento mecânico é convertida em calor e o atrito nada mais é que uma forma de impacto que converte continuamente movimento mecânico em calor (o fogo por fricção é conhecido desde os primórdios).

———◆———

Atrito e impacto produzem um movimento interior do referido corpo, movimento molecular, diferenciado como calor, eletricidade etc., dependendo das circunstâncias. *Entretanto, esse movimento é apenas temporário,* cessante causa cessat effectus [cessando a causa, cessa o efeito]. Em determinado estágio, todos eles se convertem em uma *modificação molecular permanente, a mudança química*.

[Sobre a física]

Calor

Como vimos, há duas formas nas quais o movimento mecânico, a força viva, desaparece. A primeira é a sua transformação em energia mecânica potencial, por exemplo, ao se levantar um peso[1]. A peculiaridade dessa forma é não só ela poder voltar a se transformar em movimento mecânico, mais precisamente, em movimento mecânico da mesma força viva que a original, mas também ela só ser capaz dessa mudança de forma. Energia mecânica potencial nunca poderá gerar calor nem eletricidade, a não ser que primeiro se converta em movimento mecânico real. Trata-se, para usar uma expressão de Clausius, de um "processo reversível".

A segunda forma na qual desaparece o movimento mecânico é a que ocorre no atrito e no impacto – que só se diferenciam quanto ao grau. O atrito pode ser concebido como uma sequência de pequenos impactos que ocorrem sucessiva e paralelamente, o impacto como um atrito concentrado em um momento do tempo e em um só lugar. O atrito é impacto crônico, o impacto é atrito agudo. O movimento mecânico que desaparece nesse caso desaparece *como tal*. Não pode mais ser restaurado a partir de si mesmo. O processo não é diretamente reversível. Ele se transformou em formas qualitativamente diferentes de movimento, em calor, eletricidade – em formas de movimento molecular.

Portanto, atrito e impacto fazem a transição do movimento de massas, do objeto da mecânica, para o movimento molecular, o objeto da física.

Quando designamos a física como mecânica do movimento molecular, não deixamos de perceber que essa expressão de modo nenhum abrange todo o campo da física atual. Pelo contrário. As vibrações do éter que transmitem as manifestações da luz e do calor radiante certamente não

---

[1] Ver texto "Formas básicas do movimento" (p. 169).

são movimentos moleculares no sentido atual da palavra. Porém seus efeitos terrenos atingem primeiramente as moléculas: refração da luz, polarização da luz etc. são condicionadas pela constituição molecular dos corpos em questão. Do mesmo modo, hoje, os mais importantes pesquisadores veem a eletricidade quase universalmente como um movimento de partículas do éter e, mesmo a respeito do calor, Clausius diz que do "movimento dos átomos ponderáveis" (certamente, em vez disso, seria melhor falar de moléculas) "pode participar também o éter que se encontra no corpo" (Mech[anische] W[ärme]th[eorie], v. I, p. 22). Porém, no caso das manifestações elétricas e calóricas, entram em cogitação, em primeiro lugar, os movimentos moleculares, como não pode deixar de ser, enquanto soubermos tão pouco sobre o éter. Mas, assim que estivermos em condições de expor a mecânica do éter, ela certamente abrangerá muito do que hoje forçosamente é posto na conta da física.

Mais tarde falaremos dos processos físicos pelos quais a estrutura das moléculas é modificada ou até suprimida. Eles constituem a transição da física para a química.

Só com o movimento molecular a mudança de forma do movimento obtém plena liberdade. Enquanto dentro dos limites da mecânica o movimento de massas só pode assumir algumas outras formas: calor ou eletricidade, vemos aqui uma vitalidade muito diferente da mudança de forma: o calor se converte em eletricidade na termopilha, torna-se idêntico à luz em certo estágio da radiação, volta a gerar movimento mecânico; eletricidade e magnetismo, constituindo um par irmanado semelhante ao par "calor e luz", convertem-se não só um no outro, mas também em calor e luz, bem como em movimento mecânico. E isso ocorre em proporções tão determinadas que podemos expressar uma quantidade dada de cada uma na quantidade das demais, em quilograma-metro, em unidades de calor, em volts, e também transpor cada medida em cada uma das demais.

———◆———

A descoberta prática da transformação de movimento mecânico em calor é tão antiga que poderíamos datar dela o início da história da humanidade. Não importando quais foram as ferramentas inventadas e a domesticação de animais que o precederam, foi com o fogo por fricção que os humanos pela primeira vez puseram a seu serviço uma força inanimada da natureza. E ainda hoje a superstição popular mostra quanto o alcance imensurável desse gigantesco progresso se impregnou em seu sentimento. A invenção da faca de pedra, que foi a primeira ferramenta [inventada], foi celebrada ainda muito tempo depois da introdução do bronze e do ferro, na medida em que todos os atos religiosos de sacrifício eram levados a cabo com facas de pedra. De acordo com a saga judaica, Josué mandou circuncidar com facas de pedra os homens nascidos no deserto[2]; celtas e germanos usavam exclusivamente facas de pedra em seus sacrifícios humanos. Tudo isso desapareceu há muito. Não foi isso o que aconteceu com o fogo por fricção. Muito tempo depois de se tomar conhecimento de outras maneiras de fazer fogo, na maioria dos povos todo fogo sagrado tinha de ser produzido por fricção. Mas, até hoje, na maioria dos países europeus, a superstição popular insiste que o fogo milagroso (por exemplo, o nosso *Notfeuer* [fogo para situações de necessidade] na Alemanha) só pode ser aceso por meio de fricção. Assim, até o nosso tempo, persiste – de modo semiconsciente – na superstição popular, nos resquícios da memória mitológica pagã dos povos mais cultos do mundo, a grata comemoração da primeira grande vitória humana sobre a natureza.

Entretanto, no caso do fogo por fricção, o processo ainda é unilateral. Movimento mecânico é transformado em calor. Para completar o processo, é preciso invertê-lo, é preciso que o calor seja transformado em movimento mecânico. Só então se satisfaz a dialética do processo, o processo é esgotado em seu ciclo – pelo menos num primeiro momento. Porém a história tem um ritmo próprio e, por mais dialético que acabe sendo seu curso, a dialética frequentemente precisa esperar pela história. Deve ser medido em dezenas de milhares de anos o tempo que transcorreu entre a descoberta do fogo por fricção até que Heron de Alexandria (cerca de 120 [d.C.])[3] inventou uma máquina que produzia movimento de rotação por meio do vapor d'água que passava por ela. E de novo transcorreram quase 2 mil anos até que fosse fabricada a primeira máquina a vapor, a primeira instalação destinada à transformação de calor em movimento mecânico realmente aproveitável.

A máquina a vapor foi a primeira invenção realmente internacional e esse fato anuncia, mais uma vez, um enorme progresso histórico. Quem a inventou foi o francês [Denis] Papin, mas fez isso na Alemanha. O alemão Leibniz, como sempre espalhando ideias geniais a sua volta sem cogitar se o mérito delas seria atribuído a ele ou a outros – Leibniz, como sabemos agora pela correspondência de Papin (publicada por Gerland)[4], deu-lhe

---

[2] Livro de Josué, 5,2-3; Êxodo 4,25.
[3] Heron de Alexandria, inventor e matemático, descreve em *Pneumática* a eolípila, um aparelho que usa vapor para produzir movimento.
[4] Gottfried Wilhelm von Leibniz e Christiaan Huygens, *Briefwechsel mit Papin: nebst der Biographie Papin's und einigen zugehörigen Briefen und Actenstücken* (org. Ernst Gerland, Berlim, Akademie der Wissenschaften, 1881), p. 233-9.

Friedrich Engels – Dialética da natureza

a ideia principal: o uso de cilindros e êmbolos. Logo depois, os ingleses [Thomas] Savery e [Thomas] Newcomen inventaram máquinas parecidas; por fim, seu conterrâneo [James] Watt as colocou em princípio em seu estado atual, introduzindo um condensador separado[5]. O ciclo de invenções nessa área se completou: a transformação de calor em movimento mecânico fora produzida. O que veio depois foram melhoramentos isolados.

Portanto, a práxis resolveu à sua maneira a questão das relações entre movimento mecânico e calor. Em primeiro lugar, transformou o primeiro no segundo e, depois, o segundo no primeiro. Mas como foi com a teoria?

Suficientemente deplorável. Embora exatamente nos séculos XVII e XVIII os inúmeros relatos de viagens pululassem de descrições de povos selvagens que não conheciam outra espécie de geração de fogo a não ser por fricção, os físicos praticamente não se deixaram influenciar; também ficaram indiferentes à máquina a vapor durante todo o século XVIII e nas primeiras décadas do século XIX. De modo geral, contentaram-se com o simples registro dos fatos.

Por fim, na década de 1820, Sadi Carnot[6] se ocupou do assunto e fez isso de modo tão habilidoso que seus melhores cálculos, posteriormente expostos geometricamente por [Benoît Paul-Émile] Clapeyron[7], até hoje são válidos para Clausius[8] e Clerk Maxwell, e ele chegou quase ao fundo da questão. O que o impediu de explorá-la até o fim não foi a falta de material factual, mas simplesmente uma *teoria errada*. E não se tratava de uma teoria errada impingida aos físicos por alguma filosofia maldosa, mas de uma teoria que eles mesmos cavilaram com o seu modo naturalista bem próprio de pensar, tão superior ao modo de pensar da filosofia metafísica.

No século XVII, o calor era considerado, pelo menos na Inglaterra, uma propriedade dos corpos, como "uma espécie bem particular de *movimento*" (*"a motion of a particular kind the nature of which has never been explained in a satisfactory manner* [uma espécie bem particular de movimento cuja natureza nunca foi explicada de modo satisfatório]"). Foi assim que Th[omas] Thomson o caracterizou dois anos após a descoberta

---

[5] Ver Karl Marx, *O capital*, Livro I, cit., p. 451.
[6] Nicolas Léonard Sadi Carnot, *Réflexions sur la puissance motrice du feu et sur les machines propres à developper cette puissance*, cit.
[7] Benoît Paul-Émile Clapeyron, "Mémoire sur la puissance motrice de la chaleur", *Journal de l'École Polytechnique*, Paris, caderno 23, 1834, p. 153-90.
[8] Rudolf Clausius, "Ueber die bewegende Kraft der Wärme und die Gesetze, welche sich daraus für die Wärmelehre selbst ableiten lassen", *Annalen der Physik und Chemie*, Leipzig, v. 79, 1850, p. 368-9.

da teoria mecânica do calor (*An Outline of the Sciences of Heat and Electricity*, 2. ed., Londres, 1840)[9]. Porém, no século XVIII, impôs-se cada vez mais a concepção de que o calor, a luz, a eletricidade e o magnetismo seriam substâncias particulares, e todas essas substâncias particulares se diferenciariam da matéria corriqueira pelo fato de não terem peso, de serem *imponderabilia*.

―――♦―――

Eletricidade*

A exemplo do calor, só que de outra maneira, a eletricidade também tem certa onipresença. Praticamente nenhuma mudança pode ocorrer sobre a Terra em que não se comprove a presença de fenômenos elétricos. Quando a água evapora, quando uma chama arde, quando dois metais diferentes ou distintamente aquecidos se tocam, ou quando o ferro toca uma solução de sulfato de cobre etc., ao lado dos fenômenos físicos ou químicos mais evidentes, acontecem concomitantemente processos elétricos. Quanto mais precisa é nossa investigação dos mais diferentes processos naturais, tanto mais encontramos sinais de eletricidade. Apesar de sua onipresença, apesar de há meio século ser posta a serviço da indústria humana, a eletricidade é justamente a forma de movimento sobre cuja constituição ainda paira a maior obscuridade. A descoberta da corrente galvânica é cerca de 25 anos mais recente que a do oxigênio e representa para a teoria da eletricidade pelo menos o mesmo que esta para a química[10]. E, no

---

[9] Thomas Thomson, *An Outline of the Sciences of Heat and Electricity*, cit., p. 281. A primeira edição é de 1830.

* Quanto aos fatos, baseamo-nos neste capítulo principalmente em Wiedemann, *Lehre vom Galvanismus und Elektromagnetismus*, 2 v., com 3 seções, 2. ed., Braunschweig, [F. Vieweg und Sohn,] 1874. Na revista *Nature* de 15 de junho de 1882, indica-se esse "*admirable treatise which in its forthcoming shape, with electrostatics added, will be the greatest experimental treatise on electricity in existence* [admirável tratado que, no formato em que será publicado, com adição da eletrostática, será o maior tratado experimental sobre eletricidade já feito]". [Ver também Gustav Heinrich Heidemann, *Die Lehre von der Elektricität* (Braunschweig, 1882-1885), 4 v.]

[10] O aproveitamento industrial da eletricidade começou com a obtenção eletroquímica de metais alcalinos por Humphry Davy, professor de Michael Faraday. Com a descoberta das leis de Ohm (1826) e das leis de Faraday (1834), lançou-se a base para o uso prático da corrente elétrica. Em 1792, Antoine-Laurent de Lavoisier descreveu suas investigações para descobrir o oxigênio e elaborar a teoria da oxidação (embora Carl Wilhelm Scheele e Joseph Priestley já tivessem constatado o fenômeno). A partir de 1792, Alessandro Giuseppe Antonio Anastasio Volta

entanto, quanta diferença ainda hoje nos dois campos! Na química, graças principalmente à descoberta dos pesos atômicos por Dalton[11], reinava ordem, certeza relativa do que se conquistou, ataque sistemático e quase planejado ao território ainda não conquistado, comparável ao sítio regular de uma fortaleza. Na teoria da eletricidade, uma inútil carga caótica de experimentos antigos, incertos, nem definitivamente confirmados nem definitivamente derrubados; um tatear inseguro no escuro, investigação e experimentação desconexas de muitos atacando desordenadamente esse território desconhecido, à maneira de um bando de cavaleiros nômades. Mas é claro que ainda está por ser feita no campo da eletricidade uma descoberta como a de Dalton, que proporciona ao conjunto da ciência um centro e à pesquisa uma base firme. É essencialmente esse estado de imobilidade da teoria da eletricidade, impossibilitando por ora a constatação de uma teoria abrangente, que condiciona o predomínio, nesse campo, da empiria unilateral, aquela empiria que, na medida do possível, proíbe a si própria o ato de pensar e, justamente por isso, não só pensa errado como não tem condições de acompanhar de modo fidedigno os fatos ou mesmo apenas relatá-los com fidelidade; portanto, é a empiria que descamba para o contrário da empiria real.

Se, de modo geral, aos senhores pesquisadores da natureza que não se cansam de falar mal das malucas especulações aprioristicas da filosofia alemã da natureza já é de se recomendar a leitura de escritos de teoria física da escola empírica, não só contemporâneos mas também os de um tempo posterior, isso vale muito especialmente para a teoria da eletricidade. Tomemos um escrito de 1840: *An Outline of the Sciences of Heat and Electricity* [Um esboço das ciências do calor e da eletricidade], de Thomas Thomson[12]. Pois o velho Thomson era uma autoridade em seu tempo; ademais, já tinha à disposição uma parte muito significativa dos trabalhos de Faraday, o maior entendido em eletricidade até aquele momento. E, ainda assim, seu livro contém coisas pelo menos tão malucas quanto a respectiva seção da bem mais antiga *Filosofia da natureza*, de Hegel[13]. A descrição da faísca elétrica, por exemplo, poderia ter sido traduzida diretamente da passagem correspondente em Hegel. Ambos enumeram todas as coisas mirabolantes

---

      ocupou-se das investigações de Luigi Aloisio Galvani e, em 1800, inventou a pilha galvânica para obtenção aprimorada de eletricidade galvânica.

[11] John Dalton, *A New System of Chemical Philosophy* (Manchester, R. Bickerstaff et G. Wilson, 1808-1827), 2. v. Com essa obra, Dalton foi o fundador da nova atomística na química.

[12] Thomas Thomson, *An Outline of the Sciences of Heat and Electricity*, cit.

[13] Ibidem, p. 399 e seg.

Conteúdo dialético das ciências

que se queria descobrir na faísca antes de se ter conhecimento de sua constituição real e diversidade múltipla e que, agora, em sua maioria, foram comprovadas como casos específicos ou erros. Melhor ainda. Thomson conta, na p. 416, com toda a seriedade, as histórias dos salteadores de [Victor] Dessaignes, segundo as quais vidro, resina, seda etc. adquirem carga elétrica negativa se imersos em mercúrio quando o barômetro sobe e o termômetro desce, adquirindo, em contraposição, carga positiva quando o barômetro desce e a temperatura sobe; que o ouro e vários outros metais adquirem carga positiva por aquecimento no verão, carregando-se negativamente por resfriamento no inverno; que com o barômetro alto e o vento norte eles têm carga elétrica forte, positiva com a temperatura em elevação e negativa com a temperatura em queda etc.[14] Isso é suficiente sobre o tratamento dado aos fatos. Porém, no que se refere às especulações apriorísticas, Thomson nos brinda com a seguinte formulação a respeito da faísca elétrica, que provém de ninguém menos que do próprio Faraday:

> A faísca é uma descarga ou atenuação do estado polarizado de indução de muitas partículas dielétricas, mediante uma ação peculiar de algumas dessas partículas que ocupam um espaço muito pequeno e restrito. Faraday supõe que as poucas partículas pelas quais ocorre a descarga não só são afastadas por repulsão mas também assumem temporariamente um estado peculiar, altamente ativado (*highly exalted*); isso quer dizer que todas as forças que as envolvem são lançadas sucessivamente sobre elas e elas são conduzidas a um estado de intensidade correspondente, que talvez seja equivalente ao de átomos que se combinam quimicamente; que então elas descarregam aquelas forças, de modo similar ao que acontece quando os referidos átomos liberam as suas, um modo que até agora desconhecemos; e isso é o fim de tudo (*and so the end of the whole*). O efeito resultante é exatamente como o de uma partícula metálica que tivesse ocupado o lugar da partícula descarregada, e não parece impossível que, nos dois casos, os princípios de ação algum dia venham a se revelar idênticos.[15]

Thomson acrescenta: "Dei essa explicação de Faraday nas próprias palavras dele por não tê-las entendido claramente"[16]. Isso deve ter acontecido também com outras pessoas, exatamente como se tivessem lido em Hegel que, na faísca elétrica, "a materialidade específica do corpo em tensão ainda não ingressa no processo, mas é determinada nele apenas de modo elementar e psíquico"[17], e a eletricidade seria "a ira própria, o

---

[14] Ibidem, p. 415-6.
[15] Ibidem, p. 400.
[16] Idem.
[17] Georg Wilhelm Friedrich Hegel, *Vorlesungen über die Naturphilosophie*, cit., §324, adendo, p. 346.

enfurecimento próprio do corpo"[18], seu "eu irado", que "aflora em todo corpo quando este é provocado"[19] (*Naturphil[osophie]*, §324, adendo). E, no entanto, a ideia básica em Hegel e Faraday é a mesma. Ambos resistem à noção de que a eletricidade não seria um estado da matéria, mas uma matéria própria, separada[20]. E, dado que na faísca aparentemente a eletricidade aparece autônoma, livre, separada de todo substrato material estranho e ainda assim perceptível aos sentidos, eles se veem forçados a conceber, no estado em que se encontrava a ciência naquele tempo, a faísca como a forma de manifestação efêmera de uma "força" momentaneamente liberada de toda matéria. Para nós, todavia, o enigma está solucionado, desde que sabemos que, no momento da descarga da faísca, realmente saltam "partículas metálicas" entre os elétrodos metálicos e, portanto, "a materialidade específica do corpo em tensão" de fato "ingressa no processo".

A exemplo do calor e da luz, é sabido que, no início, a eletricidade e o magnetismo também foram concebidos como matérias especiais, imponderáveis. No caso da eletricidade, como se sabe, logo se chegou a ponto de imaginar duas matérias contrapostas, dois "fluidos", um positivo e outro negativo, que no estado normal se neutralizam mutuamente até que sejam separados um do outro por uma assim chamada "força elétrica de separação". Seria possível, então, carregar dois corpos, um com eletricidade positiva e o outro com eletricidade negativa; quando se interligam os dois por meio de um terceiro corpo condutor, ocorre então a equalização, dependendo das circunstâncias, repentina ou por meio de uma corrente duradoura. E a equalização repentina se mostrou muito simples e compreensível, mas a corrente ofereceu dificuldades. À hipótese mais simples de que só eletricidade positiva ou só negativa se movimenta a cada vez na corrente, [Gustav Theodor] Fechner e, numa exposição detalhada, [Wilhelm] Weber contrapuseram a visão de que, no circuito fechado, fluem em direção contrária e lado a lado duas correntes iguais de eletricidade positiva e negativa em canais situados entre as moléculas ponderáveis dos corpos. Na elaboração matemática ampla dessa teoria, Weber finalmente chega a ponto de multiplicar uma função aqui indiferente por uma grandeza $1/r$, que significa $1/r$ "*a relação da eletricidade com o miligrama*" (Wiedemann, *Lehre vom Galvanismus etc.*, 2. ed., v. III, p. 569)[21]. A relação com uma medida de peso só pode naturalmente ser uma

---

[18] Ibidem, §324, adendo, p. 348.
[19] Ibidem, §324, adendo, p. 349.
[20] Ibidem, §324, adendo, p. 347-8.
[21] Gustav Heinrich Wiedemann, *Die Lehre vom Galvanismus und Elektromagnetismus*, v. 2, cit., seção 2, p. 540.

relação de peso. Portanto, de tanto calcular a empiria unilateral, já havia desaprendido a pensar a ponto de converter a eletricidade imponderável em eletricidade ponderável e introduzir seu peso no cálculo matemático.

As fórmulas deduzidas por Weber eram satisfatórias somente dentro de certos limites e, há bem poucos anos, principalmente Helmholtz conseguiu extrair por cálculo resultados que entram em conflito com o princípio da conservação da energia[22]. À hipótese de Weber da corrente dupla em direções contrárias C[arl Gottfried] Neumann contrapôs em 1871 esta outra: só uma das duas eletricidades, por exemplo a positiva, se move na corrente, enquanto a outra, a negativa, estaria firmemente ligada à massa do corpo[23]. A isso se segue em Wiedemann a seguinte observação:

> Essa hipótese pode ser combinada com a de Weber, caso se acrescente à corrente dupla de massas [elétricas] $\pm\frac{1}{2}\,e$ de sentidos contrários suposta por Weber uma *corrente de eletricidade neutra* externamente inativa, que conduza consigo a quantidade de eletricidade $\pm\frac{1}{2}\,e$ na direção da corrente positiva. (v. III, p. 577)[24]

Essa sentença, uma vez mais, é sintomática da empiria unilateral. Para fazer com que a eletricidade se converta em corrente, ela é decomposta em positiva e negativa. Porém todas as tentativas de explicar a corrente com essas duas matérias se deparam com dificuldades; [isso vale] tanto para a suposição de que a cada vez só uma delas se move na corrente quanto para a de que as duas se movem simultaneamente em sentidos opostos e, por fim, também para uma terceira, a de que uma se move e a outra permanece em repouso. Se nos detivermos nesta última – como explicar a noção inexplicável de que a eletricidade negativa, que na máquina de eletrização por atrito e na garrafa de Leiden é suficientemente móvel, na corrente elétrica está firmemente ligada à massa do corpo? Muito simples. Ao lado da corrente positiva $+\frac{1}{2}e$ que percorre o fio para a direita e da corrente negativa $-\frac{1}{2}e$ que o percorre para a esquerda, fazemos uma terceira corrente de eletricidade neutra $\pm\frac{1}{2}e$ fluir para a direita. Primeiro supomos que, para poder fluir, as duas eletricidades têm de estar separadas uma da outra; e, para explicar os fenômenos que ocorrem durante o fluxo das eletricidades separadas, supomos que elas também possam fluir juntas. Primeiro estabelecemos determinado pressuposto para explicar certo fenômeno e, na primeira dificuldade com que nos deparamos, estabelecemos um segundo pressuposto que anula

---

[22] Ibidem, p. 629-38.
[23] Ibidem, p. 576.
[24] Ibidem, p. 577. Grifos de Engels.

frontalmente o primeiro. Que formato deve ter a filosofia da qual esses senhores têm o direito de reclamar?

Entretanto, ao lado dessa visão da materialidade da eletricidade, logo apareceu outra, segundo a qual ela foi concebida como mero estado dos corpos, como "força", ou, como diríamos hoje, como forma específica do movimento. Vimos há pouco que Hegel e, mais tarde, Faraday compartilharam essa concepção. Desde que a descoberta do equivalente mecânico do calor eliminara definitivamente a representação de uma "substância calórica" específica e comprovara que o calor é um movimento molecular, o passo seguinte foi tratar também a eletricidade segundo o novo método e tentar determinar o seu equivalente mecânico. Isso foi totalmente bem-sucedido. Principalmente nos experimentos de Joule, [Pierre-Antoine] Favre e [François-Marie] Raoult, constatou-se não só o equivalente mecânico e térmico da assim chamada "força eletromotriz" da corrente galvânica mas também sua completa equivalência com a energia liberada por meio de processos químicos na célula de excitação ou consumida na célula de decomposição[25]. Por essa via, a suposição de que a eletricidade seria um fluido material especial tornou-se cada vez mais insustentável.

Entretanto, a analogia entre calor e eletricidade não era perfeita. A corrente galvânica se diferenciava em aspectos essenciais da condução de calor. Ainda não se conseguia dizer *o que* se movia nos corpos eletricamente afetados. A suposição de uma simples vibração molecular, como no caso do calor, pareceu insatisfatória. Diante da enorme velocidade do movimento da eletricidade, que superava até a da luz, ficou difícil superar a noção de que, entre as moléculas do corpo se movia algo material. Nesse ponto, entram em cena as teorias mais recentes de Clerk Maxwell (1864), [Wilhelm Gottlieb] Hankel (1865), [François] Reynard (1870) e [Erik] Edlund (1872), concordando com a suposição enunciada primeiro por Faraday em 1846 de que a eletricidade consiste no movimento de um meio elástico que permeia todo o espaço e, portanto, também os corpos, cujas partículas discretas se repelem segundo a lei da razão inversa do quadrado da distância, e é, portanto, em outras palavras, um movimento das partículas do éter e as moléculas do corpo tomam parte nesse movimento. As diferentes teorias divergem sobre a espécie desse movimento; as de Maxwell, Hankel e Reynard, apoiando-se nas investigações mais recentes sobre movimentos em vórtice, também as explicam de diferentes modos a partir dos vórtices, de modo que o vórtice do velho Descartes volta a receber o devido reconhecimento em campos

---

[25] Ibidem, p. 472-535.

sempre novos[26]. Abstemo-nos de expor essas teorias em detalhes. Elas divergem muito umas das outras e certamente ainda passarão por muitas modificações radicais. Porém um avanço resoluto parece residir na visão fundamental que têm em comum: que a eletricidade é um movimento das partículas do éter luminoso que permeia toda a matéria ponderável e que retroage sobre as moléculas do corpo. Essa concepção concilia as duas anteriores. No entanto, de acordo com ela, nos fenômenos elétricos move-se algo material, distinto da matéria ponderável. Porém esse material não é a própria eletricidade, que de fato se comprova como uma forma do movimento, mesmo que não seja uma forma do movimento imediato e direto da matéria ponderável. Enquanto a teoria do éter, por um lado, aponta um caminho para irmos além da representação primitiva e tosca de dois fluidos elétricos contrários, ela fornece, por outro lado, a perspectiva para aclararmos *qual* é o substrato material propriamente dito do movimento elétrico, *que* coisa é essa, cujo movimento provoca os fenômenos elétricos.

Um êxito decisivo a teoria do éter já obteve. Como se sabe, existe pelo menos um ponto em que a eletricidade modifica diretamente o movimento da luz: ela desvia seu nível de polarização. Clerk Maxwell, apoiado em sua teoria anteriormente mencionada, calcula que a capacidade específica de distribuição elétrica de um corpo é igual ao quadrado do seu índice de refração. [Ludwig Eduard] Boltzmann investigou diversos não condutores quanto ao seu coeficiente dielétrico e descobriu que, no caso do enxofre, do breu e da parafina, a raiz quadrada desse coeficiente era igual ao seu índice de refração. O desvio máximo – no enxofre – foi de apenas 4%. Portanto, especificamente até esse ponto, a teoria do éter de Maxwell foi confirmada experimentalmente[27].

Entretanto, ainda demorará um bom tempo e custará muito trabalho até que as novas séries de experimentos descasquem o caroço sólido dessas hipóteses que de qualquer modo se contradizem. Até lá, ou então até que a teoria do éter tenha sido substituída por outra inteiramente nova, a teoria da eletricidade se encontrará na situação incômoda de ser forçada a usar um modo de expressão que ela própria admite ser errado. Toda a sua terminologia ainda se baseia na representação dos dois fluidos elétricos. Ela ainda fala sem nenhum embaraço de "massas elétricas que fluem nos corpos", de "uma separação das eletricidades em cada molécula" etc. Isso é uma inconveniência que, como foi dito, decorre em

---

[26] Ibidem, p. 581-627.
[27] Ibidem, p. 612 e p. 649-50.

grande parte e inevitavelmente do atual estado de transição da ciência, que, porém, também contribui bastante para a manutenção da confusão de ideias reinante na empiria unilateral, que predomina justamente nesse ramo da pesquisa.

O antagonismo entre a assim chamada eletricidade estática ou por atrito e a eletricidade dinâmica ou o galvanismo deve ser considerado resolvido, desde que aprendemos a gerar correntes contínuas com a máquina de eletrização por atrito e, inversamente, produzir por corrente galvânica a assim chamada eletricidade estática, carregar as garrafas de Leiden etc. Deixamos de abordar aqui a subforma da eletricidade estática, bem como o magnetismo, que foi igualmente identificado como uma subforma da eletricidade. A explicação teórica dos fenômenos pertencentes a esse contexto deverá ser buscada, sob todas as circunstâncias, na teoria da corrente galvânica e, por isso, vamo-nos ater preponderantemente a essa.

Corrente contínua pode ser gerada de muitas maneiras. O movimento mecânico de massas gera *diretamente* por meio de atrito, em primeiro lugar, apenas eletricidade estática, e corrente contínua só com grande desperdício de energia; para ser convertido ao menos em sua maior parte em movimento elétrico, ele necessita da mediação do magnetismo, como nas máquinas eletromagnéticas de [Zénobe] Gramme, [Werner von] Siemens e outros[28]. O calor pode converter-se diretamente em corrente elétrica, como ocorre principalmente na junta de solda de dois metais diferentes. A energia liberada pela reação química, que em circunstâncias normais aparece na forma de calor, transforma-se sob certas condições em movimento elétrico. Inversamente, este último se converte em toda outra forma de movimento assim que as condições para isso estejam dadas: em movimento de massas, em pequena medida nas atrações e repulsões eletrodinâmicas e em grande medida, de novo por mediação do magnetismo, nas máquinas eletromagnéticas de movimento; em calor – em todo o circuito fechado da corrente elétrica, caso não tenham sido iniciadas outras transformações; em energia química – nas células de decomposição e nos voltâmetros em circuito fechado nos quais a corrente elétrica separa combinações que em vão se tenta decompor de outra maneira.

Em todas essas conversões vale a lei fundamental da equivalência quantitativa do movimento em todas as suas transformações. Ou, como se expressa Wiedemann: "de acordo com a lei da conservação da força, o trabalho usado de alguma maneira para gerar corrente elétrica deve

---

[28] Ibidem, p. 230-65. Nessa seção, são descritas as máquinas de Zénobe Gramme (1871), Werner von Siemens (1857) e Heinrich Daniel Ruhmkorff (1851).

ser equivalente ao trabalho usado para gerar todos os efeitos da corrente elétrica"[29]. Aqui não há dificuldades na conversão de movimento de massas ou de calor em eletricidade*; comprovadamente, no primeiro caso, a assim chamada "força eletromotriz" é igual ao trabalho usado para [produzir] aquele movimento, no segundo caso, "em cada junta de solda da bateria térmica ela é diretamente proporcional a sua temperatura absoluta" (Wiedem[ann], v. III p. 482)[30], isto é, temos de novo a quantidade de calor medida de modo absoluto em cada junta de solda. Para a eletricidade gerada a partir de energia química também se comprovou a validade dessa lei. Mas, nesse caso, a questão não se apresenta de modo tão simples, pelo menos para a teoria em voga. Vamos detalhá-la um pouco mais, portanto.

Uma das mais belas séries de experimentos com transformações de forma provocadas por meio de uma pilha galvânica é a de Favre (1857--1858). Ele colocou uma pilha de Smee de cinco elementos dentro de um calorímetro; em um segundo calorímetro, ele colocou uma pequena máquina de movimento eletromagnético cujo eixo principal e cuja roda de polia se projetavam livres para receber qualquer conexão. Cada vez que, na pilha, era gerado 1 grama de hidrogênio ou então uma solução de 32,6 gr[amas] de zinco (o velho equivalente químico do zinco de peso atômico 65,2 igual à metade do que hoje se aceita, e expresso em gramas) obtinham-se os seguintes resultados:

A. A pilha no calorímetro fechada em si mesma, com exclusão da máquina de movimento: geração de 18.682 ou então 18.674 unidades de calor.

B. A pilha e a máquina ligadas em circuito fechado, mas a máquina impedida de mover-se: calor na pilha de 16.448, na máquina de 2.219, juntas de 18.667 unidades de calor.

C. Como em B, mas a máquina se move sem levantar peso: calor na pilha de 13.888, na máquina de 4.769, juntas de 18.657 unidades de calor.

D. Como em C, mas a máquina levanta um peso e, com isso, realiza um trabalho mecânico = 131,24 quilogrâmetros: calor na pilha de 15.427, na máquina de 2.947, juntas de 18.374 unidades de calor; perda em relação

---

[29] Ibidem, p. 472.
* Uso a designação "eletricidade" no sentido de movimento elétrico com o mesmo direito com que a designação geral "calor" é usada para expressar a forma de movimento que se manifesta como calor aos nossos sentidos. Isso não deve chocar ninguém, até porque toda possível confusão com o estado *de tensão* da eletricidade é expressamente excluída de antemão.
[30] Gustav Heinrich Wiedemann, *Die Lehre vom Galvanismus und Elektromagnetismus*, v. 2, cit., seção 2, p. 472.

às 18.682 acima = 308 unidades de calor. Mas o trabalho mecânico feito, de 131,24 quilogrâmetros, multiplicado por mil (para passar para quilogramas as gramas do resultado químico) e dividido pelo equivalente mecânico do calor = 423,5 quilogrâmetros, resulta em 309 unidades de calor, ou seja, exatamente a perda acima com equivalente do calor do trabalho mecânico feito[31].

Portanto, a equivalência do movimento em todas as suas transformações também está contundentemente comprovada para o movimento elétrico dentro dos limites das inevitáveis fontes de erro. E foi demonstrado também que a "força eletromotriz" da bateria galvânica nada mais é que energia química convertida em eletricidade, e a bateria não é senão uma instalação, um aparelho, que transforma energia química liberada em eletricidade, como uma máquina a vapor transforma o calor que lhe é adicionado em movimento mecânico, sem que, nos dois casos, o aparelho transformador ainda adicione energia própria a partir de si mesmo.

Porém aqui surge uma dificuldade em confronto com o modo tradicional de representação. Esse modo de representação atribui à bateria uma "*força elétrica de separação*", em virtude das relações de contato que nela têm lugar entre os líquidos e os metais, que é proporcional à força eletromotriz e, portanto, representa para uma bateria dada uma determinada quantidade de energia. Ora, como se relaciona essa fonte de energia que, segundo o modo tradicional de representação, é inerente à bateria como tal, mesmo sem reação química, como se relaciona essa forma elétrica de separação com a energia liberada pela reação química? E, caso ela seja uma fonte de energia independente desta última, de onde provém a energia que ela fornece?

Essa pergunta, de forma mais ou menos clara, constitui o ponto de controvérsia entre a teoria do contato desenvolvida por [Alessandro] Volta e a teoria química da corrente galvânica que surgiu pouco depois[32].

A teoria do contato explicou a corrente elétrica a partir das tensões elétricas que surgem na bateria quando há contato dos metais com um ou mais líquidos, ou apenas entre os líquidos, e de sua equalização, ou então da equalização das eletricidades contrárias separadas no circuito fechado. As transformações químicas que eventualmente ocorriam nesse processo eram consideradas absolutamente secundárias pela teoria pura do contato. Em contraposição, [Johann Wilhelm] Ritter afirmou, já em 1805, que uma corrente só poderia se formar se os reagentes já estivessem agindo quimicamente uns sobre os outros *antes* do fechamento

---

[31] Ibidem, p. 521-2.
[32] Ibidem, p. 781-800. Alessandro Volta fundou a teoria do contato, e Johann Wilhelm Ritter, a teoria química da corrente galvânica, em 1798.

[do circuito]. Em termos gerais, essa teoria química mais antiga é resumida por Wiedemann (v. I, p. 784) no sentido de que, de acordo com ela, a assim chamada eletricidade de contato

> só apareceria quando houvesse simultaneamente uma influência química real dos corpos que se tocam ou então uma perturbação do equilíbrio químico, mesmo que não diretamente vinculada aos processos químicos, uma "tendência à reação química" entre os mesmos.[33]

Pelo visto, a questão da fonte de energia da corrente elétrica é posta de maneira bem indireta pelas duas partes, como não poderia deixar de ser naquela época. Volta e seus sucessores consideraram normal que o simples contato entre corpos heterogêneos pudesse gerar uma corrente contínua e, portanto, fosse capaz de realizar um determinado trabalho sem contrapartida. Ritter e seus adeptos também não tinham clareza sobre como a reação química capacita a bateria a gerar corrente e suas operações. Porém, enquanto para a teoria química isso foi há muito esclarecido por Joule, Favre, Raoult e outros, o oposto acontece no caso da teoria do contato. Na medida em que se conservou, ela permanece essencialmente em seu ponto de partida. Noções que pertencem a um período há muito superado, a um tempo em que, para explicar um efeito qualquer, era preciso contentar-se em apontar a primeira causa aparente que assomasse à superfície, independentemente de se fazer o movimento surgir do nada, noções que contradizem diretamente o princípio da conservação da energia ainda sobrevivem na atual teoria da eletricidade. E, quando essas noções são privadas de seu lado mais aversivo, atenuadas, liquefeitas, castradas, embelezadas, isso não melhora em nada a questão: a confusão necessariamente tende a piorar.

Como vemos, até a teoria química mais antiga da corrente elétrica explica as relações de contato da bateria como perfeitamente necessárias para a formação da corrente; o que ela afirma, além disso, é que esses contatos jamais conseguirão produzir uma corrente duradoura sem a reação química concomitante. E ainda hoje é óbvio que as instalações de contato da bateria constituem justamente o aparelho por meio do qual a energia química liberada é convertida em eletricidade, necessário para que a energia química passe realmente a ser movimento elétrico, e a quantidade de energia que faz isso é essencialmente dependente dessas instalações de contato.

Wiedemann, na condição de empírico unilateral, busca salvar tudo o que é possível da velha teoria do contato. Vamos acompanhá-lo. Ele diz (v. I, p. 799):

---

[33] Ibidem, p. 783-4.

Embora a ação do contato de corpos quimicamente indiferentes, como, por exemplo, os metais, como decerto se acreditava anteriormente, *não seja exigida pela teoria da pilha*, nem tenha sido comprovada pelo fato de *Ohm* ter derivado dela a sua lei, que também pode ser derivada sem essa suposição, e embora *Fechner*, que confirmou experimentalmente essa lei, também tenha defendido a teoria do contato, a excitação da eletricidade pelo contato *entre metais*, não se pode negar, pelo menos segundo os experimentos agora disponíveis, que os resultados alcançados em termos quantitativos nessa relação sempre estarão manchados por uma inevitável incerteza por causa da impossibilidade de manter absolutamente limpas as superfícies dos corpos que se tocam.[34]

Como se vê, a teoria do contato se tornou bem modesta. Ele admite que ela não é exigida para explicar a corrente elétrica, que não foi comprovada nem teoricamente por Ohm nem experimentalmente por Fechner. Ele até admite que os assim chamados experimentos fundamentais, os únicos nos quais ainda podemos nos apoiar, só podem fornecer resultados incertos em termos quantitativos e, por fim, ainda pede de nós o reconhecimento de que, de modo geral, pelo contato – embora seja só entre *metais*! – ocorre uma excitação elétrica.

Se a teoria do contato se limitasse a isso, não seria preciso objetar nada a ela. Certamente se pode admitir sem ressalvas que, ao contato de dois metais, ocorrem fenômenos elétricos em virtude dos quais se pode provocar contrações numa perna de rã preparada para isso, carregar um eletroscópio e causar outros movimentos. É de se perguntar primeiro: de onde provém a energia exigida para isso?

Para responder a essa pergunta, deveremos, segundo Wiedemann (v. I, p. 14),

> tecer *algo como as seguintes* considerações: se as placas de metal heterogêneas A e B forem aproximadas a uma pequena distância uma da outra, elas se atrairão em decorrência das forças de aderência. Ao tocarem uma na outra, elas perdem a força viva do movimento que lhes foi transmitida por essa atração. (Supondo que as moléculas dos metais se encontrassem em vibração permanente, *poderia* ser também que, ao contato dos metais heterogêneos, se tocassem as moléculas em vibração não sincronizada, produzindo uma modificação de suas vibrações com perda de força viva.) A força viva perdida se converte, *em grande parte*, em calor. Porém uma *pequena parte* é usada para distribuir de forma diferente as eletricidades anteriormente não separadas. Como já mencionamos, os corpos postos em contato se carregam, *talvez* em consequência de uma atração desigual das duas eletricidades, com as mesmas quantidades de eletricidade positiva e negativa.[35]

---

[34] Ibidem, v. 1, p. 799.
[35] Ibidem, v. 1, p. 14. Grifos de Engels.

A modéstia da teoria do contato aumenta. Primeiro se reconhece que a poderosa força elétrica de separação, que mais tarde tem de realizar esse trabalho gigantesco, não tem energia em si mesma, que ela não pode funcionar enquanto não lhe for adicionada energia de fora. E então lhe é designada uma fonte de energia mais do que nanica, a força viva da aderência, que só entra em ação a distâncias que praticamente não se podem mais medir e faz com que os corpos percorram um caminho que praticamente não se pode mais medir. Mas que seja: é inegável que ela existe e é igualmente inegável que ela desaparece no momento do contato. Porém, mesmo essa fonte mínima ainda fornece energia demais para o nosso propósito: uma *grande* parte se converte em calor e apenas uma *pequena* parte serve para trazer à existência a força elétrica de separação. Embora sabidamente haja ocorrências suficientes na natureza em que impulsos extremamente fracos produzem efeitos extremamente potentes, o próprio Wiedemann parece sentir que aqui sua fonte de energia, da qual mal pinga uma gota, dificilmente será suficiente e busca uma possível segunda fonte na suposição de alguma interferência nas vibrações moleculares dos dois metais nas superfícies de contato. Abstraindo de outras dificuldades com que nos deparamos aqui, Grove e [John Peter] Gassiot comprovaram que para a excitação elétrica nem é preciso que haja contato real, como o próprio Wiedemann nos informa na página anterior[36]. Em suma, a fonte de energia para a força elétrica de separação vai secando à medida que a analisamos.

E, no entanto, até agora não conhecemos outra fonte de excitação elétrica por contato metálico. Segundo Naumann ("Allg[emeine] und phys[ikalische] Chemie", Heidelberg, 1877, p. 675), "as forças eletromotoras de contato transformam calor em eletricidade"; ele acha "natural a suposição de que a capacidade dessas forças para produzir movimento elétrico se baseia na quantidade de calor disponível ou, em outros termos, é uma função da temperatura", o que também teria sido experimentalmente comprovado por [François-Pierre] Le Roux[37]. Aqui também nos movemos inteiramente no campo da indefinição. A lei da série de tensões dos metais nos impede de recorrer aos processos químicos que acontecem incessantemente em pequena escala nas superfícies de contato, sempre recobertas por uma fina camada de ar e água impura, praticamente inseparável para nós, ou seja, de explicar a excitação elétrica a partir da presença de um eletrólito ativo invisível entre as superfícies de contato.

---

[36] Ibidem, p. 13.
[37] Alexander Naumann, "Allgemeine und physikalische Chemie", cit., p. 675.

Um eletrólito teria de gerar no circuito fechado uma corrente permanente; em contraposição, a eletricidade do simples contato metálico desaparece assim que o circuito se fecha. E aqui chegamos à questão propriamente dita: se e de que modo essa "força elétrica de separação", primeiro restringida aos metais pelo próprio Wiedemann, declarada inoperante sem suprimento de energia externa e então posta exclusivamente na dependência de uma fonte de energia verdadeiramente microscópica, possibilita a formação de corrente permanente por meio do contato entre corpos quimicamente indiferentes.

A série de tensões classifica os metais de tal maneira que cada qual se relaciona de modo eletronegativo com o precedente e de modo eletropositivo com o seguinte. Encostemos nessa ordem, portanto, uma série de bastões de metal, como, por exemplo, zinco, estanho, ferro, cobre, platina, de modo a obtermos tensões elétricas nas duas extremidades. Porém, ao dispor a série metálica em um circuito fechado, de modo que o zinco e a platina também se toquem, a tensão imediatamente se equaliza e desaparece. "Portanto, dentro de um circuito fechado de corpos que pertencem à série de tensões, a formação de uma corrente elétrica permanente não é possível."[38] Wiedemann ainda calça essa frase com a seguinte ponderação teórica:

> De fato, se uma corrente permanente de eletricidade ocorresse no circuito, ela geraria calor nos próprios condutores metálicos, o qual poderia ser suprimido, no máximo, por um resfriamento dos pontos de contato dos metais. De qualquer modo, provocar-se-ia uma distribuição desigual de calor; e pela corrente, sem adição de fora, também se poderia movimentar permanentemente uma máquina eletromagnética de movimento e assim realizar um trabalho, o que seria impossível no caso de ligação fixa dos metais, por exemplo, mediante solda, pois nem nos pontos de contato poderia haver alterações que compensassem esse trabalho.[39]

E, como se não bastasse a prova teórica e experimental de que sozinha a eletricidade de contato dos metais não é capaz de gerar corrente elétrica: ainda veremos que Wiedemann se vê forçado a propor uma hipótese especial para eliminar sua eficácia também onde ela poderia muito bem se manifestar em forma de corrente.

Tentemos, portanto, outro caminho para ir da eletricidade de contato até a corrente elétrica. Imaginemos com Wiedemann:

---

[38] Gustav Heinrich Wiedemann, *Die Lehre vom Galvanismus und Elektromagnetismus*, v. 1, cit., p. 45. No original, toda a frase está grifada.
[39] Ibidem, p. 44-5.

dois metais, algo como um bastão de zinco e um de cobre, soldados um no outro por uma das pontas, as pontas livres ligadas a um terceiro corpo que não tem efeito eletromotor em relação aos dois metais, mas apenas conduziria as eletricidades opostas acumuladas em suas superfícies de modo a se equalizarem nele; nesse caso, a força elétrica de separação reconstituiria a diferença de tensão anterior e assim surgiria no circuito uma corrente elétrica permanente, que poderia realizar um trabalho sem nenhuma compensação, o que, por sua vez, é impossível. De acordo com isso, não pode haver corpo que, sem atividade eletromotora em relação a outros corpos, apenas conduza a eletricidade.[40]

Não avançamos em relação ao ponto anterior: a impossibilidade de criar movimento mais uma vez barra o nosso caminho. Com o contato de corpos quimicamente indiferentes e, portanto, com a eletricidade de contato propriamente dita, jamais produziremos uma corrente elétrica. Retornemos, pois, ao ponto de partida e tentemos um terceiro caminho que Wiedemann nos aponta:

> Por fim, vamos mergulhar uma placa de zinco e uma de cobre em um líquido que contém uma assim chamada ligação *binária* e que, portanto, pode decompor-se em dois componentes quimicamente diferenciados que se saturam completamente, como, por exemplo, ácido clorídrico (H+Cl) diluído etc.; nesse caso, segundo o §27, o zinco obtém carga negativa, o cobre carga positiva. Quando esses metais são ligados um ao outro, essas eletricidades se equalizam pelos pontos de contato, através dos quais, *portanto, flui uma corrente elétrica positiva do cobre para o zinco*. Dado que a força elétrica de separação que surge durante o contato desses metais também *conduz a eletricidade positiva no mesmo sentido*, os efeitos das forças elétricas de separação *não* se anulam como em um circuito metálico fechado. Surge, *portanto, uma corrente permanente de eletricidade positiva* que, no circuito fechado, flui do cobre para o zinco através do ponto de contato com ele e do zinco para o cobre através do líquido. Logo a seguir, no §34, voltaremos a falar em que medida as forças elétricas de separação individuais existentes no circuito *realmente* colaboram para a formação dessa corrente. – Denominamos elemento galvânico e decerto também bateria galvânica uma combinação de condutores que fornece tal corrente elétrica galvânica. (v. I, p. 45)[41]

O milagre, portanto, teria se operado. Por meio da mera força elétrica de separação do contato, que, segundo o próprio Wiedemann, não pode agir sem suprimento de energia externa, gerou-se aqui uma corrente elétrica permanente. E se, para explicá-la, não nos fosse oferecido nada além da passagem acima de Wiedemann, ela de fato permaneceria um milagre completo. O que aprendemos aqui sobre o processo?

---

[40] Ibidem, p. 45.
[41] Idem. Grifos de Engels.

1) Quando zinco e cobre são imersos em um líquido que contém uma assim chamada ligação *binária*, segundo o §27, o zinco obtém carga negativa, o cobre carga positiva. – Só que em todo o §27 não se encontra uma palavra sequer sobre uma ligação binária. Ele descreve apenas um elemento voltaico simples que consiste em uma placa de zinco e uma de cobre, entre as quais foi posto um pedaço de pano umedecido com um líquido ácido, e então analisa, sem mencionar quaisquer processos químicos, as cargas eletrostáticas dos dois metais daí resultantes. Portanto, a assim chamada ligação *binária* foi introduzida sorrateiramente pela porta dos fundos[42].

2) Permanece inteiramente misteriosa a razão dessa ligação binária. A circunstância de que ela "*pode* se decompor em dois componentes químicos que se saturam completamente"[43] (saturam-se completamente depois de se terem decomposto?!) só poderia nos ensinar algo novo se *de fato se decompusesse*. Sobre isso, porém, nada é dito; por ora temos de supor, portanto, que ela *não* se decomponha. Por exemplo, uma parafina.

3) Portanto, depois que o zinco tiver obtido carga negativa e o cobre carga positiva dentro do líquido, colocamos os dois em contato (fora do líquido). De imediato "essas eletricidades se equalizam pelos pontos de contato, através dos quais, *portanto*, flui uma corrente elétrica *positiva* do cobre para o zinco"[44]. De novo não ficamos sabendo por que só uma corrente elétrica "positiva" flui em uma direção e não também uma corrente elétrica "negativa" na direção oposta. Nem mesmo ficamos sabendo o que sucede com a eletricidade negativa, que até aquele momento havia sido tão necessária quanto a positiva; pois o efeito da força elétrica de separação consistia justamente em contrapor uma à outra livremente. Repentinamente ela é reprimida, por assim dizer, sonegada, e tem-se a impressão de que só existe eletricidade positiva. Mas então, na p. 51, diz-se novamente o exato oposto, pois ali *as eletricidades se unem* em uma só corrente, fluindo ali tanto a negativa quanto a positiva[45]! Quem nos ajudará a sair dessa confusão?

4) "*Dado que* a força elétrica de separação que surge durante o contato desses últimos metais também *conduz* a eletricidade positiva *no mesmo sentido*, os efeitos das forças elétricas de separação *não* se anulam como em um circuito metálico fechado. Surge, *portanto*, uma corrente elétrica

---
[42] Ibidem, p. 40-1.
[43] Ibidem, p. 45. Grifos de Engels.
[44] Idem. Grifos de Engels.
[45] Ibidem, p. 51.

permanente" etc.[46] – Aqui se carrega um pouco nas tintas. Pois, como veremos, algumas páginas adiante (p. 52) Wiedemann demonstra que, na "formação da corrente permanente, [...] a força elétrica de separação [...] *tem de estar inativa* no ponto de contato dos metais"[47]; que não só ocorre uma corrente elétrica, mesmo que ela, em vez de conduzir a eletricidade positiva no mesmo sentido, atue no sentido contrário à corrente, mas que nesse caso ela também não é compensada por uma parcela determinada da força de separação da bateria e, portanto, de novo está inativa. Como Wiedemann pode, portanto, na p. 45, fazer com que coopere como fator necessário na formação da corrente elétrica uma força elétrica de separação que ele depois, na p. 52, desativa enquanto dura a corrente elétrica e, além do mais, por meio de uma hipótese proposta só com esse propósito?

5) "Surge, portanto, uma *corrente permanente* de eletricidade positiva que, no circuito fechado, flui do cobre para o zinco através do ponto de contato com ele e do zinco para o cobre através do líquido."[48] – Nesse caso, porém, a corrente elétrica permanente "geraria calor nos próprios condutores" e também por meio dela "se poderia movimentar uma máquina eletromagnética de movimento e assim realizar um trabalho", o que, porém, é impossível sem suprimento de energia externa. Como até agora Wiedemann não nos deu a entender nem com uma sílaba se e de onde vem tal suprimento de energia, a corrente elétrica permanente continua tão impossível quanto era nos dois casos anteriormente analisados.

Ninguém sente isso tanto quanto Wiedemann. Ele, portanto, acha aconselhável passar correndo o mais rápido possível pelos muitos pontos delicados dessa curiosa explicação da formação da corrente elétrica e, em compensação, entreter o leitor durante algumas páginas com todo tipo de historietas elementares sobre os efeitos térmicos, químicos, magnéticos e fisiológicos dessa corrente elétrica ainda tão misteriosa, sendo que, ao fazer isso, ele excepcionalmente adota um tom bem popular. Em seguida, inopinadamente ele prossegue (p. 49):

> Devemos examinar agora de que modo as forças elétricas de separação estão ativas em um circuito fechado de dois metais e um líquido, como, por exemplo, zinco, cobre e ácido clorídrico. [...]
> *Sabemos* que os componentes da ligação binária contidos no líquido (HCl) se separam durante a passagem da corrente elétrica de tal maneira que um deles (H) *se libera* do cobre e uma quantidade equivalente do outro (Cl) *se libera* do

---
[46] Ibidem, p. 45. Grifos de Engels.
[47] Ibidem, p. 52. Grifos de Engels.
[48] Ibidem, p. 45. Grifos de Engels.

zinco, *sendo que* o último se liga com uma quantidade equivalente de zinco para formar ZnCl.[49]

Sabemos! Caso saibamos isso, certamente não é por intermédio de Wiedemann, que, como vimos, até agora não gastou uma sílaba para nos informar sobre esse processo. E, ademais, caso saibamos algo sobre esse processo, então é isto: que ele não pode dar-se da maneira descrita por Wiedemann.

Na formação de uma molécula de HCl, composta de gás de hidrogênio e gás de cloro, é liberada uma quantidade de energia = 22.000 unidades de calor ([Hans Peter Jørgen] Julius Thomsen)[50]. Portanto, para voltar a arrancar o cloro de sua ligação com o hidrogênio, será preciso suprir de fora a mesma quantidade de energia para cada molécula de HCl. De onde a bateria obtém essa energia? A exposição de Wiedemann não nos diz isso; portanto, procuremos por nossa conta.

Quando o cloro se liga com o zinco para formar cloreto de zinco, libera-se uma quantidade significativamente maior de energia do que o necessário para separar o cloro do hidrogênio. $ZnCl_2$ desenvolve 97.210 e 2 HCl desenvolve 44.000 unidades de calor (Jul[ius] Thomsen). E isso explica o processo que ocorre na bateria. Não é como conta Wiedemann, ou seja, o hidrogênio não se libera sem mais nem menos do cobre nem o cloro do zinco, "sendo que" então de modo ulterior e contingente zinco e cloro se ligam. Pelo contrário: a ligação do zinco com o cloro é a condição básica mais essencial de todo o processo e, enquanto essa não se tornar efetiva, em vão se esperará pelo hidrogênio do cobre.

O excedente de energia liberado pela formação de uma molécula de $ZnCl_2$, além daquela que é usada para liberar dois átomos de H de duas moléculas de HCl, transforma-se na bateria em movimento elétrico e fornece toda a "força eletromotriz" que vem à tona no circuito da corrente elétrica. Não se trata, portanto, de nenhuma misteriosa "força elétrica de separação", que separa à força o hidrogênio do cloro, sem nenhuma fonte de energia até agora comprovada; é a totalidade do processo químico que se efetua na bateria que supre o conjunto das "forças elétricas de separação" e "forças eletromotrizes" do circuito fechado com a energia necessária à sua existência.

---

[49] Ibidem, p. 49. Grifos de Engels.
[50] Aqui e a seguir, Engels utiliza os resultados das medições termoquímicas de Hans Peter Jørgen Julius Thomsen, conforme constam em Alexander Naumann, "Allgemeine und physikalische Chemie", cit., p. 639-40.

Portanto, constatemos por ora que a segunda explicação de Wiedemann para a corrente elétrica nos faz avançar tão pouco quanto a primeira e prossigamos no texto:

> Esse processo demonstra que o comportamento do corpo binário que separa os metais já não consiste apenas em uma atração preponderante simples de toda a sua massa sobre uma ou outra eletricidade, como no caso dos metais, mas soma-se aqui outro efeito específico de seus componentes. Dado que o componente Cl se separa quando a corrente de eletricidade positiva ingressa no líquido e o componente H quando ingressa a eletricidade negativa, *suponhamos* que a cada vez um equivalente do cloro na ligação HCl esteja carregado de determinada quantidade de eletricidade negativa, que condiciona sua atração por meio da eletricidade positiva que está entrando. Trata-se do *componente eletronegativo* da ligação. Do mesmo modo, o equivalente H tem de estar carregado com eletricidade positiva e assim representar o componente eletropositivo da ligação. Na ligação de H e Cl, essas cargas *poderiam* se apresentar de modo bem parecido com o que ocorre no contato entre zinco e cobre. Como a ligação HCl por si só não é elétrica, *temos de supor* de modo correspondente que nela os átomos do componente positivo e do componente negativo contêm quantidades iguais de eletricidade positiva e negativa.
>
> Ora, quando se mergulha uma placa de zinco e uma placa de cobre em um ácido clorídrico diluído, *podemos supor* que o zinco exerce uma atração mais forte sobre o componente eletronegativo (Cl) da placa do que sobre o componente eletropositivo (H). Em consequência disso, as moléculas do ácido clorídrico que tocam o zinco se *disporiam* de tal maneira que voltariam seus componentes eletronegativos para o zinco e seus componentes eletropositivos para o cobre. Na medida em que os componentes ordenados desse modo exercem sua atração elétrica sobre as moléculas HCl subsequentes, toda essa série de moléculas se dispõe entre a placa de zinco e a de cobre como na Fig[ura] 10:

$$
\begin{array}{c|ccccccccc|c}
- & \text{Zinco} & & & & & & & & \text{Cobre} & + \\
 & - & + & - & + & - & + & - & + & - & + \\
+ & \text{Cl} & \text{H} & \text{Cl} & \text{H} & \text{Cl} & \text{H} & \text{Cl} & \text{H} & \text{Cl} & \text{H} & -
\end{array}
$$

> Se o segundo metal atuasse sobre o hidrogênio positivo como o zinco sobre o cloro negativo, isso promoveria o arranjo. Se atuasse em sentido oposto, só que com menos força, pelo menos a direção permaneceria inalterada.
>
> Por meio do efeito influenciador da eletricidade negativa do componente eletronegativo cloro, adjacente ao zinco, a eletricidade no zinco *seria* distribuída de tal modo que os pontos do zinco que estão mais próximos do ácido clorídrico vizinho se carregariam positivamente e os mais distantes se carregariam negativamente. Do mesmo modo, no cobre, primeiramente a eletricidade negativa se acumularia perto do componente eletropositivo (H) do átomo de ácido clorídrico vizinho e a positiva seria repelida para as partes mais distantes.

Depois disso, a eletricidade positiva no zinco se *ligaria* com a eletricidade negativa do átomo mais próximo de Cl e este se ligaria com o zinco. O átomo eletropositivo H, que antes estava ligado àquele átomo, se *uniria* ao átomo de Cl voltado para ele do segundo átomo de HCl mediante ligação simultânea das eletricidades contidas nesses átomos; do mesmo modo que se *ligaria* o H do segundo átomo de HCl ao Cl do terceiro átomo e assim por diante, até que, por fim, no cobre, *ficasse* livre um átomo cuja eletricidade positiva se uniria à eletricidade negativa distribuída do cobre, de modo a escapar para o estado não elétrico. [Esse processo] se repetiria até que a repulsão das eletricidades acumuladas nas placas de metal para as eletricidades dos componentes cloro-hidrogênio voltados para elas acabasse de equilibrar a atração química dos últimos por meio dos metais. Porém, se as placas de metal fossem ligadas entre si com condutores, as eletricidades livres das placas de metal se uniriam, e os processos anteriormente mencionados poderiam reiniciar-se. *Dessa maneira* surgiria uma corrente permanente de eletricidade. – É notório que, nesse processo, tem lugar uma perda constante de força viva, na medida em que os componentes da ligação binária que migram para os metais se movem até os metais com uma certa velocidade e, então, chegam ao repouso quer pela formação de uma ligação (ZnCl), quer escapando livres (H). (Nota: Dado que o ganho de força viva por ocasião da separação dos componentes Cl e H [dos átomos situados entre as placas de metal] volta a equalizar-se pela força viva perdida na união desses componentes com os componentes dos átomos mais próximos, a influência desse processo deve ser negligenciada.) Essa perda é equivalente à quantidade de calor que é liberado no processo químico que aflora visivelmente e, portanto, essencialmente na dissolução de um equivalente de zinco no ácido diluído. Equivalente a esse valor deve ser o trabalho empregado na distribuição das eletricidades. Por conseguinte, quando as eletricidades se unem em uma corrente, deve aflorar, durante a dissolução de um equivalente de zinco e a separação de um equivalente de hidrogênio do líquido, um trabalho em todo o circuito fechado, seja na forma de calor, seja na forma de realização de trabalho externo, que é igualmente equivalente à geração de calor correspondente àquele processo químico.[51]

"Suponhamos" – "poderíamos" – "temos de supor" – "podemos supor" – "seria distribuída" – "se carregariam" etc. etc. Puras suposições e subjuntivos, entre os quais só se encontram com certeza três indicativos: primeiro, que *agora* a ligação do zinco com o cloro é enunciada como condição da liberação do hidrogênio; segundo, como ficamos sabendo bem no final, e de passagem, a energia liberada nesse processo é a fonte, mais precisamente a fonte exclusiva de toda a energia requerida para a formação da corrente elétrica; e, terceiro, essa explicação da formação

---

[51] Gustav Heinrich Wiedemann, *Die Lehre vom Galvanismus und Elektromagnetismus*, v. 1, cit., p. 49-51. Grifos de Engels.

de corrente elétrica afronta tão diretamente as duas precedentes quanto estas se afrontam mutuamente.

Continuando, lê-se o seguinte:

> Portanto, para efetivar a formação da corrente permanente, pode estar ativa *única e exclusivamente* a força elétrica de separação que provém da atração desigual e da polarização dos átomos da ligação binária no líquido de excitação da bateria por meio dos elétrodos de metal; *em contraposição*, a força elétrica de separação no ponto de contato dos metais, na qual não podem ocorrer mudanças mecânicas, *deve estar inativa*. O fato de ela não ser compensada por uma determinada parcela da força de separação nesses pontos, por exemplo, quando *atua contrariamente* à excitação eletromotriz dos metais através do líquido (como na imersão de estanho e chumbo em uma solução de cianeto de potássio), demonstra a inteira proporcionalidade da totalidade da força elétrica de separação (e da força eletromotriz) no circuito fechado em relação ao referido equivalente de calor dos processos químicos. Ou seja, ela tem de ser neutralizada de outro modo. O modo mais fácil de isso ocorrer dá-se mediante a suposição de que, no contato do líquido de excitação com os metais, a força eletromotriz é gerada de duas maneiras: de um lado, pela atração de força desigual do conjunto das *massas* do líquido e dos metais sobre uma ou outra eletricidade; de outro, por meio da atração desigual dos metais sobre os *componentes* do líquido carregados de eletricidades opostas. [...] Em consequência da primeira atração desigual das massas, os líquidos se comportariam inteiramente de acordo com a lei da série de tensões dos metais e, em um circuito fechado, iniciariam uma completa neutralização da força elétrica de separação (e das forças eletromotrizes); em contraposição, a segunda reação, *de natureza química*, forneceria *sozinha* a força elétrica de separação requerida para a formação de corrente elétrica e a força eletromotriz correspondente a ela. (v. I, p. 52 e 53)[52]

Desse modo, teria sido agora eliminado com êxito da formação da corrente elétrica o último resquício da teoria do contato e, concomitantemente, o último resquício da primeira explicação da formação da eletricidade dada por Wiedemann na p. 45. Finalmente se admite sem ressalvas que a bateria galvânica é um aparelho simples para converter energia química liberada em movimento elétrico, na assim chamada força elétrica de separação e força eletromotriz, exatamente do mesmo modo que a máquina a vapor é um aparelho destinado à conversão de energia calórica em movimento mecânico. Tanto num caso quanto no outro, o aparelho apenas provê as condições para a liberação e transformação da energia, mas não fornece nenhuma energia por si mesmo. Constatado isso, resta-nos agora o exame mais detalhado da terceira versão da explicação

---

[52] Ibidem, v. 1, p. 52-3. Grifos de Engels.

da corrente elétrica por Wiedemann. Como são representadas aqui as conversões de energia no circuito fechado da bateria?

Ele diz:

> É notório que, nesse processo, tem lugar uma perda constante de força viva, na medida em que os componentes da ligação binária que migram para os metais se movem até os metais com uma certa velocidade e, então, chegam ao repouso quer pela formação de uma ligação (ZnCl), quer escapando livres (H). [...] Essa perda é equivalente à quantidade de calor liberado no processo químico que aflora visivelmente e, portanto, essencialmente na dissolução de um equivalente de zinco no ácido diluído.[53]

Primeiro, se o processo ocorrer *de modo puro*, não haverá nenhuma liberação de calor na bateria por ocasião da dissolução do zinco; pois a energia que é liberada justamente é transformada em eletricidade e, só a partir desta, reconvertida em calor por meio da resistência de todo o circuito fechado.

Em segundo lugar, força viva é a metade do produto da massa pelo quadrado da velocidade. Portanto, a sentença acima teria o seguinte teor: a energia liberada na dissolução de um equivalente de zinco em ácido clorídrico diluído = X calorias é equivalente à metade do produto da massa dos íons pelo quadrado da velocidade com que ela migra para os metais. Enunciada nesses termos, a sentença está evidentemente errada; a força viva que aparece durante a migração dos íons está muito distante de ser equivalente à energia liberada pelo processo químico*. Mas, mesmo que

---

[53] Ibidem, v. 1, p. 51.

* Recentemente F[riedrich] Kohlrausch (*Wied[emmanns] Ann[alen]*, v. 6, p. 206) ["Das electrische Leitungsvermögen der wässerigen Lösungen von den Hydraten und Salzen der leichten Metalle, sowie von Kupfervitriol, Zinkvitriol und Silbersalpeter", *Annalen der Physik und Chemie*, Leipzig, v. 6, n. 1, 1879, p. 206-7. (N. T.)] calculou que "forças imensas" são requeridas para fazer os íons atravessarem a água em solução. Para fazer com que 1 mg percorra a distância de 1 mm seria exigida uma força de tração de 32.500 kg para H e 5.200 kg para Cl, ou seja, de 37.700 kg para HCl. – Mesmo que esses números estejam absolutamente corretos, eles não chegam ao que foi dito anteriormente. Porém o cálculo contém fatores hipotéticos, inevitáveis no campo da eletricidade até o momento, necessitando, portanto, de controle por meio de experimento. Esse controle parece possível. Em primeiro lugar, essas "forças imensas" precisam reaparecer como quantidades determinadas de calor onde foram consumidas, ou seja, no caso referido, na bateria. Em segundo lugar, a energia consumida por elas tem de ser menor do que a fornecida pelos processos químicos da bateria, mais precisamente, numa diferença bem determinada. Em terceiro lugar, essa diferença deve ser consumida no restante do circuito fechado e ali ela também precisa ser quantitativamente demonstrável. Só depois de confirmadas por esse controle, as determinações

fosse, nenhuma corrente elétrica seria possível, pois não restaria nenhuma energia para a corrente elétrica no restante do circuito fechado. É por isso que ainda se consegue acomodar a observação de que os íons entram em repouso "quer pela formação de uma ligação, quer escapando livres"[54]. Porém, caso se pretenda que perda de força viva inclui também as conversões de energia que se efetuam nesses dois processos, então estamos realmente de mãos atadas. Pois é justamente a esses dois processos juntos que devemos toda a energia que se libera, de modo que aqui não se pode absolutamente falar de uma perda de força viva, mas, quando muito, de um ganho. É evidente, portanto, que o próprio Wiedemann não tinha nada determinado em mente quando escreveu essa frase, mas imaginava que a "perda de força viva" fosse apenas o *deus ex machina*[55], de quem esperava que lhe possibilitasse o salto mortal [que o levaria] da velha teoria do contato para a explicação química da corrente elétrica. Hoje, a perda de força viva cumpriu sua obrigação e será dispensada; doravante o processo químico na bateria será incontestavelmente considerado a única fonte de energia para produzir corrente elétrica, e a única preocupação que ainda resta ao nosso autor é encontrar um jeito elegante de eliminar da corrente elétrica o último resto da excitação elétrica no contato de corpos quimicamente indiferentes, a saber, a força de separação ativa nos pontos de contato entre os dois metais.

Quando lemos a explicação dada há pouco por Wiedemann para a formação da corrente elétrica, cremos estarmos diante de uma peça daquele tipo de apologética com que teólogos crédulos e semicrédulos se contrapuseram, quase quarenta anos atrás, à crítica filológico-histórica da Bíblia feita por [David Friedrich] Strauß, [Christian Gottlob] Wilke, Bruno Bauer e outros[56]. O método é inteiramente o mesmo. E precisa sê-lo, pois, nos dois casos, trata-se de salvar das mãos da ciência pensante *a tradição repassada*. A empiria exclusivista que admite pensar, quando muito, na forma do cálculo matemático, imagina que está lidando apenas com fatos

---

numéricas acima podem obter validade definitiva. A comprovação na célula de decomposição parece ainda mais exequível.

[54] Gustav Heinrich Wiedemann, *Die Lehre vom Galvanismus und Elektromagnetismus*, v. 1, cit., p. 51.
[55] Sentido literal: "o deus que vem da máquina"; expressão proveniente da tragédia antiga, na qual muitas vezes, no final da peça, um deus descia ao palco com a ajuda de aparelhos mecânicos e resolvia todos os problemas.
[56] Sobre tendências e representantes da crítica bíblica na Alemanha, ver Friedrich Engels, "Ludwig Feuerbach und der Ausgang der klassischen deutschen Philosophie", cit., p. 151-7; "Zur Geschichte des Urchristentums", *Die Neue Zeit*, Stuttgart, v. 13, n. 1, 1894-1895, p. 4-13 e p. 36-43.

inegáveis. Na realidade, porém, ela lida preferencialmente com noções recebidas, com produtos em grande parte obsoletos do pensamento dos seus predecessores, como, por exemplo, eletricidade positiva e negativa, força elétrica de separação, teoria do contato. Estas lhe servem de base para cálculos matemáticos sem fim, no curso dos quais se pode esquecer comodamente a natureza hipotética dos pressupostos em razão do rigor das fórmulas matemáticas. Esse tipo de empiria assume uma postura tão cética em relação aos resultados do pensamento contemporâneo quanto crédula diante dos resultados do pensamento dos seus predecessores. Até mesmo os fatos experimentalmente constatados foram se tornando inseparáveis das interpretações tradicionais correspondentes; o mais simples fenômeno elétrico é falsificado na exposição, por exemplo, mediante a introdução sorrateira das duas eletricidades; essa empiria já *não é mais capaz* de descrever corretamente os fatos porque a interpretação herdada é subsumida na descrição. Em resumo, temos aqui, no campo da teoria da eletricidade, uma tradição tão desenvolvida quanto no da teologia. E, dado que, nos dois campos, os resultados da pesquisa mais recente, a constatação de fatos até agora desconhecidos ou contestados e as conclusões teóricas que deles necessariamente resultam constituem uma afronta impiedosa à tradição antiga, os defensores dessa tradição passam pelos piores apertos. Eles são forçados a buscar refúgio em todo tipo de tergiversação, escapatórias insustentáveis, escamoteação de contradições irreconciliáveis, e eles próprios acabam se enroscando em contradições de onde não conseguem mais sair. É essa crença no conjunto da antiga teoria da eletricidade que faz com que aqui Wiedemann se enrede numa contradição irremediável consigo mesmo, simplesmente por fazer a tentativa impossível de conciliar de modo racionalista a antiga explicação da corrente elétrica baseada na "força de contato" com a mais recente baseada na liberação de energia química.

Talvez alguém objete que a crítica anterior à explicação da corrente elétrica por Wiedemann esteja baseada em casuísmos; [e que,] mesmo que, no início, Wiedemann tenha se expressado de modo um tanto descuidado e impreciso, no final ele teria feito a exposição correta, em sintonia com o princípio da conservação de energia, e isso resolveria tudo. Em contraposição, damos a seguir outro exemplo, sua descrição do que acontece na bateria de zinco, ácido sulfúrico diluído e cobre.

> Quando ligamos as duas placas com um arame, surge uma corrente galvânica [...]. *Por meio do processo eletrolítico* separa-se da *água* contida no ácido sulfúrico diluído 1 eq[uivalente de] hidrogênio do cobre que escapa em bolhas. No zinco se forma 1 eq[uivalente de] oxigênio que oxida o zinco na forma

de óxido de zinco que se dissolve no meio ácido para formar óxido de zinco sulfúrico. (v. I, p. 593)[57]

Para dissociar um gás de hidrogênio e um gás de oxigênio da água é exigida para cada molécula de água uma energia = 68.924 unidades de calor. De onde vem, na bateria acima, essa energia? "Por meio do processo eletrolítico". E de onde ela tira o processo eletrolítico? Não há resposta.

Ora, Wiedemann ainda nos diz não só uma, mas pelo menos duas vezes (v. I, p. 472 e 614)[58] que, de modo geral, "segundo experiências mais recentes, a água mesma não é decomposta", mas, no nosso caso, o ácido sulfúrico, H_2SO_4, que, de um lado, se decompõe em H_2 e de outro em SO_3+O, sendo que H_2 e O, dependendo das circunstâncias, podem escapar em forma de gás. Desse modo, porém, modifica-se toda a natureza do processo. O H_2 de H_2SO_4 é substituído diretamente pelo zinco de duas valências, formando o sulfato de zinco, $ZnSO_4$. Sobra de um lado o H_2, do outro SO_3+O. Os dois gases escapam na proporção em que formam água, o SO_3 se liga novamente com a solução de água H_2O para formar H_2SO_4, isto é, ácido sulfúrico. Porém, na formação de $ZnSO_4$ é gerada uma quantidade de energia que é suficiente não só para repelir e liberar o hidrogênio do ácido sulfúrico mas ainda para produzir um significativo excesso que, no nosso caso, é usado na formação de corrente elétrica. Portanto, o zinco não espera até que o processo eletrolítico lhe ponha à disposição o oxigênio livre para só então se oxidar e só então se dissolver no ácido. Pelo contrário. Ele entra diretamente no processo que só se inicia de fato *no momento em que o zinco ingressa nele*.

Vemos aqui como as representações antiquadas do contato vêm em socorro de representações químicas antiquadas. Segundo a visão mais recente, um sal é um ácido em que o hidrogênio foi substituído por um metal. O processo a ser examinado aqui confirma essa visão: a repulsão direta do hidrogênio do ácido pelo zinco explica cabalmente a conversão de energia. A visão mais antiga adotada por Wiedemann considera um sal uma ligação entre um óxido de metal e um ácido e, por conseguinte, em vez de falar de sulfato de zinco, fala de óxido de zinco sulfúrico. E, para que, na nossa bateria, se vá do zinco e do ácido sulfúrico até o óxido de zinco sulfúrico, é preciso primeiro que o zinco seja oxidado. Para oxidar o zinco com rapidez suficiente, precisamos do oxigênio livre. Para conseguir o oxigênio livre, devemos considerar que a água se decompõe – visto

---

[57] Gustav Heinrich Wiedemann, *Die Lehre vom Galvanismus und Elektromagnetismus*, v. 1, cit., p. 592-3. Grifos de Engels.
[58] Ibidem, p. 472 e p. 614, nota.

que aparece hidrogênio no cobre. Para decompor a água, necessitamos de uma energia poderosa; como consegui-la? Simplesmente "por meio do processo eletrolítico", que não pode ser iniciado enquanto não começar a se formar o seu produto químico final, o "óxido de zinco sulfúrico". A criança dá à luz a mãe.

Portanto, também aqui Wiedemann inverte inteiramente e põe de cabeça para baixo todo o percurso. E tudo porque, sem mais nem menos, Wiedemann equipara a eletrólise ativa à passiva, dois processos diametralmente opostos, em forma de eletrólise pura e simples.

———◆———

Até agora só examinamos o que acontece dentro da bateria, isto é, aquele processo em que um excesso de energia é liberado por meio de reação química e convertido em eletricidade pela instalação da bateria. Porém, como se sabe, esse processo também pode ser invertido: a eletricidade representada na bateria pela energia química da corrente permanente pode ser novamente transformada em energia química na célula de decomposição implantada no circuito fechado. Os dois processos evidentemente são opostos; e, se concebermos o primeiro como químico-elétrico, o segundo será eletroquímico. Ambos podem ocorrer no mesmo circuito fechado pelos mesmos materiais. Assim, a pilha composta de elementos gasosos, cuja corrente elétrica é gerada pela ligação de hidrogênio e oxigênio para formar água, pode fornecer, em uma célula de decomposição acoplada, gás de hidrogênio e de oxigênio na mesma proporção em que compõe água. O modo usual de análise resume esses dois processos antagônicos numa só expressão: eletrólise, e nem sequer faz a diferenciação entre uma eletrólise ativa e uma passiva, entre um líquido de excitação e um eletrólito passivo. Nessa linha, Wiedemann usa 143 páginas[59] para tratar da eletrólise em geral e, ao final, acrescenta algumas observações sobre a "eletrólise na bateria", enquanto os processos que ocorrem em baterias reais representam uma parcela ínfima das 17 páginas dessa seção[60]. Na seção seguinte, intitulada "teoria da eletrólise"[61], esse antagonismo entre bateria e célula de decomposição nem mesmo é mencionado, e ficaria profundamente decepcionado quem procurasse no capítulo seguinte, "A influência da eletrólise sobre a resistência condutiva e a força eletromotriz no circuito fechado"[62], alguma menção às conversões de energia no circuito fechado.

---

[59] Ibidem, p. 459-592.
[60] Ibidem, p. 592-609.
[61] Ibidem, p. 609-34.
[62] Ibidem, p. 635-737.

Conteúdo dialético das ciências

Examinemos agora o irresistível "processo eletrolítico", que sem suprimento visível de energia é capaz de separar H_2 de O e que, nas seções ora em pauta do livro, desempenha o mesmo papel antes desempenhado pela misteriosa "força elétrica de separação".

> Além do processo *primário, puramente eletrolítico* da separação dos íons, entra em cena uma série de processos *secundários, puramente químicos*, totalmente independentes daquele, por incidência dos íons separados pela corrente elétrica. Essa incidência pode ocorrer na matéria dos elétrodos e nos corpos decompostos, em soluções também nos meios solventes. (v. I, p. 481)[63]

— Retornemos à bateria anteriormente referida: zinco e cobre em ácido sulfúrico diluído. Aqui, de acordo com o enunciado do próprio Wiedemann, os íons que se separam são o H_2 e o O da água. Logo, a oxidação do zinco e a formação de $ZnSO_4$ são para ele um processo secundário, independente do processo eletrolítico, puramente químico, ainda que seja ele que possibilita o processo primário. Examinemos, pois, com um pouco mais de detalhe a confusão que necessariamente surge dessa inversão do curso real.

Atenhamo-nos primeiramente aos assim chamados processos secundários na célula de decomposição, dos quais Wiedemann nos dá alguns exemplos (p. 481-2)[64]*.

I. Eletrólise de Na_2SO_4 dissolvido em água. Esse "se decompõe [...] em 1 eq[uivalente] de SO_3+O [...] e 1 eq[uivalente] de Na [...]; este último, porém, reage com a água solvente e separa dela 1 eq[uivalente] de H, enquanto 1 eq[uivalente] de sódio se forma e se dissolve na água ambiente"[65]. A equação é esta:

$$Na_2SO_4 + 2H_2O = O + SO_3 + 2NaOH + 2H.$$

Nesse exemplo, a decomposição:

$$Na_2SO_4 = Na_2 + SO_3 + O$$

de fato poderia ser concebida como a conversão primária, eletroquímica, e a conversão ulterior:

$$Na_2 + 2H_2O = 2NaHO + 2H$$

---

[63] Ibidem, p. 481. Grifos de Engels.
[64] Ibidem, p. 481-2.
* Seja observado aqui, valendo para todos os casos, que W[iedemann] sempre utiliza as antigas valências químicas equivalentes, escrevendo HO, ZnCl etc. Nas minhas equações, são sempre utilizados os pesos atômicos modernos, constando, portanto, H_2O, $ZnCl_2$ etc.
[65] Gustav Heinrich Wiedemann, *Die Lehre vom Galvanismus und Elektromagnetismus*, v. 1, cit., p. 481.

como processo secundário, puramente químico. Mas esse processo secundário é efetuado diretamente no elétrodo em que aparece o hidrogênio e a quantidade bastante significativa de energia que aí é liberada (111.810 unidades de calor por Na, O, H (equivalências segundo Jul[ius] Thomsen)[66]), por conseguinte, é convertida, pelo menos na maior parte, em eletricidade e somente uma parcela é transformada diretamente em calor na célula. Porém isso também pode suceder com a energia química liberada diretamente ou primariamente na *bateria*. No entanto, a quantidade de energia que se tornou disponível dessa maneira e se transformou em eletricidade se subtrai daquela que a corrente elétrica tem de fornecer para a decomposição permanente do Na_2SO_4. Enquanto, num *primeiro* momento de todo o processo, a transformação do sódio em hidróxido apareceu como processo secundário, a partir do segundo momento ele se torna fator essencial de todo o processo e, desse modo, deixa de ser secundário.

Acontece que ainda ocorre um terceiro processo nessa célula de decomposição: se o SO_3 não se ligar ao metal do elétrodo positivo, o que voltaria a liberar energia, ele se ligará ao H_2O para formar H_2SO_4, ácido sulfúrico. Porém essa conversão não ocorre necessariamente na imediação do elétrodo e, por conseguinte, a quantidade de energia que nela é liberada (21.320 u[nidades] c[alóricas], J[ulius] Thomsen) se transforma, integralmente ou em sua maior parte, em calor na própria célula, cedendo, no máximo, uma parcela muito pequena como eletricidade para a corrente elétrica. Portanto, o único processo realmente secundário que se dá nessa célula nem é mencionado por Wiedemann.

II.

Se eletrolisarmos uma solução de vitríolo de cobre entre um elétrodo positivo de cobre e um negativo de platina, separar-se-á, no elétrodo negativo de platina, 1 eq[uivalente] de água decomposta por 1 eq[uivalente] de cobre mediante decomposição simultânea de água sulfúrica no mesmo circuito elétrico; no elétrodo positivo deveria aparecer 1 eq[uivalente] de SO_4; mas este se liga ao cobre do elétrodo para formar 1 eq[uivalente] de $CuSO_4$, que se dissolve na água da solução eletrolisada.[67]

No modo de se expressar da química moderna, devemos imaginar esse processo da seguinte maneira: o cobre se deposita na platina; o SO_4

---

[66] Investigações sobre as quantidades de calor geradas por reações químicas foram feitas já em 1854 por Hans Peter Jørgen Julius Thomsen e, mais tarde, por Pierre-Eugène-Marcellin Berthelot.

[67] Gustav Heinrich Wiedemann, *Die Lehre vom Galvanismus und Elektromagnetismus*, v. 1, cit., p. 481.

liberado, que não pode subsistir como tal, decompõe-se em SO_3+O; o O se volatiliza e SO_3 assume o H_2O da água solvente e compõe H_2SO_4, que, mediante liberação de H_2, volta a se ligar ao cobre do elétrodo para formar $CuSO_4$. Temos aqui, para sermos exatos, três processos: 1) Separação entre Cu e SO_4; 2) $SO_3 + O + H_2O = H_2SO_4 + O$; 3) $H_2SO_4 + Cu = H_2 + CuSO_4$. É compreensível que o primeiro seja concebido como primário e os outros dois como secundários. Porém, se perguntarmos pelas conversões de energia, descobriremos que o primeiro processo é totalmente compensado por uma parte do terceiro: a separação do cobre de SO_4 por meio da religação de ambos no outro elétrodo. Se abstrairmos da energia requerida para o deslocamento do cobre de um elétrodo até o outro – e igualmente da inevitável perda de energia na bateria pela conversão em calor –, resultará que o assim chamado processo primário não subtrairá nenhuma energia da corrente elétrica. A corrente elétrica fornece energia exclusivamente para possibilitar a separação, ainda por cima indireta, de H_2 e O, que se comprova como o resultado químico real de todo o processo – ou seja, para executar um processo *secundário* ou até terciário.

Nos dois exemplos anteriores, como também em outros casos, a diferenciação entre processos primários e secundários tem uma inegável razão de ser relativa. Assim, nas duas vezes, entre outras coisas, aparentemente também se decompõe água, e os elementos da água são dissociados nos elétrodos opostos. Dado que, segundo as experiências mais recentes, água absolutamente pura é o que mais se aproxima do ideal de um não condutor e, portanto, também de um não eletrólito, é importante demonstrar que, nesse e em casos parecidos, a água não é diretamente decomposta pelo processo eletroquímico, mas os elementos da água são dissociados do ácido – para cuja formação, no entanto, a água solvente precisa cooperar.

III.

Quando se eletrolisa simultaneamente em dois tubos em forma de U [...] o ácido clorídrico [...], e em um dos tubos usamos um elétrodo positivo de zinco e no outro um de cobre, no primeiro tubo dissolve-se a quantidade de 32,53 de zinco e, no segundo, a quantidade de 2 x 31,7 de cobre.[68]

Deixemos de lado por enquanto o cobre e atenhamo-nos ao zinco. Considera-se aqui, como processo primário, a decomposição de HCl e, como processo secundário, a dissolução de Zn. Segundo essa concepção, portanto, a corrente elétrica externa à célula de decomposição fornece a energia necessária à separação de H e Cl e, depois de realizada a separação,

---

[68] Ibidem, p. 482.

o Cl se liga ao Zn, liberando uma quantidade de energia que se subtrai da que é requerida para a separação de H e Cl; ou seja, a corrente elétrica só precisa suprir a diferença. Até aqui tudo se encaixa perfeitamente; porém, se examinarmos mais de perto as duas quantidades de energia, descobriremos que a energia liberada na formação de $ZnCl_2$ é *maior* do que a energia consumida na separação de 2 HCl; descobriremos, portanto, que a corrente elétrica não só não precisa fornecer energia nenhuma mas, ao contrário, *recebe energia*. Nem estamos mais diante de um eletrólito passivo, mas de um líquido de excitação; não mais diante de uma célula de decomposição, mas de uma *bateria*, que reforça a pilha geradora de corrente elétrica com um novo elemento; o processo que deveríamos conceber como secundário torna-se absolutamente primário, torna-se a fonte de energia de todo o processo e o torna independente da corrente elétrica suprida pela pilha.

Aqui vemos claramente qual é a fonte de toda a confusão que domina a exposição teórica de Wiedemann. Este parte da eletrólise – tanto faz se ela é ativa ou passiva, bateria ou célula de decomposição: "caixa de curativos é caixa de curativos", como disse o velho major para o "soldado voluntário" doutor em filosofia[69]. E, dado que é muito mais fácil estudar a eletrólise na célula de decomposição do que na bateria, ele de fato parte da célula de decomposição, e os processos que nela se efetuam, a subdivisão em parte justificada em primários e secundários, passam a ser o parâmetro para os processos francamente opostos na bateria e, ao fazer isso, ele nem mesmo percebe que disfarçadamente a célula de decomposição se transforma em bateria. Por isso ele pode propor a seguinte sentença: "a afinidade química das substâncias dissociadas em relação aos elétrodos não tem influência sobre o processo propriamente eletrolítico" (v. I, p. 471)[70], uma sentença que, nessa forma absoluta, como vimos, está totalmente errada. Daí advém, então, sua teoria tripla da formação de corrente elétrica: primeiro a teoria velha e tradicional do puro contato; segundo, aquela que, mediante a força elétrica de separação já concebida abstratamente, provê, de modo inexplicável, para si ou para o "processo eletrolítico", a energia capaz de separar o H do Cl na bateria e, além disso, ainda formar uma corrente elétrica; por fim, a moderna teoria químico-elétrica, que comprova pela soma algébrica de todas as reações químicas na bateria a fonte dessa energia. Por não

---

[69] Ver a anedota completa em Friedrich Engels, *Sobre a questão da moradia* (trad. Nélio Schneider, São Paulo, Boitempo, 2014), p. 60-1.
[70] Gustav Heinrich Wiedemann, *Die Lehre vom Galvanismus und Elektromagnetismus*, v. 1, cit., p. 471.

perceber que a segunda explicação derruba a primeira, ele também não intui que a terceira, por sua vez, joga a segunda no lixo. Ao contrário, ele junta de modo bem superficial o princípio da conservação da energia à velha teoria advinda da rotina, do mesmo modo que se junta um novo teorema geométrico aos anteriores. Ele nem desconfia de que esse princípio torne necessária uma revisão de toda a visão tradicional nesse e nos demais campos da ciência natural. Por isso, Wiedemann se limita a simplesmente constatá-lo ao explicar a corrente elétrica, colocando-o depois tranquilamente de lado, para só recorrer de novo a ele bem no final do livro, no capítulo sobre os trabalhos realizados pela corrente elétrica[71]. Nem na teoria da excitação elétrica por contato (v. I, p. 781 e seg.) a conservação da energia desempenha um papel no que se refere à questão principal e só se recorre a ela ocasionalmente para aclarar pontos secundários; ela é e continua sendo um "processo secundário"[72].

Retornemos ao exemplo III, citado anteriormente. Nele foi eletrolisado o ácido clorídrico pela mesma corrente elétrica em dois tubos em forma de U, sendo que num dos tubos foi usado o zinco e no outro o cobre como elétrodo positivo. Segundo a lei fundamental da eletrólise formulada por Faraday, em cada célula a mesma corrente galvânica decompõe quantidades equivalentes de eletrólitos, e as quantidades das substâncias dissociadas nos dois elétrodos se encontram na proporção dos seus equivalentes (v. I, p. 470)[73]. No caso em pauta, porém dissolveu-se, no primeiro tubo, uma quantidade de 32,53 de zinco e, no outro, uma quantidade de 2 × 31,7 de cobre. Wiedemann prossegue:

> Entretanto, isso não é nenhuma prova da equivalência desses valores. Eles só se observam em correntes bem pouco intensas sob a formação de cloreto de zinco [...] de um lado e cloreto de cobre [...] de outro. Em caso de correntes mais intensas, para a mesma quantidade de zinco dissolvido a quantidade de cobre dissolvido baixaria até 31,7 [...] mediante formação de quantidades crescentes de cloreto.[74]

Como se sabe, o zinco forma uma única ligação com o cloro, cloreto de zinco, $ZnCl_2$; o cobre, por sua vez, forma duas; o cloreto cúprico, $CuCl_2$, e o cloreto cuproso, Cu_2Cl_2. O curso do processo, portanto, é que a corrente elétrica fraca desprende do elétrodo dois átomos de cobre para cada dois átomos de cloro, sendo que os dois átomos de cobre permanecem ligados

---

[71] Ibidem, v. 2, seção 2, p. 472.
[72] Ibidem, v. 1, p. 781-800.
[73] Ibidem, p. 470.
[74] Ibidem, p. 482.

entre si por *uma* de suas duas valências, enquanto suas duas valências livres se ligam aos dois átomos de cloro:

$$\begin{array}{c} Cu - Cl \\ | \\ Cu - Cl \end{array}$$

Em contraposição, quando fica mais forte, a corrente elétrica dissocia totalmente os átomos de cobre e cada um deles se liga a dois átomos de cloro:

$$Cu \begin{array}{c} - Cl \\ - Cl \end{array}$$

No caso de correntes de intensidade média, as duas ligações se formam paralelamente. Portanto, o que condiciona a formação de uma ou de outra ligação é apenas a intensidade da corrente e, por conseguinte, o processo é de natureza essencialmente *eletro*química, caso esse termo faça algum sentido. Apesar disso, Wiedemann declara esse processo expressamente como secundário e, portanto, não como eletroquímico, mas como puramente químico.

O experimento anteriormente descrito é de [Bernard] Renault (1867) e faz parte de toda uma série de experimentos similares, nos quais uma mesma corrente elétrica em um tubo em forma de U foi conduzida por uma solução de sal de cozinha (elétrodo positivo de zinco) para outra célula por meio de eletrólitos diferentes, tendo diversos metais como elétrodos positivos. Nesse processo, as quantidades dos outros metais dissolvidos por um equivalente de zinco divergiram bastante, e Wiedemann dá os resultados de toda a série de experimentos que, de fato, são óbvios em termos químicos e não poderiam mesmo ser diferentes. Assim, por 1 eq[uivalente] de zinco foram dissolvidos apenas 2/3 do eq[uivalente] de ouro em ácido clorídrico. Isso só pode parecer estranho a quem se atém, como faz Wiedemann, aos antigos pesos equivalentes e usa a fórmula ZnCl para cloreto de zinco, na qual tanto o cloro quanto o zinco aparecem com *uma só* valência no cloreto[75]. Na realidade, estão contidos ali dois átomos de cloro para um átomo de zinco, $ZnCl_2$, e, assim que conhecemos essa fórmula, vemos imediatamente que, nessa determinação das equivalências, o átomo de cloro, e não o átomo de zinco, deve ser aceito como unidade. Mas a fórmula do cloreto de ouro é $AuCl_3$, na qual é evidente que $3ZnCl_2$ contêm exatamente tanto cloro quanto $2AuCl_3$ e, assim, todos os processos

---

[75] Ibidem, p. 483.

primários, secundários e terciários que ocorrerem na bateria ou na célula serão forçados a transformar para cada "fração de peso" transformado em cloreto de zinco nem mais nem menos que $^2/_3$ de "frações de peso" de ouro em cloreto de ouro. Isso vale de modo absoluto, exceto se a ligação AuCl também pudesse ser produzida pela via galvânica; nesse caso, para 1 eq[uivalente] de zinco teriam de ser dissolvidos até 2 eq[uivalentes] de ouro, podendo ocorrer também variações parecidas com as do caso do cobre e do cloro anteriormente referido, dependendo da intensidade da corrente. O valor dos experimentos de Renault consiste em que eles demonstram como a lei de Faraday é confirmada por fatos que parecem contradizê-la. Porém, não há como prever qual seria a sua contribuição para lançar luz sobre processos secundários na eletrólise.

O terceiro exemplo de Wiedemann já nos fez retornar da célula de decomposição para a bateria. E, de fato, a bateria desperta de longe o máximo de interesse assim que investigamos os processos eletrolíticos em relação às conversões de energia que neles acontecem. Assim, não é raro nos deparamos com baterias nas quais os processos químico-elétricos parecem contradizer diretamente a lei de conservação da energia e efetuar-se contrariamente à afinidade química.

Segundo as medições de [Johann Christian] Poggendorff, a bateria de zinco, solução concentrada de sal de cozinha e platina, fornece uma corrente elétrica de intensidade 134,6[76]. Temos aqui, portanto, uma quantidade respeitável de eletricidade, $^1/_3$ mais do que no elemento de Daniell. De onde provém a energia que se manifesta aqui como eletricidade? O processo "primário" é a exclusão do sódio da ligação com o cloro por meio do zinco. Porém, na química comum, não é o zinco que exclui o sódio, mas o inverso: é o sódio que exclui o zinco da ligação com o cloro e de outras ligações. Muito longe de poder fornecer à corrente elétrica a quantidade supramencionada de energia, o próprio processo "primário" precisa, para acontecer, de um aporte externo de energia. Portanto, com o mero processo "primário" voltamos a ficar embretados. Observemos, portanto, o processo real. Descobrimos que a conversão de energia não é

$$Zn + 2NaCl = ZnCl_2 + 2Na,$$

mas

$$Zn + 2NaCl + 2H_2O = ZnCl_2 + 2NaOH + H_2.$$

---

[76] Ibidem, p. 368-73. Wiedemann cita em nota Johann Christian Poggendorff, *Annalen*, v. 70, 1845.

Em outras palavras, o sódio não é liberado no elétrodo negativo, mas hidroxidado, como no exemplo I (p. [481])[77]. Para calcular as conversões de energia que acontecem aí, as determinações de Julius Thomsen nos dão ao menos pontos de partida. De acordo com elas, temos energia liberada nas seguintes ligações:

$(Zn, Cl_2) = 97.210$, $(ZnCl_2, aqua$ [água]$) = 15.630$, num total para o cloreto de zinco dissolvido de

		112.840 unidades de calor	
$2(Na, O, H, aqua)$	=	223.620 unidades de calor	336.460 unidades de calor

Desconta-se disso o consumo de energia nas separações:

$2(Na, Cl, aqua)$	=	193.020 unidades de calor	
$2(H_2, O)$	=	136.720 unidades de calor	329.740 unidades de calor
Excedente de energia liberada			= 6.720 unidades de calor

Esse total evidentemente é pequeno para a intensidade da corrente obtida, mas é suficiente para explicar, de um lado, a separação do sódio de sua ligação com o cloro e, de outro, a formação da corrente elétrica em geral.

Temos aqui um exemplo contundente de que a diferenciação entre processos primários e secundários é totalmente relativa e nos leva *ad absurdum* assim que a tomamos como absoluta. Por si só, o processo primário, eletrolítico, não só não consegue gerar corrente elétrica como tampouco logra realizar-se. O processo secundário, que se supõe puramente químico, é o que possibilita o processo primário e, ademais, fornece todo o excedente de energia para a formação de corrente elétrica. Na realidade, aquele comprovou ser o primário e este o secundário. Quando Hegel converteu dialeticamente em seu contrário as diferenças e os antagonismos fixos dos metafísicos e pesquisadores da natureza dados à metafísica, disseram que ele lhes teria torcido as palavras dentro da boca. Porém, quando a natureza procede do mesmo modo que

---

[77] Gustav Heinrich Wiedemann, *Die Lehre vom Galvanismus und Elektromagnetismus*, v. 1, cit., p. 481.

o velho Hegel, seguramente está na hora de examinar a questão um pouco mais detidamente.

Com mais razão ainda podem ser considerados como secundários processos que se efetuam *em consequência* do processo químico-elétrico da bateria ou do processo eletroquímico da célula de decomposição; porém, independentemente disso e isoladamente, também aqueles que ocorrem a certa distância dos elétrodos. Por conseguinte, as conversões de energia que ocorrem nesses processos secundários não ingressam no processo elétrico; elas não retiram nem fornecem energia diretamente a ele. Esses processos são muitos frequentes na célula de decomposição; tivemos há pouco um exemplo disso (Ex. I), a saber, na formação de ácido sulfúrico durante a eletrólise de sulfato de sódio. Contudo, eles despertam menos interesse aqui. Em contraposição, sua ocorrência na bateria tem maior importância prática. Pois, mesmo que não adicionem energia ao processo químico-elétrico nem retirem energia diretamente dele, eles alteram a soma da energia disponível na bateria como um todo e, por essa via, o afetam indiretamente.

Entre estes figuram, além das conversões químicas posteriores usuais, os fenômenos que acontecem quando os íons que estão nos elétrodos são dissociados num estado diferente daquele em que costumam se encontrar livres e quando passam para esse estado só depois de se afastarem dos elétrodos. Nesse caso, os íons podem assumir outra densidade ou outro estado de agregação. Porém, eles também podem sofrer transformações significativas em relação a sua constituição molecular, e esse é o caso mais interessante. Em todos esses casos, à mudança química ou física secundária dos íons, que ocorre a certa distância dos elétrodos, corresponde uma mudança análoga de calor; o calor em geral é liberado, em casos isolados ele é consumido. Essa mudança de calor obviamente está limitada primeiro ao lugar em que ela ocorre: o líquido na bateria ou na célula de decomposição se aquece ou se resfria, o restante do circuito fechado permanece inalterado. Por isso, esse calor é denominado calor *local*. Portanto, a energia química liberada, disponível para a conversão em eletricidade, é reduzida ou então aumentada pelo equivalente desse calor local, positivo ou negativo, gerado na bateria. De acordo com Favre, em uma bateria com peróxido de hidrogênio [água oxigenada] e ácido clorídrico, $^2/_3$ de toda a energia liberada são consumidos na forma de calor local; em contraposição, o elemento de Grove esfriou significativamente após o fechamento do circuito e, portanto, ainda forneceu energia ao circuito por meio da absorção de calor. Vemos, portanto, que também esses processos secundários retroagem sobre os primários. Podemos fazer o que quisermos, a diferenciação entre processos primários e secundários permanece meramente relativa e anula-se regularmente na interação de ambas[78]. Quando nos esquecemos disso, quando tratamos essas oposições relativas como absolutas, acabamos nos enredando irremediavelmente em contradições, como vimos anteriormente.

Na dissociação eletrolítica de gases, sabidamente os elétrodos de metal ficam cobertos com uma fina camada de gás; em consequência disso, diminui a intensidade da corrente até os elétrodos ficarem saturados de gás e, em seguida, a corrente elétrica atenuada volta a ficar constante. Favre e [Johann Theobald] Silbermann comprovaram que, em uma célula de decomposição como essa, também há calor local, que só pode se originar do fato de que os gases nos elétrodos não são liberados no estado em que costumam ocorrer, e que, depois que se separam dos elétrodos, eles só voltam a esse estado habitual por outro processo ligado à geração de calor[79]. Porém em que estado os gases são dissociados nos elétrodos? Não há como se expressar em termos mais cautelosos do que Wiedemann. Ele o denomina "um certo" estado, um estado "alotrópico", "ativo" e, finalmente, no caso do oxigênio, às vezes um estado "ozonizado". No caso do hidrogênio, os termos são muito mais misteriosos. Ocasionalmente transparece a ideia de que ozônio e peróxido de hidrogênio são as formas em que esse estado "ativo" se realiza. Nesse contexto, o ozônio persegue nosso autor de tal maneira que ele chega a explicar as propriedades extremamente eletronegativas de certos peróxidos, dizendo que eles "possivelmente contêm uma parte do oxigênio *em estado ozonizado*" (v. I, p. 57)[80]! Com certeza, na assim chamada decomposição da água forma-se tanto ozônio quanto peróxido de hidrogênio, mas só em pequenas quantidades. Não há nenhuma razão para supor que o calor local seja transmitido, no caso em pauta, primeiro pelo surgimento e depois pela decomposição de quantidades maiores das duas ligações acima. Não conhecemos o calor da formação de ozônio, O_3, a partir de três átomos *livres* de oxigênio; o da formação de peróxido de hidrogênio a partir de H_2O (líquido) + O é, de acordo com Berthelot = -21.480[81]; portanto, o surgimento dessa ligação em quantidades maiores estaria condicionado a um grande aporte de energia (algo em torno de 30% da energia exigida para separar H_2 e O), o que teria de ser notório e comprovável. Porém, por fim, ozônio e peróxido de hidrogênio prestariam contas só do oxigênio (se abstraíssemos inversões

---

[78] Ibidem, v. 2, seção 2, p. 498-9.
[79] Ibidem, p. 500-8.
[80] Ibidem, v. 1, p. 57. Grifo de Engels.
[81] Engels obteve essas medições de Berthelot em Alexander Naumann, "Allgemeine und physikalische Chemie", cit. p. 652.

de corrente em que os dois gases se juntariam no mesmo elétrodo), mas não do hidrogênio. E, no entanto, este também escapa para um estado "ativo", mas de tal modo que, na combinação de uma solução de nitrato de potássio entre dois elétrodos de platina, ele se liga diretamente com o nitrogênio dissociado do ácido para formar amoníaco.

Todas essas dificuldades e cautelas de fato nem existem. Dissociar corpos "em um estado ativo" não é monopólio do processo eletrolítico. Toda decomposição química faz a mesma coisa. Ela dissocia o elemento químico liberado, num primeiro momento, na forma de átomos livres, O, H, N etc., que só podem se ligar nas moléculas O_2, H_2, N_2 etc. após a sua decomposição e, nessa ligação, liberam uma quantidade determinada, mas até agora não constatável de energia, que aparece como calor. Porém, durante o fugidio instante em que os átomos estão livres, eles são portadores de toda a quantidade de energia que são capazes de carregar; de posse de sua carga máxima de energia, eles são livres para entrar em qualquer ligação que se ofereça. Estão, portanto, "em um estado ativo" em relação às moléculas O_2, H_2, N_2, que já cederam uma parte daquela energia e não podem mais se ligar a outros elementos sem que essa quantidade de energia cedida volte a ser suprida de fora. Portanto, não temos necessidade nenhuma de recorrer ao ozônio e ao peróxido de hidrogênio, eles próprios produtos do referido estado ativo. Por exemplo, a recém-mencionada formação de amoníaco por meio de eletrólise de nitrato de potássio também pode ser realizada sem a bateria, simplesmente por meios químicos, adicionando ácido nítrico ou uma solução de nitrato a um líquido no qual o hidrogênio se libere por meio de processos químicos. O estado ativo do hidrogênio é o mesmo nos dois casos. O interessante no processo eletrolítico, porém, é que a existência fugidia de átomos livres se torna, por assim dizer, palpável. O processo se divide aqui em duas fases: a eletrólise dissocia os átomos livres nos elétrodos, mas sua ligação com moléculas acontece a alguma distância dos elétrodos. Por mais ínfima que seja essa distância para as relações de massa, ela é suficiente para impedir em grande parte a utilização da energia liberada na formação de molécula pelo processo elétrico e, desse modo, condicionar sua transformação em calor – o calor local na bateria. Por essa via, porém, foi constatado que os elementos foram dissociados como átomos livres e por um momento subsistiram na bateria como átomos livres. Esse fato, que podemos constatar na química pura apenas por meio de inferências teóricas, é demonstrado aqui experimentalmente, na medida em que isso é possível sem a percepção sensível dos próprios átomos e moléculas. E nisso reside a grande importância científica do assim chamado calor local da bateria.

A transformação da energia química em eletricidade por meio da bateria é um processo de cujo decurso não sabemos praticamente nada e decerto só ficaremos sabendo algo mais preciso quando o *modus operandi* do próprio movimento elétrico for mais bem conhecido.

À bateria é atribuída uma "força elétrica de separação" muito bem determinada para cada tipo bem determinado de bateria. Como vimos logo no início, Wiedemann admitiu que essa força elétrica de separação não constitui uma determinada forma da energia. Pelo contrário, em primeira linha, ela nada mais é que a capacidade, a propriedade de uma bateria de transformar determinada quantidade de energia química liberada em eletricidade numa unidade de tempo. Em todo o decurso, essa energia química nunca adquire a forma da "força elétrica de separação", mas, ao contrário, imediata e diretamente a forma da assim chamada "força eletromotriz", isto é, do movimento elétrico. Quando, na vida cotidiana, falamos da força de uma máquina a vapor, no sentido de que ela tem condições de converter, em uma unidade de tempo, determinada quantidade de calor em movimento de massas, isso não constitui razão para introduzir essa confusão conceitual também na ciência. Nos mesmos termos, podemos falar da força distinta de uma pistola, de uma carabina, de uma espingarda de cano liso e de um rifle de longo alcance, porque eles alcançam distâncias diferentes com a mesma carga de pólvora e o mesmo calibre de munição. Mas aqui fica evidente o caráter equivocado da expressão. Todo o mundo sabe que a bala é disparada pela ignição da carga de pólvora e que o alcance diferenciado da arma é condicionado somente pelo maior ou menor dispêndio de energia, dependendo do comprimento do cano, do espaço de manobra do projétil e de sua forma. Porém o mesmo se dá no caso da força do vapor e da força elétrica de separação. Duas máquinas a vapor – sob circunstâncias de resto iguais, isto é, quantidades iguais de energia liberada nos mesmos espaços de tempo – ou duas baterias galvânicas, às quais se aplica o mesmo, diferenciam-se quanto a suas realizações de trabalho apenas quanto ao maior ou menor dispêndio de energia que nelas ocorre. E, se a técnica de armas de fogo em todos os exércitos conseguiu passar até agora sem a suposição de uma força específica de tiro, a ciência da eletricidade não tem nenhuma desculpa para a suposição de uma "força elétrica de separação" análoga a essa força de tiro, uma força em que não há absolutamente nenhuma energia e que, portanto, por si mesma não consegue realizar nem a milionésima parte de um miligrama/milímetro de trabalho.

O mesmo vale para a segunda forma dessa "força de separação", a "força elétrica de contato dos metais", mencionada por Helmholtz[82]. Ela não é senão a propriedade dos metais de, quando entram em contato entre si, converter em eletricidade a energia que existe sob outra forma. Portanto, ela também é uma força que não contém nem sequer uma centelha de energia. Suponhamos com Wiedemann que a fonte de energia da eletricidade de contato resida na força viva do movimento de aderência; assim, essa energia existe primeiramente na forma desse movimento de massas e, quando esta desaparece, ela se converte imediatamente em movimento elétrico, sem assumir nem um momento sequer a forma da "força elétrica de contato".

E, além de tudo isso, nos é assegurado que essa "força elétrica de separação", que não só não contém energia em si mesma mas, por seu conceito, não *pode* conter energia nenhuma, seria proporcional à força eletromotriz, isto é, à energia química que reaparece na forma de movimento elétrico! Essa proporcionalidade entre nenhuma energia e energia faz parte evidentemente da mesma matemática em que figura a "relação da unidade elétrica com o miligrama". Porém, por trás da forma absurda que deve sua existência tão somente à concepção de uma *propriedade* simples como *força* mística, há uma tautologia muito simples: a capacidade de uma determinada bateria de transformar energia química liberada em eletricidade é medida – pelo quê? Pois, pela quantidade de energia que volta a se manifestar no circuito fechado como eletricidade na proporção da energia química consumida na bateria. Isso é tudo.

Para chegar a uma força elétrica de separação, é preciso levar a sério o expediente dos dois fluidos elétricos. Para tirá-los de sua neutralidade e transpô-los para sua polaridade, ou seja, para separá-los à força, é necessário certo dispêndio de energia – a força elétrica de separação. Uma vez separadas uma da outra, as duas eletricidades podem, por ocasião de sua reunificação, fornecer a mesma quantidade de energia – a força eletromotriz. Porém, dado que hoje em dia ninguém mais, nem mesmo Wiedemann, encara as duas eletricidades como entidades reais, querer detalhar esse modo de representação seria o mesmo que escrever para um público extinto.

O erro fundamental da teoria do contato consiste em que ela não consegue se desfazer da ideia de que a força de contato ou força elétrica

---

[82] Provável referência à palestra de Hermann Helmholtz, "Ueber galvanische Ströme, verursacht durch Concentrations-Unterschiede; Folgerungen aus der mechanischen Wärmetheorie", *Monatsberichte der Königlich Preussischen Akademie der Wissenschaften zu Berlin*, Berlim, 1878, p. 713-26.

de separação seria uma *fonte de energia*; o que de fato é difícil, depois que foi transformada em *força* a simples propriedade de um aparelho de transmitir a transformação de energia; pois uma *força* seria justamente uma determinada forma de energia. Por não conseguir se livrar dessa representação obscura de força e, embora as representações modernas da energia indestrutível e incriável se tenham imposto, Wiedemann incorre naquela explicação sem sentido da corrente elétrica, a de n. 1, e em todas as contradições posteriormente demonstradas.

Se a expressão "força elétrica de separação" é simplesmente absurda, a outra, "força eletromotriz", é, no mínimo, supérflua. Tínhamos motores térmicos muito antes de termos motores elétricos e, no entanto, a teoria do calor consegue se virar muito bem sem uma força termomotriz especial. A simples expressão "calor" abrange todas as manifestações do movimento que pertencem a essa forma de energia; o mesmo pode fazer a expressão "eletricidade" no seu campo. Ademais, muitas formas de ação da eletricidade nem são diretamente "motrizes", como a magnetização do ferro, a decomposição química, a transformação em calor. E, por fim, toda ciência natural, até a mecânica, sempre logra um avanço quando se livra da palavra *"força"*.

Vimos que Wiedemann não aceitou sem certa relutância a explicação química dos processos na bateria. Essa relutância o persegue permanentemente; quando pode dizer algo que desabone a assim chamada teoria química, ele seguramente o diz. Assim, "de modo nenhum foi fundamentado que a força eletromotriz é proporcional à intensidade da reação química" (v. I, p. 791)[83]. Certamente isso não se aplica a todos os casos, mas onde essa proporcionalidade não acontece, isso apenas prova que a bateria foi mal construída, que nela ocorre desperdício de energia. E, exatamente por isso, o mesmo Wiedemann tem toda a razão quando, em suas deduções teóricas, não leva em consideração as circunstâncias secundárias que falsificam a pureza do processo, mas assevera sem ressalvas que a força eletromotriz de um elemento seria igual ao equivalente mecânico da reação química que acontece nele em dada unidade de tempo e mantida a unidade da intensidade da corrente.

Em outra passagem consta:

> Ademais, na bateria ácido-alcalina, a ligação do ácido e do álcali não é a causa da formação da corrente elétrica, o que decorre dos experimentos do §61 (Becquerel e Fechner), do §260 (Dübois-Reymond) e do §261 (Worm-Müller),

---

[83] Gustav Heinrich Wiedemann, *Die Lehre vom Galvanismus und Elektromagnetismus*, v. 1, cit., p. 791.

segundo os quais, em certos casos, quando esses elementos se encontram em quantidades equivalentes, não aparece nenhuma corrente elétrica e, da mesma forma nos experimentos citados no §62 (Henrici), em que, no caso da intercalação de uma solução de salitre entre a lixívia de potássio e o ácido nítrico, a força eletromotriz se manifesta do mesmo modo que sem ela. (v. I, p. 791)[84]

A questão de ser a ligação de ácido com álcali uma causa da formação de corrente elétrica ocupa seriamente nosso autor. Nessa forma, é fácil dar uma resposta a ela. A ligação de ácido e álcali é, em primeiro lugar, a causa da formação de *sal* mediante liberação de energia. Se essa energia assumirá total ou parcialmente a forma de eletricidade é algo que depende das circunstâncias sob as quais ela é liberada. Por exemplo, na bateria de ácido nítrico e lixívia de potássio entre elétrodos de platina, isso se dará pelo menos em parte, sendo indiferente para a *formação* da corrente elétrica interpor ou não uma solução de salitre entre ácido e álcali, dado que isso no máximo poderá retardar a formação de sal, mas não impedi-la. Porém, quando se monta uma bateria como a de Worm-Müller, à qual Wiedemann se refere constantemente, na qual o ácido e a solução alcalina se encontram no centro, só que, nas duas extremidades, há uma solução do seu sal, e isso na mesma concentração da solução que se encontra na bateria, nesse caso, é óbvio que não pode surgir nenhuma corrente elétrica, pois, por causa dos elementos extremos – dado que em toda parte se formam corpos idênticos –, *não há como surgirem íons*. Portanto, impediu-se a conversão da energia liberada em eletricidade de maneira tão direta, como se o circuito nem tivesse sido fechado; portanto, não é de se admirar que não se obtenha nenhuma corrente elétrica. Porém, ácido e álcali em geral podem gerar corrente elétrica e isso é comprovado pela bateria de carvão, ácido sulfúrico (1 em 10 porções de água), potássio (1 em 10 porções de água), carvão, que, segundo Raoult, produz uma intensidade de corrente de 73[85]*; e, em caso de instalação apropriada da bateria, ácido e álcali conseguem fornecer uma intensidade de corrente correspondente às grandes quantidades de energia liberadas em sua ligação, o que se depreende do fato de que as baterias mais potentes que conhecemos se baseiam quase exclusivamente na formação de sais alcalinos. Por exemplo, [Charles] Wheatstone: platina,

---

[84] Idem.
[85] Ibidem, p. 390.
* Em todos os dados seguintes referentes à intensidade da corrente elétrica o elemento de Daniell é estipulado como = 100. [O elemento de Daniell foi inventado pelo químico inglês John Frederic Daniell. Trata-se da primeira bateria constante e foi adotada como parâmetro para medição exata de "forças eletromotrizes".]

cloreto de platina, amálgama de potássio: intensidade de corrente = 230; peróxido de chumbo, ácido sulfúrico diluído, amálgama de potássio = 326; peróxido de manganês em vez do peróxido de chumbo = 280; mas sempre que foi utilizado o amálgama de zinco, em vez do amálgama de potássio, a intensidade de corrente diminuiu quase exatamente 100[86]. [Wilhelm von] Beetz também conseguiu atingir a intensidade de corrente 302 com a bateria de dióxido de manganês, solução de permanganato de potássio, lixívia de potássio e potássio; além dela, a de platina, ácido sulfúrico diluído e potássio = 293,8[87]; Joule: platina, ácido nítrico, lixívia de potássio e amálgama de potássio = 302[88]. A "causa" dessa formação de correntes elétricas excepcionalmente potentes é, de fato, a ligação de ácido com álcali ou metal alcalino e as grandes quantidades de energia liberadas por ela.

Algumas páginas adiante, lê-se de novo:

> Note-se, entretanto, que não é diretamente o equivalente de trabalho da reação química que surge no ponto de contato dos corpos heterogêneos que deve ser visto como medida da força eletromotriz no circuito fechado. Quando, por exemplo, essas duas substâncias se ligam na bateria ácido-alcalina (*iterum Crispinus!*)[89] de Becquerel, quando o carvão é queimado na bateria de platina, salitre derretido e carvão, quando o zinco se dissolve rapidamente em razão da formação de correntes locais em um elemento comum de cobre, zinco não depurado e ácido sulfúrico diluído, grande parte do trabalho gerado (quer dizer: da energia liberada)[90] nos processos químicos é transformada em calor e assim é perdida por todo o circuito da corrente elétrica. (v. I, p. 798)[91]

Todos esses processos resultam da perda de energia na bateria; eles não afetam o fato de que o movimento elétrico surge da energia química transformada, mas somente a quantidade da energia transformada.

Os especialistas em eletricidade empregaram tempo e esforço imensuráveis para montar as mais diferentes baterias e medir sua "força eletromotriz". O material experimental acumulado desse modo contém muita coisa valiosa, mas certamente muito mais coisas sem valor. Que valor científico

---

[86] Gustav Heinrich Wiedemann, *Die Lehre vom Galvanismus und Elektromagnetismus*, v. 1, cit., p. 374-5.
[87] Ibidem, p. 384-5.
[88] Ibidem, p. 375-6.
[89] Observação de Engels. "Crispino de novo!", referência a Juvenal, *Sátiras*, I, 4, significando metaforicamente: "O mesmo tema de novo!".
[90] Observação de Engels.
[91] Gustav Heinrich Wiedemann, *Die Lehre vom Galvanismus und Elektromagnetismus*, v. 1, cit., p. 798.

têm, por exemplo, experimentos em que se utiliza "água" como eletrólito, a qual, como foi demonstrado agora por F[riedrich] Kohlrausch, é o pior condutor e, por conseguinte, também o pior eletrólito*, experimentos em que, portanto, não é a água que transmite o processo, mas suas impurezas desconhecidas? E, no entanto, quase a metade dos experimentos de Fechner, por exemplo, baseia-se nessa aplicação da água, inclusive o seu "*experimentum crucis* [experimento decisivo]", no qual ele quis dar à teoria do contato uma base inabalável construída sobre as ruínas da teoria química. Como daí já decorre, em quase todos os experimentos, salvo muito poucos, são quase completamente desconsiderados os processos químicos na bateria, nos quais de fato reside a fonte da assim chamada força eletromotriz. Contudo, existe toda uma série de baterias de cuja fórmula química não se consegue tirar absolutamente nenhuma conclusão a respeito das conversões químicas que nelas ocorrem após o fechamento do circuito da corrente. Pelo contrário, como diz Wiedemann (v. I, p. 796), "não se pode negar que ainda não conseguimos visualizar todos os casos de atrações químicas que ocorrem na bateria"[92]. Portanto, quanto ao aspecto químico, que vai se tornando cada vez mais importante, todos esses experimentos serão sem valor até que sejam repetidos mediante o controle daqueles processos.

Nesses experimentos, fala-se apenas muito excepcionalmente de se levarem em consideração as conversões de energia que se efetuam na bateria. Muitos foram feitos antes de a ciência natural ter reconhecido a lei da equivalência do movimento, mas vão sendo arrastados de um manual para o outro, comumente sem controle e sem conclusão. Já se disse que a eletricidade não tem inércia (o que faz tanto sentido quanto dizer que a velocidade não tem peso específico); mas de modo nenhum se pode afirmar a mesma coisa da *teoria* da eletricidade.

Até agora consideramos o elemento galvânico um equipamento em que energia química é liberada e transformada em eletricidade em consequência de relações de contato estabelecidas e de modo até agora desconhecido. Também descrevemos a célula de decomposição como um aparelho em que o processo inverso é induzido, ou seja, o movimento elétrico é convertido em energia química e consumido como tal. Ao fazer

---

* Uma coluna da água mais pura descrita por K[ohlrausch], com 1 milímetro de comprimento, oferece a mesma resistência de um cabo de cobre do mesmo diâmetro e mais ou menos o comprimento da órbita da Lua ([Alexander] Naumann, "Allg[emeine und physikalische] Chem[ie", cit.,] p. 729).

[92] Gustav Heinrich Wiedemann, *Die Lehre vom Galvanismus und Elektromagnetismus*, v. 1, cit., p. 796.

isso, tivemos de colocar em primeiro plano o aspecto químico do processo, tão negligenciado pelos especialistas em eletricidade, porque essa era a única maneira de se livrar da barafunda de representações oriundas da antiga teoria do contato e da teoria dos dois fluidos elétricos. Isso resolvido, precisamos verificar se o processo químico [que acontece] na bateria se dá nas mesmas condições em que [se dá] fora dela ou se ocorrem fenômenos especiais, dependentes da excitação elétrica.

Em toda ciência, se abstrairmos dos erros de observação, as representações incorretas são, afinal, representações incorretas de fatos corretos. Estes permanecem, mesmo que se prove que aquelas estão erradas. Tendo-nos desvencilhado da velha teoria do contato, ainda permanecem os fatos constatados, para os quais ela deveria servir de explicação. Examinemos esses fatos e, desse modo, o aspecto propriamente elétrico do processo na bateria.

Não se discute que, no contato entre corpos heterogêneos com ou sem mudanças químicas, tem lugar a excitação elétrica que pode ser comprovada por meio do eletroscópio ou então do galvanômetro. A fonte de energia desses fenômenos do movimento que em si são mínimos é difícil de constatar no caso individual, como vimos no início; é suficiente que a existência dessa fonte exterior seja admitida de modo geral.

De 1850 a 1853, Kohlrausch publicou uma série de experimentos em que ele junta os componentes individuais de uma bateria de par em par e afere as tensões estático-elétricas comprováveis de cada um deles; a força eletromotriz do elemento se comporia então da soma algébrica dessas tensões. Desse modo, ele calcula, tomando por base a tensão Zn/Cu = 100, a intensidade relativa dos elementos de Daniell e de Grove como se segue:

Daniell:

Zn/Cu + amálg[ama] Zn/H_2SO_4 + Cu/SO_4Cu = 100 + 149 − 21 = 228.

Grove:

Zn/Pt + amálg[ama] Zn/H_2SO_4 + Pt/HNO_3 = 107 + 149 + 149 = 405.

Isso quase confere com a medição direta da intensidade de corrente desses elementos[93]. Porém, de modo nenhum esses resultados estão assegurados. Em primeiro lugar, o próprio Wiedemann chama a atenção para o fato de que Kohlrausch só apresenta o resultado final, mas "infelizmente não cita dados numéricos dos resultados de cada um dos

---

[93] Ibidem, p. 102-4.

experimentos"[94]. E, em segundo lugar, o próprio Wiedemann reconhece reiteradamente que todas as tentativas de determinar quantitativamente as excitações elétricas decorrentes do contato entre metais e, mais ainda, entre metal e líquido são no mínimo muito incertas devido às numerosas e inevitáveis fontes de erro. Quando, ainda assim, ele usa várias vezes em seus cálculos os números de Kohlrausch, fazemos melhor se não o acompanharmos, até porque dispomos de outro meio de determinação, contra o qual não se podem levantar essas objeções.

De acordo com Wiedemann, se as duas placas excitadoras de uma bateria forem imersas no líquido e ligadas à ponta de um galvanômetro em circuito fechado, "a oscilação inicial do ponteiro imantado, antes de as mudanças químicas alterarem a intensidade da excitação elétrica, é a medida da soma das forças eletromotrizes no circuito fechado"[95]. Portanto, baterias de força diferente produzem oscilações de intensidade diferente, e a magnitude dessas oscilações iniciais é proporcional à intensidade da corrente das baterias correspondentes.

Isso nos dá a impressão de termos palpavelmente aqui, diante de nós, a "força elétrica de separação", a "força de contato" que causa um movimento, independentemente de toda e qualquer reação química. De fato, é isso o que diz toda a teoria do contato. E aqui há realmente uma relação entre excitação elétrica e reação química que ainda não examinamos. Para passarmos para esse ponto, queremos analisar primeiro um pouco mais detidamente a assim chamada lei eletromotriz; ao fazermos isso, descobriremos que também aqui as representações tradicionais do contato não só não oferecem explicação mas também voltam a obstruir diretamente o caminho que leva a uma explicação.

Quando, em um elemento qualquer composto de dois metais e um líquido, por exemplo, zinco, ácido clorídrico diluído e cobre, se coloca um terceiro metal, por exemplo, uma placa de platina, sem ligá-la ao circuito fechado exterior por meio de um fio condutor, a oscilação inicial do galvanômetro é exatamente a mesma que era *sem* a placa de platina. Portanto, ela não tem influência sobre a excitação elétrica. Porém isso não deve ser expresso em termos tão simples na linguagem eletromotriz. Lá consta que:

> A força eletromotriz de zinco e cobre no líquido foi substituída pela soma das forças eletromotrizes de zinco e platina e platina e cobre. Dado que o percurso das eletricidades não foi perceptivelmente alterado pela intercalação da placa

---
[94] Ibidem, p. 104.
[95] Ibidem, p. 62.

de platina, podemos deduzir da igualdade dos dados do galvanômetro nos dois casos que a força eletromotriz de zinco e cobre no líquido é igual à de zinco e platina mais a de platina e cobre no mesmo meio. Isso corresponderia à teoria da excitação elétrica entre os metais por si sós, proposta por Volta. Expressa-se o resultado que vale para todo e qualquer líquido e metal, nestes termos:

Em sua excitação eletromotriz com líquidos, os metais obedecem à lei da série de tensões. Essa lei também é designada pelo nome de *lei eletromotriz*. (Wiedemann, v. I, p. 62)[96]

Quando se diz que, nessa combinação, a platina não tem nenhuma ação excitatória de eletricidade, enuncia-se o simples fato. Quando se diz que ela tem, sim, uma ação excitatória de eletricidade, só que em duas direções opostas de mesma intensidade, de modo que o efeito se anula, o fato é transformado em hipótese apenas para honrar a "força eletromotriz". Nos dois casos, a platina faz o papel do homem de palha.

Na primeira oscilação ainda não há um circuito fechado. O ácido, não decomposto, não conduz; ele só consegue conduzir por meio dos íons. O terceiro metal não tem influência sobre a primeira oscilação simplesmente porque ainda está *isolado*.

Como se comporta, então, o terceiro metal *depois* que é estabelecida a corrente permanente e enquanto ela dura?

Na série de tensões dos metais, na maioria dos meios líquidos, o zinco vem após os metais alcalinos, perto da extremidade positiva, e a platina vem na extremidade negativa, estando o cobre entre os dois. Portanto, quando, como no exemplo acima citado, a platina é colocada entre cobre e zinco, ela é negativa em relação a ambos, ou seja, caso a platina tivesse algum efeito, a corrente elétrica no líquido teria de fluir do zinco e do cobre para a platina e, portanto, afastar-se dos dois elétrodos e ir para a platina não ligada a eles; isso é uma *contradictio in adjecto* [contradição no argumento apresentado]. A condição básica da eficácia de vários metais na bateria consiste justamente em estarem interligados externamente num circuito fechado. Um metal não ligado, supranumerário na bateria, figura como não condutor; ele não é capaz de formar íons nem de deixá-los passar e, sem íons, não existe condução em eletrólitos. Portanto, ele não só é o homem de palha como até obstrui o caminho ao obrigar os íons a forçar passagem pelo lado dele.

O mesmo acontece quando ligamos zinco com platina e colocamos o cobre solto entre eles: aqui, caso este último tivesse algum efeito, ele geraria uma corrente elétrica do zinco para o cobre e uma segunda do

---

[96] Idem.

cobre para a platina, atuando, portanto, como uma espécie de elétrodo intermediário, e liberaria gás hidrogênio pelo lado voltado para o zinco, o que é impossível.

Se nos desvencilharmos da linguagem eletromotriz tradicional, o caso se tornará extremamente simples. Vimos que a bateria galvânica é um equipamento em que energia química é liberada e transformada em eletricidade. Via de regra, ela consiste em um ou mais líquidos e dois metais cumprindo a função de elétrodos, que devem estar interligados fora dos líquidos como condutores. Desse modo se fabrica o aparelho. O que além deles soltarmos no líquido excitatório, seja metal, vidro, resina ou outra coisa, não participará nem do processo químico-elétrico que ocorre na bateria nem da formação da corrente elétrica, a não ser que modifique quimicamente o líquido, podendo, no máximo, *atrapalhar* o processo. Não importa qual seja a capacidade de excitação elétrica de um terceiro metal em relação ao líquido e a um ou ambos os elétrodos da bateria, ela não poderá ter efeito enquanto esse metal não estiver interligado fora do líquido com o circuito fechado.

De acordo com isso, portanto, não só está errada a *derivação* anterior de Wiedemann da assim chamada lei eletromotriz mas está errado também o sentido que ele lhe confere. Nem se pode falar de uma atividade eletromotriz do metal solto, dado que essa atividade está de antemão privada da única condição em que ela pode apresentar eficácia; nem a assim chamada lei eletromotriz pode ser derivada de um fato que se situa fora do seu âmbito.

Poggendorff publicou em 1845 uma série de experimentos nos quais ele mediu a força eletromotriz das mais diferentes baterias, isto é, a quantidade de eletricidade que cada uma delas fornece em determinada unidade de tempo. Especialmente valiosos são os primeiros 27, em cada um dos quais três metais determinados dentro do mesmo líquido excitatório foram ligados sucessivamente a três baterias diferentes e estas foram examinadas e comparadas em termos da quantidade de eletricidade fornecida. Como bom especialista em eletricidade de contato, Poggendorff, em todos os casos, colocou também o terceiro metal solto na bateria e desse modo teve a satisfação de convencer-se de que, em todas as 81 baterias, esse "terceiro aliado"[97] se limitou a ser um homem de palha. Porém, a importância desses experimentos

---

[97] O "terceiro integrante da aliança" ["*der dritte im Bunde*"] é uma alusão ao último verso do poema "A fiança" ["Die Bürgschaft"], de Friedrich von Schiller.

de modo nenhum consiste nisso, mas muito mais na confirmação e na constatação do sentido correto da assim chamada lei eletromotriz.

Permaneçamos com a série anterior de baterias, nas quais zinco, cobre e platina são interligados em pares dentro de ácido clorídrico diluído. Aqui Poggendorff descobriu as seguintes quantidades de eletricidade, considerando-se a do elemento de Daniell = 100:

Zinco – cobre	=	78,8
Cobre – platina	=	74,3
Soma		153,1
Zinco – platina	=	153,7

Portanto, o zinco em ligação direta com a platina forneceu quase exatamente a mesma quantidade de eletricidade que zinco-cobre + cobre-platina. O mesmo aconteceu em todas as demais baterias em que também foram utilizados líquidos e metais[98]. Quando se montam baterias de uma série de metais no mesmo líquido excitatório de tal modo que, dependendo da série de tensões válidas para esse líquido, o segundo, terceiro, quarto etc. metais são ligados em sequência, cada qual servindo de elétrodo negativo para o anterior e como elétrodo positivo para o seguinte, a soma das quantidades de eletricidade fornecidas por meio de cada uma dessas baterias é igual à quantidade de eletricidade fornecida por uma bateria formada diretamente pelos elementos extremos de toda a série de metais. Sendo assim, a quantidade de eletricidade total fornecida, por exemplo, pela bateria de zinco--estanho, estanho-ferro, ferro-cobre, cobre-prata, prata-platina, mergulhados em ácido clorídrico, seria igual à fornecida pela bateria de zinco-platina; uma pilha montada com todos os elementos da série acima, sob condições iguais, seria diretamente neutralizada por um elemento composto de zinco-platina conectado na direção oposta da corrente.

Nessa versão, a assim chamada lei eletromotriz adquire grande importância real. Ela revela um novo aspecto da conexão entre reação química e elétrica. Até agora, na investigação preponderante da *fonte* de energia da corrente galvânica, essa fonte, a conversão química, apareceu como o lado ativo do processo; a eletricidade foi gerada a partir dela, aparecendo, portanto, num primeiro momento como passiva. Agora isso se inverte. A excitação elétrica, condicionada pela constituição dos corpos heterogêneos postos em contato entre si na bateria, não é capaz de adicionar nem de retirar energia da reação química (diferentemente do

---

[98] Gustav Heinrich Wiedemann, *Die Lehre vom Galvanismus und Elektromagnetismus*, v. 1, cit., p. 370.

que ocorre pela conversão de energia liberada em eletricidade). Porém, dependendo da configuração da bateria, ela pode acelerar ou retardar essa reação. Quando a bateria de zinco – ácido clorídrico diluído – cobre fornece à corrente elétrica, na mesma unidade de tempo, apenas metade da eletricidade que a bateria de zinco – ácido clorídrico diluído – platina, isso, quimicamente falando, quer dizer que a primeira bateria fornece, na mesma unidade de tempo, somente a metade do cloreto de zinco e do hidrogênio da segunda. *Portanto, a reação química dobrou, embora as condições puramente químicas tenham permanecido as mesmas*. A excitação elétrica se tornou um regulador da reação química; ela aparece agora como o lado ativo, e a reação química, como o lado passivo.

Assim, torna-se compreensível que toda uma série de processos que antes eram considerados puramente químicos agora se apresentem como eletroquímicos. O zinco quimicamente puro é muito pouco afetado, caso o seja, por ácido diluído; em oposição, o zinco comum disponível para compra dissolve-se rapidamente na formação salina e na geração de hidrogênio; ele se mescla com outros metais e o carvão presentes em intensidade desigual nos diversos pontos da superfície. Eles e o próprio zinco formam, dentro do ácido, correntes locais, os pontos de zinco constituindo os elétrodos positivos, e os outros metais, os elétrodos negativos, nos quais se liberam as bolhas de hidrogênio. Do mesmo modo, o fato de o ferro mergulhado numa solução de vitríolo de cobre ficar recoberto por uma camada de cobre é visto agora como um fenômeno eletroquímico: como se fosse condicionado por correntes que surgem entre os pontos heterogêneos da superfície do ferro.

De acordo com isso, descobrimos também que a série de tensões dos metais em líquidos corresponde, em grandes traços, às séries em que os metais afastam uns aos outros de suas ligações com os halogenados e com os radicais ácidos. Na extremidade negativa da série de tensões encontramos via de regra os metais do grupo do ouro: ouro, platina, paládio, ródio, que dificilmente se oxidam, dificilmente são afetados por ácidos, ou nem o são, e facilmente são precipitados de seus sais por outros metais. Na extremidade positiva encontramos os metais alcalinos, que apresentam um comportamento diametralmente oposto: é difícil dissociá-los de seus óxidos; mesmo com o maior dispêndio de energia, aparecem na natureza quase só na forma de sais e, entre todos os metais, são os que, de longe, têm maior afinidade com os halogenados e os radicais ácidos. Entre ambos encontram-se os demais metais em séries que variam ligeiramente, mas de tal maneira que, no conjunto, o comportamento elétrico e o comportamento químico estão afinados. A série de cada um deles varia de acordo com os líquidos e ainda não foi constatada definitivamente para um único líquido. Aliás, é permitido duvidar de que haja tal série *absoluta* de tensões dos metais para um único líquido. Em baterias e células de decomposição apropriadas, dois pedaços do mesmo metal podem, a cada vez, servir a elétrodos positivos ou elétrodos negativos, ou seja, o mesmo metal pode ser tanto positivo quanto negativo em relação a si mesmo. Nos elementos térmicos que convertem calor em eletricidade, em caso de grandes diferenças de temperatura nos dois pontos de solda, a direção da corrente se inverte: o metal que era positivo se torna negativo e vice-versa. Do mesmo modo, não existe uma série absoluta, segundo a qual os metais se dissociam de suas ligações químicas com um determinado halogenado ou radical ácido; mediante aporte de energia na forma de calor podemos modificar e inverter, em muitos casos quase a bel-prazer, a série válida para a temperatura usual.

Descobrimos aqui, portanto, uma interação peculiar entre química e eletricidade. Por sua vez, a reação química na bateria que fornece à eletricidade toda a energia para a formação de corrente elétrica, em muitos casos, só é posta em movimento e, em todos os casos, é quantitativamente regulada pelas tensões elétricas iniciadas na bateria. Enquanto antigamente os processos na bateria nos pareciam de natureza químico-elétrica, vemos aqui que eles são igualmente de natureza eletroquímica. Da perspectiva da formação da corrente *permanente*, a reação química apareceu como a ação primária; da perspectiva da *excitação* da corrente elétrica, ela aparece como secundária, acessória. A interação exclui a possibilidade de haver algo absolutamente primário e algo absolutamente secundário; mas, em igual medida, ela constitui um processo duplo que, por sua natureza, pode ser observado a partir de duas perspectivas diferentes; e, para ser entendida como totalidade, ela precisa ser analisada sucessivamente a partir das duas perspectivas antes de se poder sintetizar o resultado global. Porém, se nos ativermos unilateralmente a uma das perspectivas, considerando-a absoluta em relação à outra, ou se alternarmos de uma para a outra arbitrariamente, dependendo da necessidade momentânea da argumentação, ficaremos presos na unilateralidade do pensamento metafísico; o nexo nos escapará e nos enredaremos em contradição após contradição.

Vimos anteriormente que, segundo Wiedemann, a oscilação inicial do galvanômetro, imediatamente após a submersão das placas de excitação no líquido da bateria e antes que as mudanças químicas pudessem modificar a intensidade da excitação elétrica, "constitui uma medida para a soma das forças eletromotrizes no circuito fechado"[99].

---

[99] Ibidem, p. 62.

Até agora sabíamos que a assim chamada força eletromotriz é uma forma de energia que, no nosso caso, era gerada em quantidades equivalentes a partir de energia química e que, no decorrer do processo, se reconvertia em quantidades equivalentes de calor, movimento de massas etc. Aqui, de súbito, ficamos sabendo que a "soma das forças eletromotrizes no circuito fechado" já existia *antes* que as mudanças químicas liberassem aquela energia; em outros termos, que a força eletromotriz não é senão a capacidade de determinada bateria de liberar determinada quantidade de energia química em determinada unidade de tempo e transformá-la em movimento elétrico. Do mesmo modo que antes a força elétrica de separação, aqui também a força eletromotriz aparece como uma força que não contém nem uma centelha de energia. Portanto, Wiedemann entende por "força eletromotriz" duas coisas totalmente diferentes: por um lado, a capacidade de uma bateria de liberar determinada quantidade de energia química e transformá-la em movimento elétrico e, por outro, a própria quantidade de movimento elétrico gerada. O fato de serem proporcionais e uma ser a medida da outra não anula sua diferença. A reação química na bateria, a quantidade de eletricidade gerada e o calor surgido no circuito fechado quando de resto nenhum outro trabalho é realizado são mais do que proporcionais, são até equivalentes; porém isso não afeta a diferença entre eles. A capacidade de uma máquina a vapor com diâmetro de cilindro e êmbolo determinados de gerar determinada quantidade de movimento mecânico a partir do calor fornecido é muito diferente do próprio movimento mecânico, por mais que seja proporcional a ele. E, mesmo que esse modo de falar fosse aceitável numa época em que ainda não se falava de conservação da energia na ciência natural, agora é evidente que, desde o reconhecimento dessa lei fundamental, a energia viva real, qualquer que seja sua forma, não pode mais ser confundida com a capacidade de um aparelho qualquer de conferir essa forma à energia liberada. Essa confusão é um corolário da confusão entre força e energia quando se tratava da força elétrica de separação; é nessas duas que se resolvem harmonicamente as três explicações totalmente contraditórias de Wiedemann e que, de modo geral, acabam aparecendo na base de todos os seus equívocos e de todas as suas confusões sobre a assim chamada "força eletromotriz".

Além da já examinada interação peculiar entre química e eletricidade, descobre-se ainda outro ponto comum, que aponta igualmente para uma afinidade estreita entre essas duas formas de movimento. Ambas só conseguem subsistir *desaparecendo*. O processo químico se efetua repentinamente para cada grupo de átomos que ingressa nele. Ele só pode ser prolongado pela presença de material novo que ingressa nele sempre renovado. O mesmo se dá com o movimento elétrico. Mal é gerado a partir de outra forma do movimento e já se converte em uma terceira forma do movimento; a corrente elétrica permanente só pode ser produzida pela disponibilidade permanente de energia, na qual novas quantidades de movimento a todo instante adquirem e voltam a perder a forma de eletricidade.

A compreensão desse nexo estreito entre reação química e reação elétrica e vice-versa levará a grandes resultados nos dois campos de investigação. Ela já se generaliza cada vez mais. Entre os químicos, Lothar Meyer[100] e, depois dele, Kekulé[101] já praticamente verbalizaram que a retomada de uma teoria eletroquímica rejuvenescida é iminente. Também entre os especialistas em eletricidade, como indicam principalmente os trabalhos mais recentes de F[riedrich] Kohlrausch[102], parece que finalmente pede passagem a convicção de que somente a observação precisa dos processos químicos na bateria e na célula de decomposição poderá ajudar sua ciência a sair do beco sem saída da tradição antiga.

E, de fato, não se consegue vislumbrar outro modo de oferecer uma base firme à teoria do galvanismo e, desse modo, num segundo momento, à do magnetismo e à da eletricidade de tensão senão por meio de uma revisão geral quimicamente exata de todos os experimentos tradicionais não controlados feitos a partir de um ponto de vista científico superado, mediante a observação e a constatação precisas das conversões de energia, enquanto se põem momentaneamente de lado todas as representações teóricas tradicionais sobre a eletricidade.

---

[100] Lothar Meyer, "Die Natur der chemischen Elemente als Function ihrer Atomgewichte", cit.
[101] Friedrich August Kekulé, *Die wissenschaftlichen Ziele und Leistungen der Chemie*, cit.
[102] Friedrich Kohlrausch, "Das electrische Leitungsvermögen der wässerigen Lösungen von den Hydraten und Salzen der leichen Metalle", *Annalen der Physik und Chemie*, Leipzig, nova série, v. 6, 1879.

[Anotações e fragmentos]

A primeira visão ingênua via de regra é mais correta que a posterior, metafísica. Assim já *Bacon*[1] (depois dele Boyle[2], Newton e quase todos os ingleses) [diz] que o calor é movimento (Boyle já diz que é movimento molecular). Só no século XVIII surgiu [a teoria d]o *calorique*[3] na França e foi mais ou menos aceita no continente.

Irradiação de calor para o espaço cósmico. Todas as hipóteses de renovação de corpos cósmicos extintos, citadas por [Piotr Lavrovitch] Lavrov (p. 109)[4] *implicam perda de movimento*. O calor uma vez irradiado, isto é, a parte infinitamente maior do movimento original, foi perdido e permanecerá assim. Helmholtz até agora $^{453}/_{454}$[5]. Portanto, no final ainda assim se chegará ao esgotamento e à cessação do movimento. A questão só estará definitivamente resolvida quando for demonstrado como o calor irradiado para o espaço cósmico voltará a ser *aproveitável*. A teoria da transformação do movimento levanta essa questão de modo absoluto e não há como contorná-la nem por meio da prolongação do prazo de validade nem por evasivas. Porém, se desse modo também já estão dadas concomitantemente as condições para a sua solução – *c'est autre chose* [isso é outra coisa]. A transformação do movimento e sua indestrutibilidade

---

[1] Francis Bacon, "Novum organum", em *Instauratio magna*, cit. [ed. bras.: *Novo órganon – Instauratio magna*, trad. Edson Bini, São Paulo, Edipro, 2014].
[2] Robert Boyle, *Chymista scepticus* (Roterdã, A. Leers, 1662).
[3] A teoria do *calorique* [calórico] é uma teoria científica obsoleta que pressupunha a existência de um fluido invisível e inodoro responsável pelo calor nos corpos. Representantes franceses da teoria substancial do calor foram Pierre-Simon de Laplace, Siméon Denis Poisson e Nicolas Léonard Sadi Carnot.
[4] Петр Лаврович Лавров, *Опытъ исторіи мысли*, t. 1 (Petersburgo, 1875).
[5] Hermann Helmholtz, *Populäre wissenschaftliche Vorträge*, cit., p. 119-21.

foram descobertas há menos de trinta anos; só bem recentemente suas consequências foram desdobradas e expostas. A questão referente ao que acontece com o calor aparentemente perdido só foi *nettement posée* [posta com clareza] a partir de 1867 (Clausius)[6]. Não é de admirar que ainda não tenha sido resolvida; com nossos meios reduzidos, ainda pode demorar muito até chegarmos lá. Porém, é tão certo que ela será resolvida quanto é certo que na natureza não sucedem milagres e que o calor original da nebulosa não lhe foi transmitido de fora do cosmo por milagre. Também não ajuda a superar as dificuldades de cada caso a afirmação geral de que *a massa do movimento seria infinita* e, portanto, inesgotável; ela tampouco consegue reanimar mundos extintos, exceto nos casos apenas temporários previstos nas hipóteses anteriores, sempre vinculadas à perda de força. O ciclo não foi estabelecido e não o será enquanto não for descoberta a possibilidade de reaproveitamento do calor irradiado.

———◆———

Clausius[7] – *if correct* [se estiver correto] – demonstra que o mundo foi criado, *ergo* [logo] que a matéria é criável, *ergo* que ele é destrutível, *ergo* que também a força ou então o movimento são criáveis e destrutíveis, *ergo* que toda a teoria da "conservação da força" é sem sentido, *ergo* que todas as inferências que tira dela são também sem sentido.

———◆———

Clausius (segundo princípio etc.)[8] pode fazer o que quiser. Ele tem de contar com perda de energia em termos qualitativos, para não dizer quantitativos. *A entropia não pode ser destruída pela via natural, mas certamente pode ser criada por essa via.* É preciso dar corda no relógio cósmico e então ele andará até chegar ao equilíbrio, a partir do qual só um milagre pode novamente pô-lo em movimento. A energia usada para dar corda desapareceu, pelo menos qualitativamente, e só poderá ser produzida *por um impulso de fora*. Logo o impulso de fora também foi necessário no início, logo a quantidade de movimento ou então de energia que se encontra no universo nem sempre foi a mesma, logo a energia deve ter sido criada, logo ela é criável e destrutível. *Ad absurdum* [rumo ao absurdo]!

———◆———

---

[6] Rudolf Clausius, *Über den zweiten Hauptsatz der mechanischen Wärmetheorie*, cit.
[7] Idem.
[8] Idem.

Conclusão na linha de [William] Thomson, [Rudolf] Claus[ius], [Joseph] Loschmidt: *a inversão consiste em que a repulsão repele a si mesma e, desse modo, retorna aos corpos cósmicos mortos a partir da mecânica*. Nisso, porém, também está contida a prova de que a repulsão é o lado propriamente *ativo* do movimento, e a atração, o lado *passivo*[9].

———◆———

Estados de agregação – Pontos nodais, nos quais a mudança quantitativa se converte em mudança qualitativa.

———◆———

Coesão – já nos gases é negativa – conversão da atração em *repulsão*; esta só [está presente] no gás e no éter? [Isso é] real.

———◆———

No movimento dos gases – no processo de evaporação, o movimento de massas se converte diretamente em movimento molecular. Portanto, é nesse ponto que deve ser feita a transição.

———◆———

$$\frac{W}{H'} = \frac{T'-T''}{\frac{1}{c}+T'-T.} \quad W = H'$$

$$\frac{1}{c} + T' - T = T' - T''$$

$$\frac{1}{c} - T = -T''$$

$$-273 \quad -\frac{1}{c}$$

$$-273\,c = 1$$

$$-c = \frac{1}{273.}$$

$$c = \frac{1}{-273}$$

No 0° absoluto nenhum gás é possível, todo movimento das moléculas cessa, a mais leve pressão, ou seja, sua atração as compele a se juntarem. *Por conseguinte, um gás permanente [é] um absurdo*.

———◆———

---

[9] Ver o desdobramento disso no texto "Formas básicas do movimento" (p. 169).

Teoria cinética – tem de demonstrar como moléculas que tendem a subir podem, ao mesmo tempo, exercer pressão para baixo e – pressupondo a atmosfera como mais ou menos permanente em relação ao espaço cósmico –, apesar da força da gravidade, conseguem se afastar do centro da Terra, e, não obstante, a certa distância, depois que a força da gravidade diminuiu na proporção do *quadrado* das distâncias, são forçadas por ela a parar ou a retornar.

———◆———

Teoria cinética dos gases: "Em um gás pleno [...] as moléculas já se encontram tão distantes umas das outras que sua influência recíproca pode ser negligenciada" (Clausius, p. 6)[10]. *O que preenche os espaços intermediários? Igualmente o éter. Temos aqui, portanto, o postulado de uma matéria que não está estruturada em células moleculares nem atômicas.*

———◆———

Caráter antagônico do desenvolvimento teórico: do *horror vacui* [horror ao vácuo] se passa imediatamente para o espaço cósmico absolutamente vazio, só depois para o *éter*.

———◆———

Éter. Se o éter oferece realmente resistência, ele também tem de oferecer resistência à *luz* e, desse modo, ser impenetrável à luz a certa distância. Porém, dizer que o éter *propaga* a luz, que é seu *meio*, implica necessariamente que ele oferece resistência também à luz, do contrário a luz não poderia fazê-lo vibrar. Essa é a solução das questões polêmicas levantadas por Mädler[11] e mencionadas por Лавр[ов] [Lavrov][12].

———◆———

Luz e escuridão com certeza constituem o antagonismo mais gritante, mais decisivo na natureza, que do 4º Evangelho[13] até as *lumières* [o Iluminismo] do século XVIII na religião e na filosofia sempre serviu à fraseologia retórica. [Adolf] Fick, p. 9: "o princípio há muito comprovado na física

---

[10] Rudolf Clausius, *Über den zweiten Hauptsatz der mechanischen Wärmetheorie*, cit., p. 6-7.
[11] Johann Heinrich von Mädler, *Der Wunderbau des Weltalls*, cit., p. 466.
[12] Петр Лаврович Лавров, *Опытъ исторіи мысли*, cit., p. 103-4.
[13] Evangelho segundo São João, capítulo 1, versículos 5 e 9-11 e capítulo 3, versículo 19.

[...] de que a forma de movimento chamada calor radiante, em todos os aspectos essenciais, é idêntica à forma do movimento que chamamos de *luz*"[14]. Cl[erk] Maxwell, p. 14:

> These rays (of radiant heat) have all the physical properties of rays of light, and are capable of reflection etc. [...] some of the heat-rays are identical with the rays of light while other kind of heat-rays make no impression upon our eyes. [Esses raios (de calor radiante) têm todas as propriedades físicas dos raios de luz e são capazes de reflexão etc. [...] alguns raios de calor são idênticos aos raios de luz, enquanto outras espécies de raios de calor não causam impressão nos nossos olhos.][15]

– Existem, portanto, raios de luz *escuros* e o famoso antagonismo entre luz e escuridão desaparece da ciência natural enquanto antagonismo absoluto. A propósito, tanto a mais densa escuridão quanto a luz mais brilhante produzem nos nossos olhos o mesmo efeito da *ofuscação* e, também assim, são idênticas *para nós*. – A questão é esta: os raios solares produzem efeitos diferentes, dependendo do comprimento da onda; os [raios] com maior comprimento de onda transmitem calor, os de comprimento médio transmitem luz, os de menor comprimento transmitem reação química (Secchi, p. 632 e seg.)[16], sendo que os valores máximos dos três raios de ação se aproximam, enquanto os valores mínimos *internos* dos grupos exteriores de raios se sobrepõem no grupo da luz em relação a seu raio de ação. O que é luz e o que não é luz depende da estrutura do olho; os animais noturnos são capazes de ver ainda que seja uma fração, não do calor, mas certamente da radiação química, dado que seus olhos estão mais adaptados do que os nossos a comprimentos de onda menores. A dificuldade some quando, em vez de três espécies de raios, se considera apenas uma (e cientificamente conhecemos apenas *uma*, o resto é conclusão precipitada), que, dependendo do comprimento da onda, tem efeito distinto, mas compatível dentro de certos limites.

———◆———

Quando [Charles Augustin de] Coulomb fala de *particles of electricity which repel each other inversely as the square of their distance* [partículas de eletricidade que repelem umas às outras na ordem inversa do quadrado

---

[14] Adolf Fick, *Die Naturkraefte in ihrer Wechselbeziehung* (Würzburg, Stahel, 1869).
[15] James Clerk Maxwell, *Theory of Heat*, cit., p. 14.
[16] Angelo Secchi, *Die Sonne*, cit., p. 632. Na explicação a seguir, Engels se refere à Figura 174 de Secchi: um diagrama que mostra a relação entre comprimento de onda e intensidade do calor, da luz e da reação química dos raios solares.

de suas distâncias], Th[omson] aceita isso tranquilamente como coisa provada (p. 358)[17]. *Ditto* [o mesmo] na p. 366, a hipótese de que a eletricidade consista em dois *fluids positive and negative* [fluidos, positivo e negativo], cujas *particles repel each other* [partículas repelem umas às outras][18]. Que a eletricidade é retida em um corpo carregado simplesmente pela pressão atmosférica (p. 360)[19].

Faraday situou a eletricidade nos polos opostos dos átomos (ou moléculas, o que ainda está muito confuso) e, assim, expressou pela primeira vez que a eletricidade não é um fluido, mas seria uma forma de movimento, "força" (p. 378)[20]. O que não quer entrar na cabeça do velho Th[omson], pois para ele a faísca seria algo *material*!

Faraday descobrira já em 1822 que a corrente elétrica induzida momentânea – tanto a primeira quanto a segunda, retrocessiva – *participates more of the current produced by the discharge of the Leyden jar than that produced by the Voltaic battery* [participa mais da corrente produzida pela descarga da garrafa de Leiden do que da produzida pela bateria voltaica], no que residia todo o segredo (p. 385)[21].

Sobre a *faísca* [há] todo tipo de histórias de pescador que agora foram identificadas como casos específicos ou ilusão: a faísca de um corpo positivo seria um *pencil of rays, brush or cone* [lápis de raios, pincel ou cone], cuja ponta seria um ponto de descarga; a faísca negativa, em contraposição, seria um *star* [astro] (p. 396)[22]. (Bela bobagem de Faraday sobre a faísca (p. 400)[23].) Uma faísca curta seria sempre branca, uma longa geralmente seria avermelhada ou puxando para o violeta. A faísca obtida do *prime conductor* [condutor primário] com uma bola de metal seria branca, se obtida com a mão seria púrpura, se obtida com a umidade da água seria vermelha (p. 405)[24]. A faísca, isto é, a luz seria *not inherent in electricity but merely the result of the compression of the air. That air is violently and suddenly compressed when an electric spark passes through it* [não inerente à eletricidade, mas meramente o resultado da compressão do ar. Esse ar é violenta e subitamente comprimido quando uma faísca elétrica o atravessa]. Isso é demonstrado pelo experimento de [Ebenezer] Kinnersley na Filadélfia,

---

[17] Thomas Thomson, *An Outline of the Sciences of Heat and Electricity*, cit., p. 358.
[18] Ibidem, p. 366.
[19] Ibidem, p. 360.
[20] Ibidem, p. 378.
[21] Ibidem, p. 385.
[22] Ibidem, p. 396.
[23] Ibidem, p. 400.
[24] Ibidem, p. 405.

segundo o qual a faísca gera *a sudden rarefaction of the air in the tube* [uma súbita rarefação do ar no tubo] e pressiona a água para dentro dos canos (p. 407)[25]. Na Alemanha de trinta anos atrás, [Jakob Joseph] Winterl e outros acreditavam que a faísca ou a luz elétrica seria *of the same nature with fire* [da mesma natureza do fogo] e surgiria da junção de duas eletricidades. Contra isso, Th[omson] demonstra seriamente que o ponto em que as duas eletricidades se encontram seria justamente o menos luminoso, e que isso seria a $^2/_3$ da extremidade + e a $^1/_3$ da − (p. 409-10)[26]! É notório que aqui o fogo ainda é algo inteiramente *mítico*.

Com a mesma seriedade foram conduzidos os experimentos de Dessaignes, segundo os quais, com barômetro em alta e temperatura em baixa, o vidro, a resina, a seda etc. tornam-se eletricamente negativos quando imersos em mercúrio, mas com barômetro em baixa e temperatura em alta tornam-se positivos; no verão, imersos em mercúrio não depurado, ficam sempre positivos, em mercúrio depurado, sempre negativos; que, no verão, o ouro e diversos outros metais tornam-se positivos pelo aquecimento e negativos pelo resfriamento, ocorrendo o inverso no inverno; que, quando o barômetro está alto e sopra o vento norte, eles são *highly electric* [altamente elétricos], positivos com temperatura em alta, negativos com temperatura em baixa etc. (p. 416)[27].

E como era quanto ao *calor*: "*In order to produce thermo-electric effects, it is not necessary to apply heat. Anything which alters the temperature in one part of the chain [...] occasions a variate in the declination of the magnet* [para produzir efeitos termoelétricos não é necessário aplicar calor. *Qualquer coisa que altere a temperatura* em uma parte da bateria [...] causa variação na inclinação do ímã]". É o caso do resfriamento de um metal por gelo ou vaporização com éter (p. 419)[28]!

———◆———

A teoria eletroquímica é aceita como *at least very ingenious and plausible* [no mínimo, muito engenhosa e plausível] (p. 438)[29].

———◆———

Há bastante tempo [Giovanni Valentino Mattia] Fabbroni e [William Hyde] Wollaston e recentemente [Michael] Faraday afirmaram que a eletricidade

---

[25] Ibidem, p. 407.
[26] Ibidem, p. 409-10.
[27] Ibidem, p. 416.
[28] Ibidem, p. 419.
[29] Ibidem, p. 438.

voltaica é simples decorrência dos processos químicos, e Faraday até já deu a explicação correta para o deslocamento de átomos que ocorre no líquido e propôs que a quantidade de eletricidade fosse medida pela quantidade do produto eletrolítico[30].

———◆———

Com a ajuda de Faraday, ele foi capaz de formular a seguinte lei: *"that every atom must be naturally surrounded by the same quantities of electricities, so that in this respect heat and electricity resemble each other* [que cada átomo deve estar naturalmente envolvido nas mesmas quantidades de eletricidades, *de modo que, nesse aspecto, calor e eletricidade são similares*]"[31]!

———◆———

Eletricidade. Sobre as histórias de pescador de Thomson, ver Hegel, p. 346-7[32], em que consta exatamente a mesma coisa. – Em contraposição, Hegel já concebe a eletricidade por atrito muito claramente como *tensão*, em confronto com a teoria do fluido e da matéria elétrica (p. 347)[33].

———◆———

Eletricidade estática e eletricidade dinâmica.

A eletricidade estática ou por atrito é a transposição para um estado de tensão da eletricidade que se encontra *pronta* na natureza, já na *forma* de eletricidade, mas em estado de equilíbrio e neutralidade. Por conseguinte, a supressão dessa tensão acontece também – quando e na medida em que a eletricidade pode se propagar, ser conduzida – de um só golpe, pela faísca, que restabelece o estado de neutralidade.

Em contraposição, a eletricidade dinâmica ou voltaica é a eletricidade que surge da transformação de movimento químico em eletricidade. Uma solução de zinco, cobre etc. gera-a sob circunstâncias bem determinadas. Aqui a tensão não é aguda, mas crônica. A cada momento é gerada nova eletricidade + e – a partir de outra forma do movimento, eletricidade ± não disponível é separada em + e –. O processo é fluido e, assim, seu resultado, a eletricidade, não constitui uma tensão e uma descarga momentâneas, mas uma corrente contínua, que, nos polos, pode voltar a se converter

---

[30] Ibidem, p. 449.
[31] Ibidem, p. 454.
[32] Georg Wilhelm Friedrich Hegel, *Vorlesungen über die Naturphilosophie*, cit., §324, adendo.
[33] Ibidem, p. 347.

no movimento químico do qual ela se originou, o que se denomina eletrólise. Nesse processo, assim como na geração de eletricidade a partir da composição química (em que se libera eletricidade em vez de calor, mais precisamente, tanta eletricidade quanto, sob outras circunstâncias, calor ([Frederick] G[uthrie], p. 210)[34]), pode-se acompanhar a corrente elétrica no líquido (mudança atômica nas moléculas circunvizinhas – isto é a corrente elétrica).

Essa eletricidade que, por sua natureza, é corrente elétrica, justamente por isso não pode ser transformada diretamente em eletricidade de tensão. Porém, por indução, a eletricidade neutra já existente como tal pode ser desneutralizada. Pela natureza da coisa, a eletricidade induzida terá de seguir aquela que induz e, portanto, também se tornará corrente. Em contraposição, pelo visto existe aqui a possibilidade de condensar a corrente elétrica e transformá-la em eletricidade de tensão, ou melhor, em uma forma mais elevada, que unifica a propriedade da corrente com a da tensão. Isso foi resolvido com a máquina de [Heinrich Daniel] Ruhmkorff[35]. Ela fornece uma eletricidade por indução que faz isso.

———◆———

Belo exemplo de dialética da natureza, em que, segundo a teoria atual, a *repulsão* de polos magnéticos *iguais* é explicada a partir da *atração* de correntes elétricas *iguais* (Guthrie, p. 264)[36].

———◆———

Eletroquímica. Ao expor os efeitos da faísca elétrica sobre a decomposição e a nova composição químicas, Wiedem[ann] declara que isso compete mais à química[37]. Mas, em relação ao mesmo caso, os químicos declaram que isso compete mais à física. Desse modo, nos pontos de contato da ciência molecular e da ciência atômica, ambas se declaram incompetentes, ao passo que justamente *dali se devem esperar os melhores resultados*.

———◆———

---

[34] Frederick Guthrie, *Magnetism and Electricity* (Londres, William Collins, 1876), p. 210.
[35] Heinrich Daniel Ruhmkorff inventou a bobina de indução em 1851 e apresentou-a em 1855 na Exposição Universal, em Paris; foi o primeiro aparelho capaz de transformar corrente elétrica de baixa tensão e alta amperagem em corrente elétrica de alta tensão e baixa amperagem.
[36] Frederick Guthrie, *Magnetism and Electricity*, cit., p. 264.
[37] Gustav Heinrich Wiedemann, *Die Lehre vom Galvanismus und Elektromagnetismus*, v. 2, cit., seção 2, p. 418.

```
  Cu                       Pt
  |  CuSO₄   ─|   HNO₃   |
              Cu | NO₃
     CuSO₄      | SO₄
```

$$i = \frac{E}{R+\varrho}$$

$$\frac{E}{i} = R + \varrho$$

$$i = \frac{E}{i} - \varrho = R$$

$$i = \frac{E-p}{R+r} = \frac{E-p}{\frac{E}{i} - \varrho + r}$$

[Sobre a química]

A representação da *matéria* de fato *quimicamente unitária* – por mais antiga que seja – corresponde perfeitamente à visão infantil ainda fortemente disseminada até Lavoisier de que a afinidade química de dois corpos consistiria em que cada um deles contém um terceiro corpo comum a ambos ([Hermann] Kopp, *Entwickl[ung]*, p. 105)[1].

——◆——

Uma nova época tem início na química com a atomística (portanto Dalton[2], e não Lavois[ier], é o pai da química mais recente) e, de modo correspondente, na física com a teoria molecular. (Sob outra forma, mas em essência representando apenas o outro lado desse processo, com a descoberta da conversão das formas de movimento). A atomística mais recente se diferencia de todas as anteriores pelo fato de não afirmar (excetuando os asnos) que a matéria é *meramente* discreta, mas as partículas discretas constituem níveis diferentes (átomos do éter, átomos químicos, massas, corpos cósmicos), *pontos nodais* diferentes, que condicionam diferentes modos de existência *qualitativos* da matéria universal – descendo até o imponderável e a repulsão.

——◆——

Conversão de quantidade em qualidade: o exemplo mais simples é o do *oxigênio e ozônio*, em que 2:3 produz propriedades totalmente diferentes, com exceção do cheiro. Os demais corpos alotrópicos são explicados do

---

[1] Hermann Kopp, *Die Entwickelung der Chemie in der neueren Zeit* (Munique, R. Oldenbourg, 1871), seção 1, p. 105.

[2] A base da nova atomística foi lançada por John Dalton na sua obra em dois volumes *A New System of Chemical Philosophy*, cit.

mesmo modo pela química, ou seja, exclusivamente assim: quantidade diferente de átomos nas moléculas[3].

———◆———

Como métodos antigos, cômodos, adaptados à prática usual até agora são transpostos para outros ramos e ali são obstrução: na química, o cálculo da porcentagem das composições, que foi entre todos o método mais apropriado para impedir que se encontrassem as proporções constantes das ligações e proporções múltiplas, e por muito tempo de fato impediu que fossem encontradas.

———◆———

A importância dos *nomes*. Na química orgânica, a importância de um corpo e, portanto, também de seu nome, não é mais condicionada por sua mera composição, mas muito mais por sua posição na *série* em que ele figura. Portanto, quando descobrimos que um corpo pertence a uma dessas séries, seu velho nome se torna um estorvo para a compreensão e tem de ser substituído por um *nome da série* (parafina etc.).

---

[3] Ver o texto intitulado "Dialética" (p. 111).

[Sobre a biologia]

Fisiografia – depois de feita a transição da química para a vida, devem ser desenvolvidas primeiramente as condições em que a vida se gerou e subsiste, ou seja, primeiro a geologia, a meteorologia e o resto. Só depois as diferentes formas de vida, que sem isso são incompreensíveis.

———◆———

Reação. A [reação] física mecânica (aliás, calor etc.) se esgota em cada ato de reação. A [reação] química modifica a composição dos corpos reagentes e só se renova quando lhe é adicionada uma nova quantidade deles. Só o corpo *orgânico* reage *autonomamente* – é claro que dentro de sua esfera de força (sono) e pressupondo o aporte de alimento –, mas esse aporte de alimento só age depois de assimilado, não diretamente como em níveis inferiores, de modo que aqui o corpo orgânico possui uma força *autônoma* de reação, ou seja, a nova reação tem de ser *comunicada* por ele.

———◆———

Vida e morte. Já é fato que nenhuma fisiologia é considerada científica se não conceber a morte como momento essencial da vida. Nota sobre Hegel (*Enc[yclopädie*, v.] I, p. 152-3)[1]: a *negação* da vida contida na própria vida como algo essencial, de modo que a vida é pensada constantemente em relação ao seu resultado necessário, sempre contido embrionariamente nela, a saber, a morte. A concepção dialética da vida nada mais é que isso. Porém, para quem já entendeu isso, todo falatório sobre a imortalidade da alma está descartado. Ou a morte é a dissolução do corpo orgânico do qual não sobra nada além dos componentes químicos que formaram sua substância, ou ele deixa para trás um princípio de vida, mais ou menos

---

[1] Georg Wilhelm Friedrich Hegel, *Encyclopädie der philosophischen Wissenschaften*, cit., §81, adendo 1.

uma alma, que se perpetua para além de *todos* os organismos vivos, não só do ser humano. Aqui, portanto, uma aclaração simples por meio da dialética sobre a natureza de vida e morte, suficiente para eliminar uma superstição antiquíssima. Viver significa morrer.

———◆———

Generatio aequivoca [geração equívoca][2]. Todas as investigações feitas até agora: em líquidos que contêm materiais orgânicos em decomposição e estão expostos ao ar, surgem organismos de gênero inferior, protistas, fungos, infusórios [= ciliados]. De onde eles vêm? Surgiram por *generatio aequivoca* ou de germes carregados pela atmosfera? Portanto, a investigação fica restrita a um campo bem estreito, à questão da plasmogonia[3].

A suposição de que novos organismos vivos possam surgir da decomposição de outros pertence essencialmente à época das espécies imutáveis. Naquele tempo, era preciso supor a gênese de todos os organismos, inclusive dos mais complexos, mediante geração original da matéria inanimada e, caso não se quisesse lançar mão de um ato de criação, facilmente se chegava a pensar que era mais fácil explicar esse processo recorrendo a um material de formação que já proviesse do mundo orgânico; já não se pensava em gerar um mamífero diretamente da matéria inorgânica pela via química.

Porém uma suposição dessas é uma afronta direta ao estado atual da ciência. Por meio da análise do processo de decomposição de corpos orgânicos mortos, a química apresenta a prova de que esse processo necessariamente fornece, a cada passo adiante, produtos mais mortos, mais próximos do mundo inorgânico, produtos que se tornam cada vez menos aptos a serem aproveitados no mundo orgânico, e de que só se pode dar a esse processo outro direcionamento, de que tal aproveitamento poderá acontecer só se esses produtos em decomposição forem recebidos

---

[2] Também chamada *generatio spontanea* [geração espontânea] de organismos. Era uma ideia universalmente aceita até o século XVII. O primeiro a levantar objeções contra ela foi o médico e pesquisador da natureza Francesco Redi, *Esperienze intorno alla generazione degl'insetti* (Florença, All'Insegna della Stella, 1668). No início do século XIX, essa ideia foi retomada por Lorenz Oken, *Abriß der Naturphilosophie*, cit. Decisivos para a superação definitiva dessa concepção foram os experimentos de Louis Pasteur, provando a impossibilidade da gênese de micro-organismos em soluções orgânicas, se nelas não estiverem presentes os embriões correspondentes.

[3] Esse conceito provém de Ernst Haeckel, que diferencia dois tipos de geração espontânea, a autogonia e a plasmogonia (*Natürliche Schöpfungsgeschichte*, cit., p. 302).

a tempo por um organismo já existente, apropriado para isso. Justamente o veículo mais essencial da formação celular, a proteína, é o primeiro a se decompor, e até agora não se conseguiu recompô-lo.

Há mais. Os organismos, de cuja geração espontânea a partir de líquidos orgânicos se trata nessas investigações, são organismos relativamente inferiores, mas já essencialmente diferenciados, bactérias, leveduras etc., com um processo de vida composto de diversas fases e, em parte como os infusórios, dotados de órgãos já bem desenvolvidos. Todos eles são, no mínimo, unicelulares. Porém, desde que tomamos conhecimento das moneras, seres destituídos de estrutura, é loucura querer explicar a gênese, mesmo que seja a de uma única célula, diretamente da matéria morta, em vez de explicá-la a partir da proteína viva não estruturada, acreditar que se pode forçar a natureza a fazer em 24 horas, com um pouco de água malcheirosa, aquilo que ela precisou de milhares de anos para fazer.

Os experimentos de Pasteur[4] não têm serventia no tocante a isso: para os que creem nessa possibilidade, ele nunca conseguirá provar a impossibilidade exclusivamente por meio desses experimentos, mas eles são importantes porque trazem muitos esclarecimentos sobre esses organismos, sua vida, seus germes etc.

———◆———

Moritz Wagner, "Naturwissensch[aftliche] Streitfragen", I (A[llgemeine] A[ugsburger] Z[eitung], suplemento de 6, 7 e 8 de outubro de 1874)[5].

Manifestação de [Justus von] Liebig dirigida a Wagner, em seus últimos anos, 1868:

> Só podemos supor que a vida seja tão antiga, tão eterna quanto a própria matéria, e toda a polêmica em torno da origem da vida me parece resolvida

---

[4] Engels e Marx se interessaram vivamente pelos experimentos de Louis Pasteur. Ver carta de Marx a Engels, de 9 de junho de 1866: "[Paul] Lafargue me diz que toda a nova escola francesa dos fisiologistas microscópicos, tendo à frente [Charles Philippe] Robin, se declara a favor da *generatio aequivoca* e contra Pasteur, Huxley etc. Ele me informará sobre alguns novos escritos a respeito disso".

[5] Moritz Wagner, "Naturwissenschaftliche Streitfragen", *Allgemeine Zeitung*, Augsburg, n. 279, 6 out. 1874, Suplemento, p. 4.333-5; n. 280, 7 out. 1874, suplemento, p. 4.351-2; n. 281, 8 out. 1874, suplemento, p. 4.370-2. Trata-se de uma polêmica contra o escrito de Theodor Ludwig von Bischoff, *Über den Einfluß des Freiherrn Justus von Liebig auf die Entwickelung der Physiologie: eine Denkschrift* (Munique, k. b. Akademie, 1874), no qual o autor questiona um aporte de Wagner a respeito das ideias de Liebig sobre a origem da vida (publicado pela *Allgemeine Zeitung* em 28 de outubro de 1873).

com essa simples suposição. De fato, por que a vida orgânica não deveria ser concebida como tão primordial quanto o carbono *e suas ligações* (!)[6] ou em geral como toda a matéria incriável e indestrutível e como as forças que estão ligadas eternamente com o movimento da matéria no espaço cósmico?[7]

Além disso, L[iebig] disse (W[agner] acredita [que tenha sido] em nov[embro de 18]68) que ele também considera "aceitável" a hipótese de que a vida orgânica [existente] em nos[so] planeta possa ter sido "importada" do espaço cósmico[8].

Helmholtz (prefácio a: *Handbuch der theor[etischen] Physik*, de Thomson, ed. alemã, parte II):

> Quando fracassam *todos os nossos esforços para que se gerem organismos de uma substância inanimada*, parece-me um procedimento absolutamente correto perguntar se a vida de fato terá surgido, se não é tão antiga quanto a matéria e se seus germes não foram carregados de um corpo cósmico para o outro e se teriam desenvolvido onde quer que tenham encontrado condições favoráveis para isso?[9]

Wagner:

> O fato de a matéria ser indestrutível e imperecível, o fato de ela [...] não poder ser dissolvida em nada por força nenhuma *é suficiente para que o químico também a considere incriável*. [...] Porém a vida é concebida, segundo a concepção ora predominante (?)[10], apenas como uma propriedade inerente a certos elementos simples que constituem os organismos inferiores; essa propriedade obviamente deve ser tão antiga, isto é, tão primordial quanto essas substâncias básicas *e suas ligações* (!!)[11].[12]

Nesse sentido, também se poderia falar de força vital, a exemplo de Liebig (*Chem[ische] Br[iefe]*, 4. ed.):

> a saber, "como um princípio formador que atua dentro das forças físicas e com elas" e, portanto, não fora da matéria. Contudo, essa força vital, como

---

[6] Observação de Engels.
[7] Moritz Wagner, "Naturwissenschaftliche Streitfragen", cit., p. 4.333, col. 1. Grifos de Engels.
[8] Idem.
[9] Ibidem, p. 4.333, col. 2. Grifos de Engels. Wagner cita do prefácio escrito por Hermann Helmholtz a William Thomson e Peter Guthrie Tait, *Handbuch der theoretischen Physik*, v. 1 (trad. H. Helmholtz e G. Wertheim, Braunschweig, F. Vieweg und Sohn, 1874), parte 2, p. xi.
[10] Observação de Engels.
[11] Observação de Engels.
[12] Moritz Wagner, "Naturwissenschaftliche Streitfragen", cit., p. 4.334, col. 1. Grifos de Engels.

propriedade da matéria, só se manifesta [...] sob as condições correspondentes que desde a eternidade existiram no espaço cósmico infinito em inúmeros pontos, mas que, no decurso das diferentes eras, muitas vezes tiveram de mudar de espaço.[13]

Portanto, na velha Terra líquida ou no Sol atual nenhuma vida é possível, mas os corpos candentes têm atmosferas de extensão enorme que consistem, segundo a visão mais recente, nas mesmas substâncias que preenchem o espaço cósmico em estado extremamente rarefeito e são atraídas pelos corpos. As massas de névoa em torvelinho, a partir das quais se desenvolve o sistema solar, ultrapassando a órbita de Netuno, continham

> também toda a água (!)[14] em forma de vapor em uma atmosfera prodigamente impregnada de *ácido* carbônico (!)[15] diluída em alturas imensuráveis e, desse modo, também as substâncias básicas para a existência (?)[16] dos germes orgânicos inferiores, [nela predominaram,] nas mais diversas regiões os mais diversos graus de temperatura e, por isso, *certamente se justifica* a suposição de que, em alguma parte, sempre se encontraram as condições necessárias para a vida orgânica. Sendo assim, tanto as atmosferas dos corpos cósmicos quanto as massas nebulosas cósmicas em torvelinho deveriam ser consideradas as câmaras permanentes de preservação da forma animada, os locais eternos de cultivo dos germes orgânicos.[17]

– Os menores protistas vivos enchem a atmosfera com seus germes invisíveis, na linha do equador, nas cordilheiras, [estão] presentes em massa ainda a 16 mil pés de altura; [Maximilian] Perty diz que são "quase onipresentes"[18]. Só não estão presentes onde o calor abrasador os mata. A existência deles (vibriões etc.) é concebível, "por conseguinte, também na aura de vapor de *todos* os corpos cósmicos", "onde quer que encontrem as condições correspondentes"[19].

---

[13] Ibidem, p. 4.334, col. 1. Wagner se refere a Justus v. Liebig, *Chemische Briefe*, v. 1 (4. ed., Leipzig, C. F. Winter, 1859), p. 349 e p. 372-3.
[14] Observação de Engels.
[15] Observação de Engels.
[16] Observação de Engels.
[17] Moritz Wagner, "Naturwissenschaftliche Streitfragen", cit., p. 4.334, col. 2. Grifos de Engels.
[18] Maximilian Perty, *Über die Grenzen der sichtbaren Schöpfung, nach den jetzigen Leistungen der Mikroskope und Fernröhre* (Berlim, Lüderitz, 1874), p. 8.
[19] Moritz Wagner, "Naturwissenschaftliche Streitfragen", cit., p. 4.334, col. 2. Grifos de Engels.

De acordo com [Ferdinand Julius] Cohn, as bactérias são [...] tão minúsculas que cabem 633 milhões delas em 1 milímetro cúbico e 636 bilhões delas pesam apenas 1 grama. Os micrococos são menores ainda [e talvez não sejam os menores, mas já com formas variadas][20] [...] os vibriões [...], ora esféricos, ora ovalados, ora em forma de bastonete ou de parafuso [tendo, portanto, um valor significativo quanto à forma][21]. Até agora não foi levantada objeção válida contra a hipótese bem justificada de que, a partir destes ou de semelhantes seres primordiais neutros mais simples (!!)[22], que oscilam entre animal e planta, [...] se *puderam* desenvolver e *tiveram de* se desenvolver, no decorrer de intervalos de tempo muito longos, todos os multifacetados seres vivos de organização superior dos dois reinos da natureza, em virtude da variabilidade individual e da capacidade de hereditariedade de características novas adquiridas pelos descendentes, em condições físicas modificadas dos corpos cósmicos e pelo isolamento espacial das variedades individuais em surgimento.[23]

Notável a demonstração de quanto Liebig era diletante na ciência da biologia, que, no entanto, era limítrofe da ciência química. Ele só veio a ler Darwin[24] em 1861 e só bem mais tarde os escritos biológicos e paleontológico-geológicos que se seguiram ao de Darwin[25]. Ele "nunca lera" Lamarck[26].

Da mesma forma, ele desconhecia completamente os estudos paleontológicos especializados, publicados já antes de 1859 por L[eopold] v[on] Buch, [Alcide Dessalines] d'Orbigny, [Georg] Münster, [Philipp Engel von] Klipstein, [Franz] Hauer, [Friedrich August von] Quenstedt sobre os cefalópodes fósseis, estudos que lançam uma luz muito peculiar sobre a interconexão genética das diferentes criaturas. Todos os pesquisadores mencionados foram [...] impelidos pela força dos fatos, quase contra a sua vontade, para Lamarck e sua hipótese da descendência[27]

— e isso antes do livro de Darwin.

---

[20] Observação de Wagner.
[21] Observação de Wagner.
[22] Observação de Engels.
[23] Moritz Wagner, "Naturwissenschaftliche Streitfragen", cit., p. 4.334, col. 2. Grifos de Engels.
[24] Charles Darwin, *On the Origin of Species by Means of Natural Selection*, cit.
[25] Moritz Wagner, "Naturwissenschaftliche Streitfragen", cit., p. 4.351, col. 2.
[26] Jean-Baptiste Pierre Antoine de Monet de Lamarck, *Philosophie zoologique, ou Exposition des considérations relatives à l'histoire naturelle des animaux* (Paris, Dentu, 1809; nova edição, Paris, F. Savy, 1873).
[27] Moritz Wagner, "Naturwissenschaftliche Streitfragen", cit., p. 4.370, col. 1.

Conteúdo dialético das ciências

Assim, silenciosamente, a teoria da descendência já havia lançado raízes na opinião dos pesquisadores que se ocuparam mais detidamente de um estudo comparativo dos organismos fósseis. No ano de 1832, em seu livro *Über die Ammoniten und ihre Sonderung in Familien* [Sobre os amonitas e sua segregação em famílias][28], e no ano de 1848, numa palestra proferida diante da Academia de Berlim, L[eopold] v[on] Buch já introduzira com toda a convicção no conhecimento dos petrefactos (!)[29] a ideia de Lamarck a respeito do parentesco típico das formas orgânicas como sinal de sua descendência comum,[30]

e, em 1848[31], sua investigação sobre os amonitas lhe serviu de base para dizer:

> que o desaparecimento de velhas formas e o aparecimento de novas formas não é consequência de uma aniquilação total das criaturas orgânicas, mas é altamente provável *que a formação de novas espécies a partir de formas mais antigas só tenha se dado pela mudança das condições de vida.*[32]

———◆———

Glosas. A hipótese anterior da "vida eterna" e da importação de fora pressupõe
1) a eternidade da proteína
2) a eternidade das formas primordiais a partir das quais pode desenvolver-se tudo o que é orgânico. Ambas inadmissíveis.
Ad 1) A afirmação de Liebig de que as ligações de carbono seriam tão eternas quanto o próprio carbono é problemática, caso não esteja errada, a) ? o carbono é simples? Se não for, ele não é eterno como tal. – b) As ligações de carbono são eternas no sentido de que, sob proporções iguais de mistura, temperatura, pressão, tensão elétrica etc., elas se reproduzem constantemente. Porém, até agora ninguém afirmou que, por exemplo, apenas as ligações mais simples do carbono, CO_2 ou CH_4, seriam eternas no sentido de que existem em todos os tempos e mais ou menos em todos os lugares, em vez de se regenerarem e voltarem a desaparecer continuamente – e isso de dentro dos elementos e para

---

[28] Leopold von Buch, *Über die Ammoniten und ihre Sonderung in Familien, über die Arten, welche in den älteren Gebirgsschichten vorkommen, und über die Goniatiten insbesondere* (Berlim, Königlichen Akademie der Wissenschaften, 1832), p. 314.
[29] Observação de Engels.
[30] Moritz Wagner, "Naturwissenschaftliche Streitfragen", cit., p. 4.370, col. 1.
[31] Leopold von Buch, "Über Ceratiden", em Deutsche Akademie Der Wissenschaften, *Abhandlungen der Königlichen Akademie der Wissenschaften zu Berlin aus dem Jahre 1848. Physikalische Abhandlungen* (Berlim, 1850), p. 19.
[32] Moritz Wagner, "Naturwissenschaftliche Streitfragen", cit., p. 4.370, col. 1.

dentro dos elementos. Caso a proteína viva seja eterna no mesmo sentido das demais ligações de carbono, ela não só tem de se dissolver continuamente em seus elementos, como notoriamente acontece, mas também tem de voltar a se gerar continuamente a partir dos elementos, sem a cooperação de proteínas já prontas – e esse resultado é diametralmente oposto àquele a que chega Liebig. – c) A proteína é a ligação de carbono mais inconstante que conhecemos. Ela se decompõe assim que perde a capacidade de efetuar as funções que lhe são peculiares, a qual chamamos vida, e é inerente a sua natureza que essa incapacidade ocorra cedo ou tarde. E pretende-se que justamente essa ligação seja eterna, que possa resistir a todas as mudanças de temperatura, pressão, falta de alimento e ar etc. no espaço cósmico, sendo seu limite superior de temperatura tão baixo – abaixo de 100 °C? As condições de existência da proteína são infinitamente mais complexas do que as de qualquer outra ligação de carbono conhecida – porque se adicionam não só funções físicas e químicas mas também de alimentação e respiração que exigem um meio físico e quimicamente muito restrito – e isso se teria preservado desde a eternidade diante de todas as flutuações possíveis? De duas hipóteses, *ceteris paribus* [tudo o mais permanecendo constante], Liebig prefere a mais simples[33], mas algo pode parecer simples e, no entanto, ser muito complexo. – A suposição de cadeias inumeráveis e contínuas de organismos proteicos vivos que descendem uns dos outros desde a eternidade, que sob todas as circunstâncias sempre mantêm uma sobra suficiente para que o estoque permaneça bem sortido, é a coisa mais complexa que existe. – Originalmente as atmosferas dos corpos cósmicos e em especial as atmosferas das nebulosas eram incandescentes e, portanto, não ofereciam lugar para organismos proteicos – e esse espaço cósmico seria, afinal, o grande reservatório – um reservatório em que não há ar nem alimento e uma temperatura em que com certeza nenhuma proteína pode funcionar nem se manter!

Ad 2) Os vibriões, micrococos etc. de que se fala aqui já são seres bastante diferenciados – grumos de proteína que secretaram uma membrana, mas ainda *sem núcleo*. Porém a cadeia de organismos proteicos capaz de evoluir forma *primeiro o núcleo* e se torna célula – a membrana da célula constitui, então, um avanço subsequente (*amoeba sphaerococcus*). Portanto, os organismos que entram em cogitação aqui pertencem a uma cadeia que, segundo todas as analogias feitas até agora, se perde num beco sem saída estéril e não pode figurar entre os ancestrais dos organismos superiores.

---

[33] Ibidem, p. 4.333, col. 2.

Conteúdo dialético das ciências

O que Helmh[oltz] diz do insucesso das tentativas de gerar vida artificialmente é pura infantilidade[34]. Vida é o modo de existência dos organismos proteicos[35], cujo momento essencial *consiste no metabolismo contínuo com a natureza exterior que os envolve* e que também cessa com a cessação desse metabolismo, acarretando a decomposição da proteína*. Se algum dia for possível produzir quimicamente organismos proteicos, eles certamente terão manifestações de vida, efetuarão o metabolismo, por mais tênue e efêmero que for. Certamente, porém, tais corpos terão, *quando muito*, a forma dos monera mais toscos, provavelmente formas ainda mais baixas, mas de modo nenhum a forma de organismos que se diferenciaram por meio de uma evolução milenar, separaram a pele do núcleo e assumiram determinada forma herdável[36]. Porém, enquanto não soubermos mais do que sabemos hoje sobre a composição química da proteína e, portanto, ainda não pudermos pensar em uma produção artificial, provavelmente pelos próximos cem anos, será ridículo lamentar que todos os nossos esforços etc. tenham falhado!

Contra a afirmação acima de que o metabolismo é uma atividade característica dos organismos proteicos, deve-se objetar o crescimento das "células artificiais" de [Moritz] Traube[37]. Nesse caso, porém, [é] apenas absorção de um líquido por endosmose sem alteração do mesmo, ao passo que o metabolismo consiste na absorção de substâncias cuja composição química é modificada e que são assimiladas pelo organismo, e cujos resíduos são eliminados junto com os produtos de decomposição gerados pelo próprio organismo no processo vital. {*Nota bene*: Do mesmo modo que temos de falar de animais vertebrados sem vértebras, assim também temos de chamar aqui

---

[34] Prefácio a William Thomson e Peter Guthrie Tait, *Handbuch der theoretischen Physik*, v. 1, cit., parte 2, p. xi.
[35] Primeira formulação dessa ideia por Engels. Ver também Friedrich Engels, *Anti--Dühring*, cit., p. 114; carta de Engels a Lafargue de 19 de maio de 1885.
* Também nos corpos inorgânicos pode ocorrer esse metabolismo e ele ocorre a longo prazo em toda parte, visto que em toda parte ocorrem reações químicas, por mais lentas que sejam. Porém a diferença é esta: os corpos inorgânicos são destruídos pelo metabolismo, enquanto nos orgânicos ele é condição necessária da existência.
[36] Ver a anotação seguinte, intitulada "Protistas".
[37] Modelos de células vivas produzidos na década de 1860 pelo químico e fisiologista Moritz Traube, pelo qual foi introduzido o método da modelagem na fisiologia. Marx e Engels tinham esses experimentos em alta conta. Marx explicou a descoberta de Traube em carta a Piotr Lavrovitch Lavrov em 18 de junho de 1875. Em carta a Wilhelm Alexander Freund, de 21 de janeiro de 1877, Marx envia uma saudação a Traube e pede a ele que o lembre de enviar suas publicações prometidas, pois seriam importantes para o trabalho de Engels em seu livro sobre a filosofia da natureza.

de organismo o grumo de proteína não diferenciado, amorfo e não estruturado – e *dialeticamente* isso é factível porque, assim como a coluna vertebral está contida no dorso, assim também toda a série infinita dos organismos superiores está incluída embrionariamente "em si" no grumo de proteína recém-surgido.} A importância das "células" de Traube consiste em que elas demonstram a endosmose e o crescimento como duas coisas que também podem ser produzidas na natureza inorgânica e sem nenhum carbono.

Os primeiros grumos de proteína que surgiram deviam ser capazes de alimentar-se de oxigênio, ácido carbônico, amoníaco e alguns sais dissolvidos na água que os cercava. Não havia alimentos orgânicos, dado que ainda não eram capazes de devorar uns aos outros. Isso demonstra como as moneras, elas próprias ainda sem núcleo, já são superiores, pois vivem de diatomáceas etc., pressupondo, portanto, toda uma série de organismos diferenciados.

——— ♦ ———

Protistas[38]. 1) Acelulares, começam no simples grumo de proteína que estende e recolhe pseudópodes de uma ou outra forma, inclusive as moneras. As moneras atuais certamente são muito diferentes das primordiais, dado que vivem em grande parte de matéria orgânica, engolem diatomáceas e infusórios, ou seja, organismos superiores a elas e surgidos depois delas, e, como no quadro I de Haeckel[39], têm uma história evolutiva que passa pela forma dos flagelados acelulares. – Aqui já temos o impulso formador [*Formtrieb*] próprio de todos os organismos proteicos. Esse impulso formador se destaca ainda mais nos foraminíferos acelulares que secretam conchas sumamente artísticas e antecipam quanto à forma os moluscos superiores (as colônias antecipam os corais etc.), bem como as sifonáceas, que pré-formam o tronco, o tálamo, a raiz e a folha das plantas superiores e, no entanto, são simples

Pouca individualidade, eles se dividem e também se fundem

---

[38] Nessa anotação, Engels segue as reflexões de Ernst Haeckel em *Natürliche Schöpfungsgeschichte*, cit., e Henry Alleyne Nicholson, *A Manual of Zoology*, v. 1, cit. Sobre os protistas, ver também Ernst Haeckel, *Generelle Morphologie der Organismen*, v. 1, cit., p. 203.

[39] Ernst Haeckel, *Natürliche Schöpfungsgeschichte*, cit., Quadro I, p. 168-9. Explicação do Quadro I na p. 664: histórico do mais simples dos organismos, de uma monera (*protomyxa aurantiaca*).

proteína não estruturada. Por conseguinte, as protoamebas devem ser distinguidas das amebas.

2) Por um lado, diferenciam-se a membrana = ectoplasma e a camada medular = endoplasma nos heliozoários *Actinophrys Sol* ([Henry Alleyne] Nich[olson,] p. 49)[40]. A camada de pele desprende pseudópodes. (Na *Protomyxa aurantiaca*, esse estágio já é de transição; ver Haeckel, tabela I.) Parece que, por essa via evolutiva, a proteína não foi longe.

3) Por outro lado, diferencia-se, na proteína, o *núcleo* do *nucléolo* – as amebas simples. A partir daí a constituição da forma avança rapidamente. Dá-se de modo similar a evolução da célula jovem no organismo, ver *[Wilhelm] Wundt* sobre isso (no início)[41]. Na *Amoeba sphaerococcus*, como na *Protomyxa*, a formação da membrana celular é apenas uma fase de transição, mas aí já se inicia a circulação: a vesícula contrátil. Ora encontramos uma concha formada com areia colada (*Difflugia*, N[icholson], p. 47)[42], como nos vermes e nas larvas de insetos, ora uma concha realmente secretada e, por fim,

4) a *célula com membrana celular permanente*. Segundo Haeckel (p. 382)[43], dependendo da dureza da membrana celular, teria surgido dela ou uma planta ou, no caso da membrana mole, um animal (? certamente não se deve generalizar desse modo). Com a membrana celular entra em cena a forma definida e, ao mesmo tempo, plástica. Nesse ponto, [temos] novamente a diferença entre membrana celular simples e concha secretada. Porém (diferentemente do n. 3) com essa membrana celular e essa concha cessa a *emissão de pseudópodes*. Repetição de formas mais antigas (flagelados) e multiplicidade de formas. A transição é constituída pelos labirintídeos (Haeckel, p. 385)[44], que põem seus pseudópodes para fora e rastejam nessa teia por modificação restrita de sua forma normal de fuso. – As gregarinas antecipam o modo de vida dos parasitas superiores – algumas já não são unicelulares, mas formam *cadeias* de células (H[aeckel], p. 451)[45], que, no entanto, contêm apenas de

Impulso para diferenciação superior

---

[40] Henry Alleyne Nicholson, *A Manual of Zoology*, v. 1, cit., p. 49.
[41] Provavelmente Wilhelm Wundt, *Lehrbuch der Physiologie des Menschen* (3. ed., Erlangen, F. Enke, 1873), p. 14.
[42] Henry Alleyne Nicholson, *A Manual of Zoology*, v. 1, cit., p. 47.
[43] Ernst Haeckel, *Natürliche Schöpfungsgeschichte*, cit., p. 382.
[44] Ibidem, p. 385.
[45] Ibidem, p. 451.

duas a três células – um impulso inicial claudicante. O auge da evolução dos organismos unicelulares é alcançado nos infusórios, desde que estes realmente sejam unicelulares. Aqui houve uma diferenciação significativa (ver Nich[olson])[46]. Novamente colônias e zoófitos (*Epistylis*)[47]. Do mesmo modo, nas plantas unicelulares maior evolução das formas (desmidiáceas (H[aeckel], p. 410)[48]).

5) O avanço seguinte é a ligação de várias células para formar um só organismo e não mais uma colônia. Primeiro as *Catallactiae* (H[aeckel])[49]. *Magosphaera planula* (H[aeckel], p. 384)[50], em que a união celular é apenas uma fase evolutiva. Mas também aqui não formam mais pseudópodes (H[aeckel] não diz exatamente se os formam como fase de transição). Em contraposição, os radiolários, que também são agregados de células não diferenciadas, mantiveram os pseudópodes e desenvolveram ao máximo a regularidade geométrica das conchas, que já desempenha certo papel nos rizópodes acelulares autênticos – a proteína se cobre, por assim dizer, com sua forma cristalina.

6) A *Magosphaera planula* constitui a transição para as verdadeiras plânulas e *gastraea*. Detalhes em Haeckel, p. 452 e seg.[51]

———◆———

Bathybius [batíbio][52] – as pedras que se encontram em sua carne são prova de que a forma primordial da proteína, anterior a toda diferenciação de forma, já carrega em si o embrião e a capacidade de formação do esqueleto.

———◆———

---

[46] Henry Alleyne Nicholson, *A Manual of Zoology*, v. 1, cit., p. 59-65.
[47] Ibidem, v. 1, p. 62-3.
[48] Ernst Haeckel, *Natürliche Schöpfungsgeschichte*, cit., p. 410.
[49] Idem.
[50] Ibidem, p. 384.
[51] Ibidem, p. 452 e seg.
[52] Muco viscoso encontrado em águas profundas no Atlântico Norte, considerado por Thomas Henry Huxley o ser vivo mais simples. Ver Ernst Haeckel, *Natürliche Schöpfungsgeschichte*, cit., p. 165-6; "Bathybius und die Moneren", *Kosmos*, Leipzig, v. 1, 1877, p. 293-305. Investigações posteriores não confirmaram a existência do batíbio, tratando-se provavelmente de produto de decomposição de organismos. George James Allman, "Recent Progress in Our Knowledge of the Ciliate Infusoria", *Nature*, Londres, v. 12, n. 294, 17 jun. 1875, p. 136-7; n. 295, 24 jun. 1875, p. 155-7; n. 296, 1 jul. 1875, p. 175-7.

Nature n. 294 e seg.   [George James] Allman[53] sobre os infusórios, unicelularidade, importante.
[James] Croll on Ice Period and Geological Time [Croll sobre a Era do Gelo e o tempo geológico][54].
Nature n. 326   [John] Tyndall[55] sobre *generatio* [geração], experimentos de putrefação específica e fermentação.

———◆———

Indivíduo – esse conceito também foi totalmente relativizado. *Cormus*, colônia, tênia – em contrapartida, célula e metâmero são indivíduos em certo sentido (antrop[ogênese] e morfol[ogia])[56].

———◆———

Toda a natureza orgânica é uma prova ininterrupta da identidade ou indissociabilidade de forma e conteúdo. Fenômeno morfológ[ico] e fisiológ[ico], forma e função condicionam-se reciprocamente. A diferenciação da forma (célula) condiciona a diferenciação da matéria em ossos, músculos, epitélio etc. e a diferenciação da matéria, por sua vez, condiciona a forma diferente.

———◆———

Repetição das formas morfológicas [*morphologische Formen*] em todos os estágios de desenvolvimento: formas celulares (ambas essencialmente já na *gástrula*) – formação de metâmeros em certo estágio: anelídeos, artrópodes, vertebrados. – Nos girinos, repete-se a forma primordial da larva da ascídia. – Diversas formas de marsupiais que retornam nos placentários (mesmo levando em conta só os marsupiais ainda vivos).

———◆———

---

[53] George James Allman, "Recent Progress in Our Knowledge of the Ciliate Infusoria", *Nature*, Londres, v. 12, n. 294, 17 jun. 1875, p. 136-7; n. 295, 24 jun. 1875, p. 155-7; n. 296, 1 jul. 1875, p. 175-7.

[54] Recensão por J. F. B. de James Croll, "Climate and Time in Their Geological Relations: A Theory of Secular Changes of the Earth's Climate", *Nature*, Londres, v. 12, n. 294, 17 jun. 1875, p. 121-3; n. 295, 24 jun. 1875, p. 141-4.

[55] John Tyndall, "On Germs. On the Optical Deportment of the Atmosphere in Reference to the Phenomena of Putrefaction and Infection", *Nature*, Londres, v. 13, n. 326, 27 jan. 1876, p. 252-4; n. 327, 3 fev. 1876, p. 268-70.

[56] Ernst Haeckel, *Anthropogenie oder Entwicklungsgeschichte des Menschen*, cit., p. 245; *Generelle Morphologie der Organismen*, cit., p. 269.

Em toda a evolução dos organismos, presumir a lei da aceleração na proporção do quadrado da distância temporal do ponto de partida. Ver em Haeckel, *Schöpfungsg[eschichte]*[57] e *Anthr[opogenie]*[58], as formas orgânicas que correspondem às diversas eras geológicas. Quanto mais elevado, tanto mais rápido é o processo.

———◆———

Vertebrata [vertebrados][59] – sua característica fundamental: *agregação de todo o organismo em torno do sistema nervoso*. Com isso está dada a possibilidade do desenvolvimento rumo à autoconsciência etc. Em todos os outros animais, o sistema nervoso é secundário, neles é a base de toda a organização; o sistema nervoso desenvolvido até certo ponto – mediante prolongamento para trás do gânglio da cabeça dos vermes – apossa-se de todo o corpo e arranja-o de acordo com as suas necessidades.

———◆———

Quando H[egel] passa da vida para o conhecimento por intermédio do acasalamento (da reprodução), está contida aí embrionariamente a teoria da evolução, dizendo que, uma vez dada, a vida orgânica tem de evoluir através do desenvolvimento das gerações para formar um gênero de seres pensantes[60].

———◆———

O que Hegel chama de interação é o *corpo orgânico*, que, por conseguinte, também constitui a transição para a consciência, isto é, da necessidade para a liberdade, para o conceito. Ver *Lógica*, v. II, conclusão[61].

———◆———

Tentativas iniciais na natureza: estados de insetos (os comuns não vão além das relações puramente naturais), nesse caso até tentativa social. O mesmo para os animais produtivos que usam ferramentas (abelhas etc., castor),

---

[57] Idem, *Natürliche Schöpfungsgeschichte*, cit., p. 333-63.
[58] Idem, *Anthropogenie oder Entwicklungsgeschichte des Menschen*, cit., p. 340-68.
[59] A diferenciação entre vertebrados e invertebrados foi introduzida na zoologia por Jean-Baptiste Pierre Antoine de Monet de Lamarck em *Système des animaux sans vertèbres, ou Tableau général des classes, des ordres et des genres de ces animaux* (Paris, Deterville, 1801), o que mereceu destaque em Ernst Haeckel, *Natürliche Schöpfungsgeschichte*, cit., p. 436 e 505.
[60] Georg Wilhelm Friedrich Hegel, *Wissenschaft der Logik*, Th. 1: Die subjective Logik, oder: Die Lehre vom Begriff, cit., p. 254.
[61] Ibidem, Schluß.

mas, ainda assim, apenas coisas secundárias sem ação conjunta. – Antes disso já: as colônias de corais e hidrozoários, em que o indivíduo era, no máximo, um estágio de transição e a *community* [comunidade] concreta, na maioria das vezes, um estágio da evolução plena; ver Nicholson[62]. – Do mesmo modo, os infusórios constituem a forma máxima e em parte bem diferenciada a que pode chegar uma única célula.

───◆───

Demonstrar que a teoria darwiniana é a comprovação prática da exposição hegeliana do nexo intrínseco de necessidade e contingência[63].

───◆───

Luta pela existência[64]. Antes de tudo, deve ser restringida rigorosamente às lutas provocadas pela *superpopulação* vegetal e animal, que de fato ocorrem em estágios vegetais e animais inferiores. Porém devem ser nitidamente distinguidas das condições em que espécies se modificam, velhas espécies se extinguem e novas, desenvolvidas, tomam seu lugar *sem* essa superpopulação. Por exemplo, na migração de animais e plantas para novas regiões, onde novas condições climáticas, de solo etc. promovem a mutação. Quando *ali* os indivíduos que se adaptam sobrevivem e, por uma adaptação cada vez maior, formam uma nova espécie mais avançada, enquanto os outros indivíduos estáveis definham e se extinguem e com eles os estágios intermediários incompletos, isso pode acontecer e acontece *sem nenhum malthusianismo* e, mesmo que alguma vez este ocorresse concomitantemente, isso nada alteraria no processo, podendo, quando muito, acelerá-lo. – Da mesma forma, na mudança gradativa das condições geográficas, climáticas etc. em dada região (ressecamento da Ásia Central, por exemplo). É indiferente se ali a população animal ou vegetal se pressiona ou não; o processo de evolução dos organismos condicionado por elas continua de qualquer maneira. – O mesmo ocorre com a seleção sexual, na qual o malthusianismo fica inteiramente de lado. –

É por isso que a "adaptação e hereditariedade" de Haeckel[65] dão conta de todo o processo evolutivo sem necessitar da seleção nem do malthusianismo.

---

[62] Henry Alleyne Nicholson, *A Manual of Zoology*, v. 1, cit., p. 24 e p. 59-69.
[63] Georg Wilhelm Friedrich Hegel, *Wissenschaft der Logik*, Th. 1: Die subjective Logik, oder: Die Lehre vom Begriff, cit., p. 236-54.
[64] Ver Friedrich Engels, *Anti-Dühring*, cit., p. 99-100.
[65] Ernst Haeckel, *Natürliche Schöpfungsgeschichte*, cit., "Neunter Vortrag: Vererbungsgesetze. Anpassung und Ernährung".

Pois foi este o erro de Darwin: ter misturado duas coisas completamente estranhas entre si, a saber, *natural selection* or *the survival of the fittest* [seleção natural *ou* a sobrevivência do mais apto]:

1) *selection* [seleção] por pressão da superpopulação, em que os mais fortes talvez sejam os primeiros a sobreviver, mas também podem ser os mais fracos sob vários aspectos.

2) *selection* [seleção] por maior capacidade de adaptação a *circunstâncias* alteradas, em que os sobreviventes são mais adequados a essas circunstâncias, mas essa adaptação pode significar tanto progresso quanto retrocesso em termos globais (por exemplo, adaptação à vida parasitária é *sempre* retrocesso).

O mais importante é que todo progresso na evolução orgânica é simultaneamente um retrocesso, na medida em que fixa uma evolução *unilateral* e exclui a possibilidade de evolução em muitas outras direções.

Porém isso é *lei básica*.

———◆———

Struggle for Life [luta pela vida][66]. Até Darwin aparecer, seus atuais adeptos enfatizavam justamente a cooperação harmônica da natureza orgânica, o reino vegetal fornecendo alimento e oxigênio aos animais e estes fornecendo adubo, amoníaco e ácido carbônico às plantas. Bastou Darwin ser reconhecido para que essas mesmas pessoas passassem a ver em toda parte apenas *luta*. Ambas as concepções têm sua razão de ser dentro de limites estreitos, mas ambas são igualmente unilaterais e tacanhas. A interação de corpos naturais sem vida implica harmonia e colisão, a dos vivos implica cooperação consciente e inconsciente, bem como luta consciente e inconsciente. Portanto, já na natureza não é permitido propugnar exclusivamente a "luta" unilateral. Porém totalmente infantil é querer subsumir toda a riqueza multifacetada do desenvolvimento e entrelaçamento históricos sob a fraseologia mirrada e unilateral da "luta pela existência". Ela expressa menos que nada.

Toda a teoria darwiniana da luta pela sobrevivência é simplesmente a transposição para a natureza animada da teoria hobbesiana do *bellum omnium contra omnes* [guerra de todos contra todos][67] e da teoria burguesa da concorrência econômica, bem como da teoria populacional de

---

[66] O ensejo para essa anotação foi a carta de Friedrich Engels a Piotr Lavrovitch Lavrov em 12-17 de novembro de 1875.

[67] Thomas Hobbes, *Elementa philosophica de cive* (Amsterdã, D. Elzevirium, 1669), p. 79 [ed. bras.: *Do cidadão*, trad. Renato Janine Ribeiro, 3. ed., São Paulo, Martins Fontes, 2002]. Sobre isso, ver Karl Marx, *Crítica à filosofia do direito hegeliana* (trad.

[Thomas] Malthus[68]. Depois dessa façanha (cuja razão absoluta de ser, especialmente no que se refere à teoria de Malthus, ainda é muito questionável), fica muito fácil transpor essas teorias da história da natureza novamente para a história da sociedade, e constitui uma ingenuidade a toda prova afirmar que desse modo se comprovaram essas afirmações como leis naturais eternas da natureza.

Aceitemos a frase "luta pela existência" por um momento, *for argument's sake* [para fins de argumentação]. O animal chega no máximo à *coleta*, o ser humano *produz*; ele produz meios de vida, no sentido mais amplo do termo, que a natureza não teria produzido sem ele. Desse modo, está inviabilizada toda transposição sem mais nem menos de leis vitais das sociedades animais para as humanas. A produção faz rapidamente com que a assim chamada *struggle for existence* [luta pela existência] não gire mais só em torno dos meios de subsistência, mas gire também em torno dos meios de fruição e desenvolvimento. A esse ponto – o dos meios de desenvolvimento socialmente produzidos – já não se aplicam de maneira nenhuma as categorias do reino animal. Por fim, sob o modo de produção capitalista, a produção atingiu um nível tal que a sociedade não consegue mais consumir os meios de vida, fruição e desenvolvimento produzidos, porque o acesso a esses meios é barrado artificial e violentamente à grande massa dos produtores; que, portanto, a cada dez anos uma crise restabelece o equilíbrio pela aniquilação não só dos meios de vida, fruição e desenvolvimento produzidos mas também de grande parte das próprias forças produtivas – que, portanto, a assim chamada luta pela existência assume a seguinte forma: *proteger* os produtos produzidos pela sociedade capitalista burguesa e as forças produtivas contra os efeitos destruidores e aniquiladores da própria ordem social capitalista, tirando a condução da produção social e da distribuição das mãos da classe capitalista, que se tornou incapaz de fazer isso, e passando-a para as mãos da massa produtora – isso é a revolução socialista.

A concepção da história como uma série de lutas de classes já tem muito mais conteúdo e é mais profunda do que a mera redução a fases pouco diferenciadas da luta pela sobrevivência.

———◆———

Rubens Enderle e Leonardo de Deus, São Paulo, Boitempo, 2005), p. 61, e *Sobre a questão judaica* (trad. Nélio Schneider, São Paulo, Boitempo, 2010), p. 41-2.

[68] Thomas Robert Malthus, *An Essay on the Principle of Population* (Londres, J. Johnson, 1798) [ed. port.: *Ensaio sobre o princípio da população*, trad. Miguel Serras Pereira, Lisboa, Relógio d'Água, 2014].

Trabalho. – Na teoria mecânica do calor, essa categoria foi transposta da economia para a física (pois *em termos fisiológicos* ainda falta muito para determiná-la cientificamente), mas nesse processo foi determinada de modo bem diferente, o que já se depreende do fato de que só uma parte muito pequena e subordinada do trabalho econômico (levantar cargas etc.) pode ser expressa em quilogrâmetros. Apesar disso, há uma propensão a transpor de volta a determinação termodinâmica de trabalho para as ciências das quais ela empresta a categoria mediante outra determinação. Por exemplo, identificá-la sem mais nem menos *brutto* [grosseiramente] com o trabalho fisiológico, como no experimento de [Adolf] Fick e [Johannes] Wislicenus no [monte] Faulhorn[69], no qual o levantamento de um corpo humano de, *disons* [digamos], 60 quilos a uma altura de, *disons*, 2 mil metros, ou seja, 120 mil quilogrâmetros, visa expressar o trabalho *fisiológico* realizado. Porém, faz uma enorme diferença para o trabalho fisiológico realizado o modo *como* esse levantamento foi feito: se foi um levantamento objetivo da carga, se foi por um galgar de escadas verticais, ou por um caminho ou uma escada a 45° de subida (= um terreno militarmente impraticável), ou por um caminho com $^1/_{18}$ de subida, ou seja, de cerca de 36 quilômetros de comprimento. (Contudo, isso será questionável, se para todos esses casos for concedido o mesmo tempo.) Como quer que seja, em todos os casos praticáveis, o movimento para a frente também está implicado e, no caso de se estender o caminho em linha reta, trata-se de um movimento bastante significativo, e este, enquanto trabalho fisiológico, não pode ser estipulado como = 0. Em alguns momentos, parece não desagradar a ideia de reimportar a categoria termodinâmica do trabalho para a economia, a exemplo do que os darwinistas fizeram com a luta pela existência, sendo que disso só resultariam absurdos. Pois transforme-se qualquer *skilled labour* [trabalho qualificado] em quilogrâmetros e tente-se estipular por aí o salário! Do ponto de vista fisiológico, o corpo humano contém órgãos que, em seu conjunto, *tendo em vista um só aspecto*, podem ser considerados uma máquina termodinâmica, à qual calor é aportado e convertido em movimento. Porém, mesmo que para os demais órgãos do corpo sejam pressupostas as mesmas circunstâncias, é de se perguntar se todo o trabalho fisiológico realizado, inclusive o levantamento, pode ser expresso sem mais nem menos em quilogrâmetros, dado que simultaneamente ocorre dentro do corpo um trabalho *interno* que não aparece no resultado. Pois o corpo não é nenhuma máquina a vapor que sofre

---

[69] Adolf Fick e Johannes Wislicenus, "Ueber die Entstehung der Muskelkraft", *Vierteljahrsschrift der Naturforschenden Gesellschaft in Zürich*, Zurique, v. 10, 1865, p. 317-48; Adolf Fick, *Die Naturkraefte in ihrer Wechselbeziehung*, cit.

apenas atrito e desgaste. O trabalho fisiológico só é possível com conversões químicas contínuas dentro do próprio corpo que também dependem do processo respiratório e do trabalho do coração. Em cada contração e relaxamento muscular acontecem conversões químicas nos nervos e nos músculos que não devem ser tratadas como comparáveis às do carvão da máquina a vapor. Pode-se muito bem comparar dois trabalhos fisiológicos que tiveram lugar sob circunstâncias de resto iguais, mas não se pode medir o trabalho fisiológico do ser humano pelo de uma máquina a vapor etc.: certamente seus resultados exteriores podem ser medidos desse modo, mas não os próprios processos sem considerável ressalva. (Revisar isso tudo com cuidado.)

[Natureza e sociedade]

[O papel do trabalho na hominização do macaco][1]

A escravização do trabalhador[2]

De Friedrich Engels

Introdução

Os economistas políticos dizem que o trabalho é a fonte de toda riqueza[3]. Ele é isso – ao lado da natureza que lhe fornece o material que ele transforma em riqueza. Porém ele é infinitamente mais que isso. Ele é a primeira condição fundamental de toda vida humana, e em tal grau que em certo sentido devemos dizer: ele criou o ser humano como tal.

Há várias centenas de milhares de anos, durante um período – que ainda não pode ser determinado com precisão – da era da Terra que os geólogos chamam de terciária, supostamente ao final dela, vivia em algum lugar da faixa tropical da Terra – provavelmente em um grande continente hoje submerso no fundo do oceano Índico[4] – um gênero de macacos antropoides particularmente bem desenvolvidos. Darwin nos deu uma descrição aproximada desses nossos ancestrais. Tinham o corpo coberto de pelos, barbas e orelhas pontudas, e viviam em bandos nas árvores[5].

---

[1] Este título foi tirado do sumário do envelope "Pesquisa da natureza e dialética".
[2] A elaboração desse texto surgiu como parte de uma introdução a um escrito planejado por Engels com o título *Die drei Grundformen der Knechtschaft* [As três formas básicas da escravidão].
[3] Ver Karl Marx, "Zur Kritik des sozialistischen Parteiprogramms. Randglossen zum Programm der deutschen Arbeiterpartei", *Die Neue Zeit*, Stuttgart, v. 9, n. 1, 1891, p. 563: "*Primeira parte do parágrafo*: 'O trabalho é a fonte de toda riqueza e de toda cultura'. O trabalho *não é a fonte* de toda riqueza".
[4] Hipótese difundida sobretudo pelo zoogeógrafo inglês Philip Lutley Sclater de um continente chamado Lemúria, que teria afundado no oceano Índico.
[5] Fontes de Friedrich Engels para essas informações e as seguintes são os escritos de Charles Darwin, Ernst Heinrich Haeckel, John Lubbock, Thomas Henry Huxley, Ludwig Büchner, Charles Lyell e outros. Como todos esses autores citam uns aos outros, nem sempre é possível apurar a fonte exata do texto de Engels.

Friedrich Engels – Dialética da natureza

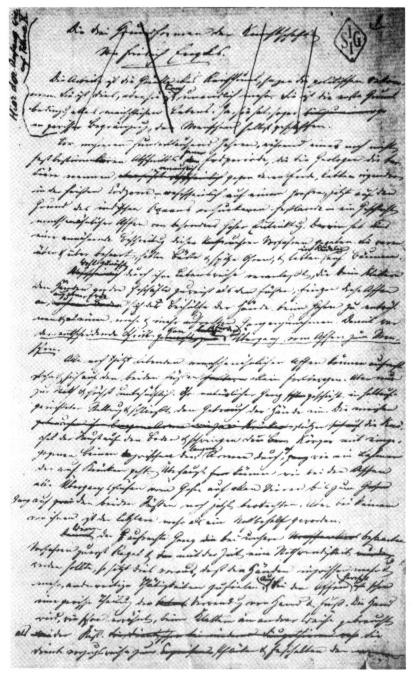

Página 1 de *O papel do trabalho na hominização do macaco.*

Natureza e sociedade

Decerto motivados por seu modo de vida, que no ato de trepar em árvores atribui às mãos funções diferentes das atribuídas aos pés, esses macacos começaram a perder o hábito de servir-se das mãos ao andar na terra plana e foram adotando uma postura cada vez mais ereta ao andar. Desse modo foi *dado o passo decisivo para a transição do macaco para o homem*.

Todos os macacos antropoides ainda existentes são capazes de manter-se em pé e locomover-se usando somente os dois pés. Porém fazem isso apenas quando precisam e de modo extremamente desajeitado. Seu andar natural se dá na postura semiereta e inclui o uso das mãos. A maioria apoia as juntas do punho no chão e embala o corpo com as pernas encolhidas, passando pelo meio dos longos braços, do mesmo modo que um coxo anda de muletas. De modo geral, ainda hoje podemos observar nos macacos todas as fases de transição do andar sobre quatro patas até o andar sobre duas patas. No entanto, para nenhum deles esse último modo de andar tornou-se mais do que um expediente em caso de necessidade.

O andar ereto primeiro se tornou a regra e com o tempo uma necessidade para os nossos ancestrais peludos, o que pressupõe que, nesse meio-tempo, as mãos tenham sido mais e mais incumbidas de outras atividades. Entre os macacos também já predominava certa divisão do uso de mãos e pés. Como já foi mencionado, a mão é usada de modo diferente do pé quando se trepa em árvores. É usada preferencialmente para apanhar e segurar o alimento, como já ocorre no uso das patas dianteiras pelos mamíferos inferiores. Com ela alguns macacos constroem abrigos nas árvores ou até, a exemplo do chimpanzé, coberturas entre os ramos como proteção contra as intempéries. Com ela seguram paus para se defender de inimigos ou os bombardeiam com frutas e pedras. Em cativeiro, fazem com ela algumas operações simples que copiam dos humanos. Porém, exatamente nesse ponto, evidencia-se como é grande a distância entre a mão não evoluída do macaco, mesmo que seja a do mais parecido com o homem, e a mão humana altamente aprimorada por centenas de milhares de anos de trabalho. A quantidade e a disposição geral dos ossos e músculos coincidem em ambos; porém a mão do selvagem mais primitivo é capaz de efetuar centenas de operações que nenhuma mão de macaco consegue imitar. Nenhuma mão de macaco jamais conseguiu confeccionar nem a mais tosca faca de pedra.

As operações às quais nossos ancestrais, na transição do macaco para o homem no decurso de muitos milênios, gradativamente aprenderam a adaptar sua mão podem, portanto, ter sido bem simples no início. Os selvagens mais primitivos, mesmo aqueles para os quais se deve supor uma recaída em um estado semelhante ao do animal com concomitante regressão corporal, ainda se encontram muito acima daquelas criaturas da fase de transição. Até que o primeiro cascalho foi processado pela mão humana para se tornar uma faca podem ter transcorrido períodos em comparação com os quais o tempo histórico que conhecemos parece insignificante. Porém o passo decisivo fora dado: *a mão foi liberada* e pôde adquirir habilidades sempre novas, e ao mesmo tempo a maior flexibilidade adquirida foi legada e multiplicada de geração em geração.

Assim, a mão não é só o órgão do trabalho, *ela é também o produto dele*. Só através do trabalho, através da adaptação a operações sempre novas, através da transmissão hereditária[6] do formato específico adquirido nesse processo, dos músculos, dos tendões e, em períodos mais longos, também dos ossos, e através da aplicação sempre renovada desse refinamento herdado a novas operações cada vez mais complexas, a mão humana atingiu o alto grau de perfeição que lhe permitiu tirar da cartola os quadros de Rafael, as estátuas de Thorvaldsen, a música de Paganini.

Porém a mão não estava sozinha. Ela era só um dos membros de um organismo inteiro, altamente composto. E o que foi bom para a mão foi bom também para o corpo todo, para o qual ela trabalhava – e isso de duas maneiras.

Primeiramente, em decorrência da lei de correlação do crescimento, como Darwin a chamou[7]. Segundo essa lei, determinadas formas de partes individuais de um ser orgânico estão sempre vinculadas a certas formas de outras partes, que aparentemente não têm ligação nenhuma com elas. Assim, todos os animais que possuem glóbulos vermelhos sem núcleo celular e a base da cabeça ligada à primeira vértebra espinal por meio de duas articulações (côndilos) também possuem, sem exceção, glândulas mamárias para amamentar seus filhotes. Assim também, nos mamíferos, via de regra os cascos fendidos estão associados ao estômago múltiplo para ruminação. Modificações de determinadas formas acarretam modificações da forma de outras partes do corpo, sem que consigamos explicar a relação entre elas. Gatos totalmente brancos e de olhos azuis são sempre ou quase sempre surdos. O refinamento gradativo da mão humana e, a par deste, o aprimoramento do pé para o andar ereto indubitavelmente também influenciaram outras partes do organismo em virtude dessa

---

[6] A hipótese da transmissão hereditária de propriedades adquiridas foi sustentada por Herbert Spencer, Ernst Haeckel e todos os darwinistas, e até pelo próprio Charles Darwin em *On the Origin of Species*, cit., cap. 1.5, e em *The Descent of Man, and Selection in Relation to Sex* (2. ed., Londres, J. Murray, 1873), p. 88 [ed. bras.: *A origem do homem e a seleção sexual*, trad. Eugênio Amado, Belo Horizonte, Itatiaia, 2004].

[7] Charles Darwin, *On the Origin of Species*, cit., cap. 1.5.

correlação. No entanto, essa influência ainda não foi suficientemente estudada, de modo que aqui não podemos fazer mais do que constatá-la em termos gerais.

Bem mais importante é o efeito retroativo direto e comprovável da evolução da mão sobre o restante do organismo. Como já foi dito, nossos ancestrais simiescos eram sociáveis; evidentemente é impossível derivar o homem, o mais sociável de todos os animais, de um ancestral mais próximo não sociável. O domínio sobre a natureza que começou com o aprimoramento da mão, com o trabalho[8], ampliou o campo visual do ser humano a cada novo progresso. Nos objetos da natureza ele descobria continuamente novas propriedades até ali desconhecidas. Em contrapartida, o aprimoramento do trabalho necessariamente contribuiu para estreitar os laços entre os membros da sociedade, na medida em que multiplicou os casos de apoio mútuo, de cooperação, e proporcionou uma clara consciência da utilidade dessa cooperação para cada indivíduo. Em suma, os humanos em formação chegaram ao ponto de *terem algo a dizer* uns aos outros. A necessidade criou um órgão para isso: a laringe pouco evoluída do macaco foi mudando de forma de maneira lenta, mas segura, passando da modulação para uma modulação cada vez mais desenvolvida, e os órgãos da boca aprenderam aos poucos a articular uma letra após a outra.

A comparação com os animais comprova que essa explicação para o surgimento da linguagem a partir do e com o trabalho é a única correta. O pouco que os animais, inclusive os mais evoluídos, têm para comunicar uns aos outros, eles também podem fazê-lo sem uma linguagem articulada. No estado de natureza, nenhum animal sente falta de não falar ou não entender a linguagem humana. A situação é outra quando ele é domesticado pelo ser humano. No trato com o ser humano, o cão e o cavalo adquiriram um ouvido tão afinado para a linguagem articulada que facilmente aprendem a entender toda e qualquer linguagem até o limite de sua esfera de representação. Além disso, adquiriram a capacidade de sentir coisas como apego ao ser humano, gratidão etc., que antes lhes eram estranhas; e quem lidou intensamente com esses animais dificilmente poderá contestar a convicção de que há casos suficientes em que *agora* eles sentem sua incapacidade de falar como uma deficiência, que, no entanto, infelizmente já não poderá ser remediada em razão da excessiva especialização de seus órgãos vocais em determinado sentido.

---

[8] Com a introdução do conceito de trabalho na explicação científica da hominização, Engels vai além das concepções dos pesquisadores da natureza e da língua contemporâneos e desenvolve um programa pioneiro e promissor para a pesquisa da interação complexa entre aspectos bióticos e sociais no processo da hominização.

Porém, onde o órgão está presente, essa incapacidade também se exclui dentro de certos limites. Seguramente os órgãos bucais dos pássaros se diferenciam o mais possível dos órgãos humanos e, não obstante, os pássaros são os únicos animais que aprendem a falar; e o pássaro com a voz mais detestável, o papagaio, é o que fala melhor. Não se diga que ele não entende o que fala. De fato, pelo puro prazer de falar e estar na companhia de humanos, ele repetirá, tagarelando por horas a fio, toda a sua riqueza vocabular. Porém, até onde alcança a sua esfera de representação, ele também pode aprender a entender o que diz. Ensine-se palavrões a um papagaio, de tal modo que ele obtenha uma noção de seu significado (uma das principais diversões de marujos ao retornar de territórios tropicais); provoque-se o papagaio e logo se descobrirá que ele sabe empregar seus palavrões de maneira tão certeira quanto uma verdureira de Berlim. O mesmo se dá ao pedinchar doces.

Primeiramente o trabalho, em seguida e depois com ele a linguagem – estes são os dois impulsos mais essenciais, sob cuja influência o cérebro de um macaco gradativamente passou a ser o de um humano, que, apesar de toda a semelhança, é bem maior e mais aperfeiçoado. O aperfeiçoamento do cérebro, porém, foi acompanhado do aperfeiçoamento de seus instrumentos mais imediatos, os órgãos dos sentidos. Do mesmo modo que o aperfeiçoamento gradativo da linguagem necessariamente foi acompanhado de um refinamento correspondente do órgão da audição, o aperfeiçoamento geral do cérebro foi acompanhado do refinamento de todos os sentidos. A águia vê muito mais longe do que o homem, mas o olho humano vê nas coisas muito mais do que o da águia. O cão possui um faro muito mais apurado do que o homem, mas não distingue nem um centésimo dos aromas que para este constituem características determinadas de coisas diversas. E o tato, que no macaco está presente apenas em seus rudimentos mais toscos, desenvolveu-se com a mão humana, por meio do trabalho. – O efeito retroativo do desenvolvimento do cérebro e dos sentidos a seu serviço, da consciência cada vez mais esclarecida, da capacidade de abstração e dedução sobre o trabalho e a linguagem conferiu-lhes estímulos sempre renovados para o aperfeiçoamento continuado, um aperfeiçoamento que não se encerrou assim que o ser humano se separou definitivamente do macaco, mas, desde então, apesar de interrompido por algum retrocesso local e temporal, avançou tremendamente em termos globais nos diferentes povos e em diferentes épocas, diferenciando-se quanto ao grau e à tendência; por um lado, impulsionado com força para a frente, por outro, conduzido em direções mais específicas por um elemento novo que se somou à atuação do ser humano completo – *a sociedade*.

Natureza e sociedade

Certamente se passaram centenas de milhares de anos – que na história da Terra não representam mais do que um segundo da vida humana* – antes que o bando de macacos que vivia trepado nas árvores desse origem a uma sociedade de humanos. Mas, por fim, lá estava ela. E qual é a diferença característica que encontramos entre o bando de macacos e a sociedade humana? *O trabalho.* O bando de macacos se contentava em percorrer o território do qual tirava seu alimento e cujos limites eram traçados pela situação geográfica ou pela resistência de bandos vizinhos; ele empreendia migrações e lutas para conseguir novos territórios em busca de alimento, mas era incapaz de tirar desse território mais do que este lhe oferecia naturalmente, exceto pelo fato de inconscientemente adubá-lo com seus dejetos. Depois que todos os possíveis territórios de alimentação foram ocupados, não podia mais haver multiplicação da população de macacos; no máximo, a quantidade de animais podia permanecer a mesma. Porém, entre todos os animais, há um alto grau de desperdício de alimento e, paralelamente, a eliminação já no embrião de alimentos que serviriam para reposição. O lobo não procede como o caçador que poupa a corça que no ano seguinte lhe dará os filhotes; as cabras da Grécia que pastam os brotos antes que cresçam escalvaram todos os montes do país. Essa "rapina" dos animais desempenha um papel importante na mutação gradativa das espécies ao obrigá-las a adaptar-se a um alimento diferente do costumeiro; em consequência, seu sangue adquire outra composição química e toda a sua constituição corporal se altera aos poucos, enquanto as espécies fixadas de uma vez por todas se extinguem. Não é de se duvidar de que essa rapina tenha contribuído muito para a hominização dos nossos ancestrais. No caso de uma raça de macacos que estava muito à frente de todas as outras em termos de inteligência e capacidade de adaptação, essa rapina forçosamente levou a que a quantidade de plantas alimentícias se expandisse cada vez mais, a que uma quantidade cada vez maior de partes comestíveis das plantas alimentícias fossem consumidas, em suma, a que o alimento se tornasse cada vez mais diversificado e com ele se diversificassem as substâncias ingeridas pelo corpo, as condições químicas da hominização. Tudo isso, porém, ainda não era trabalho propriamente dito. O trabalho começa com a confecção de ferramentas. E quais são as mais antigas ferramentas

---

* Uma autoridade de primeira grandeza nesse assunto, sir W[illiam] Thomson, calculou que não se podem ter passado *muito mais de 100 milhões de anos* desde a época em que a Terra esfriou a ponto de permitir que plantas e animais vivessem nela. [William Thomson, "Review of Evidence Regarding Physical Condition of the Earth", *Nature*, Londres, v. 14, n. 359, 14 set. 1876, p. 427-31.]

que encontramos? [Quais são] as mais antigas a julgar pelas peças mais antigas que se encontraram do legado de gente pré-histórica e pelo modo de vida dos mais antigos povos históricos, bem como pelo modo de vida dos mais primitivos selvagens contemporâneos? São ferramentas de caça e pesca, sendo as primeiras ao mesmo tempo armas. Porém, caça e pesca pressupõem a transição da alimentação vegetal pura e simples para a fruição desta acompanhada de carne. Temos aqui mais um passo essencial na direção da hominização. *O alimento à base de carne* continha em estado quase pronto as substâncias mais essenciais de que o corpo precisa para o seu metabolismo; abreviando a digestão, ele também encurtou, no corpo, o tempo do processo vegetativo restante, correspondente à vida vegetal, ganhando com isso mais tempo, mais substância e mais vontade para a atividade da vida propriamente animal. E, quanto mais o homem em formação se distanciava da planta, tanto mais ele se alçava também acima do animal. Do mesmo modo que a habituação ao alimento vegetal ao lado da carne colocou os gatos e os cães selvagens a serviço do homem, a habituação ao alimento de carne ao lado do alimento vegetal contribuiu essencialmente para dar força física e autonomia ao homem em formação. Porém, o efeito mais essencial do alimento à base de carne deu-se sobre o cérebro, para o qual passaram a fluir em profusão muito maior do que antes as substâncias necessárias à sua nutrição e evolução e, por isso mesmo, pôde-se formar mais rapidamente e mais plenamente de geração em geração. Desculpem-me os senhores vegetarianos, mas o ser humano não surgiu sem o alimento à base de carne e, mesmo que alguma vez esse alimento também tenha levado temporariamente ao canibalismo todos os povos que conhecemos (no século X, os antepassados dos berlinenses, os velátabos [veletos] ou wiltzes, ainda devoravam seus progenitores)[9], isso não deve mais fazer nenhuma diferença para nós hoje. –

O alimento à base de carne levou a dois novos avanços de importância decisiva: o controle e a utilização do fogo e a domesticação de animais. O primeiro encurtou ainda mais o processo digestivo, na medida em que todo alimento já ia para a boca semidigerido, por assim dizer; o segundo tornou a alimentação à base de carne mais abundante, inaugurando, ao lado da caça, uma fonte de aquisição nova e mais regular para ela, bem como forneceu, na forma de leite e seus derivados, um novo gênero alimentício, no mínimo equivalente à carne quanto ao teor nutricional. Assim, ambos se tornaram diretamente novos meios de emancipação do

---

[9] Ver Jacob Grimm, *Deutsche Rechtsaltherthümer* (2. ed., Göttingen, Dieterich, 1854), p. 488.

homem; detalhar aqui seus efeitos indiretos nos levaria muito longe, por maior que tenha sido sua importância para a evolução do ser humano e da sociedade.

Do mesmo modo que o homem aprendeu a comer tudo o que é comestível, também aprendeu a viver em todos os climas. Espalhou-se por toda a Terra habitável, ele, o único animal que tinha poder absoluto para fazer isso. Os outros animais que se habituaram a todos os climas não o fizeram por si sós, mas aprenderam isso em companhia do ser humano: animais domésticos e animais daninhos. E a passagem do clima constantemente quente da terra natal para regiões mais frias, nas quais o ano se dividia em inverno e verão, criou novas necessidades: habitação e vestimenta para se proteger do frio e da umidade, novos campos de trabalho e, assim, novas atividades que afastaram cada vez mais o ser humano do animal.

Pela ação conjunta de mão, órgãos da fala e cérebro não só em cada indivíduo mas também na sociedade, os humanos se tornaram capazes de executar operações cada vez mais complexas, de propor-se e atingir metas cada vez mais elevadas. O próprio trabalho se modificou de geração em geração, tornando-se mais perfeito e mais multifacetado. À caça e à criação de animais somou-se a agricultura; a esta, a fiação e a tecelagem, o processamento de metais, a olaria, a navegação. Ao comércio e à manufatura juntaram-se, por fim, a arte e a ciência; as tribos converteram-se em nações e Estados. Desenvolveram-se o direito e a política e, com estes, o reflexo fantasioso das coisas humanas na mente humana: a religião. Diante de todas essas formações, que de início se apresentavam como produtos da mente e pareciam dominar as sociedades humanas, as produções mais modestas da mão trabalhadora passaram para segundo plano; e isso tanto mais porque a mente que planejava o trabalho, já em um estágio bem precoce de desenvolvimento da sociedade (por exemplo, já na família simples), pôde fazer com que o trabalho planejado fosse executado por outras mãos diferentes das suas. À mente, à evolução e à atividade do cérebro foi atribuído todo o mérito pela civilização em progresso acelerado; os humanos se habituaram a explicar o que faziam a partir do que pensavam, em vez de fazê-lo a partir de suas necessidades (que nesse processo, no entanto, se refletem na mente, vêm à consciência) – e assim, com o passar do tempo, surgiu aquela cosmovisão idealista que dominou as mentes, principalmente após o

Órgãos sensoriais

declínio do mundo antigo. Ela ainda as domina, a ponto de mesmo os pesquisadores da natureza materialistas da escola darwiniana ainda não conseguirem chegar a uma representação clara da gênese do ser humano porque, sob a sua influência ideológica, não reconhecem o papel que o trabalho desempenhou nela.

Como já foi indicado, os animais modificam a natureza exterior da mesma forma por meio de sua atividade, mesmo que não o façam na mesma medida que o homem, e essas modificações efetuadas por eles em seu ambiente retroagem, como vimos, sobre seus autores, modificando-os. Pois na natureza nada acontece isoladamente. Cada coisa atua sobre a outra e vice-versa, e na maioria das vezes é o esquecimento desse movimento e dessa interação universais que impede nossos pesquisadores da natureza de ter uma visão clara sobre as coisas mais simples. Vimos como as cabras impedem o reflorestamento da Grécia; na ilha de Santa Helena, as cabras e os porcos trazidos pelos primeiros velejadores que ali aportaram conseguiram extinguir quase completamente a antiga vegetação e assim prepararam o solo no qual puderam se disseminar as plantas trazidas pelos navegadores e pelos colonos que vieram depois. Porém, quando os animais exercem uma interferência duradoura sobre o seu entorno, isso acontece involuntariamente e é algo contingente para esses animais. Porém, quanto mais os homens se distanciam do animal, tanto mais sua interferência na natureza assume o caráter de uma ação premeditada, planejada, direcionada para metas determinadas e previamente conhecidas. O animal elimina a vegetação de uma região sem saber que está fazendo isso. O ser humano a elimina para no solo limpo semear produtos agrícolas ou plantar árvores e videiras, os quais sabe que lhe renderão muitas vezes mais do que semeou. Ele transfere plantas de cultivo e animais domésticos de um país para o outro e assim modifica a vegetação e a vida animal de parcelas inteiras do mundo. Mas não é só isso. Por meio do cruzamento artificial, tanto plantas quanto animais são modificados de tal maneira pela mão humana que se tornam irreconhecíveis. Em vão se procuram hoje as plantas selvagens das quais descendem nossas espécies de cereais. Ainda há controvérsia a respeito de qual animal selvagem descendem os nossos cães, entre si mesmos tão diversos, ou nossas raças igualmente numerosas de cavalos[10].

Aliás, não é preciso dizer que nem nos ocorre negar que os animais tenham capacidade de agir com planejamento e premeditação. Pelo

---

[10] Ver Karl Fraas, *Klima und Pflanzenwelt in der Zeit, ein Beitrag zur Geschichte beider* (Landshut, J. G. Wölfle, 1847); Matthias Jakob Schleiden, *Die Pflanze und ihr Leben. Populäre Vorträge*, cit., p. 250-84.

contrário. O modo de agir conforme um plano já existe de modo latente onde quer que exista e reaja o protoplasma, a proteína viva, isto é, onde haja movimentos, por mais simples que sejam, em consequência de certos estímulos externos. Essa reação acontece onde ainda nem existe célula, muito menos uma célula nervosa. O modo como as plantas insetívoras capturam sua presa aparece igualmente, em certo sentido, como se seguissem um plano, embora isso seja completamente inconsciente. Nos animais desenvolve-se uma capacidade de ação consciente e planejada na proporção da evolução do sistema nervoso e, nos mamíferos, já atinge um nível elevado. Na caça à raposa praticada pelos ingleses, pode-se observar diariamente com que precisão a raposa sabe usar o seu profundo conhecimento do local para escapar de seus perseguidores e quanto ela está ciente das vantagens que o terreno lhe oferece para ocultar seu rastro. Nos animais domésticos mais evoluídos pela convivência com os humanos, pode-se observar cotidianamente lances de inteligência que se encontram exatamente no mesmo nível dos das crianças humanas. Pois do mesmo modo que a história da evolução do embrião humano no útero materno representa apenas uma repetição abreviada de milhões de anos de história da evolução física dos nossos ancestrais animais, começando com o verme, o desenvolvimento da criança humana é uma repetição, só que ainda mais abreviada, do desenvolvimento intelectual dos mesmos ancestrais, pelo menos dos posteriores[11]. Porém toda ação planejada de todos os animais não conseguiu imprimir na Terra o carimbo de sua vontade. Para isso foi preciso o ser humano.

Em suma, o animal apenas *usa* a natureza exterior e, por sua simples presença, causa modificações nela; o ser humano a põe a serviço de seus fins por meio das modificações que introduz nela; ele a *domina*. E essa é a última diferença essencial entre o ser humano e os outros animais, e novamente é o trabalho que faz essa diferença.

Enobrecimento

Entretanto, não fiquemos demasiado lisonjeados com nossas vitórias humanas sobre a natureza. Esta se vinga de nós por toda vitória desse tipo. Cada vitória até leva, num primeiro momento, às consequências com que contávamos, mas, num segundo e num terceiro momentos, tem efeitos bem diferentes, imprevistos, que com demasiada frequência anulam as primeiras consequências. As pessoas que acabaram com as florestas na Mesopotâmia, na Grécia, na Ásia Menor e em outros lugares

---

[11] Ver Ernst Haeckel, *Generelle Morphologie der Organismen*, v. 2, cit., p. 300: "A ontogênese é a recapitulação breve e rápida da filogênese".

para obter terreno cultivável nem sonhavam que estavam lançando a base para a atual desertificação dessas terras, retirando delas, junto com as florestas, os locais de acúmulo e reserva de umidade. Quando consumiram na encosta sul dos Alpes os bosques de pinheiros que eram cultivados com tanto cuidado na encosta norte, os italianos não desconfiaram de que estivessem cortando pela raiz a produção de laticínios de sua região; desconfiaram menos ainda de que, desse modo, estivessem drenando a água de suas fontes montanhosas durante a maior parte do ano, para que, na época das chuvas, pudessem derramar torrentes tanto mais caudalosas sobre a planície. Os introdutores da batata-inglesa na Europa não sabiam que, com o tubérculo farináceo, estavam disseminando também a escrofulose[12]. E, assim, a cada passo somos lembrados de que não dominamos de modo nenhum a natureza como um conquistador domina um povo estrangeiro, ou seja, como alguém que se encontra fora da natureza – mas fazemos parte e estamos dentro dela com carne e sangue e cérebro e todo o nosso domínio sobre ela consiste em que, distinguindo-nos de todas as outras criaturas, somos capazes de conhecer suas leis e aplicá-las corretamente[13].

E, de fato, a cada dia aprendemos a entender mais corretamente as suas leis e as consequências mais imediatas e mais a longo prazo de nossas interferências no curso habitual da natureza. Principalmente após os tremendos avanços da ciência natural neste século, estamos cada vez mais em condições de aprender a conhecer e, desse modo, a controlar até mesmo as consequências naturais de mais longo prazo, pelo menos de nossas atividades produtivas mais habituais. Porém, quanto mais o fizermos, tanto mais os seres humanos voltarão não só a se sentir em unidade com a natureza, mas também a ter ciência disso, e tanto mais inviável se tornará aquela representação absurda e antinatural de um antagonismo entre espírito e matéria, homem e natureza, alma e corpo, que surgiu após a decadência da Antiguidade clássica na Europa e alcançou no cristianismo o seu maior aprimoramento.

---

[12] A relação direta entre a escrofulose (tuberculose linfática) e a batata-inglesa somente se manteve até Robert Koch descobrir o causador da tuberculose em 1882. A relação indireta consiste em que a batata-inglesa é um alimento de baixo valor nutritivo ("comida de pobre") e ajuda a criar as condições para a manifestação da tuberculose.

[13] Friedrich Engels, *Anti-Dühring*, cit., p. 145-6: "A liberdade não reside na tão sonhada independência em relação às leis da natureza, mas no conhecimento dessas leis e na possibilidade proporcionada por ele de fazer com que elas atuem, conforme um plano, em função de determinados fins".

Natureza e sociedade

    Porém, se milênios de trabalho foram exigidos até que aprendêssemos a calcular aproximadamente os efeitos *naturais* de longo prazo das ações que efetuamos no sentido da produção, isso foi muito mais difícil ainda no que se refere aos efeitos *sociais* de longo prazo dessas ações. Mencionamos as batatas-inglesas e, na esteira delas, a disseminação da escrófula. Mas o que é a escrófula em comparação com os efeitos que teve sobre a condição de vida das massas populares de países inteiros o fato de a alimentação dos trabalhadores reduzir-se a batatas, [ou] em comparação com a fome que atingiu a Irlanda em 1847, na esteira da praga das batatas, e enterrou 1 milhão de irlandeses comedores de batatas, e quase só de batatas, e forçou 2 milhões a emigrar para além-mar? Quando aprenderam a destilar álcool, nem em sonho os árabes imaginavam que estavam criando um dos principais instrumentos com os quais seriam eliminados do mundo os indígenas da América, que naquela época ainda nem fora descoberta. E, quando [Cristóvão] Colombo descobriu essa América, ele não sabia que estava ressuscitando a escravidão, que havia muito estava superada na Europa, e lançando a base para o comércio de negros. Os homens que nos séculos XVII e XVIII trabalharam na fabricação da máquina a vapor nem desconfiavam de que estivessem construindo a ferramenta que, mais do que qualquer outra, revolucionaria as condições sociais do mundo inteiro e principalmente da Europa, quando, mediante concentração da riqueza nas mãos da minoria e a falta de posses de parte da gigantesca maioria, proporcionou primeiro à burguesia o domínio social e político, mas depois gerou uma luta de classes entre burguesia e proletariado que só poderá ser encerrada com a derrubada da burguesia e a abolição de todos os antagonismos de classe. – Porém, também nesse campo, pela experiência longa e muitas vezes dura e pela compilação e investigação do material histórico, aprendemos aos poucos a ter clareza sobre os efeitos sociais não imediatos e de longo prazo de nossa atividade produtiva e isso nos dá a possibilidade de controlar e regular também esses efeitos.

    Contudo, para efetuar essa regulação, é preciso mais do que o simples conhecimento. Para que isso aconteça, é preciso uma revolução completa do modo de produção praticado até agora e, com ele, de toda a nossa atual ordem social.

    Todos os modos de produção praticados até hoje visaram tão somente à consecução do efeito útil mais próximo e mais imediato do trabalho. As consequências subsequentes, que só aparecem tempos depois e se tornam efetivas pela gradativa repetição e acumulação, foram inteiramente negligenciadas. A propriedade fundiária comum original correspondeu, por um lado, a um estado de desenvolvimento humano que de modo geral restringia seu campo visual ao mais imediato e, por outro, pressupunha um certo excedente de solo à disposição que propiciava determinado espaço de manobra diante de algumas consequências nefastas dessa economia primitiva. Quando esse excedente de terra se esgotou, desabou também a propriedade comum. Porém todas as formas mais elevadas da produção promoveram a divisão da população em diversas classes e, desse modo, ao antagonismo entre classes dominantes e classes oprimidas; desse modo, porém, o interesse das classes dominantes se tornou o elemento impulsionador da produção, na medida em que esta não se resumiu à satisfação das necessidades mais elementares da vida dos oprimidos. Isso chegou a sua consecução mais completa no modo de produção capitalista ora dominante na Europa ocidental. Os capitalistas individuais que dominam a produção e o intercâmbio só conseguem preocupar-se com o efeito útil mais imediato de suas ações. E até mesmo esse efeito útil – na medida em que se trata do proveito do artigo produzido ou trocado – passa inteiramente para o segundo plano; o lucro que se obterá com a venda torna-se a única mola propulsora.

A ciência social da burguesia, a economia política clássica, ocupou-se de modo preponderante somente dos efeitos sociais visados de imediato pelas ações humanas direcionadas à produção e ao intercâmbio. Isso corresponde inteiramente à organização social da qual ela é expressão teórica. Onde capitalistas individuais produzem e trocam em função do lucro imediato, só podem entrar em cogitação, em primeira linha, os resultados mais próximos e imediatos. O fabricante e o comerciante individual se contentam em vender a mercadoria fabricada ou comprada, obtendo seu lucrinho usual, e não se preocupam mais com o que acontece depois com a mercadoria e seus compradores. O mesmo vale para os efeitos naturais das mesmas ações. Os plantadores espanhóis em Cuba, que queimaram as florestas das encostas montanhosas e encontraram nas cinzas adubo suficiente para *uma* geração de cafezais altamente rentáveis – por que eles se importariam se depois as torrenciais chuvas tropicais carregassem encosta abaixo a terra sem proteção deixando apenas a rocha descalvada? Tanto em relação à natureza quanto em relação à sociedade, o atual modo de produção considera preponderantemente apenas o êxito primário e mais palpável; e depois ainda se admiram de que as consequências de longo prazo das ações direcionadas para isso sejam bem diferentes, na maioria das vezes inteiramente opostas; de que a harmonia entre procura e oferta tenha sua polaridade invertida, como mostra o curso de cada ciclo decenal da indústria, do qual a Alemanha experimentou um pequeno prelúdio na "quebra [da Bolsa]"[14]; de que a propriedade privada fundada no trabalho próprio necessariamente avance para a falta de propriedade dos trabalhadores, enquanto toda a posse vai se concentrando cada vez mais nas mãos de não trabalhadores; de que

---

[14] A primeira crise econômica mundial a atingir em cheio a Alemanha começou em maio de 1873 com uma "quebra" da Bolsa de Valores de Viena, a assim chamada "quebra dos fundadores [de firmas muitas vezes com fins especulativos]", e durou até o final daquela década.

[Título dos envelopes. Sumários]

Dialética e ciência natural

———◆———

Pesquisa da natureza e dialética

1) Notas. a. Sobre os protótipos do infinito matemático no mundo real
   b. Sobre a concepção "mecânica" da natureza
   c. Sobre a incapacidade de Nägeli de conhecer o infinito
2) Antigo Prefácio ao *Dühring*. Sobre a dialética
4) O papel do trabalho na hominização do macaco
5) Partes omitidas do "Feuerbach"

———◆———

Dialética da natureza

1) Formas básicas do movimento
2) As duas medidas do movimento
3) Eletricidade e magnetismo
4) Pesquisa da natureza no mundo dos espíritos
5) Antiga Introdução
6) Atrito das marés

———◆———

Mat[emática] e ciênc[ia natural]. Diversos

Friedrich Engels – Dialética da natureza

Texto escrito no envelope n. 31.

Título dos envelopes. Sumários

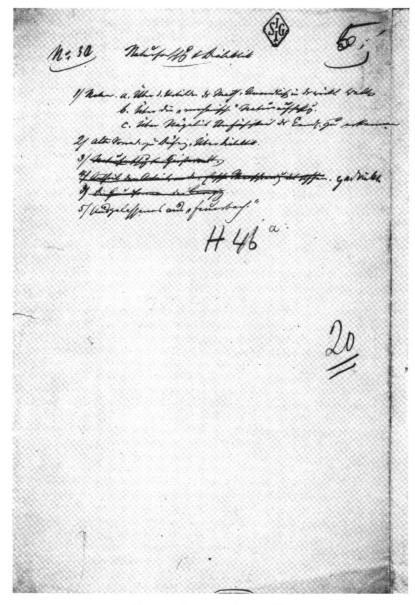

Texto escrito no envelope n. 30.

Friedrich Engels – Dialética da natureza

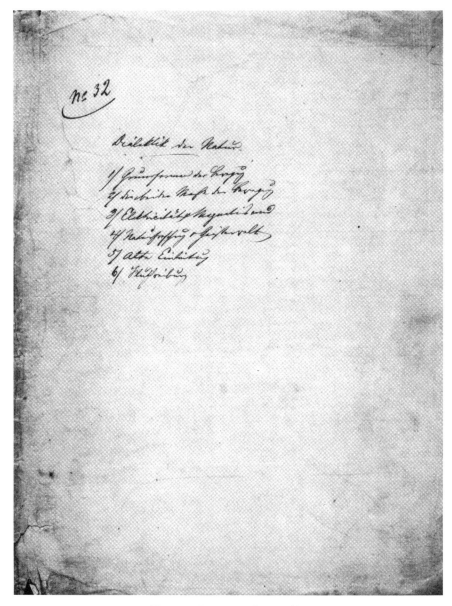

Texto escrito no envelope n. 32.

Título dos envelopes. Sumários

Texto escrito no envelope n. 28.

REFERÊNCIAS BIBLIOGRÁFICAS

I. Obras de Marx e Engels

ENGELS, Friedrich. Herrn Eugen Dühring's Umwälzung der Philosophie. *Vorwärts,* Leipzig, n. 17, 9 fev. 1877.

_____. *Herrn Eugen Dührings Umwälzung der Wissenschaft.* Heft 1: Philosophie. Leipzig, 1877.

_____. *Herrn Eugen Dührings Umwälzung der Wissenschaft.* Heft 2: Politische Oekonomie. Sozialismus. Leipzig, 1878.

_____. *Herrn Eugen Dührings Umwälzung der Wissenschaft.* Philosophie. Politische Oekonomie. Sozialismus. Leipzig, Genossenschafts-Buchdruck, 1878 [ed. bras.: *Anti-Dühring:* a revolução da ciência segundo o senhor Eugen Dühring. Trad. Nélio Schneider. São Paulo, Boitempo, 2015].

_____. Ludwig Feuerbach und der Ausgang der klassischen deutschen Philosophie. *Die Neue Zeit,* Stuttgart, v. 4, 1886.

MARX, Karl. *Das Kapital. Kritik der politischen Oekonomie.* Buch I: Der Produktionsprocess des Kapitals. 2. ed., Hamburgo, Dietz, 1872 [ed. bras.: *O capital:* crítica da economia política. Livro I: O processo de produção do capital. Trad. Rubens Enderle. São Paulo, Boitempo, 2013].

II. Obras de outros autores

AGASSIZ, Louis. *An Essay on Classification:* Contributions to the Natural History of the United States. Londres, Longmann, 1859.

ALLMAN, George James. Recent Progress in Our Knowledge of the Ciliate Infusoria. *Nature,* Londres, v. 12, n. 294, 17 jun. 1876; n. 295, 24 jun. 1875; n. 296, 1 jul. 1875.

ARISTÓTELES. *Do céu.* [Trad. Edson Bini. São Paulo, Edipro, 2014.]

_____. *Física.* [Trad. Lucas Angione. Campinas, Ed. da Unicamp, 2009-2010. 2 v.]

_____. *Metafísica.* [Trad. Giovanni Reale e Marcelo Perine. 3. ed., São Paulo, Loyola, 2011. 3 v.]

BACON, Francis. *Historia naturalis et experimentalis ad condendam philosophiam.* Londres, M. Lownes et G. Barret, 1622.

_____. Novum organum. In: _____. *Instauratio magna*. Londres, J. Billium, 1620 [ed. bras: *Novo órganon – Instauratio magna*. Trad. Edson Bini. São Paulo, Edipro, 2014].

BAUER, Bruno. *Kritik der evangelischen Geschichte des Johannes*. Bremen, C. Schünemann, 1840.

_____. *Kritik der evangelischen Geschichte der Synoptiker*. Leipzig, O. Wigand, 1841. 2 v.

_____. *Kritik der evangelischen Geschichte der Synoptiker und des Johannes*. Braunschweig, F. Otto, 1842.

BÍBLIA. Antigo Testamento: Gênesis; Êxodo; Josué.

_____. Novo Testamento, Evangelho segundo São João; Apocalipse de João.

BOSSUT, Charles. *Traités de calcul différentiel et de calcul intégral*. Paris, Impr. de la République, 1797-1798. t. 1.

BOYLE, Roberto. *Chymista scepticus*. Roterdã, A. Leers, 1662.

_____. *Some Considerations Touching the Usefullnesse of Experimental Naturall Philosophy*. Oxford, H. Hall, 1663-1671. 2 v.

BUCH, Leopold von. *Über Ammoniten: über ihre Sonderung in Familien, über die Arten, welche in den älteren Gebirgsschichten vorkommen, und über Goniatiten insbesondere*. Berlin, Königlichen Akademie der Wissenschaften, 1832.

_____. Über Ceratiden. In: Deutsche Akademie Der Wissenschaften. *Abhandlungen der Königlichen Akademie der Wissenschaften zu Berlin aus dem Jahre 1848*. Physikalische Abhandlungen. Berlim, 1850.

BÜCHNER, Ludwig Louis. *Kraft und Stoff*. Frankfurt am Main, Meidinger Sohn, 1855.

_____. *Der Mensch und seine Stellung in der Natur in Vergangenheit, Gegenwart und Zukunft*. Oder, Woher kommen wir? Wer sind wir? Wohin gehen wir? Allgemein verständlicher Text mit zahlreichen wissenschaftlichen Erläuterungen und Anmerkungen. 2. ed., Leipzig, T. Thomas, 1872.

CARNOT, Nicolas Léonard Sadi. *Réflexions sur la puissance motrice du feu et sur les machines propres à developper cette puissance*. Paris, Bachelier, 1824.

CATELAN, François. Courte remarque de M. l'Abbé D. C. où l'on montre à Mr. G. G. Leibnits le paralogisme contenu dans l'objection précédente. *Nouvelles de la République des Lettres,* Amsterdã, set. 1686.

_____. Remarque de M. l'Abbé D. C. sur la réplique de M. L. touchant le principe mécanique de M. Descartes, contenue dans l'article III. de ces Nouvelles, mois de février 1687. *Nouvelles de la République des Lettres*, Amsterdã, jun. 1687.

CERVANTES SAAVEDRA, Miguel de. *O engenhoso fidalgo Dom Quixote de la Mancha*. [Trad. Sérgio Molina, adaptação Federico Jeanmaire e Ángeles Durini. São Paulo, Martins, 2005.]

CÍCERO, Marco Túlio, *De natura deorum*. [Trad. Pedro Braga Falcão. Lisboa, Vega, 2004.]

CLAPEYRON, Benoît Paul-Émile. Mémoire sur la puissance motrice de la chaleur. *Journal de l'École Royale Polytechnique*. Paris, fasc. 23, 1834.

CLAUSIUS, Rudolf. *Die mechanische Wärmetheorie*. 2. ed., Braunschweig, [F. Vieweg und Sohn,] 1876. v. 1.

_____. *Über den zweiten Hauptsatz der mechanischen Wärmetheorie:* ein Vortrag, gehalten in einer allgemeinen Sitzung der 41. Versammlung deutscher Naturforscher und Aerzte zu Frankfurt am Main am 23. September 1867. Braunschweig, Vieweg, 1867.

Referências bibliográficas

COHN, Ferdinand. *Ueber Bakterien, die kleinsten lebenden Wesen*. Berlim, Lüderitz, 1872) (Sammlung gemeinverständlicher Vorträge, série 7, cad. 165.)

COMTE, Auguste. *Cours de philosophie positive*. Paris, 1830. v. 1.

COPERNICUS, Nicolaus. *De revolutionibus orbium coelestium*. Nuremberg, Joh. Petreius, 1543 [ed. port.: *As revoluções dos orbes celestes*. Trad. A. Dias Gomes e Gabriel Domingues. 2. ed., Lisboa, Fundação Colouste Gulbenkian, 1984].

CROLL, J. F. B. "Climate and Time". Recensão de: Croll, James. *Climate and Time in Their Geological Relations:* a Theory of Secular Changes of the Earth's Climate. Londres, Daldy, Isbister and Co., 1875. *Nature*, Londres, v. 12, n. 294, 17 jun. 1875; n. 295, 24 jun. 1875.

CROOKES, William. The Last of "Katie King". *The Spiritualist Newspaper*, Londres, v. 4, n. 23, 5 jun. 1874.

CUVIER, Georges. *Discours sur les révolutions de la surface du globe:* et sur les changements. 6. ed., Paris, E. d'Ocagne, 1830.

_____. *Recherches sur les ossemens fossiles des quadrupedes:* où l'on rétablit les carctères de plusieurs espèces d'animaux que les révolutions du globe parvissent avoir détruites. Paris, Deterville, 1812. t. 2.

D'ALEMBERT, Jean Le Rond. *Traité de dynamique:* dans lequel les lois de l'équilibre. Paris, David l'aîné, 1743.

DALTON, John. *A New System of Chemical Philosophy*. Manchester, R. Bickerstaff et G. Wilson, 1808-1827. 2 v.

DARWIN, Charles. *The Descent of Man, and Selection in Relation to Sex*. 2. ed., Londres, J. Murray, 1873 [ed. bras.: *A origem do homem e a seleção sexual*. Trad. Eugênio Amado. Belo Horizonte, Itatiaia, 2004].

_____. *On the Origin of Species by Means of Natural Selection, or the Preservation of Favoured Races in the Struggle for Life*. Londres, J. Murray, 1859 [ed. bras.: *A origem das espécies*. Trad. Daniel Moreira Miranda. São Paulo, Edipro, 2018].

DAVIES, Charles Maurice. *Mystic London, or Phases of Occult Life in the Metropolis*. Londres, Tinsley Brothers, 1875.

DESCARTES, René, *La Géométrie*. Paris, Joannes Maire, 1637.

DIÓGENES LAÉRCIO. *De vitis philosophorum X*. Cum indice rerum [ed. bras.: *Vidas e doutrinas dos filósofos ilustres*. Trad. Mário da Gama Kury. 2. ed., Brasília, Editora da UnB, 1977].

DRAPER, John William. *History of the Intellectual Development of Europe*. Londres, Bell and Daldy, 1864. v. 1-2.

DU BOIS-REYMOND, Emil. *Über die Grenzen des Naturerkennens*: ein Vortrag in der 2. öffentlichen Sitzung der 45. Versammlung deutscher Naturforscher und Äerzte, am 14. August 1872 gehalten. Leipzig, 1872.

DÜHRING, Eugen. *Cursus der Philosophie als streng wissenschaftlicher Weltanschauung und Lebensgestaltung*. Leipzig, Koschny, 1875.

FARADAY, Michael. Experimental Researches in Electricity. *Philosophical Transactions of the Royal Society of London, for the Year 1838*. Londres, 1838. Série 12.

FEUERBACH, Ludwig. *Ludwig Feuerbach in seinem Briefwechsel und Nachlass, sowie in seiner philosophischen Charakterentwicklung dargestellt von Karl Grün.* Leipzig, C. F. Winter, 1874. v. 2.

_____. *Sämmtliche Werke.* 3. ed., Leipzig, Otto Wigand, 1876. v. 3.

FICK, Adolf. Die Naturkraefte in ihrer Wechselbeziehung. Würzburg, Stahel, 1869.

_____; WISLICENUS, Johannes. Ueber die Entstehung der Muskelkraft. *Vierteljahrsschrift der Naturforschenden Gesellschaft in Zürich,* v. 10, 1865.

FLAMSTEED, John. *Historia coelestis britannica:* complectens stellar. Londres, H. Meere, 1725. v. 1-3.

FOURIER, Charles. *Le Nouveau monde industriel et sociétaire, ou Invention du procédé d'industrie attrayante et naturelle distribuée en séries passionées.* 3. ed., Paris, Librairie Sociétaire, 1846. (Œuvres Complètes, 6.)

FOURIER, Jean-Baptiste-Joseph. *Théorie analytique de la chaleur.* Paris, F. Didot Père et Fils, 1822.

FRAAS, Karl. *Klima und Pflanzenwelt in der Zeit:* ein Beitrag zur Geschichte beider. Landshut, J. G. Wölfle, 1847.

GALIANI, Ferdinando. Della moneta. Libro 1-2. In: Custodi, Pietro (org.). *Scrittori classici italiani di economia politica.* Parte moderna. Milão, G. G. Destefanis, 1803. t. 3.

GOETHE, Johann Wolfgang von. Allerdings. In: _____. *Gedichte.* Stuttgart, Cotta, 1827.

_____. Der ewige Jude. [In: _____. *Gedichte.* Tübingen, Cotta, 1827.]

_____. *Faust:* der Tragödie erster Teil. Tübingen, Cotta, 1808 [ed. bras.: *Fausto:* uma tragédia – Primeira parte. Trad. Jenny Klabin Segal. São Paulo, Editora 34, 2011].

_____. Ultimatum. In: _____. *Gedichte.* Stuttgart, Cotta, 1827.

GRIMM, Jacob. *Deutsche Rechtsalterthümer.* 2. ed., Göttingen, Dieterich, 1854.

_____. *Geschichte der deutschen Sprache.* 2. ed., Leipzig, S. Hirzel, 1853. v. 1.

GROVE, William Robert. *The Correlation of Physical Forces.* 3. ed., Londres, Longman, 1855.

GUTHRIE, Frederick. *Magnetism and Electricity.* Londres, William Collins, 1876.

HAECKEL, Ernst. *Anthropogenie oder Entwickelungsgeschichte des Menschen*: gemeinverständliche wissenschaftliche Vorträge über die Grundzüge der menschlichen Keimes- und Stammes-Geschichte. Leipzig, Engelmann, 1874.

_____. *Freie Wissenschaft und freie Lehre*: eine Entgegnung auf Rudolf Virchows Münchener Rede über "Die Freiheit der Wissenschaft im modernen Staat". Stuttgart, E. Schweizerbart'sche, 1878.

_____. *Generelle Morphologie der Organismen*: allgemeine Grundzüge der organischen Formen-Wissenschaft, mechanisch begründet durch die von Charles Darwin reformirte Descendenz-Theorie. Berlim, G. Reimer, 1866. v 1-2.

_____. *Die heutige Entwickelungslehre im Verhältnisse zur Gesammtwissenschaft.* Vortrag, in der 1. öffentlichen Sitzung der 50. Versammlung deutscher Naturforscher und Aerzte in München am 18. September 1877 gehalten. Stuttgart, E. Schweizerbart'sche, 1878.

_____. *Natürliche Schöpfungsgeschichte.* Gemeinverständliche wissenschaftliche Vorträge über die Entwickelungslehre im Allgemeinen und diejenige von Darwin, Goethe und Lamarck im Besonderen. 4. ed., Berlim, G. Reimer, 1873.

Referências bibliográficas

_____. *Die Perigenesis der Plastidule oder die Wellenzeugung der Lebenstheilchen*: ein Versuch zur mechanischen Erklärung der elementaren Entwickelungs-Vorgänge. Berlim, G. Reimer, 1876.

HALLER, Albrecht von. Die Falschheit der menschlichen Tugenden. In: _____. *Versuch schweizerischer Gedichte*. Bern, Niclaus Emanuel Haller, 1732.

HARVEY, William. *Exercitatio anatomica de motu cordis et sanguinis in animalibus*. Frankfurt, G. Fitzeri, 1628.

HEGEL, Georg Wilhelm Friedrich. *Encyclopädie der philosophischen Wissenschaften im Grundrisse*. Theil 1: Die Logik. Org. Leopold von Henning, Berlim, 1840. (Werke. Vollständige Ausgabe durch einen Verein von Freunden des Verewigten, 6.)

_____. *Phänomenologie des Geistes*. Org. Johann Schulze, Berlim, Duncker und Humblot, 1832. (Werke. Vollständige Ausgabe durch einen Verein von Freunden des Verewigten, 2.) [Ed. bras.: *Fenomenologia do espírito*. Trad. Paulo Meneses. Petrópolis, Vozes, 2002.]

_____. *Vorlesungen über die Geschichte der Philosophie*. Org. Karl Ludwig Michelet, Berlim, Duncker und Humblot, 1833-1836. v. 1-3. (Werke. Vollständige Ausgabe durch einen Verein von Freunden des Verewigten, 13-5.)

_____. *Vorlesungen über die Naturphilosophie als der Encyclopädie der philosophischen Wissenschaften im Grundrisse zweiter Theil*. Org. Karl Ludwig Michelet, Berlim, Duncker und Humblot, 1842. (Werke. Vollständige Ausgabe durch einen Verein von Freunden des Verewigten, 7/1.)

_____. *Vorlesungen über die Philosophie der Geschichte*. Org. Eduard Gans, Berlim, Duncker und Humblot, 1837). (Werke. Vollständige Ausgabe durch einen Verein von Freunden des Verewigten, 9.)

_____. *Wissenschaft der Logik*. Theil 1: Die objective Logik. Abtheilung 1: Die Lehre vom Seyn. Org. Leopold von Henning, 2. ed., Berlim, Duncker und Humblot, 1841. (Werke. Vollständige Ausgabe durch einen Verein von Freunden des Verewigten, 3.)

_____. *Wissenschaft der Logik*. Theil 1: Die objective Logik. Abtheilung 2: Die Lehre vom Wesen. Org. Leopold von Henning, 2. ed., Berlim, Duncker und Humblot, 1841. (Werke. Vollständige Ausgabe durch einen Verein von Freunden des Verewigten, 4.)

_____. *Wissenschaft der Logik*. Theil 2: Die subjective Logik, oder, Die Lehre vom Begriff. Org. Leopold von Henning, 2. ed, Berlim, Duncker und Humblot, 1841. (Werke. Vollständige Ausgabe durch einen Verein von Freunden des Verewigten, 5.)

HEINE, Heinrich. Neuer Frühling. In: _____. *Neue Gedichte*. Hamburgo, Hoffmann und Campe, 1844.

_____. *Romanzero*. Buch 3: Hebräische Melodien. Disputation. Hamburgo, Hoffmann und Campe, 1851.

_____. Über den Denunzianten. Eine Vorrede zum 3. Teile des Salons. In: _____. *Der Salon*. Hamburgo, Hoffmann und Campe, 1837. v. 3.

_____. Zur Geschichte der Religion und Philosophie in Deutschland. In: _____. *Der Salon*. Hamburgo, 1835. v. 4.

HELMHOLTZ, Hermann. *Populäre wissenschaftliche Vorträge*. Heft 2. Braunschweig, F. Vieweg und Sohn, 1871.

_____. *Über die Erhaltung der Kraft:* eine physikalische Abhandlung. Vorgetragen in der Sitzung der physikalischen Gesellschaft zu Berlin am 23. Juli 1847. Berlim, G. Reimer, 1847.

_____. Ueber galvanische Ströme, verursacht durch Concentrations-Unterschiede; Folgerungen aus der mechanischen Wärmetheorie. *Monatsberichte der Königlichen Preussisch Akademie der Wissenschaften zu Berlin 1877.* Berlim, 1878.

HOBBES, Thomas. *Elementa philosophica de cive.* Amsterdã, D. Elzeviri, 1669 [ed. bras.: *Do cidadão.* Trad. Renato Janine Ribeiro. 3. ed., São Paulo, Martins Fontes, 2002].

HOFMANN, August Wilhelm. *Ein Jahrhundert chemischer Forschung unter dem Schirme der Hohenzollern.* Rede zur Gedächtnisfeier des Stifters der Kgl. Friedrich-Wilhelms-Universität zu Berlin. Berlim, Vogt, 1881.

HUME, David. *Philosophical Essays Concerning Human Understanding.* Londres, A. Millar, 1748.

HUXLEY, Thomas Henry. A Letter to the Council of the London Dialectical Society. *The Daily News,* Londres, n. 7.946, 17 out. 1871.

_____. On the Hypothesis that Animals are Automata, and Its History. *Nature,* Londres, v. 10, n. 253, 3 set. 1874.

JÂMBLICO, *De mysteriis.*

JACOBI, Friedrich Heinrich. Über die Lehre des Spinoza in Briefen an Herrn Moses Mendelssohn. In: _____. *Friedrich Heinrich Jacobi's Werke.* Leipzig, Fleischer, 1819. v. 4.1.

JOULE, James Prescott. On the Calorific Effects of Magneto-Electricity, and on the Mechanical Value of Heat. In: *Report of the 13. Meeting of the British Association for the Advancement of Science.* Held at Cork in August 1843. Londres, 1844.

JUVENAL, Décimo Júnio. *Satirae* [ed. bras.: *Sátiras.* Trad. Francisco Antonio Martins Bastos. 2. ed., São Paulo, Cultura, 1944].

KANT, Immanuel. *Allgemeine Naturgeschichte und Theorie des Himmels.* Königsberg, J. F. Petersen, 1755.

_____. *Critik der reinen Vernunft.* Riga, J. F. Hartknoch, 1781 [ed. port.: *Crítica da razão pura.* Trad. Fernando Costa Mattos. Petrópolis/Bragança Paulista, Vozes/Editora Universitária, 2012].

_____. *Critik der Urtheilskraft.* Berlim, Lagarde und Friederich, 1790; 3. ed., Berlim, [Lagarde und Friederich,] 1799 [ed. bras.: *Crítica da faculdade de julgar.* Trad. Daniela Botelho Guedes. São Paulo, Ícone, 2009].

_____. *Gedanken von der wahren Schätzung der lebendigen Kräfte und Beurtheilung der Beweise, deren sich Herr von Leibniz und andere Mechaniker in dieser Streitsache bedienet haben, nebst einigen vorhergehenden Betrachtungen, welche die Kraft der Körper überhaupt betreffen.* Königsberg, Dorn, 1746.

_____. *Sämmtliche Werke:* in chronologischer Reihenfolge. Org. G. Hartenstein, Leipzig, L. Voss, 1867, 8 v. v. 1.

_____. *Untersuchung der Frage, ob die Erde in ihrer Umdrehung um die Achse, wodurch sie die Abwechselung des Tages und der Nacht hervorbringt, einige Veränderung*

Referências bibliográficas

seit den ersten Zeiten ihres Ursprungs erlitten habe, und woraus man sich ihrer versichern könne, welche von der Königlichen Akademie der Wissenschaften zu Berlin zum Preise für das jetztlaufende Jahr aufgegeben worden. S.l., 1754.

KEKULÉ, August. *Die wissenschaftlichen Ziele und Leistungen der Chemie*: Rede gehalten beim Antritt des Rectorats der Rheinischen Friedrich-Wilhelms-Universität am 18. October 1877. Bonn, M. Cohen und Sohn, 1878.

KIRCHHOFF, Gustav. *Vorlesungen über mathematische Physik. Mechanik.* 2. ed., Leipzig, B. G. Teubner, 1877.

KOHLRAUSCH, Friedrich. Das elektrische Leitungsvermögen der wässerigen Lösungen von den Hydraten und Salzen der leichten Metalle, sowie von Kupfervitriol, Zinkvitriol und Silbersalpeter. *Annalen der Physik und Chemie*. Leipzig, nova série, v. 6, 1879.

KOPP, Hermann. *Die Entwickelung der Chemie in der neueren Zeit*. Abtheilung 1. Munique, R. Oldenbourg, 1871. (Geschichte der Wissenschaften in Deutschland. Neuere Zeit, 10.)

LAPLACE, Pierre-Simon de. *Exposition du système du monde*. Paris, Cercle-Social, 1795-1796. v. 1-2.

Лавров, Петр Лаврович, *Опытъ исторіи мысли*. Petersburgo, 1875. t. 1-1.

LEIBNIZ, Gottfried Wilhelm von. De causa gravitatis, et defensio sententiae suae de veris naturae legibus contra Cartesianos. *Acta Eruditorum*. Leipzig, 1690.

_____. Démonstration courte d'une erreur considérable de M. Descartes et de quelques autres touchant une loi de la nature selon laquelle ils soutiennent que Dieu conserve toujours dans la matière la même quantité de mouvement, de quoi ils abusent même dans la mécanique. *Nouvelles de la République des Lettres*, Amsterdã, set. 1686.

_____. Réplique de M. L. à M. l'Abbé D. C. contenue dans une lettre écrite à l'auteur de ces Nouvelles le 9 janv. 1687. *Nouvelles de la République des Lettres*, Amsterdã, fev. 1687.

_____. Réponse de M. L. à la remarque de M. l'Abbé D. C. contenue dans l'article I. de ces Nouvelles, mois de juin 1687, où il prétend soutenir une loi de la nature avancée par M. Descartes. *Nouvelles de la République des Lettres*, Amsterdã, set. 1687.

_____; HUYGENS, Christiaan. *Briefwechsel mit Papin, nebst der Biographie Papin's und einigen zugehörigen Briefen und Actenstücken*. Org. Ernst Gerland, Berlim, Akademie der Wissenschaften, 1881.

LIEBIG, Justus von. *Chemische Briefe*. 4. ed., Leipzig, C. F. Winter, 1850. v. 1.

LUTERO, Martinho. Ein feste Burg ist unser Gott.

LYELL, Charles. *Principles of Geology, Being an Attempt to Explain the Former Changes of the Earth's Surface, by Reference to Causes Now in Operation*. Londres, J. Murray, 1830-1833. 3 v.

MÄDLER, Johann Heinrich von. *Der Wunderbau des Weltalls, oder Populäre Astronomie*. 5. ed., Berlim, Carl Heymann, 1861.

MALTHUS, Thomas Robert. *An Essay on the Principle of Population, as It Affects the Future Improvement of Society, with Remarks on the Speculations of Mr. Godwin, M. Condorcet, and Other Writers*. Londres, J. Johnson, 1798 [ed. port.: *Ensaio sobre o princípio da população*. Trad. Miguel Serras Pereira. Lisboa, Relógio d'Água, 2014].

MASCART, T. E.; JOUBERT, J. Electricity and magnetism. Recensão de: MASCART, Éleuthère; JOUBERT, Jules. *Leçons sur l'électricité et le magnetisme*. Paris, G. Masson, 1882. 2 v. *Nature*, Londres, v. 26, n. 659, 15 jun. 1882.

MASKELYNE, John Nevil. *Modern Spiritualism*: a Short Account of Its Rise and Progress, with Some Exposures of So-Called Spirit Media. Londres, F. Warne and Co, 1876.

MAXWELL, James Clerk. *Theory of Heat*. 4. ed., Londres, Longmans, Green and Co., 1875. (Textbooks of science adapted for the use of artisans and students in public and science schools.)

MAYER, Julius Robert von. Bemerkungen über die Kräfte der unbelebten Natur. *Annalen der Chemie und Pharmacie*, Leipzig, v. 42, 1842.

_____. *Die Mechanik der Wärme:* in gesammelten Schriften. 2. ed., Stuttgart, J. G. Cotta, 1874.

_____. *Die organische Bewegung in ihrem Zusammenhange mit dem Stoffwechsel*. Ein Beitrag zur Naturkunde. Heilbronn, C. Drechsler, 1845.

MEYER, Lothar. Die Natur der chemischen Elemente als Function ihrer Atomgewichte. *Annalen der Chemie und Pharmacie*, Leipzig, Suplemento, v. 7, 1870.

MOLESCHOTT, Jacob. *Der Kreislauf des Lebens*. Mainz, Zabern, 1852.

MOLIÈRE, Jean-Baptiste. *Der Bürger als Edelmann* [ed. bras.: *O burguês fidalgo*. Trad. Millor Fernandes. São Paulo, Abril Cultural, 1983].

MOZART, Wolfgang Amadeus. *Die Zauberflöte*. [*A flauta mágica*. Ópera, libreto de Emanuel Schikaneder.]

NÄGELI, Karl von. Die Schranken der naturwissenschaftlichen Erkenntnis. *Tageblatt der 50. Versammlung deutscher Naturforscher und Aerzte*, Munique, set. 1877.

NAUMANN, Alexander. Allgemeine und physikalische Chemie. In: GMELIN, Leopold; KRAUT, Karl. *Handbuch der Chemie*. Anorganische Chemie. 6. ed., Heidelberg, Carl Winter's Universitätsbuchhandlung, 1873-1877. v. 1.

NEWTON, Isaac. *Observations upon the Prophecies of Daniel and the Apocalypse of St. John*. Londres, J. Roberts, 1733.

_____. *Philosophiae naturalis principia mathematica*. 2. ed., Glasgow, John Wright, 1822. v. 4 [ed. bras.: *Princípios matemáticos de filosofia natural*. Trad. André Koch Assis e Fábio Duarte Joly. São Paulo, Edusp, 2012].

NICHOLSON, Henry Alleyne. *The Ancient Life-History of the Earth*. Edimburgo, W. Blackwood and Sons, 1876.

_____. *A Manual of Zoology for the Use of Students with a General Introduction on the Principles of Zoology*. Londres, W. Blackwood and Sons, 1870. 2 v.

OKEN, Lorenz. *Abriß der Naturphilosophie*. Göttingen, [Bei Vandenhoek und Ruprecht,] 1805.

ON ENTERING UPON... *Nature*, Londres, v. 17, n. 420, 18 nov. 1877.

OWEN, Richard. *On the Nature of Limbs*. Londres, John Van Voorst, 1849.

PERTY, Maximilian. *Ueber die Grenzen der sichtbaren Schöpfung, nach den jetzigen Leistungen der Mikroskope und Fernröhre*. Vortrag gehalten im Saale des großen Rathes zu Bern den 11. März 1873. Berlim, Lüderitz, 1874. (Sammlung gemeinverständlicher Vorträge, série 9, caderno 195.)

Referências bibliográficas

PLUTARCO de Queroneia. *Quaestiones convivales.* Leipzig, B. G. Teubner, 1925.

PSEUDO-PLUTARCO. *De placitis philosophorum.* Florença, 1750.

PRÉVOST D'EXILES, Antoine-François. *Histoire du Chevalier Des Grieux et de Manon Lescaut.* Amsterdã, Compagnie des Libraires, 1731.

THE PROGRAMME of the Fifty-First Meeting of the German Naturalists and Physicians... *Nature,* Londres, v. 18, n. 455, 18 jul. 1878.

RITTER, Johann Wilhelm. *Das elektrische System der Körper.* Ein Versuch. Leipzig, C. H. Reclam, 1805.

ROMANES, George John. Ants, Bees, and Wasps. Recensão de: LUBBOCK, John. *Ants, Bees, and Wasps:* a Record of Observations on the Habits of the Social Hymenoptera. Londres, K. Paul, 1882. (International Scientific Series, vol. XL.). *Nature,* Londres, v. 26, n. 658, 8 jun. 1882.

ROSCOE, Henry Enfield; SCHORLEMMER, Carl. *Ausführliches Lehrbuch der Chemie.* Braunschweig, F. Vieweg und Sohn, 1879. 2 v.

ROSENKRANZ, Karl. *System der Wissenschaft:* ein philosophisches Encheiridion. Königsberg, Gebrüder Bornträger, 1850.

SAINT-SIMON, Claude-Henri de. *Esquisse d'une nouvelle encyclopédie, ou Introduction à la philosophie du XIXe siècle.* Paris, Moureaux, 1810.

_____. *Introduction aux travaux scientifiques du dix-neuvième siècle.* Paris, J.-L. Scherff, 1807.

_____. *Lettres d'un habitant de Genève à ses contemporains.* Genebra, 1802.

SCHILLER, Friedrich von. "Die Bürgschaft". *Musen-Almanach für das Jahr 1799,* Tübingen, J. G. Cotta, 1798.

_____. *Die Verschwörung des Fiesco zu Genua.* Mannheim, Schwan, 1783.

SCHLEIDEN, Matthias Jakob. Beiträge zur Phytogenesis. *Archiv für Anatomie, Physiologie und wissenschaftliche Medicin,* Berlin, v. 5, 1838.

SCHMIDT, Oscar. *Darwinismus und Socialdemocratie*: ein Vortrag gehalten auf der 51. Versammlung deutscher Naturforscher und Aerzte in Cassel. Bonn, E. Strauss, 1878).

SCHWANN, Theodor. *Mikroskopische Untersuchungen über die Uebereinstimmung in der Struktur und dem Wachsthum der Thiere und Pflanzen.* Berlim, G. Reimer, 1839.

SECCHI, Angelo, *Die Sonne.* Die wichtigeren neuen Entdeckungen über ihren Bau, ihre Strahlungen, ihre Stellung im Weltall und ihr Verhältniss zu den übrigen Himmelskörpern. Org. H. Schellen, Braunschweig, G. Westermann, 1872.

SIEMENS, Karl William. Inaugural Address. *Nature,* Londres, v. 26, n. 669, 24 ago. 1882.

SPINOZA, Benedictus de. Ethica. In _____. *Opera posthuma.* Quorum series post praefactionem exhibetur. Amsterdã, J. Rieuwertsz, 1677.

STARCKE, Karl Nikolai. *Ludwig Feuerbach.* Stuttgart, F. Enke, 1885.

STRAUß, David Friedrich. *Das Leben Jesu, kritisch bearbeitet.* Tübingen, C. F. Osiander, 1835-1836. v. 1-2.

SUTER, Heinrich. *Geschichte der mathematischen Wissenschaften.* Theil 2. Zurique, Orell, Füssli und Co, 1875.

TAIT, Peter Guthrie. Force. *Nature,* Londres, v. 14, n. 360, 21 set. 1876.

Friedrich Engels – Dialética da natureza

_____. Zöllner's Scientific Papers. Recensão de: ZÖLLNER, Johann Karl Friedrich. *Wissenschaftliche Abhandlungen.* Leipzig, L. Staackmann, 1878. v. 1. *Nature*, Londres, v. 17, n. 439, 28 mar. 1878.

THOMSON, Thomas. *An Outline of the Sciences of Heat and Electricity.* 2. ed., Londres, H. Baillière, 1840.

THOMSON, William. Review of Evidence Regarding Physical Condition of the Earth; Its Internal Temperature; the Fluidity or Solidity of Its interior Substance; the Rigidity, Elasticity, Plasticity of Its External Figure; and the Permanence or Variability of Its Period and Axis of Rotation. *Nature*, Londres, v. 14, n. 359, 14 set. 1876.

_____. The Size of Atoms. *Nature*, Londres, v. 1, n. 22, 31 mar. 1870.

_____; TAIT, Peter Guthrie. *Handbuch der theoretischen Physik.* Trad. H. Helmholtz e G. Wertheim. Braunschweig, F. Vieweg und Sohn, 1874. v. 1.

_____; _____. *Treatise on Natural Philosophy.* Oxford, Clarendon, 1867.

TYNDALL, John. Inaugural address. *Nature*, Londres, v. 10, n. 251, 20 ago. 1874.

_____. On Germs. On the Optical Deportment of the Atmosphere in Reference to the Phenomena of Putrefaction and Infection. Abstract of a Paper Read before the Royal Society, January 13th. *Nature*, Londres, v. 13, n. 326, 27 jan. 1876; n. 327, 3 fev. 1876.

VIRCHOW, Rudolf. *Die Cellularpathologie in ihrer Begründung auf physiologische und pathologische Gewebelehre.* 4. ed., Berlim, Hirschwald, 1871. v. 1.

_____. *Die Freiheit der Wissenschaft im modernen Staat:* Rede gehalten in der dritten allgemeinen Sitzung der 50. Versammlung deutscher Naturforscher und Aerzte zu München am 22. September 1877. Berlim, Wiegandt, 1877.

VOGT, Karl. *Köhlerglaube und Wissenschaft.* Gießen, Ricker'sche Buchhandlung, 1855.

WAGNER, Moriz, Naturwissenschaftliche Streitfragen. *Allgemeine Zeitung*, Augsburgo, n. 279, supl., 6 out. 1874; n. 280, supl., 7 out. 1874; n. 281, supl., 8 out. 1874.

WALLACE, Alfred Russel. *On Miracles and Modern Spiritualism.* Londres, Burns, 1875.

WEBER, Wilhelm. Elektrodynamische Maassbestimmungen, insbesondere über elektrische Schwingungen. *Abhandlungen der Königlich Sächsischen Gesellschaft der Wissenschaften.* Mathematisch-physikalische Classe, Leipzig, v. 6, 1864.

WHEWELL, William. *History of the Inductive Sciences, from the Earliest to the Present Times.* 2. ed., Londres, J. W. Parker, 1837. 3 v.

WIEDEMANN, Gustav. *Die Lehre vom Galvanismus und Elektromagnetismus.* 2. ed., Braunschweig, F. Vieweg und Sohn, 1874. v. 1-2.

WILKE, Christian Gottlob. *Anleitung die Schriften des neuen Testaments anzulegen und zu erklären.* Dresden, 1845.

_____. *Clavis novi testamenti philologica.* Dresden, Arnold, 1841. v. 1-2.

WOLF, Rudolf. *Geschichte der Astronomie.* Munique, R. Oldenbourg, 1877. (Geschichte der Wissenschaften in Deutschland. Neuere Zeit, 16.)

WOLFF, Caspar Friedrich. *Theoria generationis.* Halle, 1750.

WUNDT, Wilhelm. *Lehrbuch der Physiologie des Menschen.* 3. ed., Erlangen, F. Enke, 1873.

ÍNDICE ONOMÁSTICO

Adams, John Couch (1819-1892). Astrônomo e matemático inglês; determinou teoricamente a aceleração da órbita da Lua a cada cem anos e, em 1845, calculou, independentemente de Le Verrier, a órbita do planeta Netuno, que ainda não havia sido descoberto. 247

Agassiz, Jean Louis Rodolphe (1807-1873). Pesquisador da natureza nascido na Suíça, transferiu-se em 1846 para os EUA; renomado por seus trabalhos com animais fósseis e vivos e por suas contribuições para a teoria das geleiras; foi aluno de Cuvier e adversário de Darwin. 35, 107-8

Agostinho de Hipona, Aurélio (354-430). Um dos pais da Igreja e filósofo cristão, bispo de Hipona, no norte de África; exerceu forte influência sobre a teologia católica e protestante. 129

Aksakov, Alexander Nicolaievitch (1832-1903). Místico e espírita russo. 91

Allman, George James (1812-1898). Médico e zoólogo inglês. 329

Anaximandro de Mileto (ca. 610-546 a.C.). Filósofo grego; representante da filosofia da natureza jônica. 64-5

Anaxímenes de Mileto (ca. 585-525 a.C.). Filósofo grego; representante da filosofia da natureza jônica. 65-6

Arezzo, Guido de (ca. 992-1050). Monge italiano; teórico da música; inventou o sistema de notação musical moderno. 71

Ariadne. Na mitologia grega, é filha do rei Mino de Creta; ajudou Teseu a sair do labirinto do Minotauro com um novelo de lã. 49

Aristarco de Samos (ca. 310-250 a.C.). Astrônomo e matemático grego; conhecido por fundamentar uma cosmovisão heliocêntrica. 69

Aristóteles (384-322 a.C.). Filósofo grego, erudito universalista; aluno e crítico de Platão. 38, 64-7, 69, 76, 96, 107, 137, 185, 217

Arquimedes (ca. 287-212 a.C.). Matemático, físico e construtor grego; descobriu as leis da alavanca e inventou, entre outras coisas, a roldana, a lente de aumento, a bomba de parafuso e a catapulta. 61-3

Áugias. Na mitologia grega, rei de Eleia; um dos doze trabalhos de Hércules foi limpar seus estábulos. 39

Auwers, Arthur Julius Georg Friedrich von (1838-1915). Astrônomo alemão; criou catálogos estelares fundamentais. 240

Friedrich Engels – Dialética da natureza

Bacon, Francis, (1561-1626). Filósofo, estadista e jurista inglês; fundador do materialismo inglês; iniciador do Iluminismo inglês. 78, 83, 305

Baer, Karl Ernst von (1792-1876). Biólogo, geógrafo e antropólogo alemão; fundador da embriologia; em 1834, transferiu-se para a Rússia. 35, 50, 100

Bauer, Bruno (1809-1882). Filósofo alemão, pesquisador da religião e da história; foi da corrente ortodoxa da escola hegeliana e, após 1839, um dos principais teóricos dos jovens hegelianos; conhecido por sua crítica bíblica. 275

Becquerel, Antoine César (1788-1878). Físico francês; trabalhou principalmente com fenômenos elétricos, magnéticos e ópticos. 292, 294

Beetz, Wilhelm von (1822-1886). Físico alemão; conduziu numerosas investigações sobre eletricidade na Escola Técnica de Munique. 294

Berthelot, Pierre-Eugène-Marcelin (1827-1907). Químico e político francês; trabalhou no campo da química orgânica, da química térmica e da agroquímica; escreveu sobre a história da alquimia. 280, 288

Bessel, Friedrich Wilhelm (1784-1846). Astrônomo, físico, matemático e geômetra alemão; introduziu novos métodos de observação e cálculo na astronomia; foi o primeiro a determinar a paralaxe de uma estrela fixa (1837-1838). 237, 240

Boltzmann, Ludwig Eduard (1844-1906). Físico, matemático e filósofo da natureza austríaco; trabalhou no aprimoramento da teoria do eletromagnetismo de Faraday-Maxwell; destacou-se por seus estudos clássicos sobre a teoria do calor e a teoria cinética dos gases; fundamentou a interpretação estatística do segundo axioma da termodinâmica; cientista natural materialista, defendeu a atomística e o darwinismo. 130

Bossut, Charles (1730-1814). Matemático e físico francês; autor de trabalhos sobre a teoria e a história da matemática. 230

Boyle, Robert (1627-1691). Físico e químico inglês; contribuiu com seus trabalhos sobre o conceito de elemento para a consolidação da atomística química; pesquisou a relação entre pressão e volume em gases e líquidos. 63, 305

Bradley, James (1693-1762). Astrônomo inglês; diretor do Observatório Real de Greenwich (1742-1761); descobriu a aberração da luz das estrelas e, a partir disso, em 1727 calculou a velocidade da luz e em 1747 descobriu a nutação do eixo da Terra. 236

Bruno, Giordano (1548-1600). Filósofo e pesquisador da natureza italiano; autor antiescolástico; desenvolveu uma visão de mundo panteísta e dialética; adotou a cosmovisão copernicana e foi condenado à fogueira como herege em Roma. 33, 40

Buch, Christian Leopold von (1774-1853). Geólogo e paleontólogo alemão; inicialmente adepto do netunismo e depois do vulcanismo; também escreveu trabalhos sobre geografia física, botânica, meteorologia etc. 322-3

Büchner, Ludwig (1824-1899). Médico alemão, palestrante e autor de livros de ciência natural e filosofia; defensor de um materialismo e de um ateísmo baseados na ciência natural; darwinista e atomista. 77, 95-9, 337

Butlerov, Alexander Mikhailovitch (1828-1886). Químico russo; realizou trabalhos essenciais para a fundamentação da teoria da estrutura dos compostos orgânicos. 91

Índice onomástico

Calvino, João (1509-1564). Teólogo e reformador francês; fundou em Genebra a corrente do protestantismo que leva seu nome. 40, 129

Carlos I (Carlos Magno) (742-814). Rei dos francos de 768 até a sua morte; imperador do Sacro Império Romano-Germânico a partir de 800. 71

Carnot, Nicolas Léonard Sadi (1796-1832). Engenheiro e físico francês; calculou o efeito máximo das máquinas de força calórica e a partir disso lançou bases importantes para o desenvolvimento da termodinâmica clássica. 81, 143, 252, 305

Cassini [I], Giovanni Domenico (1625-1712). Astrônomo francês de origem italiana; em 1669 tornou-se o primeiro diretor do Observatório Astronômico de Paris; descobriu quatro satélites de Saturno e a rotação de Júpiter e Marte. 106

Cassini [II], Jacques (1677-1756). Astrônomo e geômetra francês; segundo diretor do Observatório Astronômico de Paris; filho de Giovanni Domenico Cassini. 106

Cassini [III] de Thury, César-François (1714-1784). Astrônomo e geômetra francês; terceiro diretor do Observatório Astronômico de Paris; realizou a topografia da França; filho de Jacques Cassini. 106

Cassini [IV], Jean-Dominique, conde de (1748-1845). Astrônomo e geômetra francês; quarto diretor do Observatório Astronômico de Paris; filho de César-François Cassini de Thury. 106

Catelan, François (1668-1719). Abade, matemático e físico francês; seguidor de Descartes. 200-1

Cervantes Saavedra, Miguel de (1547-1616). Escritor e poeta espanhol. 85

Cícero, Marco Túlio (106-43 a.C.). Político, orador e autor romano; transmitiu aos romanos a filosofia grega e criticou a doutrina de Epicuro a partir do ponto de vista platônico. 64-5

Clapeyron, Benoît Paul-Émile (1799-1864). Engenheiro e físico francês; aprimorou os cálculos de Carnot sobre a termodinâmica. 252

Clausius, Rudolf Julius Emanuel (1822-1888). Físico alemão; trabalhou no campo da teoria mecânica do calor, da teoria cinética dos gases e da teoria da eletricidade; em 1850, formulou o segundo axioma da termodinâmica; em 1865, introduziu o conceito da entropia na física. 31, 125, 187, 191, 205, 209-10, 235, 249-50, 252, 306-8

Cohn, Ferdinand Julius (1828-1898). Botânico e microbiólogo alemao; realizou trabalhos sobre a morfologia, sistematização e ontogênese de algas, fungos e bactérias. 322

Colding, Ludwig August (1815-1888). Físico e engenheiro dinamarquês; determinou em 1842, independentemente de Mayer e Joule, o equivalente mecânico do calor. 101, 139, 178, 206

Colombo, Cristóvão (1451-1506). Navegador italiano a serviço da Espanha; descobriu e explorou em quatro viagens marítimas (1492-1504) as ilhas do Caribe e a costa da América Central e do nordeste da América do Sul. 349

Comte, Isidore Auguste François Marie (1798-1857). Filósofo e sociólogo francês, também escreveu sobre a estruturação e a descrição das ciências; foi o fundador do positivismo. 31, 156

Cook, Florence (ca. 1856-1904). Médium e espírita inglesa. 89-90

Copérnico, Nicolau (1473-1543). Astrônomo polonês; fundador do sistema heliocêntrico, pressuposto da ciência natural moderna. 33, 40-1, 43, 116-7

Coulomb, Charles Augustin de (1736-1806). Físico e engenheiro francês; formulou as leis da eletrostática e magnetostática que levam o seu nome; inventou a balança de torção para medir quantidades minúsculas de eletricidade. 309

Crispino (ca. 100 d.C.). Cortesão do imperador romano Domiciano (51-96). 294

Croll, James (1821-1890). Geólogo escocês; realizou trabalhos sobre o clima em formações geológicas e, em especial, sobre a Era do Gelo. 329

Crookes, William (1832-1919). Físico e químico inglês; inventou o radiômetro e, em 1861, descobriu o tálio. 88-90, 92-4

Cuvier, Georges Léopold Chrétien Frédéric Dagobert, barão de (1769-1832). Pesquisador da natureza, zoólogo e paleontólogo francês; transformou a anatomia comparativa numa ciência; formulou a teoria do cataclismo. 35, 46, 63

D'Alembert, Jean le Rond (1717-1783). Filósofo, matemático e físico francês; foi coeditor da *Enciclopédia* (1751-1758) e representante do Iluminismo. 197, 199--201, 206-7

Dalton, John (1766-1844). Químico e físico inglês; fundador da nova atomística química. 48, 77, 130, 254, 315

Daniell, John Frederic (1790-1845). Pesquisador da natureza inglês; inventou o higrômetro em 1820 e, em 1836, aperfeiçoou a pilha de Volta. 285, 293, 296, 300

Darwin, Charles Robert (1809-1882). Pesquisador da natureza inglês; fundamentou a teoria moderna da evolução ao introduzir o princípio da seleção natural. 35, 46, 50, 54, 84, 96, 101, 108, 130-1, 165, 322, 331-2, 337, 340

Davenport, Ira Erastus (1839-1811). Médium e espírita estadunidense; atuou na Europa a partir de 1864. 87

Davenport, William Henry (1841-1877). Médium e espírita estadunidense; atuou na Europa a partir de 1864; irmão de Ira Erastus Davenport. 87

Davies, Charles Maurice (1828-1910). Religioso e escritor inglês. 90, 94

Davy, Humphry (1778-1829). Químico e físico inglês; inaugurou o aproveitamento prático da eletroquímica; pesquisou os halógenos e os metais alcalinos; em 1815 construiu uma lâmpada de segurança para minas; foi professor de Michael Faraday. 107, 253

Demócrito de Abdera (ca. 460-370 a.C.). Filósofo grego; aluno de Leucipo; erudito universalista e representante do materialismo antigo; foi cofundador da atomística. 67, 69, 77

Descartes, René (1596-1650). Matemático, físico e filósofo francês; buscou fundamentar uma concepção materialista da natureza sobre a mecânica clássica; desenvolveu uma teoria do conhecimento e uma teoria do método de cunho racionalista; foi fundador da geometria analítica. 41, 48, 76, 164, 170, 178, 190-1, 195-7, 199-200, 206, 223, 247, 258

Dessaignes, Victor (1800-1885). Químico francês. 155, 255, 311

Diógenes Laércio (ca. 180-240). Escritor grego; escreveu uma obra sobre a vida e a doutrina de filósofos famosos. 64, 66, 68, 77

Döllinger, Johann Joseph Ignaz von (1799-1890). Teólogo e historiador eclesiástico alemão; teve participação decisiva no movimento do veterocatolicismo. 93

Índice onomástico

Dom Quixote. Personagem do romance *O engenhoso fidalgo Dom Quixote de la Mancha*, de Miguel de Cervantes Saavedra. 85, 108

Draper, John William (1811-1882). Pesquisador da natureza e historiador da ciência estadunidense. 58, 61, 133, 145

Du Bois-Reymond, Emil (1818-1896). Fisiologista alemão de origem suíça; antivitalista e atomista; desenvolveu a eletrofisiologia. 31, 292

Dühring, Eugen Karl (1833-1921). Filósofo e economista alemão; ideólogo do socialismo pequeno-burguês; na década de 1870, teve forte influência sobre segmentos da social-democracia alemã. 55, 62, 72-5, 79-80, 218

Dürer, Albrecht (1471-1528). Pintor, calcogravurista, escultor e arquiteto alemão. 39

Edlund, Erik (1819-1888). Físico sueco; trabalhou no campo da teoria da eletricidade. 258

Epicuro (ca. 342-271 a.C.). Filósofo grego; renovador da atomística. 38, 68, 77

Espinosa, Benedictus de (1632-1677). Filósofo holandês; panteísta; elaborou uma doutrina materialista da totalidade da natureza baseada em leis objetivas; criticou as doutrinas religiosas do judaísmo e do cristianismo e desenvolveu uma fundamentação racionalista da ética. 44, 96, 109, 131

Euclides (ca. 365-300 a.C.). Matemático grego. 40, 61

Fabbroni, Giovanni Valentino Mattia (1752-1822). Químico italiano; adversário da teoria do flogisto; pesquisou o comportamento eletrolítico dos metais. 311

Faraday, Michael (1791-1867). Físico e químico inglês; fundador da teoria do campo eletromagnético. 107, 253-6, 258, 283, 285, 310-12,

Favre, Pierre-Antoine (1813-1880). Físico e químico francês; com Silbermann, foi um dos primeiros a realizar experimentos no campo da termoquímica. 258, 261, 263, 287-8,

Fechner, Gustav Theodor (1801-1887). Físico, fisiologista e filósofo alemão; foi um dos fundadores da psicologia científica. 256, 264, 292, 295

Feuerbach, Ludwig (1804-1872). Filósofo alemão; foi um representante importante da filosofia materialista pré-marxista; atuou principalmente no campo da crítica à religião. 80, 95, 100, 103-4

Fichte, Johann Gottlieb (1762-1814). Representante da filosofia alemã burguesa clássica. 145

Fick, Adolf (1829-1901). Fisiologista alemão; atuou principalmente na termodinâmica dos músculos e demonstrou a validade da lei da conservação da energia nesse campo. 308-9, 334

Flamsteed, John (1646-1719). Astrônomo inglês; foi o primeiro diretor do Observatório Real de Greenwich, fundado por ele em 1675; fez o primeiro catálogo estelar moderno. 236

Fourier, François Marie Charles (1772-1837). Socialista utópico francês. 121

Fourier, Jean Baptiste Joseph, barão de (1768-1830). Matemático francês; trabalhou no campo da álgebra e da física matemática. 81, 105

Fraas, Karl Nikolaus (1810-1875). Botânico e agrocientista alemão. 346

Frederico Guilherme III (1770-1840). Rei da Prússia de 1797 até a sua morte. 108
Frederico Guilherme IV (1795-1861). Rei da Prússia de 1840 até a sua morte em 1861; filho de Frederico Guilherme III. 120

Galiani, Ferdinando (1728-1787). Economista italiano; adversário dos fisiocratas. 152
Galilei, Galileu (1564-1642). Físico, matemático, astrônomo e filósofo da natureza italiano; aprofundou e defendeu a teoria copernicana; descobriu as luas de Júpiter, investigou a estrutura da superfície lunar e a constituição da Via Láctea, descobriu as manchas solares; trabalhou no campo da mecânica terrestre; iniciador do método experimental na física; em 1633, foi obrigado pela Inquisição a negar a teoria copernicana. 34, 41, 63, 195, 235
Gall, Franz Joseph (1758-1828). Médico e anatomista austríaco; fundador da frenologia. 84-6
Galvani, Luigi Aloisio (1737-1798). Médico e pesquisador da natureza italiano; descobriu a eletricidade animal. 254
Gassiot, John Peter (1797-1877). Físico inglês; investigou os fenômenos elétricos. 265
Gerland, Anton Werner Ernst (1838-1910). Físico alemão; escreveu obras sobre a história da física. 251
Goethe, Johann Wolfgang von (1749-1832). Escritor e pesquisador da natureza alemão; principal representante do classicismo alemão. 55, 107, 142, 144
Gramme, Zénobe Théophile (1826-1901). Inventor francês de origem belga; em 1869, aperfeiçoou o dínamo. 260
Grieux. Personagem principal do romance *História do cavaleiro Des Grieux e de Manon Lescaut*, de Antoine François Prévost d'Exiles. 109
Grimm, Jacob Ludwig Karl (1785-1863). Filólogo e historiador da cultura alemão; criou o *Deutsches Wörterbuch* [Dicionário alemão]. 124, 344
Grove, William Robert (1811-1896). Físico e jurista inglês. 35, 47, 80, 132, 188, 191, 265, 287, 296
Guppy, Agnes (nascida **Nichol**) (1837-1917). Médium e espírita inglesa; casou-se em segundas núpcias com William Volckman. 87-9
Guppy, Samuel (?-1875). Primeiro marido de Agnes Guppy (nascida Nichol). 87-9
Guthrie, Frederick (1833-1886). Físico inglês; investigou principalmente os fenômenos de capilaridade dos movimentos ondulatórios. 313

Haeckel, Ernst Heinrich (1834-1919). Biólogo alemão; darwinista engajado, representante do materialismo na ciência natural, anticlerical e humanista burguês. 31-2, 52, 61, 107-8, 123-4, 134, 140-2, 162, 164-5, 188, 222, 318, 326-31, 337, 340, 347
Hall, Spencer Timothy (1812-1885). Espírita e frenólogo inglês. 84-5
Haller, Albrecht von (1708-1777). Médico, biólogo e poeta suíço. 144
Halley, Edmund (1656-1742). Astrônomo e geofísico inglês; tornou-se em 1720 o segundo diretor do Observatório Real de Greenwich; formulou a hipótese do movimento próprio das estrelas e calculou a trajetória de vinte cometas. 236,
Hankel, Wilhelm Gottlieb (1814-1899). Físico alemão; realizou trabalhos sobre a termoeletricidade; sua teoria chegou perto da de Maxwell. 258

Índice onomástico

Hartmann, Karl Robert Eduard von (1842-1906). Filósofo alemão; desenvolveu uma "filosofia do inconsciente" de cunho pessimista. 77
Harvey, William (1578-1657). Médico, fisiologista e embriologista inglês; Iatromecanicista, fundador da fisiologia científica e iniciador da pesquisa com embriões; em 1628 descobriu a circulação sanguínea. 63
Hauer, Franz Ritter von (1822-1899). Geólogo e paleontólogo austríaco. 322
Hegel, Georg Wilhelm Friedrich (1770-1831). Filósofo alemão, principal representante da filosofia alemã burguesa clássica. 31, 44, 64-6, 73-82, 95-9, 105-8, 111-2, 114-6, 119, 123-5, 127, 130-41, 144-6, 150-2, 154-6, 160, 164-5, 179-80, 185-8, 190, 193-4, 207, 217, 222, 224, 226, 235, 237, 254-6, 258, 286-7, 312, 317, 330-1
Heine, Heinrich (1797-1856). Poeta e escritor alemão; trabalhou também com história da literatura, da filosofia e da religião; foi amigo da família Marx. 39, 112, 131
Heller, Yom-Tov Lipmann (1579-1654). Talmudista e rabino nascido na Baváría; atuou em Viena, Praga e Cracóvia. 131
Helmholtz, Hermann von (1821-1894). Fisiologista e físico alemão; deu contribuições à óptica fisiológica; inventor do oftalmoscópio; realizou trabalhos no campo da mecânica, hidrodinâmica, acústica, termodinâmica e eletrodinâmica; fundador e, a partir de 1887, primeiro diretor do Real Instituto Físico-Técnico de Berlim. 291, 325
Henrici, Friedrich Christoph (1795-1885). Físico alemão. 293
Heráclito (ca. 540-480 a.C.). Filósofo grego da escola jônica; representante de uma dialética espontânea. 65
Heron de Alexandria (ca. 10-80 d.C.). Matemático e mecânico grego. 251
Herschel, John Frederick William, (1792-1871). Astrônomo inglês; continuador do trabalho de seu pai, William Herschel. 45, 237-40
Herschel, William (1738-1822). Astrônomo inglês de origem alemã; descobriu o planeta Urano em 1781 e cerca de 2.500 nebulosas e aglomerados de estrelas. 238
Hiparco de Niceia (ca. 190-125 a.C.). Astrônomo grego. 61, 236
Hobbes, Thomas (1588-1679). Filósofo inglês; representante do materialismo e do Iluminismo burguês inicial; adepto do princípio do direito natural. 332
Hofmann, August Wilhelm von (1818-1892). Químico alemao; foi aluno de Liebig e cofundador da química das tintas de alcatrão; trabalhou de 1845 a 1864 em Londres; no início da década de 1860, Marx frequentou algumas de suas preleções públicas. 106
Hohenzollern. Dinastia dos príncipes regentes de Brandemburgo (1415-1701), reis prussianos (1701-1918) e imperadores alemães (1871-1918). 106
Holmes, Jennie (século XIX). Médium e espírita estadunidense; esposa de Nelson Holmes. 90
Holmes, Nelson (século XIX). Médium e espírita estadunidense. 90
Home, Daniel Dunglas (1833-1886). Médium e espírita escocês; atuou também nos Estados Unidos, na Suíça e na Inglaterra. 87
Hudson, Frederick Augustus (1812-?). Fotógrafo inglês. 87-8
Huggins, William (1824-1910). Astrônomo e físico inglês; foi um dos primeiros a usar a análise espectral e a fotografia na astronomia; em 1864 constatou a constituição gasosa de várias nebulosas. 239

Humboldt, Alexander von, barão de (1769-1859). Pesquisador da natureza alemão; empreendeu viagens de pesquisa pela América do Sul e Central, bem como pela Sibéria; fundou a geografia física comparada e a climatologia; desenvolveu e propagou a ideia da totalidade da natureza como cosmo. 35, 45

Hume, David (1711-1776). Filósofo, historiador e economista escocês; fundador do novo agnosticismo. 31, 132-3, 217

Huxley, Thomas Henry (1825-1895). Pesquisador da natureza inglês; materialista e seguidor de Darwin. 94, 156, 319, 328, 337

Huygens, Christiaan (1629-1695). Físico e matemático holandês; foi pioneiro no campo da óptica e do cálculo probabilístico; em 1678, fundamentou a teoria das ondas luminosas. 41, 186, 196, 251

Jâmblico (ca. 283-330). Filósofo grego; representante do neoplatonismo. 87

João. Personagem bíblico. 83, 308

Josué. Personagem bíblico. 251

Joule, James Prescott (1818-1889). Físico inglês, erudito independente e proprietário de cervejaria; investigou o eletromagnetismo e o calor; apurou experimentalmente o equivalente mecânico do calor (1843-1850). 47, 101, 139, 178, 206, 258, 263, 294

Jourdain. Personagem da comédia *O burguês fidalgo*, de Jean-Baptiste Molière. 117

Juvenal, Décimo Júnio (ca. 60-127). Poeta satírico romano. 294

Kant, Immanuel (1724-1804). Filósofo alemão, fundador da filosofia alemã burguesa clássica. 31, 35, 44-6, 48-9, 77, 79, 84, 98, 123, 133-4, 137, 140, 145, 171, 173, 195-7, 240, 244-5, 247

Kekulé von Stradonitz, Friedrich August (1829-1896). Químico alemão; trabalhou no campo da química orgânica e física; desenvolveu a teoria das valências e, em 1865, descobriu a estrutura anelar do benzeno. 76-7, 160-2, 304

Kepler, Johannes (1571-1630). Astrônomo, matemático, físico e filósofo da natureza alemão; descobriu as leis do movimento planetário batizadas com o seu nome; contribuiu para a fundamentação e o desenvolvimento da cosmovisão copernicana; criou novas tabelas planetárias, as chamadas tabelas rudolfinas; trabalhou no campo da óptica geométrica. 34, 41

Ketteler, Wilhelm Emmanuel von, barão de (1811-1877). Sacerdote católico alemão; foi bispo de Mainz de 1850 a 1877. 93

Kinnersley, Ebenezer (1711-1778). Médico e físico estadunidense. 310

Kirchhoff, Gustav Robert (1824-1887). Físico alemão; representante do materialismo científico; realizou trabalhos sobre a teoria da eletricidade, a teoria da radiação calórica, mecânica e óptica; descobriu as leis que levam seu nome e, a partir de 1859, desenvolveu, em companhia de Robert Bunsen, a análise espectral. 134, 202, 207, 209

Klipstein, Philipp Engel von (1747-1808). Geólogo e paleontólogo alemão. 322

Kohlrausch, Friedrich Wilhelm Georg (1840-1910). Físico alemão; realizou trabalhos sobre métodos de medição elétrica e magnética, eletrólise e termoeletricidade; a partir de 1895, foi diretor do Real Instituto Físico-Técnico de Berlim. 274, 295-7, 304

Kopp, Hermann Franz Moritz (1817-1892). Químico alemão e historiador da química; aluno de Liebig, professor de Carl Schorlemmer; introduziu novos métodos de medição física na química. 315

Lalande, Joseph-Jérôme Lefrançois de (1732-1807). Astrônomo francês; de 1795 até a sua morte, foi diretor do Observatório Real de Paris. 236

Lamarck, Jean-Baptiste Pierre Antoine de Monet, cavaleiro de (1744-1829). Pesquisador da natureza francês; realizou trabalhos sistemáticos em florística e zoologia; em 1809, fundamentou a mais importante teoria da evolução do mundo orgânico anterior a Darwin; também produziu trabalhos sobre geologia e meteorologia. 35, 50, 124, 322-3, 330

Laplace, Pierre-Simon, marquês de (1749-1827). Matemático e astrônomo francês; em 1796, desenvolveu a sua cosmogonia e, em 1812, a sua teoria da probabilidade. 35, 44-5, 51, 79, 98, 108, 130, 173, 185, 236, 305

Lavoisier, Antoine-Laurent de (1743-1794). Físico e químico francês; investigou o processo de combustão e desenvolveu a teoria da oxidação como teoria antiflogística. 42, 48, 81-2, 253, 315

Lavrov, Piotr Lavrovitch (1823-1900). Sociólogo e publicista russo; ideólogo dos *narodniks* [populistas russos]; emigrou para a França em 1870; foi membro da Associação Internacional dos Trabalhadores, participou da Comuna de Paris; a partir de 1872, foi amigo de Marx e Engels. 305, 308, 325, 332

Le Roux, François-Pierre (1832-1907). Físico francês. 265

Le Verrier, Urbain Jean Joseph (1811-1877). Astrônomo e matemático francês; calculou em 1846, independentemente de Adams, a órbita do planeta Netuno, que naquela época ainda não fora descoberto. 116-7,

Lecoq de Boisbaudran, Paul-Émile (1838-1912). Químico francês; em 1875, descobriu o elemento químico gálio, previsto por Dmitri Ivanovitch Mendeleiev. 116

Leibniz, Gottfried Wilhelm, barão de (1646-1716). Filósofo racionalista alemão; erudito universalista; principal representante do Iluminismo; fundamentou o cálculo infinitesimal, independentemente de Newton; em 1700, fundou a Academia de Ciências de Berlim. 41, 98, 195-201, 206, 223, 251

Leonardo da Vinci (1452-1519). Pintor, escultor, escritor, erudito universal e técnico italiano. 39

Lessing, Gotthold Ephraim (1729-1781). Escritor iluminista alemão, crítico, dramaturgo e historiador da literatura. 96

Leucipo (? – ca. 460 a.C.). Filósofo grego; fundador da atomística, professor de Demócrito. 67-8, 77

Liebig, Justus von, barão de (1803-1873). Químico alemão; fundador de uma escola de química; aperfeiçoou a química teórica e analítica; foi pioneiro na aplicação da química na agricultura e na fisiologia. 319-24

Liebknecht, Wilhelm (1826-1900). Filólogo e publicista alemão; líder do movimento trabalhador alemão; participou da Revolução de 1848-1849; foi membro da Associação Internacional de Trabalhadores; foi cofundador em 1800 do Partido Social-Democrata dos Trabalhadores; a partir de 1869, foi redator dos jornais *Volksstaat* e *Vorwärts*; amigo e companheiro de lutas de Marx e Engels. 73

Lineu, Carlos (1707-1778). Pesquisador da natureza e médico sueco; criou a nomenclatura binária para descrever as espécies e a classificação sistemática de plantas e animais que depois se tornaria clássica. 41-3, 49, 141, 155

Locke, John (1632-1704). Filósofo e economista inglês; fundador do sensualismo materialista; representante do Iluminismo inglês e adepto da teoria do direito natural. 78, 217

Loschmidt, Joseph (1821-1895). Físico e químico austríaco; trabalhou principalmente no campo da teoria mecânica do calor e da teoria cinética dos gases. 31, 307

Lubbock, John, barão Avebury (1834-1913). Pesquisador da natureza inglês, banqueiro e político; investigou o comportamento e a metamorfose dos insetos. 137, 337

Lutero, Martinho (1483-1546). Teólogo alemão; desencadeou a Reforma; principal representante da corrente moderada na revolução pré-burguesa. 33, 39-40

Lyell, Charles (1797-1875). Geólogo inglês; propôs uma teoria coerente da evolução geológica com base no princípio do atualismo (1830-1833) e com ela superou a teoria do cataclismo de Cuvier. 35, 46-7, 337

Mädler, Johann Heinrich von (1794-1874). Astrônomo alemão; criou mapas lunares e escreveu obras populares de astronomia; diretor do Observatório Astronômico de Dorpat. 44, 51, 57, 69, 236-40, 308

Malthus, Thomas Robert (1766-1834). Sacerdote e economista inglês; principal representante da teoria da superpopulação. 331, 333

Manon Lescaut. Personagem do romance *História do cavaleiro Des Grieux e de Manon Lescaut*, de Antoine François Prévost d'Exiles. 109

Manteuffel, Otto Theodor, barão de (1805-1882). Ministro do Interior (1848- 1850) e primeiro-ministro (1850-1858) prussiano; teve participação decisiva na introdução da Constituição de 1848 e do sistema eleitoral de três classes em 1849. 120

Maquiavel, Nicolau (1469-1527). Pensador e escritor italiano do campo da política; estadista; crítico das condições políticas feudais e das práticas de dominação correspondentes; fundamentou a necessidade de um Estado secular. 39

Marggraf, Andreas Sigismund (1709-1782). Químico alemão; em 1747, com a ajuda do microscópio, descobriu os cristais de açúcar da beterraba. 106

Maskelyne, John Nevil (1732-1811). Astrônomo inglês; diretor do Observatório Astronômico de Greenwich; em 1774, determinou a densidade da Terra. 84, 87-90, 236

Maxwell, James Clerk (1831-1879). Físico e matemático inglês; aprimorou a teoria mecânica do calor; criou a teoria do eletromagnetismo e calculou a dimensão dos anéis de Saturno. 63, 130, 191, 208-9, 252, 258-9, 309

Mayer, Julius Robert von (1814-1878). Médico e físico alemão; foi o primeiro a formular, em 1842, a lei da conservação e transformação da energia. 47, 101, 139, 177-8, 191, 247

Mendeleiev, Dmitri Ivanovitch (1834-1807). Químico russo; em 1869, propôs o sistema periódico dos elementos químicos. 116

Mesmer, Franz Friedrich Anton (1734-1815). Teólogo e médico austríaco; fundador do mesmerismo. 84-5

Índice onomástico

Meyer, Julius Lothar (1830-1895). Químico alemão; realizou trabalhos sobre calor específico, isomorfia e natureza dos elementos químicos. 163, 304

Moleschott, Jakob (1822-1893). Fisiologista holandês; atuou em Heidelberg, Zurique, Turim e Roma; defendeu uma cosmovisão mecânico-materialista e uma teoria do conhecimento "materialista vulgar". 95, 104

Molière, Jean-Baptiste (1622-1673). Escritor e poeta francês; precursor da comédia nacional francesa. 117

Montalembert, Marc-René, marquês de (1714-1800). General francês e engenheiro de fortificações; elaborou um novo sistema de fortificação. 39

Mozart, Wolfgang Amadeus (1756-1791). Compositor austríaco. 92

Münster, Georg, conde de (1776-1844). Paleontólogo alemão. 322

Murray, Lindley (1745-1826). Gramático inglês. 87

Nägeli, Karl Wilhelm von (1817-1891). Botânico suíço; transferiu-se para Munique em 1857; realizou pesquisas fundamentais em todos os campos da botânica. 31, 75, 147-50, 353

Napier, John (1550-1617). Matemático escocês; provavelmente na última década do século XVI, inventou os logaritmos. 41

Napoleão I (1769-1821). Imperador da França de 1804 a 1814 e de 20 de março a 22 de junho de 1815. 108

Napoleão III (1808-1873). Sobrinho de Napoleão I, presidente da Segunda República (1848-1851) e imperador francês (1852-1870). 120.

Naumann, Alexander (1837-1922). Químico alemão; atuou principalmente no campo da termoquímica. 209, 265, 270, 288, 295

Neumann, Carl Gottfried (1832-1925). Matemático e físico alemão; fundador da teoria do potencial logarítmico. 257

Newcomen, Thomas (1664-1729). Ferreiro inglês; em 1705, construiu as primeiras bombas de pistão movidas a vapor utilizadas na drenagem das minas. 252

Newton, Isaac (1642-1727). Físico, astrônomo e matemático inglês; fundador da física clássica; formulou os axiomas da mecânica batizados com seu nome e descobriu a lei universal da gravitação; realizou pesquisas fundamentais sobre a óptica física; fundamentou o cálculo infinitesimal, independentemente de Gottfried Wilhelm von Leibniz. 34, 41, 43, 45, 48, 83, 98, 106-8, 155, 172, 192, 223, 235-6, 305

Nicholson, Henry Alleyne (1844-1899). Zoólogo e paleontólogo inglês. 53, 120, 326-8, 331

Nicolai, Christoph Friedrich (1733-1811). Escritor alemão, editor e livreiro em Berlim; adepto do "absolutismo esclarecido"; foi contra Kant e Fichte. 96

Ohm, Georg Simon (1787-1854). Físico alemão; em 1826, formulou a lei da condução elétrica que foi batizada com seu nome; também realizou trabalhos no campo da acústica. 253, 264

Oken, Lorenz (1779-1851). Pesquisador da natureza e filósofo da natureza alemão; adepto da filosofia da natureza de Schelling; em 1822, fundou a Assembleia dos Pesquisadores da Natureza e Médicos Alemães. 50, 98-9, 107, 318

Friedrich Engels – Dialética da natureza

Olbers, Heinrich Wilhelm (1758-1840). Médico e astrônomo alemão; descobriu cometas e pequenos planetas e calculou suas trajetórias. 238

Orbigny, Alcide Dessalines d' (1802-1857). Paleontólogo, pesquisador e viajante francês; aluno de Cuvier e defensor da teoria do cataclismo. 322

Owen, Richard (1804-1892). Zoólogo, anatomista e paleontólogo inglês; em 1863 descreveu pela primeira vez o achado do *archaeopteryx*; adversário de Darwin. 85, 105-6

Paganini, Niccolò (1782-1840). Violinista e compositor italiano. 340

Papin, Denis (1647-1714). Médico e físico francês; a partir de 1680, atuou em diversos países europeus; realizou trabalhos preparatórios teóricos e experimentais sobre a máquina a vapor. 251

Pasteur, Louis (1822-1895). Químico francês; fundador da bacteriologia. 318-9

Pauli, Philipp Victor (1836-1920). Químico alemão; diretor de uma fábrica química; amigo de Schorlemmer e Engels. 109

Perty, Joseph Anton Maximilian (1804-1884). Pesquisador da natureza alemão; transferiu-se em 1833 para Berna. 321

Pio IX (1792-1878). Papa de 1846 a 1878. 109

Pitágoras (ca. 580 – ca. 500 a.C.). Matemático e filósofo grego. 64-6, 165

Plínio, o Velho (Caio Plínio Segundo) (23-79 d.C.). Estadista e escritor romano; autor da *Naturalis historiae* [História natural] em 37 livros. 107

Plutarco de Queroneia (46 – ca. 119). Escritor e filósofo grego; autor de numerosas biografias de gregos e romanos famosos. 64-5

Poggendorff, Johann Christian (1796-1877). Físico e historiador da física alemão; renomado por seus trabalhos sobre eletricidade e magnetismo; editor da revista *Annalen der Physik und Chemie* [Anais de física e química] (1824-1877); fundador do *Biographisch-literarisches Handwörterbuchs zur Geschichte der exakten Wissenschaften* [Dicionário biográfico-literário sobre a história das ciências exatas]. 247, 285, 299-300

Polo, Marco (1254-1324). Viajante e escritor veneziano a serviço do Estado chinês (1275-1292); tornou os países do Oriente conhecidos na Europa ocidental; suas descobertas ensejaram outras viagens pelo mundo nos séculos seguintes. 70

Prévost d'Exiles, Antoine-François (chamado **Abbé Prévost**) (1697-1763). Escritor francês. 109

Priestley, Joseph (1733-1804). Filósofo e pesquisador da natureza inglês; seguidor de Locke; em 1794, exilou-se nos Estados Unidos por causa de seu apoio à Revolução Francesa; em 1774, descobriu o oxigênio. 81, 149, 253

Procusto. Na mitologia grega, gigante que atraía viajantes e os torturava sobre uma cama. 78

Ptolemeu, Cláudio (ca. 90 – ca. 168). Astrônomo, astrólogo, matemático e geógrafo grego; o sistema cósmico geocêntrico fundado por ele foi predominante e teve o apoio da Igreja até o final da Idade Média. 40

Índice onomástico

Quenstedt, Friedrich August von (1809-1889). Mineralogista e paleontólogo. 322

Rafael (Raffaello Sanzio da Urbino) (1483-1520). Pintor italiano; representante importante da alta Renascença. 340
Raoult, François-Marie (1830-1901). Químico e físico; estudou principalmente os processos de cristalização e desenvolveu métodos de determinação do peso molecular. 258, 263, 293
Renault, Bernard (1836-1904). Paleobotânico francês; também fez estudos sobre eletricidade. 284-5
Reuß. Dinastia principesca alemã da Turíngia (1099-1918). 221
Reynard, François (1805 – ca. 1870). Engenheiro francês; desenvolveu uma teoria da eletricidade próxima da de Maxwell. 258
Ritter, Johann Wilhelm (1776-1810). Físico alemão; descobriu a polarização galvânica e os raios ultravioleta; inventou uma coluna de carregamento elétrico precursora do acumulador; seguidor da filosofia da natureza do Romantismo. 262
Romanes, George John (1848-1894). Fisiologista e psicólogo inglês; propôs uma teoria da seleção fisiológica e da evolução psíquica. 137
Roscoe, Henry Enfield (1833-1915). Químico inglês; realizou trabalhos no campo da química inorgânica; é autor de uma série de livros didáticos. 116
Rosenkranz, Johann Karl Friedrich (1805-1879). Filósofo e escritor alemão; hegeliano conservador, editor das obras de Hegel e Kant. 106
Rosse, William Parsons, conde de (1800-1867). Astrônomo irlandês; em 1845, construiu um especular refletor de 182 cm com o qual constatou a estrutura em espiral de muitas nebulosas extragalácticas. 238, 240
Ruhmkorff, Heinrich Daniel (1803-1877). Mecânico e eletricista alemão; em 1839, transferiu-se para Paris; em 1851, construiu o indutor de faíscas que leva seu nome. 260, 313

Saint-Simon, Claude-Henri de Rouvroy, conde de (1760-1825). Socialista utópico francês; também trabalhou numa enciclopédia de ciências. 31, 44, 155-6
Savery, Thomas (ca. 1650-1715). Engenheiro inglês; em 1698, patenteou uma bomba de pistão movida a vapor. 252
Schiller, Friedrich von (1759-1805). Escritor e poeta alemão; ao lado de Goethe, é o principal representante do classicismo alemão. 299
Schleiden, Matthias Jakob (1804-1881), Botânico alemão; cofundador da teoria celular; crítico da filosofia especulativa da natureza e da corrente de classificação sistemática da botânica. 34, 48, 97, 101, 346
Schmidt, Eduard Oscar (1823-1886). Zoólogo alemão; seguidor de Darwin. 31-2
Schopenhauer, Arthur (1788-1860). Filósofo alemão; representante do subjetivismo irracionalista e do voluntarismo. 77
Schorlemmer, Carl (1834-1892). Químico alemão, cofundador da química orgânica; em 1859, emigrou para Manchester; foi membro da Associação Internacional dos Trabalhadores e do Partido Social-Democrático dos Trabalhadores; no início da

década de 1860, tornou-se amigo íntimo e companheiro de lutas de Marx e Engels. 98, 116, 157

Schwann, Theodor (1810-1882). Anatomista e fisiologista alemão, a partir de 1839 lecionou em universidades belgas; em 1839, formulou teses fundamentais da teoria celular. 34, 97, 101

Secchi, Pietro Angelo (1818-1878). Astrônomo italiano; diretor do Observatório Astronômico de Roma; jesuíta; estudou nosso sistema solar e espectros estelares. 51, 56-7, 108-9, 236-7, 239-40, 309

Serveto, Miguel (1511-1553). Médico e pesquisador espanhol; pensador e publicista versátil; descobriu a pequena circulação sanguínea; por criticar dogmas religiosos, foi queimado na fogueira por heresia por representantes do calvinismo genebrino. 33, 40

Siemens, Werner von (1816-1892). Mecânico, inventor e empreendedor alemão; foi inovador em vários campos da eletrotécnica. 260,

Silbermann, Johann Theobald (1806-1865). Físico francês; realizou pesquisas termoquímicas em conjunto com Favre. 288

Smee, Alfred (1818-1877). Cirurgião e físico inglês. 261

Snell van Roijen, Willebrord (Snellius) (1580 ou 1591-1626). Astrônomo e matemático holandês; descobriu a lei de refração da luz; inventou o método da triangulação; realizou trabalhos sobre geometria plana e esférica. 247

Sólon (ca. 640 – ca. 560 a.C.). Estadista e poeta ateniense. 99

Spencer, Herbert (1820-1903). Filósofo e sociólogo inglês; elaborou uma concepção metafísica da evolução; seguidor de Darwin, adversário das ideias socialistas. 223, 340

Starcke, Carl Nicolai (1858-1926). Filósofo e sociólogo dinamarquês. 103

Strauß, David Friedrich (1808-1874), Filósofo e publicista alemão; foi aluno de Hegel; sua crítica histórica à Bíblia ensejou, em 1835, o surgimento do grupo dos jovens hegelianos. 275

Suter, Heinrich (1848-1922). Matemático e historiador da matemática suíço. 196-7, 200, 203, 207

Tait, Peter Guthrie (1831-1901). Físico e matemático escocês; autor de livros didáticos de física teórica. 91, 105, 201-2, 207, 209, 240, 245, 247, 320, 325

Tales de Mileto (ca. 624-546 a.C.). Filósofo grego; fundador da filosofia jônica da natureza. 64, 66, 180, 188

Taylor, Brook (1685-1731). Matemático inglês; determinou em 1712 (e publicou em 1715) a fórmula universal de resolução de funções em série de potências (série de Taylor). 233

Thomsen, Hans Peter Jørgen Julius (1826-1909). Químico dinamarquês; realizou estudos fundamentais no campo da termoquímica. 270, 280, 286

Thomson, Thomas (1773-1852). Químico e historiador da química escocês; promoveu o desenvolvimento e a aceitação da teoria atômica. 107, 252-5, 310-2

Thomson, William (também conhecido como **lorde Kelvin**) (1824-1907). Físico inglês; de 1846 a 1899, atuou em Glasgow; realizou trabalhos sobre termodinâmica, eletrotécnica e física matemática. 105, 201, 209, 219, 240, 245, 247, 307, 320, 325, 343

Índice onomástico

Thorvaldsen, Bertel (1768-1844). Escultor dinamarquês; foi um dos principais representantes do classicismo tardio. 340

Torricelli, Evangelista (1608-1647). Físico e matemático italiano; aluno de Galieu Galilei; em 1643 ou 1644, inventou o barômetro de mercúrio. 42, 63

Traube, Moritz (1826-1894). Químico e fisiologista alemão; criou os primeiros modelos para os processos fisiológicos celulares. 325-6

Tyndall, John (1820-1893). Físico irlandês; seus principais trabalhos versam sobre acústica, magnetismo e termodinâmica; também foi um popularizador das ciências. 109, 329

Varley, Cromwell Fleetwood (1828-1883). Engenheiro elétrico inglês. 89

Virchow, Rudolf (1821-1902). Patologista e antropólogo alemão; fundador da patologia celular; adversário de Darwin; líder do Partido Progressista Alemão; foi membro do Parlamento prussiano (1862-1902) e deputado no Reichstag alemão (1880-1893). 32, 74-5, 92, 98

Vogt, Karl (1817-1895). Pesquisador da natureza alemão e popularizador da ciência; democrata pequeno-burguês, foi deputado da Assembleia Nacional de Frankfurt em 1849 e membro da regência provisória do Reich; em 1849, emigrou para a Suíça; adversário dos movimentos proletário e comunista; nas décadas de 1850 e 1860, tornou-se propagandista a soldo das visões bonapartistas. 77, 95, 106

Volckman, William (século XIX). Segundo marido de Agnes Guppy (nascida Nichol). 89-90

Volta, Alessandro Giuseppe Antonio Anastasio (1745-1827). Físico, químico e fisiologista italiano; em 1799, criou a "coluna voltaica", primeira fonte de energia constante, e interpretou corretamente os experimentos de Galvani sobre a eletricidade animal. 253, 262-3, 298

Voltaire (François-Marie Arouet) (1694-1778). Filósofo, historiador e escritor francês; um dos principais representantes do Iluminismo burguês. 96

Wagner, Moritz Friedrich (1813-1887). Pesquisador da natureza e viajante alemão; seguidor de Darwin. 319-23

Wallace, Alfred Russel (1823-1913). Pesquisador da natureza inglês; foi um dos fundadores da biogeografia; formulou o princípio da seleção natural, na mesma época e independentemente de Darwin. 84-94

Watt, James (1736-1819). Engenheiro e inventor escocês; construtor da primeira máquina a vapor de aplicação universal. 252

Weber, Wilhelm Eduard (1804-1891). Físico alemão; promoveu o sistema de medição elétrico e magnético; em 1833, construiu o primeiro telégrafo na Alemanha. 256-7

Wheatstone, Charles (1802-1875). Físico e inventor inglês no campo da eletrotécnica. 293

Whewell, William (1794-1866). Filósofo inglês, pesquisador da natureza e historiador da ciência. 61, 141

Whitworth, Joseph (1803-1887). Engenheiro inglês, inventor e fabricante de armas. 205

Wiedemann, Gustav Heinrich (1826-1899). Físico alemão; trabalhou principalmente com eletromagnetismo; foi editor dos *Annalen der Physik und Chemie* (1877-1899). 224, 253, 256-7, 260-1, 263-7, 269-80, 282-6, 288, 290-300, 302-3, 313

Wilke, Christian Gottlob (1786-1854). Teólogo alemão; de origem protestante, converteu-se ao catolicismo. 275

Winterl, Jakob Joseph (1732-1809). Médico, botânico e químico austríaco; formulou a hipótese da decomposição eletrolítica da água. 311

Wislicenus, Johannes (1835-1902). Químico alemão; trabalhou principalmente com estruturas químicas e estereoquímica; descobriu e descreveu estereoisômeros de ligações orgânicas insaturadas; foi adversário do empirismo e da ortodoxia eclesiástica. 334

Wöhler, Friedrich (1800-1882). Químico alemão; pesquisou uma série de procedimentos de síntese na química orgânica e inorgânica; em 1824, efetuou na prática a primeira produção de ureia, cujo significado ele só viria a reconhecer em 1828. 48, 102

Wolf, Rudolf (1816-1893). Astrônomo suíço; a partir de 1864, foi diretor do Observatório Astronômico de Zurique; pesquisou as manchas solares; percebeu a conexão da atividade destas com o magnetismo terrestre e determinou o ritmo da atividade solar; também escreveu trabalhos sobre história da astronomia. 69, 78, 106, 130, 247

Wolff, Caspar Friedrich (1734-1794). Anatomista e embriologista alemão; a partir de 1768, atuou em Petersburgo; fundamentou a teoria da epigênese. 49-50

Wolff, Christian von, barão de (1679-1754). Filósofo alemão; sistematizou e popularizou a filosofia de Leibniz; adepto do "absolutismo esclarecido" e da teoria do direito natural. 44

Wollaston, William Hyde (1766-1828). Médico, químico e físico inglês; em 1804, descobriu o paládio e, em 1805, o ródio; desenvolveu um procedimento para processar a platina e, ao mesmo tempo que Dalton, formulou a lei das proporções múltiplas. 311

Worm-Müller, Jakob (1834-1889). Médico e físico norueguês; em 1870, pesquisou as assim chamadas correntes de fluidos. 292-3

Wundt, Wilhelm Max (1832-1920). Fisiologista, psicólogo e filósofo alemão; introduziu o método experimental na psicologia e fundou o primeiro Instituto de Psicologia Experimental em Leipzig. 327

Zöllner, Johann Karl Friedrich (1834-1882). Astrofísico alemão; trabalhou com fotometria dos corpos celestes; desenvolveu o primeiro sismômetro. 83, 91

CRONOLOGIA RESUMIDA DE MARX E ENGELS

	Karl Marx	Friedrich Engels	Fatos históricos
1818	Em Trier (capital da província alemã do Reno), nasce Karl Marx (5 de maio), o segundo de oito filhos de Heinrich Marx e Enriqueta Pressburg. Trier na época era influenciada pelo liberalismo revolucionário francês e pela reação ao Antigo Regime, vinda da Prússia.		Simón Bolívar declara a Venezuela independente da Espanha.
1820		Nasce Friedrich Engels (28 de novembro), primeiro dos oito filhos de Friedrich Engels e Elizabeth Franziska Mauritia van Haar, em Barmen, Alemanha. Cresce no seio de uma família de industriais religiosa e conservadora.	George IV se torna rei da Inglaterra, pondo fim à Regência. Insurreição constitucionalista em Portugal.
1824	O pai de Marx, nascido Hirschel, advogado e conselheiro de Justiça, é obrigado a abandonar o judaísmo por motivos profissionais e políticos (os judeus estavam proibidos de ocupar cargos públicos na Renânia). Marx entra para o Ginásio de Trier (outubro).		Simón Bolívar se torna chefe do Executivo do Peru.
1830	Inicia seus estudos no Liceu Friedrich Wilhelm, em Trier.		Estouram revoluções em diversos países europeus. A população de Paris insurge-se contra a promulgação de leis que dissolvem a Câmara e suprimem a liberdade de imprensa. Luís Filipe assume o poder.
1831			Em 14 de novembro, morre Hegel.

Friedrich Engels – Dialética da natureza

	Karl Marx	Friedrich Engels	Fatos históricos
1834		Engels ingressa, em outubro, no Ginásio de Elberfeld.	A escravidão é abolida no Império Britânico. Insurreição operária em Lyon.
1835	Escreve *Reflexões de um jovem perante a escolha de sua profissão*. Presta exame final de bacharelado em Trier (24 de setembro). Inscreve-se na Universidade de Bonn.		Revolução Farroupilha, no Brasil. O Congresso alemão faz moção contra o movimento de escritores Jovem Alemanha.
1836	Estuda Direito na Universidade de Bonn. Participa do Clube de Poetas e de associações estudantis. No verão, fica noivo em segredo de Jenny von Westphalen, sua vizinha em Trier. Em razão da oposição entre as famílias, casar-se-iam apenas sete anos depois. Matricula-se na Universidade de Berlim.	Na juventude, fica impressionado com a miséria em que vivem os trabalhadores das fábricas de sua família. Escreve *Poema*.	Fracassa o golpe de Luís Napoleão em Estrasburgo. Criação da Liga dos Justos.
1837	Transfere-se para a Universidade de Berlim e estuda com mestres como Gans e Savigny. Escreve *Canções selvagens* e *Transformações*. Em carta ao pai, descreve sua relação contraditória com o hegelianismo, doutrina predominante na época.	Por insistência do pai, Engels deixa o ginásio e começa a trabalhar nos negócios da família. Escreve *História de um pirata*.	A rainha Vitória assume o trono na Inglaterra.
1838	Entra para o Clube dos Doutores, encabeçado por Bruno Bauer. Perde o interesse pelo Direito e entrega-se com paixão ao estudo da Filosofia, o que lhe compromete a saúde. Morre seu pai.	Estuda comércio em Bremen. Começa a escrever ensaios literários e sociopolíticos, poemas e panfletos filosóficos em periódicos como o *Hamburg Journal* e o *Telegraph für Deutschland*, entre eles o poema "O beduíno" (setembro), sobre o espírito da liberdade.	Richard Cobden funda a Anti-Corn-Law-League, na Inglaterra. Proclamação da Carta do Povo, que originou o cartismo.
1839		Escreve o primeiro trabalho de envergadura, *Briefe aus dem Wupperthal* [Cartas de Wupperthal], sobre a vida operária em Barmen e na vizinha Elberfeld (*Telegraph für Deutschland*, primavera). Outros viriam, como *Literatura popular alemã, Karl Beck* e *Memorabilia de Immermann*. Estuda a filosofia de Hegel.	Feuerbach publica *Zur Kritik der Hegelschen Philosophie* [Crítica da filosofia hegeliana]. Primeira proibição do trabalho de menores na Prússia. Auguste Blanqui lidera o frustrado levante de maio, na França.
1840	K. F. Koeppen dedica a Marx seu estudo *Friedrich der Grosse und seine Widersacher* [Frederico, o Grande, e seus adversários].	Engels publica *Réquiem para o Aldeszeitung alemão* (abril), *Vida literária moderna*, no *Mitternachtzeitung* (março-maio) e *Cidade natal de Siegfried* (dezembro).	Proudhon publica *O que é a propriedade?* [Qu'est-ce que la propriété?].

Cronologia resumida de Marx e Engels

	Karl Marx	Friedrich Engels	Fatos históricos
1841	Com uma tese sobre as diferenças entre as filosofias de Demócrito e Epicuro, Marx recebe em Iena o título de doutor em Filosofia (15 de abril). Volta a Trier. Bruno Bauer, acusado de ateísmo, é expulso da cátedra de Teologia da Universidade de Bonn e, com isso, Marx perde a oportunidade de atuar como docente nessa universidade.	Publica *Ernst Moritz Arndt*. Seu pai o obriga a deixar a escola de comércio para dirigir os negócios da família. Engels prosseguiria sozinho seus estudos de filosofia, religião, literatura e política. Presta o serviço militar em Berlim por um ano. Frequenta a Universidade de Berlim como ouvinte e conhece os jovens hegelianos. Critica intensamente o conservadorismo na figura de Schelling, com os escritos *Schelling em Hegel*, *Schelling e a revelação* e *Schelling, filósofo em Cristo*.	Feuerbach traz a público *A essência do cristianismo* [*Das Wesen des Christentums*]. Primeira lei trabalhista na França.
1842	Elabora seus primeiros trabalhos como publicista. Começa a colaborar com o jornal *Rheinische Zeitung* [Gazeta Renana], publicação da burguesia em Colônia, do qual mais tarde seria redator. Conhece Engels, que na ocasião visitava o jornal.	Em Manchester, assume a fiação do pai, a Ermen & Engels. Conhece Mary Burns, jovem trabalhadora irlandesa, que viveria com ele até a morte dela. Mary e a irmã Lizzie mostram a Engels as dificuldades da vida operária, e ele inicia estudos sobre os efeitos do capitalismo no operariado inglês. Publica artigos no *Rheinische Zeitung*, entre eles "Crítica às leis de imprensa prussianas" e "Centralização e liberdade".	Eugène Sue publica *Os mistérios de Paris*. Feuerbach publica *Vorläufige Thesen zur Reform der Philosophie* [Teses provisórias para uma reforma da filosofia]. O Ashley's Act proíbe o trabalho de menores e mulheres em minas na Inglaterra.
1843	Sob o regime prussiano, é fechado o *Rheinische Zeitung*. Marx casa-se com Jenny von Westphalen. Recusa convite do governo prussiano para ser redator no diário oficial. Passa a lua de mel em Kreuznach, onde se dedica ao estudo de diversos autores, com destaque para Hegel. Redige os manuscritos que viriam a ser conhecidos como *Crítica da filosofia do direito de Hegel* [*Zur Kritik der Hegelschen Rechtsphilosophie*]. Em outubro vai a Paris, onde Moses Hess e George Herwegh o apresentam às sociedades secretas socialistas e comunistas e às associações operárias alemãs. Conclui *Sobre a questão judaica* [*Zur Judenfrage*]. Substitui Arnold Ruge na direção dos *Deutsch-Französische Jahrbücher* [Anais Franco-Alemães]. Em dezembro inicia grande amizade com Heinrich Heine e conclui sua "Crítica da filosofia do direito de Hegel – Introdução" [*Zur Kritik der Hegelschen Rechtsphilosophie – Einleitung*].	Engels escreve, com Edgar Bauer, o poema satírico "Como a Bíblia escapa milagrosamente a um atentado impudente, ou o triunfo da fé", contra o obscurantismo religioso. O jornal *Schweuzerisher Republicaner* publica suas "Cartas de Londres". Em Bradford, conhece o poeta G. Weerth. Começa a escrever para a imprensa cartista. Mantém contato com a Liga dos Justos. Ao longo desse período, suas cartas à irmã favorita, Marie, revelam seu amor pela natureza e por música, livros, pintura, viagens, esporte, vinho, cerveja e tabaco.	Feuerbach publica *Grundsätze der Philosophie der Zukunft* [Princípios da filosofia do futuro].

Friedrich Engels – Dialética da natureza

	Karl Marx	Friedrich Engels	Fatos históricos
1844	Em colaboração com Arnold Ruge, elabora e publica o primeiro e único volume dos *Deutsch-Französische Jahrbücher*, no qual participa com dois artigos: "A questão judaica" e "Introdução a uma crítica da filosofia do direito de Hegel". Escreve os *Manuscritos econômico-filosóficos* [*Ökonomisch-philosophische Manuskripte*]. Colabora com o *Vorwärts!* [Avante!], órgão de imprensa dos operários alemães na emigração. Conhece a Liga dos Justos, fundada por Weitling. Amigo de Heine, Leroux, Blanqui, Proudhon e Bakunin, inicia em Paris estreita amizade com Engels. Nasce Jenny, primeira filha de Marx. Rompe com Ruge e desliga-se dos *Deutsch-Französische Jahrbücher*. O governo decreta a prisão de Marx, Ruge, Heine e Bernays pela colaboração nos *Deutsch-Französische Jahrbücher*. Encontra Engels em Paris e em dez dias planejam seu primeiro trabalho juntos, *A sagrada família* [*Die heilige Familie*]. Marx publica no *Vorwärts!* artigo sobre a greve na Silésia.	Em fevereiro, Engels publica *Esboço para uma crítica da economia política* [*Umrisse zu einer Kritik der Nationalökonomie*], texto que influenciou profundamente Marx. Segue à frente dos negócios do pai, escreve para os *Deutsch-Französische Jahrbücher* e colabora com o jornal *Vorwärts!*. Deixa Manchester. Em Paris, torna-se amigo de Marx, com quem desenvolve atividades militantes, o que os leva a criar laços cada vez mais profundos com as organizações de trabalhadores de Paris e Bruxelas. Vai para Barmen.	O Graham's Factory Act regula o horário de trabalho para menores e mulheres na Inglaterra. Fundado o primeiro sindicato operário na Alemanha. Insurreição de operários têxteis na Silésia e na Boêmia.
1845	Por causa do artigo sobre a greve na Silésia, a pedido do governo prussiano Marx é expulso da França, juntamente com Bakunin, Bürgers e Bornstedt. Muda-se para Bruxelas e, em colaboração com Engels, escreve e publica em Frankfurt *A sagrada família*. Ambos começam a escrever *A ideologia alemã* [*Die deutsche Ideologie*], e Marx elabora "As teses sobre Feuerbach" [*Thesen über Feuerbach*]. Em setembro, nasce Laura, segunda filha de Marx e Jenny. Em dezembro, ele renuncia à nacionalidade prussiana.	As observações de Engels sobre a classe trabalhadora de Manchester, feitas anos antes, formam a base de uma de suas obras principais, *A situação da classe trabalhadora na Inglaterra* [*Die Lage der arbeitenden Klasse in England*] (publicada primeiramente em alemão; a edição seria traduzida para o inglês 40 anos mais tarde). Em Barmen, organiza debates sobre as ideias comunistas com Hess e profere os *Discursos de Elberfeld*. Em abril sai de Barmen e encontra Marx em Bruxelas. Juntos, estudam economia e fazem uma breve visita a Manchester (julho e agosto), onde percorrem alguns jornais locais, como o *Manchester Guardian* e o *Volunteer Journal for Lancashire and Cheshire*. É lançada *A situação da classe trabalhadora na Inglaterra*, em Leipzig. Começa sua vida em comum com Mary Burns.	Criada a organização internacionalista Democratas Fraternais, em Londres. Richard M. Hoe registra a patente da primeira prensa rotativa moderna.
1846	Marx e Engels organizam em Bruxelas o primeiro Comitê de Correspondência da Liga dos Justos,	Seguindo instruções do Comitê de Bruxelas, Engels estabelece estreitos contatos com socialistas e	Os Estados Unidos declaram guerra ao México. Rebelião

Cronologia resumida de Marx e Engels

Karl Marx	Friedrich Engels	Fatos históricos
uma rede de correspondentes comunistas em diversos países, a qual Proudhon se nega a integrar. Em carta a Annenkov, Marx critica o recém-publicado *Sistema das contradições econômicas ou Filosofia da miséria* [*Système des contradictions économiques ou Philosophie de la misère*], de Proudhon. Redige com Engels a *Zirkular gegen Kriege* [Circular contra Kriege], crítica a um alemão emigrado dono de um periódico socialista em Nova York. Por falta de editor, Marx e Engels desistem de publicar *A ideologia alemã* (a obra só seria publicada em 1932, na União Soviética). Em dezembro, nasce Edgar, o terceiro filho de Marx.	comunistas franceses. No outono, ele se desloca para Paris com a incumbência de estabelecer novos comitês de correspondência. Participa de um encontro de trabalhadores alemães em Paris, propagando ideias comunistas e discorrendo sobre a utopia de Proudhon e o socialismo real de Karl Grün.	polonesa em Cracóvia. Crise alimentar na Europa. Abolidas, na Inglaterra, as "leis dos cereais".
1847 Filia-se à Liga dos Justos, em seguida nomeada Liga dos Comunistas. Realiza-se o primeiro congresso da associação em Londres (junho), ocasião em que se encomenda a Marx e Engels um manifesto dos comunistas. Eles participam do congresso de trabalhadores alemães em Bruxelas e, juntos, fundam a Associação Operária Alemã de Bruxelas. Marx é eleito vice-presidente da Associação Democrática. Conclui e publica a edição francesa de *Miséria da filosofia* [*Misère de la philosophie*] (Bruxelas, julho).	Engels viaja a Londres e participa com Marx do I Congresso da Liga dos Justos. Publica *Princípios do comunismo* [*Grundsätze des Kommunismus*], uma "versão preliminar" do *Manifesto Comunista* [*Manifest der Kommunistischen Partei*]. Em Bruxelas, com Marx, participa da reunião da Associação Democrática, voltando em seguida a Paris para mais uma série de encontros. Depois de atividades em Londres, volta a Bruxelas e escreve, com Marx, o *Manifesto Comunista*.	A Polônia torna-se província russa. Guerra civil na Suíça. Realiza-se em Londres o II Congresso da Liga dos Comunistas (novembro).
1848 Marx discursa sobre o livre-cambismo numa das reuniões da Associação Democrática. Com Engels publica, em Londres (fevereiro), o *Manifesto Comunista*. O governo revolucionário francês, por meio de Ferdinand Flocon, convida Marx a morar em Paris após o governo belga expulsá-lo de Bruxelas. Redige com Engels "Reivindicações do Partido Comunista da Alemanha" [*Forderungen der Kommunistischen Partei in Deutschland*] e organiza o regresso dos membros alemães da Liga dos Comunistas à pátria. Com sua família e com Engels, muda-se em fins de maio para Colônia, onde ambos fundam o jornal *Neue Rheinische Zeitung* [Nova Gazeta Renana], cuja primeira edição é	Expulso da França por suas atividades políticas, chega a Bruxelas no fim de janeiro. Juntamente com Marx, toma parte na insurreição alemã, de cuja derrota falaria quatro anos depois em *Revolução e contrarrevolução na Alemanha* [*Revolution und Konterevolution in Deutschland*]. Engels exerce o cargo de editor do *Neue Rheinische Zeitung*, recém-criado por ele e Marx. Participa, em setembro, do Comitê de Segurança Pública criado para rechaçar a contrarrevolução, durante grande ato popular promovido pelo *Neue Rheinische Zeitung*. O periódico sofre suspensões, mas prossegue ativo. Procurado pela polícia, tenta se exilar na Bélgica, onde é preso e	Definida, na Inglaterra, a jornada de dez horas para menores e mulheres na indústria têxtil. Criada a Associação Operária, em Berlim. Fim da escravidão na Áustria. Abolição da escravidão nas colônias francesas. Barricadas em Paris: eclode a revolução; o rei Luís Filipe abdica e a República é proclamada. A revolução se alastra pela Europa. Em junho, Blanqui lidera novas insurreições

Friedrich Engels – Dialética da natureza

	Karl Marx	Friedrich Engels	Fatos históricos
	publicada em 1º de junho, com o subtítulo *Organ der Demokratie*. Marx começa a dirigir a Associação Operária de Colônia e acusa a burguesia alemã de traição. Proclama o terrorismo revolucionário como único meio de amenizar "as dores de parto" da nova sociedade. Conclama ao boicote fiscal e à resistência armada.	depois expulso. Muda-se para a Suíça.	operárias em Paris, brutalmente reprimidas pelo general Cavaignac. Decretado estado de sítio em Colônia em reação a protestos populares. O movimento revolucionário reflui.
1849	Marx e Engels são absolvidos em processo por participação nos distúrbios de Colônia (ataques a autoridades publicados no *Neue Rheinische Zeitung*). Ambos defendem a liberdade de imprensa na Alemanha. Marx é convidado a deixar o país, mas ainda publicaria *Trabalho assalariado e capital* [*Lohnarbeit und Kapital*]. O periódico, em difícil situação, é extinto (maio). Marx, em condição financeira precária (vende os próprios móveis para pagar as dívidas), tenta voltar a Paris, mas, impedido de ficar, é obrigado a deixar a cidade em 24 horas. Graças a uma campanha de arrecadação de fundos promovida por Ferdinand Lassalle na Alemanha, Marx se estabelece com a família em Londres, onde nasce Guido, seu quarto filho (novembro).	Em janeiro, Engels retorna a Colônia. Em maio, toma parte militarmente na resistência à reação. À frente de um batalhão de operários, entra em Elberfeld, motivo pelo qual sofre sanções legais por parte das autoridades prussianas, enquanto Marx é convidado a deixar o país. É publicado o último número do *Neue Rheinische Zeitung*. Marx e Engels vão para o sudoeste da Alemanha, onde Engels envolve-se no levante de Baden-Palatinado, antes de seguir para Londres.	Proudhon publica *Les confessions d'un révolutionnaire* [As confissões de um revolucionário]. A Hungria proclama sua independência da Áustria. Após período de refluxo, reorganiza-se no fim do ano, em Londres, o Comitê Central da Liga dos Comunistas, com a participação de Marx e Engels.
1850	Ainda em dificuldades financeiras, organiza a ajuda aos emigrados alemães. A Liga dos Comunistas reorganiza as sessões locais e é fundada a Sociedade Universal dos Comunistas Revolucionários, cuja liderança logo se fraciona. Edita em Londres a *Neue Rheinische Zeitung* [Nova Gazeta Renana], revista de economia política, bem como *Lutas de classe na França* [*Die Klassenkämpfe in Frankreich*]. Morre o filho Guido.	Publica *A guerra dos camponeses na Alemanha* [*Der deutsche Bauernkrieg*]. Em novembro, retorna a Manchester, onde viverá por vinte anos, e às suas atividades na Ermen & Engels; o êxito nos negócios possibilita ajudas financeiras a Marx.	Abolição do sufrágio universal na França.
1851	Continua em dificuldades, mas, graças ao êxito dos negócios de Engels em Manchester, conta com ajuda financeira. Dedica-se intensamente aos estudos de economia na biblioteca do Museu Britânico. Aceita o convite de trabalho do *New York Daily Tribune*, mas é Engels quem envia os primeiros textos, intitulados	Engels, ao lado de Marx, começa a colaborar com o Movimento Cartista [Chartist Movement]. Estuda língua, história e literatura eslava e russa.	Na França, golpe de Estado de Luís Bonaparte. Realização da primeira Exposição Universal, em Londres.

Cronologia resumida de Marx e Engels

	Karl Marx	Friedrich Engels	Fatos históricos
	"Contrarrevolução na Alemanha", publicados sob a assinatura de Marx. Hermann Becker publica em Colônia o primeiro e único tomo dos *Ensaios escolhidos de Marx*. Nasce Francisca (28 de março), a quinta de seus filhos.		
1852	Envia ao periódico *Die Revolution*, de Nova York, uma série de artigos sobre *O 18 de brumário de Luís Bonaparte* [*Der achtzehnte Brumaire des Louis Bonaparte*]. Sua proposta de dissolução da Liga dos Comunistas é acolhida. A difícil situação financeira é amenizada com o trabalho para o *New York Daily Tribune*. Morre a filha Francisca, nascida um ano antes.	Publica *Revolução e contrarrevolução na Alemanha* [*Revolution und Konterevolution in Deutschland*]. Com Marx, elabora o panfleto *O grande homem do exílio* [*Die grossen Männer des Exils*] e uma obra, hoje desaparecida, chamada *Os grandes homens oficiais da Emigração*; nela, atacam os dirigentes burgueses da emigração em Londres e defendem os revolucionários de 1848-1849. Expõem, em cartas e artigos conjuntos, os planos do governo, da polícia e do judiciário prussianos, textos que teriam grande repercussão.	Luís Bonaparte é proclamado imperador da França, com o título de Napoleão Bonaparte III.
1853	Marx escreve, tanto para o *New York Daily Tribune* quanto para o *People's Paper*, inúmeros artigos sobre temas da época. Sua precária saúde o impede de voltar aos estudos econômicos interrompidos no ano anterior, o que faria somente em 1857. Retoma a correspondência com Lassalle.	Escreve artigos para o *New York Daily Tribune*. Estuda persa e a história dos países orientais. Publica, com Marx, artigos sobre a Guerra da Crimeia.	A Prússia proíbe o trabalho para menores de 12 anos.
1854	Continua colaborando com o *New York Daily Tribune*, dessa vez com artigos sobre a revolução espanhola.		
1855	Começa a escrever para o *Neue Oder Zeitung*, de Breslau, e segue como colaborador do *New York Daily Tribune*. Em 16 de janeiro, nasce Eleanor, sua sexta filha, e em 6 de abril morre Edgar, o terceiro.	Escreve uma série de artigos para o periódico *Putman*.	Morte de Nicolau I, na Rússia, e ascensão do czar Alexandre II.
1856	Ganha a vida redigindo artigos para jornais. Discursa sobre o progresso técnico e a revolução proletária em uma festa do *People's Paper*. Estuda a história e a civilização dos povos eslavos. A esposa Jenny recebe uma herança da mãe, o que permite que a família se mude para um apartamento mais confortável.	Acompanhado da mulher, Mary Burns, Engels visita a terra natal dela, a Irlanda.	Morrem Max Stirner e Heinrich Heine. Guerra franco-inglesa contra a China.
1857	Retoma os estudos sobre economia política, por considerar iminente uma nova crise econômica europeia.	Adoece gravemente em maio. Analisa a situação no Oriente Médio, estuda a questão eslava e	O divórcio, sem necessidade de aprovação

Friedrich Engels – Dialética da natureza

	Karl Marx	Friedrich Engels	Fatos históricos
	Fica no Museu Britânico das nove da manhã às sete da noite e trabalha madrugada adentro. Só descansa quando adoece e aos domingos, nos passeios com a família em Hampstead. O médico o proíbe de trabalhar à noite. Começa a redigir os manuscritos que viriam a ser conhecidos como *Grundrisse der Kritik der Politischen Ökonomie* [Esboços de uma crítica da economia política], e que servirão de base à obra *Para a crítica da economia política* [*Zur Kritik der Politischen Ökonomie*]. Escreve a célebre *Introdução de 1857*. Continua a colaborar no *New York Daily Tribune*. Escreve artigos sobre Jean-Baptiste Bernadotte, Simón Bolívar, Gebhard Blücher e outros na *New American Encyclopaedia* [Nova Enciclopédia Americana]. Atravessa um novo período de dificuldades financeiras e tem um novo filho, natimorto.	aprofunda suas reflexões sobre temas militares. Sua contribuição para a *New American Encyclopaedia* [Nova Enciclopédia Americana], versando sobre as guerras, faz de Engels um continuador de Von Clausewitz e um precursor de Lenin e Mao Tsé-Tung. Continua trocando cartas com Marx, discorrendo sobre a crise na Europa e nos Estados Unidos.	parlamentar, se torna legal na Inglaterra.
1858	O *New York Daily Tribune* deixa de publicar alguns de seus artigos. Marx dedica-se à leitura de *Ciência da lógica* [*Wissenschaft der Logik*] de Hegel. Agravam-se os problemas de saúde e a penúria.	Engels dedica-se ao estudo das ciências naturais.	Morre Robert Owen.
1859	Publica em Berlin *Para a crítica da economia política*. A obra só não fora publicada antes porque não havia dinheiro para postar o original. Marx comentaria: "Seguramente é a primeira vez que alguém escreve sobre o dinheiro com tanta falta dele". O livro, muito esperado, foi um fracasso. Nem seus companheiros mais entusiastas, como Liebknecht e Lassalle, o compreenderam. Escreve mais artigos no *New York Daily Tribune*. Começa a colaborar com o periódico londrino *Das Volk*, contra o grupo de Edgar Bauer. Marx polemiza com Karl Vogt (a quem acusa de ser subsidiado pelo bonapartismo), Blind e Freiligrath.	Faz uma análise, com Marx, da teoria revolucionária e suas táticas, publicada em coluna do *Das Volk*. Escreve o artigo "Po und Rhein" [Pó e Reno], em que analisa o bonapartismo e as lutas liberais na Alemanha e na Itália. Enquanto isso, estuda gótico e inglês arcaico. Em dezembro, lê o recém--publicado *A origem das espécies* [*The Origin of Species*], de Darwin.	A França declara guerra à Áustria.
1860	Vogt começa uma série de calúnias contra Marx, e as querelas chegam aos tribunais de Berlim e Londres. Marx escreve *Herr Vogt* [Senhor Vogt].	Engels vai a Barmen para o sepultamento de seu pai (20 de março). Publica a brochura *Savoia, Nice e o Reno* [*Savoyen, Nizza und der Rhein*], polemizando com	Giuseppe Garibaldi toma Palermo e Nápoles.

Cronologia resumida de Marx e Engels

	Karl Marx	Friedrich Engels	Fatos históricos
	Marx escreve *Herr Vogt* [Senhor Vogt].	Lassalle. Continua escrevendo para vários periódicos, entre eles o *Allgemeine Militar Zeitung*. Contribui com artigos sobre o conflito de secessão nos Estados Unidos no *New York Daily Tribune* e no jornal liberal *Die Presse*.	
1861	Enfermo e depauperado, Marx vai à Holanda, onde o tio Lion Philiph concorda em adiantar-lhe uma quantia, por conta da herança de sua mãe. Volta a Berlim e projeta com Lassalle um novo periódico. Reencontra velhos amigos e visita a mãe em Trier. Não consegue recuperar a nacionalidade prussiana. Regressa a Londres e participa de uma ação em favor da libertação de Blanqui. Retoma seus trabalhos científicos e a colaboração com o *New York Daily Tribune* e o *Die Presse* de Viena.		Guerra civil norte-americana. Abolição da servidão na Rússia.
1862	Trabalha o ano inteiro em sua obra científica e encontra-se várias vezes com Lassalle para discutirem seus projetos. Em suas cartas a Engels, desenvolve uma crítica à teoria ricardiana sobre a renda da terra. O *New York Daily Tribune*, justificando-se com a situação econômica interna norte-americana, dispensa os serviços de Marx, o que reduz ainda mais seus rendimentos. Viaja à Holanda e a Trier, e novas solicitações ao tio e à mãe são negadas. De volta a Londres, tenta um cargo de escrevente da ferrovia, mas é reprovado por causa da caligrafia.		Nos Estados Unidos, Lincoln decreta a abolição da escravatura. O escritor Victor Hugo publica *Les misérables* [Os miseráveis].
1863	Marx continua seus estudos no Museu Britânico e se dedica também à matemática. Começa a redação definitiva de *O capital* [*Das Kapital*] e participa de ações pela independência da Polônia. Morre sua mãe (novembro), deixando-lhe algum dinheiro como herança.	Morre, em Manchester, Mary Burns, companheira de Engels (6 de janeiro). Ele permaneceria morando com a cunhada Lizzie. Esboça, mas não conclui um texto sobre rebeliões camponesas.	
1864	Malgrado a saúde, continua a trabalhar em sua obra científica. É convidado a substituir Lassalle (morto em duelo) na Associação Geral dos Operários Alemães. O cargo, entretanto, é ocupado por Becker. Apresenta o projeto e o estatuto de uma Associação	Engels participa da fundação da Associação Internacional dos Trabalhadores, depois conhecida como a Primeira Internacional. Torna-se coproprietário da Ermen & Engels. No segundo semestre, contribui, com Marx, para o *Sozial-Demokrat*, periódico da	Dühring traz a público seu *Kapital und Arbeit* [Capital e trabalho]. Fundação, na Inglaterra, da Associação Internacional dos Trabalhadores.

Friedrich Engels – Dialética da natureza

Karl Marx	Friedrich Engels	Fatos históricos
Internacional dos Trabalhadores, durante encontro internacional no Saint Martin's Hall de Londres. Marx elabora o "Manifesto de Inauguração da Associação Internacional dos Trabalhadores".	social-democracia alemã que populariza as ideias da Internacional na Alemanha.	É reconhecido o direito a férias na França. Morre Wilhelm Wolff, amigo íntimo de Marx, a quem é dedicado *O capital*.
1865 Conclui a primeira redação de *O capital* e participa do Conselho Central da Internacional (setembro), em Londres. Marx escreve *Salário, preço e lucro* [*Lohn, Preis und Profit*]. Publica no *Sozial-Demokrat* uma biografia de Proudhon, morto recentemente. Conhece o socialista francês Paul Lafargue, seu futuro genro.	Recebe Marx em Manchester. Ambos rompem com Schweitzer, diretor do *Sozial-Demokrat*, por sua orientação lassalliana. Suas conversas sobre o movimento da classe trabalhadora na Alemanha resultam em um artigo para a imprensa. Engels publica *A questão militar na Prússia e o Partido Operário Alemão* [*Die preussische Militärfrage und die deutsche Arbeiterpartei*].	Assassinato de Lincoln. Proudhon publica *De la capacité politique des classes ouvrières* [A capacidade política das classes operárias]. Morre Proudhon.
1866 Apesar dos intermináveis problemas financeiros e de saúde, Marx conclui a redação do Livro I de *O capital*. Prepara a pauta do primeiro Congresso da Internacional e as teses do Conselho Central. Pronuncia discurso sobre a situação na Polônia.	Escreve a Marx sobre os trabalhadores emigrados da Alemanha e pede a intervenção do Conselho Geral da Internacional.	Na Bélgica, é reconhecido o direito de associação e a férias. Fome na Rússia.
1867 O editor Otto Meissner publica, em Hamburgo, o primeiro volume de *O capital*. Os problemas de Marx o impedem de prosseguir no projeto. Redige instruções para Wilhelm Liebknecht, recém-ingressado na Dieta prussiana como representante social-democrata.	Engels estreita relações com os revolucionários alemães, especialmente Liebknecht e Bebel. Envia carta de congratulações a Marx pela publicação do Livro I de *O capital*. Estuda as novas descobertas da química e escreve artigos e matérias sobre *O capital*, com fins de divulgação.	
1868 Piora o estado de saúde de Marx, e Engels continua ajudando-o financeiramente. Marx elabora estudos sobre as formas primitivas de propriedade comunal, em especial sobre o *mir* russo. Corresponde-se com o russo Danielson e lê Dühring. Bakunin se declara discípulo de Marx e funda a Aliança Internacional da Social--Democracia. Casamento da filha Laura com Lafargue.	Engels elabora uma sinopse do Livro I de *O capital*.	Em Bruxelas, acontece o Congresso da Associação Internacional dos Trabalhadores (setembro).
1869 Liebknecht e Bebel fundam o Partido Operário Social--Democrata alemão, de linha marxista. Marx, fugindo das polícias da Europa continental, passa a viver em Londres com a família, na mais absoluta miséria. Continua os trabalhos para o segundo livro de *O*	Em Manchester, dissolve a empresa Ermen & Engels, que havia assumido após a morte do pai. Com um soldo anual de 350 libras, auxilia Marx e sua família. Mantém intensa correspondência com Marx. Começa a contribuir com o *Volksstaat*, o órgão de imprensa do	Fundação do Partido Social-Democrata alemão. Congresso da Primeira Internacional na Basileia, Suíça.

Cronologia resumida de Marx e Engels

	Karl Marx	Friedrich Engels	Fatos históricos
	capital. Vai a Paris sob nome falso, onde permanece algum tempo na casa de Laura e Lafargue. Mais tarde, acompanhado da filha Jenny, visita Kugelmann em Hannover. Estuda russo e a história da Irlanda. Corresponde-se com De Paepe sobre o proudhonismo e concede uma entrevista ao sindicalista Haman sobre a importância da organização dos trabalhadores.	Partido Social-Democrata alemão. Escreve uma pequena biografia de Marx, publicada no *Die Zukunft* (julho). É lançada a primeira edição russa do *Manifesto Comunista*. Em setembro, acompanhado de Lizzie, Marx e Eleanor, visita a Irlanda.	
1870	Continua interessado na situação russa e em seu movimento revolucionário. Em Genebra, instala-se uma seção russa da Internacional, na qual se acentua a oposição entre Bakunin e Marx, que redige e distribui uma circular confidencial sobre as atividades dos bakunistas e sua aliança. Redige o primeiro comunicado da Internacional sobre a guerra franco-prussiana e exerce, a partir do Conselho Central, uma grande atividade em favor da República francesa. Por meio de Serrailler, envia instruções para os membros da Internacional presos em Paris. A filha Jenny colabora com Marx em artigos para *A Marselhesa* sobre a repressão dos irlandeses por policiais britânicos.	Engels escreve *História da Irlanda* [*Die Geschichte Irlands*]. Começa a colaborar no periódico inglês *Pall Mall Gazette*, discorrendo sobre a guerra franco-prussiana. Deixa Manchester em setembro, acompanhado de Lizzie, e instala-se em Londres para promover a causa comunista. Lá, continua escrevendo para o *Pall Mall Gazette*, dessa vez sobre o desenvolvimento das oposições. É eleito por unanimidade para o Conselho Geral da Primeira Internacional. O contato com o mundo do trabalho permitiu a Engels analisar, em profundidade, as formas de desenvolvimento do modo de produção capitalista. Suas conclusões seriam utilizadas por Marx em *O capital*.	Na França, são presos membros da Internacional Comunista. Em 22 de abril, nasce Vladímir Lênin.
1871	Atua na Internacional em prol da Comuna de Paris. Instrui Frankel e Varlin e redige o folheto *Der Bürgerkrieg in Frankreich* [*A guerra civil na França*]. É violentamente atacado pela imprensa conservadora. Em setembro, durante a Internacional em Londres, é reeleito secretário da seção russa. Revisa o Livro I de *O capital* para a segunda edição alemã.	Prossegue suas atividades no Conselho Geral e atua junto à Comuna de Paris, que instaura um governo operário na capital francesa entre 26 de março e 28 de maio. Participa com Marx da Conferência de Londres da Internacional.	A Comuna de Paris, instaurada após a revolução vitoriosa do proletariado, é brutalmente reprimida pelo governo francês. Legalização das trade unions na Inglaterra.
1872	Acerta a primeira edição francesa de *O capital* e recebe exemplares da primeira edição russa, lançada em 27 de março. Participa dos preparativos do V Congresso da Internacional em Haia, quando se decide a transferência do Conselho Geral da organização para Nova York. Jenny, a filha mais velha, casa-se com o socialista Charles Longuet.	Redige com Marx uma circular confidencial sobre supostos conflitos internos da Internacional, envolvendo bakunistas na Suíça, intitulado *As pretensas cisões na Internacional* [*Die angeblichen Spaltungen in der Internationale*]. Ambos intervêm contra o lassalianismo na social-democracia alemã e escrevem um prefácio para a nova edição alemã do *Manifesto Comunista*. Engels participa do Congresso da Associação Internacional dos Trabalhadores.	Morrem Ludwig Feuerbach e Bruno Bauer. Bakunin é expulso da Internacional no Congresso de Haia.

Friedrich Engels – Dialética da natureza

	Karl Marx	Friedrich Engels	Fatos históricos
1873	Impressa a segunda edição de *O capital* em Hamburgo. Marx envia exemplares a Darwin e Spencer. Por ordens de seu médico, é proibido de realizar qualquer tipo de trabalho.	Com Marx, escreve para periódicos italianos uma série de artigos sobre as teorias anarquistas e o movimento das classes trabalhadoras.	Morre Napoleão III. As tropas alemãs se retiram da França.
1874	É negada a Marx a cidadania inglesa, "por não ter sido fiel ao rei". Com a filha Eleanor, viaja a Karlsbad para tratar da saúde numa estação de águas.	Prepara a terceira edição de *A guerra dos camponeses alemães*.	Na França, são nomeados inspetores de fábricas e é proibido o trabalho em minas para mulheres e menores.
1875	Continua seus estudos sobre a Rússia. Redige observações ao Programa de Gotha, da social--democracia alemã.	Por iniciativa de Engels, é publicada *Crítica do Programa de Gotha* [*Kritik des Gothaer Programms*], de Marx.	Morre Moses Hess.
1876	Continua o estudo sobre as formas primitivas de propriedade na Rússia. Volta com Eleanor a Karlsbad para tratamento.	Elabora escritos contra Dühring, discorrendo sobre a teoria marxista, publicados inicialmente no *Vorwärts!* e transformados em livro posteriormente.	É fundado o Partido Socialista do Povo na Rússia. Crise na Primeira Internacional. Morre Bakunin.
1877	Marx participa de campanha na imprensa contra a política de Gladstone em relação à Rússia e trabalha no Livro II de *O capital*. Acometido novamente de insônias e transtornos nervosos, viaja com a esposa e a filha Eleanor para descansar em Neuenahr e na Floresta Negra.	Conta com a colaboração de Marx na redação final do *Anti--Dühring* [*Herrn Eugen Dühring's Umwälzung der Wissenschaft*]. O amigo colabora com o capítulo 10 da parte 2 ("Da história crítica"), discorrendo sobre a economia política.	A Rússia declara guerra à Turquia.
1878	Paralelamente ao Livro II de *O capital*, Marx trabalha na investigação sobre a comuna rural russa, complementada com estudos de geologia. Dedica-se também à *Questão do Oriente* e participa de campanha contra Bismarck e Lothar Bücher.	Publica o *Anti-Dühring* e, atendendo ao pedido de Wolhelm Bracke feito um ano antes, publica pequena biografia de Marx, intitulada *Karl Marx*. Morre Lizzie.	Otto von Bismarck proíbe o funcionamento do Partido Socialista na Prússia. Primeira grande onda de greves operárias na Rússia.
1879	Marx trabalha nos Livros II e III de *O capital*.		
1880	Elabora um projeto de pesquisa a ser executado pelo Partido Operário francês. Torna-se amigo de Hyndman. Ataca o oportunismo do periódico *Sozial-Demokrat* alemão, dirigido por Liebknecht. Escreve as *Randglossen zu Adolph Wagners Lehrbuch der politischen Ökonomie* [Glosas marginais ao tratado de economia política de Adolph Wagner]. Bebel, Bernstein e Singer visitam Marx em Londres.	Engels lança uma edição especial de três capítulos do *Anti-Dühring*, sob o título *Socialismo utópico e científico* [*Die Entwicklung des Socialismus Von der Utopie zur Wissenschaft*]. Marx escreve o prefácio do livro. Engels estabelece relações com Kautsky e conhece Bernstein.	Morre Arnold Ruge.

Cronologia resumida de Marx e Engels

	Karl Marx	Friedrich Engels	Fatos históricos
1881	Prossegue os contatos com os grupos revolucionários russos e mantém correspondência com Zasulitch, Danielson e Nieuwenhuis. Recebe a visita de Kautsky. Jenny, sua esposa, adoece. O casal vai a Argenteuil visitar a filha Jenny e Longuet. Morre Jenny Marx.	Enquanto prossegue em suas atividades políticas, estuda a história da Alemanha e prepara *Labor Standard*, um diário dos sindicatos ingleses. Escreve um obituário pela morte de Jenny Marx (8 de dezembro).	Fundação da Federation of Labor Unions nos Estados Unidos. Assassinato do czar Alexandre II.
1882	Continua as leituras sobre os problemas agrários da Rússia. Acometido de pleurisia, visita a filha Jenny em Argenteuil. Por prescrição médica, viaja pelo Mediterrâneo e pela Suíça. Lê sobre física e matemática.	Redige com Marx um novo prefácio para a edição russa do *Manifesto Comunista*.	Os ingleses bombardeiam Alexandria e ocupam o Egito e o Sudão.
1883	A filha Jenny morre em Paris (janeiro). Deprimido e muito enfermo, com problemas respiratórios, Marx morre em Londres, em 14 de março. É sepultado no Cemitério de Highgate.	Começa a esboçar *A dialética da natureza* [*Dialektik der Natur*], publicada postumamente em 1927. Escreve outro obituário, dessa vez para a filha de Marx, Jenny. No sepultamento de Marx, profere o que ficaria conhecido como *Discurso diante da sepultura de Marx* [*Das Begräbnis von Karl Marx*]. Após a morte do amigo, publica uma edição inglesa do Livro I de *O capital*; imediatamente depois, prefacia a terceira edição alemã da obra e já começa a preparar o Livro II.	Implantação dos seguros sociais na Alemanha. Fundação de um partido marxista na Rússia e da Sociedade Fabiana, que mais tarde daria origem ao Partido Trabalhista na Inglaterra. Crise econômica na França; forte queda na Bolsa.
1884		Publica *A origem da família, da propriedade privada e do Estado* [*Der Ursprung der Familie, des Privateigentum und des Staates*].	Fundação da Sociedade Fabiana de Londres.
1885		Editado por Engels, é publicado o Livro II de *O capital*.	
1887		Karl Kautsky conclui o artigo "O socialismo jurídico", resposta de Engels a um livro do jurista Anton Menger, e o publica sem assinatura na *Neue Zeit*.	
1889			Funda-se em Paris a II Internacional.
1894		Também editado por Engels, é publicado o Livro III de *O capital*. O mundo acadêmico ignorou a obra por muito tempo, embora os principais grupos políticos logo tenham começado a estudá-la. Engels publica os textos	O oficial francês de origem judaica Alfred Dreyfus, acusado de traição, é preso. Protestos antissemitas multiplicam-se nas principais cidades francesas.

Karl Marx	Friedrich Engels	Fatos históricos
	Contribuição à história do cristianismo primitivo [*Zur Geschischte des Urchristentums*] e *A questão camponesa na França e na Alemanha* [*Die Bauernfrage in Frankreich und Deutschland*].	
1895	Redige uma nova introdução para *As lutas de classes na França*. Após longo tratamento médico, Engels morre em Londres (5 de agosto). Suas cinzas são lançadas ao mar em Eastbourne. Dedicou-se até o fim da vida a completar e traduzir a obra de Marx, ofuscando a si próprio e a sua obra em favor do que ele considerava a causa mais importante.	Os sindicatos franceses fundam a Confederação Geral do Trabalho. Os irmãos Lumière fazem a primeira projeção pública do cinematógrafo.

Publicado 200 anos depois do nascimento de Friedrich Engels, este livro foi composto em Palatino LT 10,5/12,6 e Optima 10/13 e impresso em papel Avena 80 g/m², na gráfica Rettec, para a Boitempo, em outubro de 2020, com tiragem de 4 mil exemplares.